国家级职业教育规划教材
人力资源和社会保障部职业能力建设司推荐

■ 高等职业技术院校公路类专业教材 ■

公路勘测及简单设计

主　编　史洪江
副主编　梁　冰　华英杰

中国劳动社会保障出版社

简介

本书主要内容包括公路平面设计、公路纵断面设计、公路横断面设计、选线、定线、公路外业勘测、公路平面交叉口设计。

本书由史洪江主编，梁冰、华英杰副主编，钱建坤参编。其中，模块一、模块二由天津交通职业学院梁冰编写，模块三、模块四由天津交通职业学院史洪江编写，绪论、模块五由蒙西华中铁路股份有限公司钱建坤编写，模块六、模块七由天津交通职业学院华英杰编写。

图书在版编目(CIP)数据

公路勘测及简单设计/史洪江主编. —北京：中国劳动社会保障出版社，2014
高等职业技术院校公路类专业教材
ISBN 978-7-5167-1385-3

Ⅰ. ①公…　Ⅱ. ①史…　Ⅲ. ①道路测量-高等职业教育-教材②道路工程-设计-高等职业教育-教材　Ⅳ. ①U412

中国版本图书馆 CIP 数据核字(2014)第 244215 号

中国劳动社会保障出版社出版发行
（北京市惠新东街 1 号　邮政编码：100029）

*

河北鹏盛贤印刷有限公司印刷装订　　新华书店经销
787 毫米×1092 毫米　16 开本　17 印张　381 千字
2014 年 11 月第 1 版　　2024 年 7 月第 5 次印刷
定价：33.00 元
营销中心电话：400-606-6496
出版社网址：http://www.class.com.cn
http://jg.class.com.cn

前言

随着我国公路交通的高速发展，公路施工、养护、工程测量等岗位从业人员的数量日益增多，对其具备的知识和能力的要求也在不断提高。为了更好地满足各类职业院校对公路类专业高技能人才的培养需求，全面提升教学质量，人力资源和社会保障部教材办公室组织全国有关院校的教学专家、行业企业专家，在充分调研学校教学情况和企业生产实际的基础上，精心编写了高等职业技术院校公路类专业教材，包括公路类专业基础平台课教材《公路概论》《公路工程识图》《公路CAD》《工程力学基础》《土质与筑路材料》，以及公路类专业课教材《路基路面施工技术》《桥涵工程施工技术》《公路养护技术》《公路工程测量》《公路勘测及简单设计》《公路工程现场测试技术》《公路工程施工组织与概预算》《公路施工养护机械》《公路施工安全》。

在教材的编写过程中，力求做到以下几点：

1. 采用模块化设计，合理构建专业教材体系

针对公路类专业培养目标和企业对岗位能力的不同需求，本套教材分为公路施工养护模块、公路工程测量模块、公路试验检验模块、公路施工组织与管理模块等。教师可以在专业基础平台上组合不同的能力模块实施教学，以达到公路（桥梁）施工、养护、工程测量等专业方向的能力培养要求。

2. 以国家职业标准为依据，以能力培养为目标组织教材内容

教材编写以筑路养护工、工程测量工、桥梁工、隧道工等职业的国家职业标准为依据，注重企业对公路施工、养护、工程测量等岗位从业人员的能力要求，坚持实用、够用的原则，合理组织教材内容，有效解决了公路类教材存在的理论性过强的问题。

3. 贯彻先进的教学理念，根据教学内容的不同精心选择编写模式

本次教材编写贯彻了职业教育的先进教学理念，对于理实一体化和工程实践可操作性较强的课程，采用了任务驱动的编写模式；对于理论性较强的课程，采用了理论与工程实践相结合的编写模式。在教材的表现形式上，尽量采用以图代文、以表代文的表达方式，增强教材的可读性，激发学生的学习兴趣，引导学生自主学习。

为方便教学，与《公路概论》《公路工程识图》《工程力学基础》《土质与筑路材料》《公路工程测量》《公路工程施工组织与概预算》相配套，开发了习题册；与《公路概论》《公路工程识图》《公路 CAD》《工程力学基础》《土质与筑路材料》《路基路面施工技术》《桥涵工程施工技术》《公路工程测量》《公路工程现场测试技术》相配套，开发了多媒体教学课件，可进入中国人力资源和社会保障出版集团网站（http：//www. class. com. cn）免费下载。

在本套教材的编写过程中，得到了有关省市教育部门、人力资源和社会保障部门以及一批高等职业技术院校的大力支持，教材的主编、主审等有关人员做了大量的工作，在此表示衷心的感谢！同时，恳切希望广大读者对教材提出宝贵的意见和建议，以便修订时加以完善。

人力资源和社会保障部教材办公室

2012 年 6 月

目录

绪 论

◆ 了解本课程的性质、内容及任务。
◆ 掌握公路设计的依据。
◆ 掌握公路勘测设计的程序和内容。

一、课程概述

1. 课程性质

本课程是一门培养公路类及道路桥梁工程技术类专业学生具有一定公路勘测设计能力的专业技术课，为培养专业岗位能力服务。本课程必须贯彻理实一体化的原则，通过学习，熟悉公路设计的基本理论、方法及公路线形的基本设计方法。

2. 课程内容

本课程的主要内容包括平面线形设计、纵断面设计、横断面设计、选线、定线及公路外业勘测和公路交叉口设计等。如何进行合理的公路线形几何设计和路线外业勘测是本课程研究的重点。

3. 课程任务

使学生掌握公路平面、纵断面、横断面设计内容和方法，以及相应的技术标准规范要求；了解不同地形条件下的选线要点和定线程序；掌握实地放线的方法及公路外业勘测作业内容；了解公路平面交叉口设计内容及方法；培养学生分析问题和解决问题的能力，形成良好的学习能力；使学生养成爱岗敬业的工作作风和良好的职业道德。

二、公路设计的依据

公路主要是为汽车行驶服务的，公路为汽车行驶所能提供的服务质量高低，取决于公路的几何设计和结构设计的指标高低。因此，公路几何设计和结构设计的标准应与公路上行驶的车辆的性能、车辆几何尺寸、行驶车辆的数量、沿线景观给人的感受等因素相适应，车辆的特征数据是公路几何设计和各部结构设计的基本依据。无论是新建或是改建公路，都有充分的技术经济依据，其中最基本的设计依据是：设计车辆、设计交通量、设计速度和公路服务水平。

1. 设计车辆

公路上行驶的车辆主要是汽车。对于混合交通的公路还有一部分非机动车。汽车的物理特性及行驶于路上各种大小车辆的组成对于公路几何设计有决定意义，因此选择有代表性的车辆作为设计的依据（即设计车辆）是必要的。

研究公路路幅组成、弯道加宽、交叉口的设计、纵坡、视距等都与设计车辆的外廓尺寸有着密切的关系。

国家标准《公路工程技术标准》（JTG B01—2003）规定，在公路等级划分、选定与服务水平评定时，以小客车作为设计车辆。但在公路几何要素计算中，应考虑其他车辆作用的影响。

汽车拖挂车的车身较长（20 m），不计入设计车辆。汽车的最小转弯半径：小汽车定为6 m，普通汽车（载重车和半挂车）为12 m。影响路缘石或路岛的转弯车道设计，一般应以半挂车的转弯半径作为控制。

鞍式列车分半挂车和全挂车两种。一般是全挂车的车身较长，但在转弯时半挂车占用路面的宽度较大。故选用了半挂车的车身长度，我国采用16.0 m，这个长度可以装运一个30 t的集装箱或是两个20 t的集装箱。

自行车在大城市近郊和居民密集的地段，数量较多而且有发展的趋势，在设计时应充分注意。自行车的外廓尺寸为宽0.75 m，长2.00 m，载人以后的高为2.00 m。

2. 设计交通量

交通调查、分析及交通量预测水平的高低，尤其是预测的水平、质量和可靠程度，将直接影响项目决策的科学性和工程技术设计的经济合理性。交通量的概念根据单位时间可分为日交通量（单向/双向，汽车/混合交通）、小时交通量和年累计交通量。

（1）交通量定义

1）交通量是指单位时间内通过公路某断面的交通流量（即单位时间通过公路某断面的车辆数目）。

交通量的具体数值由交通调查、分析和交通预测确定。交通调查、分析和交通预测是公路建设项目可行性研究阶段进行现状评价、综合分析建设项目的必要性和可行性的基础，也是确定公路建设项目的建设规模、技术等级、工程设施、经济效益评价及公路几何线形设计的主要依据。

2）年平均日交通量（ADT）。它是一年内观测交通量结果的平均值（全年交通量除以365而得）。年平均日交通量是公路路线设计中普遍采用的设计依据。

3）最大日交通量N1。它是一年中365个交通量中的最大值。用以研究公路交通不均衡情况。

4）高峰小时交通量。它是一年中（或一日内）的最大小时交通量。

5）日平均小时交通量。它是一日内，从上午5时到下午9时，16个小时中通过车辆数每小时的平均值。

6）设计交通量。预计到设计年限末用以作为公路设计依据而确定的交通量。

（2）设计日交通量

一条公路交通量普遍采用的计量单位是年平均日交通量（简写为ADT），用全年总交通量除以365得出。设计交通量是指拟建公路到达交通预测年限时能达到的年平均日交通量（辆/d）。它在确定公路等级，论证公路的计划费用或各项结构设计等都有重要作用。远景设计年平均日交通量以公路使用任务及性质，根据历年交通观测资料推算求得，一般按年平均增长率累计计算确定。

$$N_d = N_0(1+\gamma)^{n+1}$$

式中 N_d——预测年的平均日交通量，辆/d；

N_0——起始年平均日交通量，辆/d，包括现有交通量和道路建成后从其他道路吸引过来的交通量；

γ——年平均增长率,%；

n——远景设计年限。

（3）设计小时交通量

小时交通量（辆/h）是以小时为计算时段的交通量，是确定车道数和车道宽度或评价服务水平时的依据。大量的公路交通量变化图示表明，在一天以及全年时间，每小时交通量的变化量是相当大的。如果用一年中最大的高峰小时交通量作为设计依据，就会造成浪费，但如果采用日平均小时交通量则不能满足实际需要，就会造成交通拥挤，甚至堵塞。

为了设计交通量的取值既保证交通安全畅通，又使工程造价经济、合理，可以借助一年中小时变化曲线来确定适合于设计使用的小时交通量。方法如下：

将一年中所有小时交通量按其与年平均日交通量比值的百分数的大小顺序排列并绘成曲线，如图0—1—1所示。

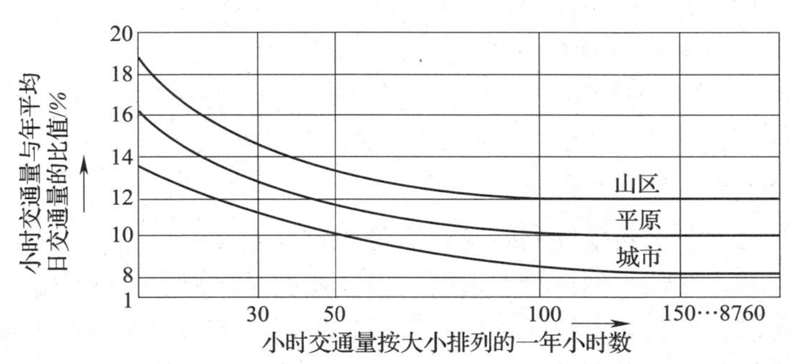

图0—1—1　年平均日交通量与小时交通量关系曲线图

从该图中可以看出在第30～50位小时交通量附近曲线急剧变化，从此向右的曲线明显变缓，而在它的左侧，曲线坡度则急剧加大。据此，设计小时交通量的合理取值，应选在第30～50位小时的范围内。如以第30位小时交通量作为设计依据，意味着在一年中有29个小时超过设计值，将发生拥挤占全年小时数的 0.33%，而全年能顺利通过的保证率达 99.67%。

目前世界许多国家，包括我国均采用第 30 位小时交通量作为设计依据。国家标准《公路工程技术标准》（JTG B01—2003）规定公路设计小时交通量宜采用年第 30 位小时交通量，也可根据公路功能采用当地的年第 20～40 位小时之间最为经济合理时的位小时交通量。

设计小时交通量按下式计算：

$$N_h = N_d KD$$

式中 N_h——设计小时交通量，辆/h；

N_d——达到预测年限时的年平均日交通量，辆/d；

K——设计小时交通量系数，即第 30 位小时交通量与年平均日交通量的比值；一般平原区 K 取 13%，山区取 15%；

D——方向不均匀系数，一般可取 $D = 0.5 \sim 0.6$。

（4）交通量换算

在确定设计交通量时，应将在公路上行驶的各辆车辆，按规定折算为标准车型。我国公路设计时以小客车为标准车型。设计时应将公路行驶的各种车辆（含非机动车辆）按规定折合成小客车的年平均日交通量。各种汽车的折算是为了有统一尺度来比较交通量的大小。确定公路等级的各汽车代表车型和车辆折算系数见表 0—1—1。

表 0—1—1　　各汽车代表车型与车辆折算系数表

汽车代表车型	车辆折算系数	备　注
小客车	1.0	小于或等于 19 座的客车和载重量小于或等于 2 t 的货车
中型车	1.5	大于 19 座的客车和载重量大于 2 t 且小于或等于 7 t 的货车
大型车	2.0	载重量大于 7 t 且小于或等于 14 t 的货车
拖挂车	3.0	载重量大于 14 t 的货车

注：1. 自行车、人力车、畜力车等非机动车作为横向干扰因素不再参与交通量折算。

2. 一、二级公路上行驶的拖拉机按路侧干扰因素计算。

3. 三、四级公路上行驶的拖拉机按每辆折算为 4 辆小客车计算。

3. 设计速度

（1）设计速度的定义

所谓设计速度是指在气候条件良好，交通量正常，汽车行驶只受公路本身条件影响时，驾驶员能够安全、舒适驾驶车辆行驶的速度。设计速度是公路设计时确定其几何线形的最关键参数。技术标准根据车辆动力性能和地形条件，确定了不同等级公路的设计速度指标。设计速度一经选定，公路的所有相关要素如圆曲线半径、视距、超高、纵坡、竖曲线半径等指标均应与其配合以获得均衡设计。

（2）设计速度的规定

设计速度的最大值：根据汽车性能，并参考国内外的实际经验，从节约能源及人在感官上的感觉出发，设计速度的最大值采用 120 km/h 是适宜的。

设计速度的最小值：考虑我国实际的地形条件、土地利用和投资的可能性，确定设计的最小值为 20 km/h。各级公路的设计速度规定见表 0—1—2。

表 0—1—2　　各级公路的设计车速表

公路等级	高速公路			一级公路			二级公路		三级公路		四级公路
设计车速（km/h）	120	100	80	100	80	60	80	60	40	30	20

（3）设计速度的选用

公路路线设计的总原则是快捷、安全、舒适、经济、美观。这些原则应根据所设计公路的性质、功能、等级的不同而有所侧重。同时，设计车速应与汽车工业的发展水平相适应，与路线所经地区的经济发展水平相适应，与路线所经地区的地形条件相适应。《公路工程技术标准》规定在选用计算行车速度时，要考虑以下要点：

1）各级公路设计速度应根据公路的功能、等级、交通量，并结合沿线地形、地质等状况，经论证确定。

2）高速公路应根据交通量、地形等情况选用高的设计速度。位于地形、地质等自然条件复杂的山区，有特殊困难的局部路段，且因新建工程可能诱发工程地质病害时，经论证，该局部路段的设计速度可采用 60 km/h，但其长度不宜大于 15 km，或仅限于相邻两互通式立体交叉之间，与其他相邻路段的设计速度不应大于 80 km/h。

3）一级公路作为干线公路时，设计速度宜采用 100 km/h 或 80 km/h；作为集散公路时，根据混合交通量、平面交叉间距等因素，设计速度宜采用 60 km/h 或 80 km/h。

4）二级公路作为干线公路时，设计速度宜采用 80 km/h；作为集散公路时，混合交通量较大、平面交叉间距较小的路段，设计速度宜采用 60 km/h。二级公路位于地形、地质等自然条件复杂的山区，经论证该路段的设计速度可采用 40 km/h。

5）三级公路作为支线公路时，设计速度宜采用 40 km/h；地形、地质等自然条件复杂的路段，设计速度可采用 30 km/h。

6）地形、地质等自然条件复杂的山区，或交通量很小的路段，可采用设计速度为 20 km/h的四级公路。

7）公路的设计车速与地形条件有关，各级公路均有几个档次的设计车速，设计车速越高、地形条件越差，工程造价越大。

4. 公路服务水平

公路上交通量少，行车自由度就大，反之就会受到限制。为了说明公路交通负荷状况，以交通流状态为划分条件，定性地描述交通流从自由流、稳定流到饱和流和强制流的变化阶段，我国《公路工程技术标准》将公路服务水平划分为四级。高速公路、一级公路以车流密度作为划分服务水平的主要指标；二、三级公路以延误率和平均运行速度作为主要指标；交叉口则用车辆延误来描述其服务水平。与每一级服务水平相应的交通量称为服务交通量。

各级服务水平的含义如下：

（1）一级服务水平

交通量小、驾驶员能自由或较自由地选择行车速度并以设计速度行驶，行驶车辆不受或基本不受交通流中其他车辆的影响，交通流处于自由流状态，超车需求远小于超车能力，被动延误少，为驾驶员和乘客提供的舒适便利程度高。

（2）二级服务水平

随着交通量的增大，速度逐渐减小，行驶车辆受别的车辆或行人的干扰较大，驾驶员选择行车速度的自由度受到一定限制，交通流状态处于稳定流的中间范围，有拥挤感；到二级下限时，车辆间的相互干扰较大，开始出现车队，被动延误增加，为驾驶员提供的舒适便利程度下降，超车需求与超车能力相当。

（3）三级服务水平

当交通需求超过二级服务水平对应的服务交通量后，驾驶员选择车辆运行速度的自由度受到很大限制，行驶车辆受别的车辆或行人的干扰很大，交通流处于稳定流的下半部分，并已接近不稳定流范围，流量稍有增长就会出现交通拥堵，服务水平显著下降；到三级下限时行车延误的车辆达到80%，所受的限制已达到驾驶员所允许的最低限度，超车需求超过了超车能力，但可通行的交通量尚未达到最大值。

（4）四级服务水平

交通需求继续增大，行驶车辆受别的车辆或行人的干扰更加严重，交通流处于不稳定流状态；靠近下限时每小时可通行的交通量达到最大值，驾驶员已无自由选择速度的余地，交通流变成强制状态，所有车辆都以通行能力对应的但相对均匀的速度行驶。一旦上游交通需求和来车强度稍有增加，或交通流出现小的扰动，车流就会出现走走停停的状态，此时能通过的交通量很不稳定，其变化范围从基本通行能力到零，时常发生交通堵塞。

三、公路勘测设计的程序和内容

1. 公路勘测设计的程序

根据我国《公路工程基本建设管理办法》规定，公路基本建设程序大致如下：

（1）根据中长期规划或项目建议书的规定，进行现场踏勘，编制可行性研究报告文件。

（2）根据可行性研究报告，编制初步设计计划任务书。

（3）根据批准的初步设计计划任务书，进行现场踏勘，编制初步设计原则、初步设计文件和设计概算。

（4）根据批准的初步设计文件，编制施工图设计原则、施工图和施工图预算文件。

（5）根据批准的施工图设计原则，与业主单位签订供图协议，开展施工图设计、按计划供图。

2. 工程可行性研究

工程可行性研究是基本建设前期工作的一项重要内容，是建设程序的组成部分，是建设项目决策和编制计划任务书的科学依据，可定义为论证工程（或产品）项目技术上的可行性和经济上的合理性，并论证何时修建或分期修建，提供业主决策，保证工程的经济效果。

公路建设必须严格遵守国家规定的基本建设程序。所有大中型项目应根据批准的项目建议书（或委托书），进行可行性研究，可行性研究工作完成后应进行评估。经过综合分析后，提出投资少、效益好的建设方案。

可行性研究工作是交通建设综合管理的手段，必须从运输生产的目的出发。研究技术可行性必须与经济效益相结合，研究经济效益必须考虑采用新技术的可能，重视运输领域的综合效益。

可行性研究应附有必要的图表，其中包括路线方案（及比较方案）图、历年工农业总产值与客货运量统计表、公路客货运量、交通量预测表、效益计算表等。

在可行性研究的同时，还应进行环境影响分析，以工程性质、路线位置、资源利用、环境影响等为依据。同时，可行性研究还应对工程进行宏观分析，确定项目是否成立。在计划任务书下达后，进行初步设计的同时，还应编制环境影响评价书，即根据预测工程对环境的影响，提出对环境污染、破坏的防治措施及综合整治的方法。

公路工程可行性研究一般包括下列内容：

（1）概述（或总论）。论述建设任务、依据和历史发展背景、研究范围与主要内容等。

（2）现有公路技术状况评价。

（3）经济与交通量发展预测。

（4）建设规模与标准。

（5）建设条件和方案比选。

（6）投资估算与资金筹措。

（7）工程建设实施计划。

（8）经济评价。包括运输成本等经济参数的确定，建设项目的直接经济效益和费用的估算，进行经济评价敏感性分析，建设项目的间接经济效益分析。对于贷款项目还需要进行项目的财务分析评价。

3. 设计任务书

公路勘测设计工作是根据批准的设计任务书进行的。设计任务书一般由提出计划的主管部门下达或由下级单位编制后报批。设计任务书应包括下列内容：

（1）建设的依据和意义。

（2）路线的建设规模和修建性质。

（3）路线的基本走向和主要控制点。

（4）工程技术等级和主要技术标准。

（5）勘测设计的阶段划分及各阶段完成的时间。

（6）建设期限，投资估算，需要钢、木、水泥的数量。

（7）施工力量的安排原则。

（8）路线示意图。

在计划任务书实施过程中，如对建设规模、期限、技术等级标准及路线走向等重大问题有变更时，应报原批准机关审批同意。

4. 勘测设计阶段及任务

公路勘测设计根据路线的设计和要求，可分为一阶段设计、两阶段设计和三阶段设计。

（1）一阶段设计：适用于技术简单、方案明确的小型公路工程。即根据批准的设计任务书，进行一次详细定测，编制施工图设计和工程预算。

（2）两阶段设计：为公路勘测设计一般所采用的勘测设计程序。其步骤为：先进行初测、编制初步设计和工程概算；经上级批准初步设计后，再进行定测、编制施工图和工程预算。也可直接进行定测、编制初步设计；然后根据批准的初步设计，通过补充测量编制施工图。

（3）三阶段设计：对于技术上复杂而又缺乏经验的建设项目或建设项目中的个别路段、特殊大桥、互通式立体交叉、隧道等，必要时应采用三阶段设计。即分初步设计、技术设计和施工图设计三个阶段。技术设计阶段主要是对重大、复杂的技术问题，落实技术方案，计算工程数量，提出修正的施工方案，修正设计概算，其深度和要求介于初步设计和施工图设计之间。

不论采用哪种划分阶段设计，在勘测前都要进行实地调查，它是勘测前不可缺少的一个步骤，也可与可行性研究结合在一起，但不作为一个阶段。

5. 设计文件编制

设计文件是公路勘测设计的最后成果，经审查批准后是公路施工的依据，其组成、内容和要求随设计阶段不同而异。

根据《公路工程基本建设项目设计文件编制办法》规定，设计文件由总说明书，总体设计（高速公路、一级公路），路线，路基、路面，桥梁、涵洞，隧道，路线交叉，交通工程及沿线设施，环境保护与景观设计，其他工程，筑路材料，施工方案，设计概算组成。其表达形式有文字说明、设计图、表格三种。

公路等级与技术标准

1. 公路等级

公路等级是反映公路通行能力和服务水平的指标。一般来说，公路等级越高，允许汽车安全行驶的速度越高，适应的交通量和车辆载荷越大，公路的技术水平和服务水平越高；反之，公路等级越低，公路的通行能力和技术水平越低。

确定一条公路的等级，应首先确定该公路的功能，是用于干线公路，还是集散公路，即属于直达还是连接，以及是否需要控制出入等，根据预测交通量初拟公路等级；结合地形、交通组成等，确定设计速度、路基宽度。

根据公路的使用任务、功能和适应的交通量，我国《公路工程技术标准》（JTG B01—2003）中将公路划分为五个等级：高速公路、一级公路、二级公路、三级公路和四级公路。

各级公路的特点及交通量见表0—1—3。

表0—1—3　　各级公路的特点及交通量

公路等级	特点	交通量
高速公路	专供汽车分向、分车道行驶，并应全部控制出入的多车道公路，包括四车道、六车道和八车道三种车道	四车道高速公路应能适应按各种汽车折合成小客车的年平均日交通量为25 000～55 000辆 六车道高速公路应能适应按各种汽车折合成小客车的年平均日交通量为45 000～80 000辆 八车道高速公路应能适应按各种汽车折合成小客车的年平均日交通量为60 000～100 000辆
一级公路	专供汽车分向、分车道行驶，并可根据需要控制出入的多车道公路，包括四车道和六车道两种车道	四车道一级公路应能适应将各种汽车折合成小客车的年平均日交通量为15 000～30 000辆 六车道一级公路应能适应将各种汽车折合成小客车的年平均日交通量为25 000～55 000辆
二级公路	供汽车行驶的双车道公路	双车道二级公路应能适应将各种汽车折合成小客车的年平均日交通量为5 000～15 000辆
三级公路	供汽车行驶的双车道公路	双车道三级公路应能适应将各种汽车折合成小客车的年平均日交通量为2 000～6 000辆
四级公路	供汽车行驶的双车道或单车道公路	双车道四级公路应能适应将各种汽车折合成小客车的年平均日交通量为2 000辆以下 单车道四级公路应能适应将各种汽车折合成小客车的年平均日交通量为400辆以下

2. 公路等级的选用

公路等级的选用应根据公路的使用功能、公路网规划、交通量，从全局出发，并充分考虑项目所在地区的综合运输体系、远期发展等，经综合论证后确定。在确定公路等级时，应明确以下几个问题：

（1）确定一条公路的等级前应首先确定该公路的功能，是干线公路，还是集散公路，一条公路可分段选用不同的公路等级或同一公路等级不同的设计速度、路基宽度，但不同公路等级、设计速度、路基宽度间的衔接应协调，过渡应顺适。

（2）预测的交通量介于一级公路与高速公路之间时，若拟建公路为干线公路，则宜选用高速公路；若拟建公路为集散公路，则宜选用一级公路。

（3）干线公路宜选用二级及二级以上公路。公路等级应根据公路网的规划，从全局出发，按照公路的使用任务、功能和远景交通量综合确定。

（4）一级公路既可以作为干线公路，也可以作为集散公路。当作为集散公路时，纵横向干扰较大，为保证供汽车分道、分向行驶，可设慢车道供非汽车交通行驶。作为干线公路时，为保证运行速度、交通安全和服务水平，应根据需要采取控制出入措施。二级公路也具有作为干线公路或集散公路的两种功能，应根据其不同的功能和交通组成等决定是否设置慢车道及其他设施。

3. 公路工程技术标准

公路工程技术标准是指一定数量的车辆在车道上以一定的设计速度行驶时，对路线和各项工程的设计要求。各级公路的具体标准是由各项技术指标来体现的，主要技术指标一般包括设计速度、行车道数及宽度、路基宽度、最大纵坡、平曲线最小半径、行车视距、桥梁设计荷载等。设计速度是技术指标中最重要的指标，对工程费用和运输效率的影响最大。

各级公路的主要技术指标见表0—1—4。

表0—1—4　　各级公路的主要技术指标

<table>
<tr><td colspan="2">公路等级</td><td colspan="9">高速公路、一级公路</td><td colspan="6">二级公路、三级公路、四级公路</td></tr>
<tr><td colspan="2">设计速度（km/h）</td><td colspan="3">120</td><td colspan="3">100</td><td colspan="2">80</td><td>60</td><td>80</td><td>60</td><td>40</td><td>30</td><td colspan="2">20</td></tr>
<tr><td colspan="2">车道数</td><td>8</td><td>6</td><td>4</td><td>8</td><td>6</td><td>4</td><td>6</td><td>4</td><td>4</td><td>2</td><td>2</td><td>2</td><td>2</td><td>2</td><td>1</td></tr>
<tr><td rowspan="2">路基宽度（m）</td><td>一般值</td><td>45.00</td><td>34.50</td><td>28.00</td><td>44.00</td><td>33.50</td><td>26.00</td><td>32.00</td><td>24.50</td><td>23.00</td><td>12.00</td><td>10.00</td><td>8.50</td><td>7.50</td><td>6.50</td><td>4.50</td></tr>
<tr><td>最小值</td><td>42.00</td><td>—</td><td>26.00</td><td>41.00</td><td>—</td><td>24.50</td><td>—</td><td>21.50</td><td>20.00</td><td>10.00</td><td>8.50</td><td>—</td><td>—</td><td colspan="2">—</td></tr>
<tr><td colspan="2">圆曲线的极限最小半径（m）</td><td colspan="3">650</td><td colspan="3">400</td><td colspan="2">250</td><td>125</td><td>250</td><td>125</td><td>60</td><td>30</td><td colspan="2">15</td></tr>
<tr><td rowspan="2">竖曲线的极限最小半径（m）</td><td>凸形</td><td colspan="3">11 000</td><td colspan="3">6 500</td><td colspan="2">3 000</td><td>1 400</td><td>3 000</td><td>1 400</td><td>450</td><td>250</td><td colspan="2">100</td></tr>
<tr><td>凹形</td><td colspan="3">4 000</td><td colspan="3">3 000</td><td colspan="2">2 000</td><td>1 000</td><td>2 000</td><td>1 000</td><td>450</td><td>250</td><td colspan="2">100</td></tr>
<tr><td colspan="2">最大纵坡（%）</td><td colspan="3">3</td><td colspan="3">4</td><td colspan="2">5</td><td>6</td><td>5</td><td>6</td><td>7</td><td>8</td><td colspan="2">9</td></tr>
</table>

思考与练习

1. 公路设计的依据有哪些?
2. 公路勘测设计的程序和内容是什么?
3. 什么是设计任务书，其作用和主要内容是什么?
4. 根据《公路工程技术标准》，我国公路可分为哪几个等级?
5. 各级公路的主要技术标准是什么?

模块一

公路平面设计

课题一　平面线形的组成

◆ 了解平面线形的组成。

◆ 掌握各线形要素的特点、表达与设计标准。

一、平面线形概述

1. 路线的基本概念

公路是一条三维空间的实体。它是由路基、路面、桥梁、涵洞、隧道和沿线设施所组成的线形构造物。一般所说的路线是指公路中线的空间位置。

路线平面图：路线在水平面上的投影称为路线的平面。

路线纵断面图：沿公路中线的竖向剖面图，再展开就是路线的纵断面。

路线横断面图：公路中线上任意一点的法向切面是公路在该点的横断面。

路线设计是指确定路线空间位置和各部分几何尺寸的工作。为便于研究，把它分为路线平面设计、路线纵断面设计和横断面设计；三者是相互关联的，既分别进行，又综合考虑。

在路线平面图上研究公路的基本走向及线形的过程，称为路线平面设计。

在路线纵断面图上研究公路纵坡及坡长的过程，称为路线纵断面设计。

在路线横断面图上研究路基断面形状的过程，称为路线横断面设计。

无论是公路还是城市公路，其路线位置都受到社会经济、自然地理和技术条件等因素的制约。设计者的任务就是在调查研究、掌握大量材料的基础上，设计出一条有一定技术标准、满足行车要求、工程费用最省的路线来。在设计顺序上，一般是在尽量顾及纵、横断面平衡的前提下先定平面，沿这个平面线形进行高程测量和横断面测量，取得地面线形和地质、水文及其他必要的资料后，再设计纵断面和横断面。力求线形的均衡和土石方数量的节省，必要时再修改平面，这样经过几次反复，可望得到一个满意的结果。

2. 平面线形三要素

在简化条件下，汽车在行驶中的前转向轮与车身纵轴的夹角呈三角关系：导向轮与车轴平行，角度为零；导向轮与车身纵轴夹角保持不变，角度为常数；导向轮与车身夹角均匀变化，角度为变数。与上述相对应的车辆行驶轨迹为：曲率为零的线形——直线；曲率为常数的线形——圆曲线；曲率为变数的线形——缓和曲线。公路平面即由上述三种线形组成，通常称为平面线形三要素。

公路在遇到地形、地物障碍而转折时，在路线转折处应设置缓和曲线和圆曲线组成的组合曲线来绕越，要求组成公路平面线形的曲率是连续的，如图1—1—1所示，但在设计车速低的公路上，为简化设计，也可以只用圆曲线绕越。在高速公路设计中，为避免直线路段上行车单调而引起驾驶员疲劳，也有全部采用曲线的公路设计，已有的文献表明，采用高次样条函数的全路段曲线设计一直在研讨中。上述事实表明：平面线形三要素是公路平面的基本组成，各要素所占比例及使用频率并无规定。各要素应使用合理、配置得当，适应自然条件，以保证车辆在公路上能安全、顺适运行。

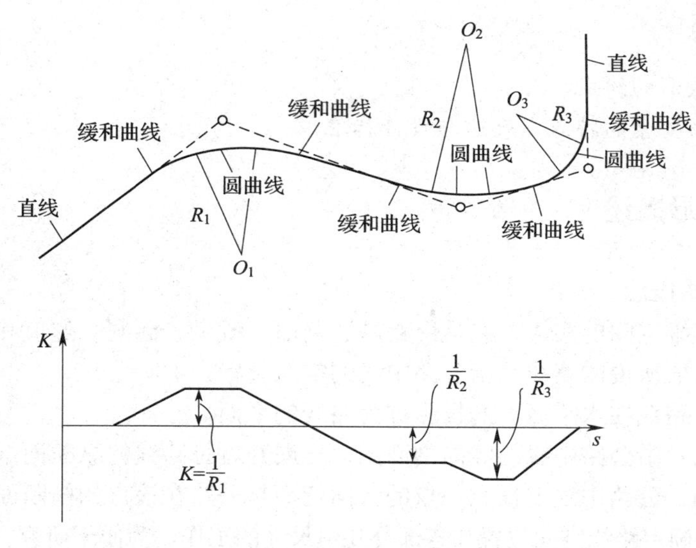

图1—1—1　曲率连续的路线

二、直线

1. 直线的特点

作为平面线形要素之一的直线，在公路和城市公路中使用最为广泛。因为两点之间直线最短，一般在定线时，只要地势平坦，无大的地物障碍，定线人员都应首先考虑使用直线通过，并且笔直的公路给人以快捷、直达的良好印象，在美学上直线也有其自身的特点。汽车在直线上行驶受力简单，方向明确，驾驶操作简易。从测设上看，直线只需定出两点，就可方便地测定方向和距离。基于直线的这些优点，它在各种线形工程中都被广泛使用。

但是，过长的直线并不好。因为直线线形大多难以与地形相协调，若长度运用不当，不仅破坏了线形的连续性，也不便达到线形设计自身的协调。过长的直线易使驾驶员感到单调、疲倦，难以目测车间距离，于是产生尽快驶出直线的急躁情绪，一再加速以致超过规定车速许多，这样很容易导致交通事故的发生。所以在运用直线线形并决定其长度时必须持谨慎态度，不宜采用过长的直线。

2. 直线的表达式

（1）路线方向的表示

直线是公路平面线形中最常采用的基本线形。在路线平面中，直线的位置通常是由两端的交点位置来确定的。直线的方向决定了路线的走向，其表达方法有两种：

1）用直线间的夹角或转角表示。如图1—1—2所示，直线 JD_1-JD_2 的延长线与直线 JD_2-JD_3 的夹角称为路线的转角，通常用 α 表示。路线转角有右转角与左转角之分，常用 α_y（表示右转）或 α_z（表示左转）表示。

如 JD_1-JD_2 的方向已知，则由转角即可求得 JD_2-JD_3 的方向。

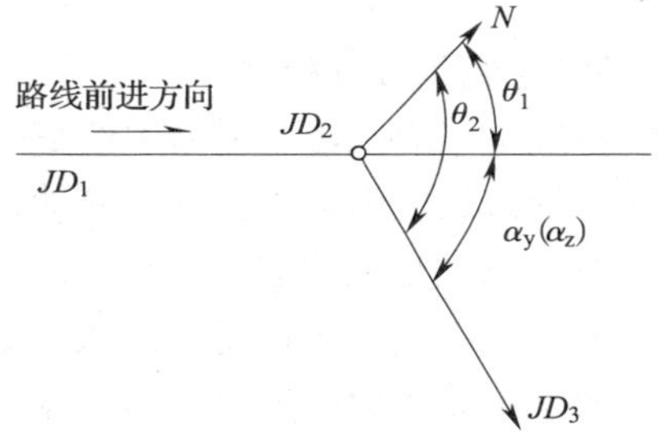

图1—1—2　路线的方向

2）用方位角表示。方位角即路线某一直线方向与正北方向的夹角（由正北方向起按顺时针方向转到该直线方向的角度），通常用 θ 表示，图1—1—2为路线方向示意图。JD_1-JD_2 的方位角用 θ_1 表示，JD_2-JD_3 的方位角用 θ_2 表示。

由图1—1—2已知，路线的转角等于后一方位角与前一方位角之差，即

$$\alpha = \theta_2 - \theta_1 \tag{1—1—1}$$

当 α 为正时表示路线右转；当 α 为负时表示路线左转。

（2）直线的数学表达式

1）若直线上有两点的坐标是已知的，则直线的数学表达式可用两点式表示，即

$$\frac{y-y_1}{y_2-y_1} = \frac{x-x_1}{x_2-x_1} \tag{1—1—2}$$

式中　x、y——直线上任意点的坐标；

x_1、y_1、x_2、y_2——直线上两已知点的坐标。

直线上任意两点间的长度：

$$\overline{JD_1-JD_2} = \sqrt{(x_2-x_1)^2+(y_2-y_1)^2} \tag{1—1—3}$$

2）直线的方向计算。路线与 x 轴的夹角：

$$\beta = \arctan \frac{|y_2 - y_1|}{|x_2 - x_1|} \qquad (1—1—4)$$

路线的方位角按下式计算，如图 1—1—3 所示为路线方位角计算简图。

第一象限：$\theta = \beta$

第二象限：$\theta = 180° - \beta$

第三象限：$\theta = 180° + \beta$

第四象限：$\theta = 360° - \beta$

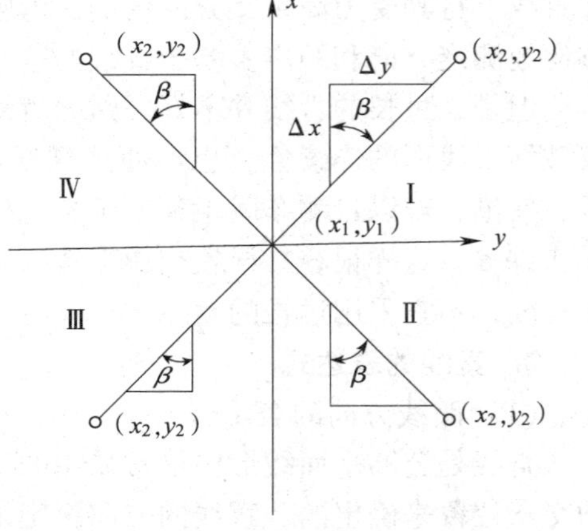

图 1—1—3　路线方位角计算简图

3）直线 L_1 与 L_2 的一般关系式。

直线 L_1：$A_1x + B_1y + C_1 = 0$

直线 L_2：$A_2x + B_2y + C_2 = 0$ 　　（1—1—5）

直线 L_1 与 L_2 的交角为：

$$\alpha = \arctan \frac{A_1B_2 - A_2B_1}{A_1A_2 + B_1B_2} \qquad (1—1—6)$$

3. 直线的设计标准

直线是平面线形中的基本线形。在设计中，过长和过短的直线都是不好的线形。因此对直线的最大长度和最小长度都应加以限制。

（1）直线的最大长度

关于直线的极限长度（最大与最小长度），从理论上求解是非常困难的，主要应根据驾驶员的视觉效果和心理上的承受能力确定，目前尚在研究中。各国都从经验出发，通过调查确定最大直线长度。如德国规定不超过 20 *V*（*V* 是设计车速，用 km/h 表示，20 *V* 相当于 72 s的行程），苏联规定为 8 km，美国为 4. 83 km。我国已建成的位于平原微丘区的十多条高速公路的直线长不超过 3. 2 km；沈大高速公路多处出现 5 ~ 8 km 的长直线，最大长度为 13 km。据国内外调查研究结果表明，最大直线长度以汽车按计算行车速度行驶 70 s 左右的距离控制为宜。

经过对不同路段，按 100 km/h 的行驶车速对驾驶员和乘客调查的心理反应和感受，有如下结果：

1）位于城市附近的公路，作为城市干道的一部分，由于路旁的高大建筑和多彩的城市风光，无论路基高低均被纳入视线范围，因此驾驶员和乘客无直线过长希望驶出的不良反应。

2）位于乡间平原区的公路，随季节和地区不同，驾驶员有不同反应。北方的冬季，景色单调，太长的直线使人的情绪受到影响。夏天时的情况稍许改善一些，但驾驶员加速行驶希望尽快驶完直线的心理仍普遍存在。

3）位于大戈壁、大草原的公路，直线长度可达数十公里，驾驶员和乘客都极度疲劳，车速远远超过设计速度。但在这种特殊的地形条件下，除了直线别无其他选择，人为设置弯道不但不能改善其单调，反而增加路线长度。

由此看来，直线的最大长度，在城镇附近或其他景色有变化的地点大于 20 *V* 是可以接受的；在景色单调的地点最好控制在 20 *V* 以内；而在特殊的地理条件下应进行特殊处理，若作某种限制是不现实的。直线的最大长度应与地形相适应，与景观相协调，不强定长直线，也不硬性设置不必要的曲线。

（2）直线的最小长度

考虑到线形的连续和驾驶的方便，相邻两曲线之间应有一定长度的直线。

1）同向曲线间的最小直线长度。

同向曲线是指两个转向相同的相邻曲线间以直线相连形成的平面线形。互相通视的同向曲线间若插以短直线，容易产生把两个曲线看成是一个曲线的错觉（见图 1—1—4），破坏了线形的连续性，易于造成驾驶操作的失误，设计中应尽量避免。由于这种线形组合所产生的缺陷来自驾驶员的错觉，因此若将两曲线拉开，也就是限制中间直线的最小长度，使对向曲线在驾驶员的视觉以外则可以避免上述缺点。大量的观测资料证明，行车速度越高，驾驶员越注视远处的目标，这个距离在数值上大约是计算行车速度 *V*（以 km/h 计）的 6 倍（以 m 计），所以同向曲线间的最小直线长度以不小于 6*V* 为宜。这种要求在车速较高的公路（*V*≥60 km/h）上宜尽可能保证，而对于低速公路（*V*≤40 km/h），则以 *V* 的 2 倍为宜。在受到条件限制时，宜在同向曲线间插入大半径曲线，或将两曲线作成复曲线、卵形曲线或 C 形曲线。

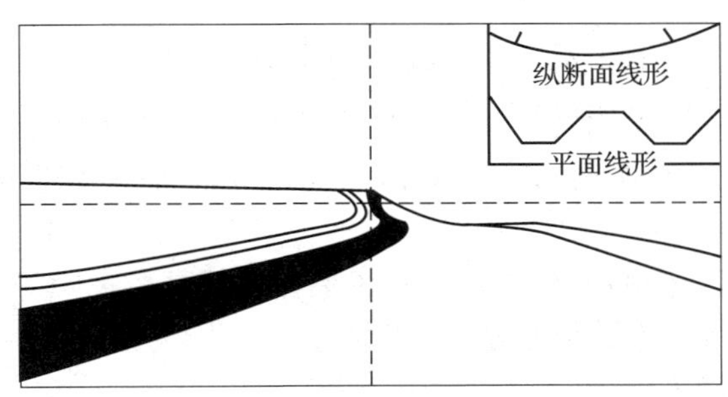

图 1—1—4　同向曲线间插入短直线的视图

2）反向曲线间的最小直线长度。

反向曲线是指两个转向相反的相邻曲线间以直线相连形成的平面线形。两相反圆曲线之间，考虑到为设置超高和加宽缓和的需要，以及驾驶员转向操作的需要，其间的最小直线长度（以 m 计）以不小于计算行车速度（以 km/h 计）的 2 倍为宜。当直线两端设有缓和曲线时，可直接相连构成 S 形曲线，即两个反向圆曲线用缓和曲线直接相连。

三、四级公路上，两相邻反向曲线无超高、无加宽时，可径向衔接；无超高有加宽时，中间应设有长度不小于 10 m 的加宽缓和段。工程特殊困难的山岭重丘区，三、四公路设置超高时，中间直线长度不得小于 15 m。

3）相邻回头曲线间的最小直线长度。

回头曲线是指山区公路为克服高差在同一坡面上回头展线时所采用的曲线。两回头曲线间，前一个回头曲线的终点到后一个回头曲线起点的距离，在二、三、四级公路上应分别不小于 200 m、150 m 和 100 m。

4. 直线的运用

（1）下述路段可采用直线线形：

1）不受地形、地物限制的平坦地区或山间的开阔谷地。

2）市镇及其近郊，或规划方正的农耕区等以直线条为主的地区。

3）长的桥梁、隧道等构造物路段。

4）路线交叉点及其前后。

5）双车道公路提供超车的路段。

（2）当采用长的直线形时，为弥补景观单调的缺陷，应结合沿线具体情况采取相应的技术措施并注意下述问题：

1）在长直线上纵坡不宜过大，因为长直线再加下陡坡行驶更易导致超速行驶。

2）长直线与大半径凹形竖曲线组合为宜，这样可以使生硬呆板的直线得到一些缓和，如图 1—1—5 所示，但应注意控制凹曲线底部的行车速度。

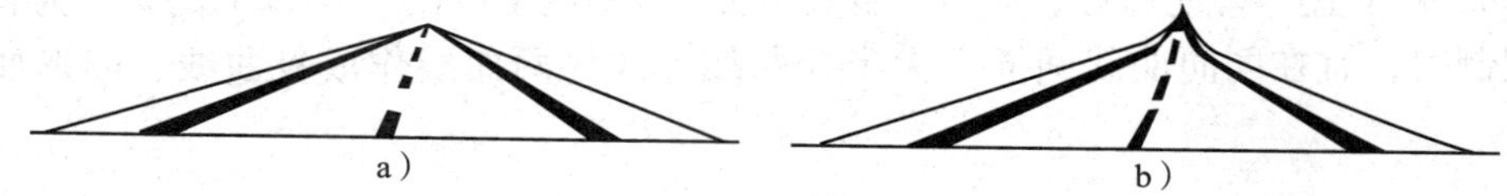

图 1—1—5　长直线与纵断面的不同组合

a）长直线与直坡组合　b）长直线与凹形竖曲线组合

3）公路两侧地形过于空旷时，宜采取植不同树或设置一些建筑雕塑及广告牌等措施，以改善单调的景观。

4）长直线或长下坡尽头的平曲线，除曲线半径、超高、视距等必须符合规定外，还必须采取设置标志、增加路面抗滑能力等安全措施。

（3）直线与曲线比例关系。

顺着自然地形平滑的线形比以直线为主而填挖方多的线形在美观上要好，可以避免由于修建公路而破坏沿线生态环境，从保护自然、节约施工、工程费用、养护费用、劳力的角度来讲都是较好的。但有意地采用曲线连接的线形会使驾驶员操纵紧张而积累疲劳，而且多数车辆在曲线上往往并不严格按车道有秩序行车，所以，曲线相连的线形尽管比较美观，但也不应该刻意地、不切合实际地追求。

公路线形是在已有自然条件的基础上进行布置的，应该注意的是采用与自然地形条件相协调的线形，而不是多采用直线或是刻意追求由连续的曲线构成，也就是说不要强求曲线占全线的比例。

三、圆曲线

各级公路和城市公路不论转角大小均应设置平曲线，而圆曲线是平面线形中的主要组成部分。在平面线形中的单曲线、复曲线、虚交点曲线和回头曲线等，一般都包括圆曲线。圆曲线（见图 1—1—6）由于具有与地形适应性强、可循性好、线形美观和易于测设等优点，使用十分普遍。

图 1—1—6　圆曲线

1．圆曲线的计算公式及其影响因素

（1）圆曲线最小半径的理论公式

$$R=\frac{V^2}{127(\mu \pm i_h)} \tag{1—1—7}$$

式中　V——各级公路的计算行车速度，km/h；

μ——最大横向力系数；

i_h——路拱横向坡度，以小数计。

从上式可知，圆曲线半径越大，横向力系数就越小，汽车就越稳定。所以从汽车行驶稳定性出发，圆曲线半径越大越好。但有时因受地形、地质、地物等因素的限制，圆曲线半径不可能设置得很大，往往会采用小半径的圆曲线，这时如果半径选用得太小，又会使汽车行驶不安全，甚至翻车。所以必须综合考虑汽车安全、迅速、舒适和经济，并兼顾美观，使确定的最小半径能满足某种程度的行车要求。这种最起码的半径数值，就是圆曲线的最小半径限制值。《公路工程技术标准》根据各级公路的不同要求，规定了圆曲线的最小半径有三类：极限最小半径、一般最小半径和不设超高的最小半径。其中极限最小半径主要满足行车安全，适当考虑舒适性；一般最小半径已具有较好的安全性和舒适性；不设超高的最小半径是考虑即使不设超高也能保证其安全性和舒适性。

（2）横向力系数 μ 值的确定

在一定车速 V 的条件下，要满足三类最小半径不同的安全性和舒适性要求，关键在于横向力系数 μ 值的合理确定。

1）行车安全性分析。汽车在弯道上安全行驶的必要条件是轮胎不会在路面上产生滑移，即要求横向力系数 μ 要小于或等于轮胎与路面间的横向摩阻系数 φ，即

$$\mu \leqslant \varphi \tag{1—1—8}$$

式中，φ 为轮胎与路面的横向摩阻系数，它与路面的粗糙程度和潮湿泥泞程度，轮胎花纹和气压，车速与荷载都有关系。

2）舒适性分析。根据国内外大量资料分析，乘客随μ值的变化的心理反应如下：

当$\mu<0.10$时，不感到有曲线存在，很平稳，近似于在直线上行驶；

当$\mu=0.15$时，感到有曲线存在，但尚感平稳；

当$\mu=0.20$时，感到有曲线存在，略感不平稳；

当$\mu=0.35$时，感到明显不平稳；

当$\mu>0.40$时，感到非常不平稳，有倾倒的危险感。

由此可知，从乘客的舒适性出发，μ值以不超过0.10为宜，最大不超过0.20。

3）经济性分析。在确定μ值时，还应考虑汽车运营的经济性。根据试验分析，汽车在弯道上行驶与直线相比，存在着以下关系，见表1—1—1。

表1—1—1　实测燃料消耗和轮胎磨损

横向力系数μ	燃料消耗（%）	轮胎磨损（%）
0	100	100
0.10	110	220
0.15	115	300
0.20	120	390

综上分析，μ的大小与行车安全、经济与舒适等密切相关。因此，μ值的选用应根据行车速度、圆曲线半径及超高横坡度的大小，在合理的范围内选择。

2．圆曲线最小半径的确定

（1）极限最小半径

极限最小半径是路线设计中各级公路所能允许的极限值，其μ值的选用主要满足安全要求，兼顾舒适性，因此在非特殊困难的情况下，一般不轻易采用。

极限最小半径可按下式计算：

$$R_{min}=\frac{V^2}{127(\mu_{max}+i_{max})} \tag{1—1—9}$$

式中　R_{min}——极限最小半径，m；

μ_{max}——极限最小半径所对应的横向力系数，见表1—1—2；

i_{max}——最大超高横坡度，见表1—1—2。

表1—1—2　极限最小半径对应的横向力系数及最大超高横坡度取用表

设计速度V（km/h）	120	100	80	60	40	30	20
μ_{max}	0.10	0.11	0.12	0.13	0.14	0.15	0.16
i_{max}（%）	8	8	8	8	8	8	8

（2）一般最小半径

为避免在路线设计时只考虑节约投资，不考虑线形的整体协调和为了今后提高公路等级而过多采用极限最小半径的片面倾向，同时也要考虑在地形比较复杂的情况下不会过多地增加工程量，而且也具有充分的舒适感，为此，《公路工程技术标准》规定了“一般最小半径”。一般最小半径可按下式计算：

$$R_{一般} = \frac{V^2}{127(\mu_{一般} + i_b)} \tag{1—1—10}$$

式中 $R_{一般}$——一般最小半径，m；

i_b——路拱超高横坡度，见表 1—1—3；

$\mu_{一般}$——一般最小半径所对应的横向力系数，见表 1—1—3。

表 1—1—3　一般最小半径对应的横向力系数及路拱超高横坡度取用表

设计速度 V（km/h）	120	100	80	60	40	30	20
$\mu_{一般}$	0.05	0.05	0.06	0.06	0.06	0.05	0.05
i_b（%）	6	6	7	8	7	6	6

（3）不设超高的最小半径

当路面不设超高时，路拱为双向横坡度，与直线段的路拱横坡度相同，当路线某一半径大于一定值时，即使汽车在圆曲线外侧行驶也能获得足够的安全性和很好的舒适性。不设超高的最小圆曲线半径可按下式计算：

$$R_{免} = \frac{V^2}{127(\mu_{免} - i_1)} \tag{1—1—11}$$

式中 $R_{免}$——不设超高的最小半径，m；

i_1——路拱横坡度，二级及以上等级公路时，取 $i_1 = 0.01 \sim 0.02$，二级以下公路时，取 $i_1 = 0.03 \sim 0.04$；

$\mu_{免}$——不设超高的横向力系数，一般取 $\mu_{免} = 0.035 \sim 0.06$。

根据公式计算并结合我国的具体情况，《公路工程技术标准》规定了各级公路的圆曲线最小半径，见表 1—1—4。

表 1—1—4　各级公路的圆曲线最小半径

设计速度 V（km/h）		120	100	80	60	40	30	20
一般值（m）		1 000	700	400	200	100	65	30
极限值（m）		650	400	250	125	60	30	15
不设超高的最小半径（m）	路拱小于或等于 2.0%	5 500	4 000	2 500	1 500	600	350	150
	路拱大于 2.0%	7 500	5 250	3 350	1 900	800	450	200

（4）确定最小半径时考虑的要素

以上三种圆曲线最小半径在具体应用时，应考虑以下几方面的要求：

1）选用圆曲线半径时，应与设计速度相适应，并应尽可能选用较大的圆曲线半径。

2）一般情况下尽量选用大于或等于一般最小半径的值，只有受地形限制及其他特殊困难时，才可采用极限最小半径。

3）桥位处两端设置圆曲线时，一般大于一般最小半径。

4）隧道内必须设置圆曲线时，应大于不设超高的最小半径。

5）长直线或陡坡尽头，不得采用小半径圆曲线。

6）不论偏角大小，均应设置圆曲线。

7）改建公路工程中利用现有公路路段，设计速度为 40 km/h 的最小曲线半径可为 50 m；设计速度为 30 km/h 的最小曲线半径可为 25 m。

8）半径过大也无实际意义，故一般宜小于 10 000 m。

四、缓和曲线

缓和曲线是公路平面线形要素之一，它是设置在直线与圆曲线之间或半径相差较大的两个转向相同的圆曲线之间的一种曲率连续变化的曲线。《公路工程技术标准》规定，除四级路可不设缓和曲线外，其余各级公路都应设置缓和曲线。在现代高速公路上，有时缓和曲线所占的比例甚至超过了直线和圆曲线，成为平面线形的主要组成部分。在城市公路上，缓和曲线也被广泛地使用。下面就缓和曲线的性质、参数、长度、设计方法等加以讨论。

1. 缓和曲线的作用与性质

（1）缓和曲线的作用

1）曲率连续变化，便于车辆行驶。

汽车在转弯行驶的过程中，存在一条曲率连续变化的轨迹线，无论车速高低这条轨迹线都是客观存在的，它的形式和长度则随行驶速度、曲率半径和司机转动方向盘的快慢而定。在低速行驶时，司机尚可利用路面的富余宽度在一定程度上把汽车保持在车道范围之内，缓和曲线似乎没有必要，但在高速行驶或曲率急变时，汽车则有可能超越自己的车道驶出一条很长的过渡性的轨迹线。从安全的角度出发，有必要设置一条驾驶者易于遵循的路线，使车辆在进入或离开圆曲线时不致侵入邻近的车道。

2）离心加速度逐渐变化，旅客感觉舒适。

汽车行驶在曲线上产生离心力，离心力的大小与圆曲线的曲率成正比。汽车由直线驶入圆曲线或由圆曲线驶入直线时，由于曲率的突变会使乘客有不舒适的感觉，因此应在曲率不同的两曲线之间设置一条过渡性的曲线以缓和离心力的变化。

3）超高横坡度逐渐变化，行车更加平稳。

行车道从直线上的双坡断面过渡到圆曲线上的单坡断面和由直线上的正常宽度过渡到圆曲线上的加宽宽度，一般情况下都是在缓和曲线长度内完成的。为避免车辆在这一过渡行驶中急剧地左右摇摆，并保证路容的美观，设置一定长度的缓和曲线也是必要的。

4）与圆曲线配合得当，增加线形美观。

圆曲线与直线径向连接，在连接处曲率突变，在视觉上有不平顺的感觉。设置缓和曲线以后，线形连续圆滑，增加线形的美观。同时从外观上看也感到安全，收到显著效果。

(2) 缓和曲线的性质

考察汽车由直线进入圆曲线的行驶轨迹，假定汽车是等速行驶，司机匀速转动方向盘，则汽车的行驶轨迹可近似推算出来。

当方向盘转动角度为 φ 时，前轮相应转动角度为 Φ。它们之间的关系为：

$$\Phi = k\varphi \tag{1—1—12}$$

式中，k 为小于 1 的系数，而 φ 是在 t 时间后方向盘转动的角度。

即

$$\varphi = \omega t \tag{1—1—13}$$

式中　ω——方向盘转动的角速度，rad/s；

　　t——行驶时间，s。

此时汽车前轮的转向角为：

$$\Phi = k\omega t \tag{1—1—14}$$

设汽车前后轮轴距为 d，前轮转动 Φ 后，汽车的行驶轨迹曲线半径为 r，由图 1—1—7 可知：

$$r = \frac{d}{\tan\Phi}$$

由于 Φ 很小，可以近似地写为：

$$r \approx \frac{d}{\Phi} = \frac{d}{k\omega t} \tag{1—1—15}$$

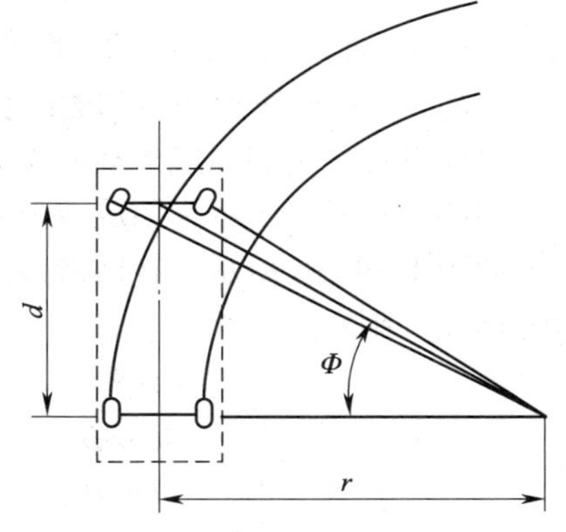

图 1—1—7　汽车的转弯行驶

汽车以 v（m/s）等速行驶，经时间 t（s）以后，其行驶距离（弧长）为 l：

$$l = vt \tag{1—1—16}$$

由式（1—1—15）得：

$$t = \frac{d}{k\omega r}$$

代入式（1—1—16）得：

$$l \approx v\frac{d}{k\omega r} \tag{1—1—17}$$

式中，v、d、k、ω 均为常数，令 $\frac{vd}{k\omega} \approx C$，

则

$$l = \frac{C}{r}$$

或

$$rl = C \tag{1—1—18}$$

式中　l——汽车自直线终点开始转弯，经时间 t（s）后行驶的距离，m；

　　r——汽车行驶时间 t 后在 l 处的曲率半径，m；

　　C——常数。

以上推证说明，汽车匀速从直线进入圆曲线（或从圆曲线进入直线）时，其行驶轨迹的弧长与曲线的曲率半径的乘积为一常数。这一性质与数学上的回旋线正好相符。

2. 回旋线作为缓和曲线

(1) 回旋线的数学表达式

回旋线是公路路线设计中最常用的一种缓和曲线。我国《公路工程技术标准》规定缓和曲线采用回旋线。回旋线的基本公式为：

$$rl = A^2 \tag{1—1—19}$$

式中 r——回旋线上某点的曲率半径，m；

l——回旋线上某点到原点的曲线长度，m；

A——回旋线的参数。

由于 rl 的单位是长度的二次方（m^2），为使量纲一致，因此令轨迹曲线式（1—1—19）中的常数 $C=A^2$，A 表征回旋线曲率变化的缓急程度。在回旋线的任意点上，r 是随 l 的变化而变化的，但在缓和曲线的终点处，$l=L_s$，$r=R$，则 $RL_s=A^2$，即

$$A = \sqrt{RL_s} \tag{1—1—20}$$

式中 R——回旋线所连接的圆曲线半径，m；

L_s——回旋线形的缓和曲线长度，m。

只要设计选定圆曲线半径和缓和曲线长度，回旋线参数就确定了。

如图 1—1—8 所示为回旋线及其应用情况。

如图 1—1—8 所示，在回旋线上任一点 P 取微分单元，则有

$$dl = r d\beta$$

$$dx = dl\cos\beta \tag{1—1—21}$$

$$dy = dl\sin\beta \tag{1—1—22}$$

将 $rl=A^2$ 代入得：$dl=\dfrac{A^2}{l}d\beta$

当 $l=0$ 时，$\beta=0$，$ldl=A^2d\beta$

积分得：$l^2=2A^2\beta$，$\beta=\dfrac{l^2}{2A^2}$

以 $rl=A^2$ 代入得：$r=\dfrac{A}{\sqrt{2\beta}}$

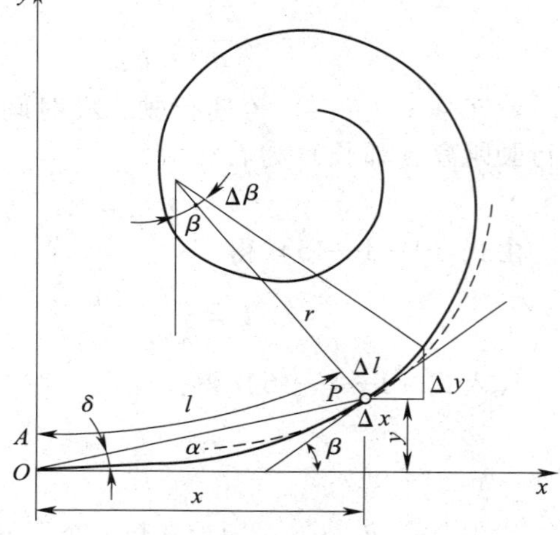

图 1—1—8 回旋线及其应用

再代入式（1—1—21）、式（1—1—22）得：

$$dx = \frac{A}{\sqrt{2\beta}}\cos\beta\, d\beta \tag{1—1—23}$$

$$dy = \frac{A}{\sqrt{2\beta}}\sin\beta\, d\beta \tag{1—1—24}$$

将上式积分并将 $\sin\beta$、$\cos\beta$ 用级数展开整理，即得用参数 r 和 l 表示的回旋线直角坐标方程：

$$x = l - \frac{l^3}{40r^2} + \frac{l^5}{3\,456r^4} - \cdots = l - \frac{l^5}{40R^2L_s^2} + \frac{l^9}{3\,456R^4L_s^4} - \cdots \tag{1—1—25}$$

$$y = \frac{l^2}{6r} - \frac{l^4}{336r^3} + \frac{l^6}{42\,240r^5} - \cdots = \frac{l^3}{6RL_s} - \frac{l^7}{336R^3L_s^3} + \frac{l^{11}}{42\,240R^5L_s^5} - \cdots \tag{1—1—26}$$

式中 r——任意点的曲率半径；

l——任意点到缓和曲线起点的弧长，m；

R——缓和曲线所连接的圆曲线半径，m；

L_s——缓和曲线长度，m。

（2）有缓和曲线的公路平曲线几何元素

如图 1—1—9 所示，公路平面线形的基本组成是：直线—回旋线—圆曲线—回旋线—直线，其几何元素的计算公式如下：

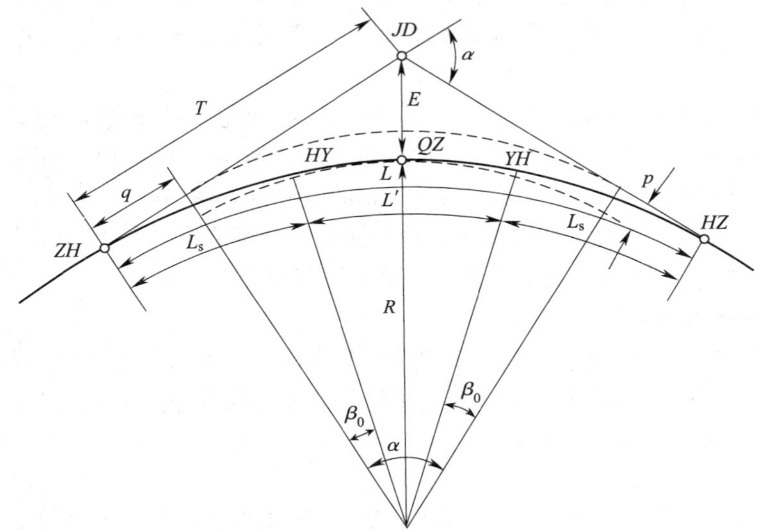

图 1—1—9　平曲线

$$q = \frac{L_s}{2} - \frac{L_s^3}{240R^2} \tag{1—1—27}$$

$$p = \frac{L_s^2}{24R} - \frac{L_s^4}{2\,384R^3} \tag{1—1—28}$$

$$\beta_0 = 28.647\,9\frac{L_s}{R} \tag{1—1—29}$$

$$T = (R + p)\tan\frac{\alpha}{2} + q \tag{1—1—30}$$

$$L = (\alpha - 2\beta_0)\frac{\pi}{180}R + 2L_s = \frac{\pi}{180}\alpha R + L_s \tag{1—1—31}$$

$$E = (R + p)\sec\frac{\alpha}{2} - R \tag{1—1—32}$$

$$J = 2T - L \tag{1—1—33}$$

用切线支距法敷设回旋线的公式如式（1—1—25）和式（1—1—26），用切线支距法敷设带有回旋线的圆曲线公式：

$$x = q + R\sin\varphi_m \tag{1—1—34}$$

$$y = p + R(1 - \cos\varphi_m) \tag{1—1—35}$$

式中　$\varphi_m = 28.6479\left(\dfrac{2l_m + L_s}{R}\right)$，（°）；

l_m——圆曲线上任意点 m 至缓和曲线终点的弧长，m。

（3）回旋线的相似性

回旋线的曲率是连续变化的，而且其曲率的变化与曲线长度的变化呈线性关系。为此，可以认为回旋线的形状只有一种，只需改变参数 A 就能得到不同大小的回旋线，A 相当于回旋线的放大系数。回旋线的这种相似性对于简化其几何要素的计算和编制曲线表很有用处。

$A=1$ 时的回旋线称为单位回旋曲线。根据相似性，可由单位回旋线要素计算任意回旋线的要素。在各要素中，又分长度要素（如切线长、曲线长、内移值、直角坐标等）和非长度要素（如缓和曲线角、弦偏角等）两类，它们的计算方法为：

回旋线长度要素 = 单位回旋线长度要素 × A

回旋线非长度要素 = 单位回旋线非长度要素

3. 缓和曲线的最小长度

汽车在缓和曲线上行驶时，要有足够的缓和曲线长度，以保证驾驶员操纵方向盘所需的时间、限制离心加速度的增长率及满足设置超高与加宽过渡等的要求。所以，应规定缓和曲线的最小长度。可从以下几方面考虑：

（1）旅客感觉舒适

汽车行驶在缓和曲线上，其离心加速度将随着缓和曲线曲率的变化而变化，若变化过快，则会使旅客有不舒适的感觉。

离心加速度的变化率：

$$\alpha_s = \frac{a}{t} = \frac{v^2}{Rt}$$

在等速行驶的情况下，$t = \dfrac{L_s}{v}$，此时

$$\alpha_s = \frac{v^3}{RL_s}$$

则

$$L_s = \frac{v^3}{R\alpha_s}$$

设计中可根据实际情况选用不同的 α_s，则可得出在一定车速和一定圆曲线半径下的最小缓和曲线长度。α_s 采用值各国不一致。对缓和曲线的设置，铁路比公路早。铁路上采用 $\alpha_s \leqslant 0.3$（单位为 m/s^3，1 ft/s^3），公路上参考这一规定建议 $\alpha_s \leqslant 0.6$。于是缓和曲线最小长度公式为：

$$L_{s,\min} = 0.0214\frac{V^3}{R\alpha_s} \quad (1—1—36)$$

式中 V——汽车行驶速度，km/h。

(2) 超高渐变率适中

由于缓和曲线上设有超高缓和段，如果缓和段太短，就会因路面急剧地由双坡变为单坡而形成一种扭曲的面，对行车和路容均不利。

在超高过渡段上，路面外侧逐渐抬高，从而形成一个“附加坡度”，当圆曲线上的超高值一定时，这个附加坡度就取决于缓和段长度。附加坡度，或称超高渐变率，太大和太小都不好，太大对行车不利，太小对排水不利。《公路路线设计规范》规定了适中的超高渐变率，由此可导出计算缓和段最小长度的公式：

$$L_{s,\min} = \frac{B\Delta i}{p} \quad (1—1—37)$$

式中 B——旋转轴至行车道（设路缘带时为路缘带）外侧边缘的宽度，m；

Δi——超高坡度与路拱坡度代数差，%；

p——超高渐变率，即旋转轴线与行车道外侧边缘线之间的相对坡度。

(3) 行驶时间不宜过短

缓和曲线不管其参数如何，都不可使车辆在缓和曲线上的行驶时间过短而使司机驾驶操纵过于匆忙。一般认为汽车在缓和曲线上的行驶时间至少应有 3 s，于是

$$L_{s,\min} = \frac{V}{1.2} \quad (1—1—38)$$

考虑上述影响缓和曲线长度的各项因素，《公路工程技术标准》制定了各级公路的缓和曲线最小长度，见表 1—1—5。《城市道路工程设计规范》（CJJ 37—2012）制定了城市公路的缓和曲线最小长度，见表 1—1—6。

表 1—1—5　各级公路的缓和曲线最小长度

设计速度（km/h）		120	100	80	60	40	30	20
缓和曲线最小长度（m）	一般值	130	120	100	80	50	40	25
	最小值	100	85	70	60	40	30	20

表 1—1—6　城市公路的缓和曲线最小长度

设计速度（km/h）	80	60	40	30	20
缓和曲线最小长度（m）	70	50	45	25	20

4. 回旋线参数 A 的确定

在设计中 A 的值是根据线形顺适和美观的要求，按圆曲线半径 R 值的大小来具体确定的。

从视觉要求出发，当缓和曲线很短使缓和曲线角 β 小于 3°时，则缓和曲线极不明显，在视觉上容易被忽略。但是，当缓和曲线过长使 β 大于 29°时，圆曲线与缓和曲线不能很好协调。

因此，从适宜的缓和曲线角 $\beta = 3° \sim 29°$ 这一区间可以推导出合适的 A 值，大致有下面的关系：

$$\frac{R}{3} \leqslant A \leqslant R \tag{1—1—39}$$

不过上述关系只适用 R 在某种范围之间。经验证明，当 R 在 100 m 左右时，通常取 $A = R$；当 R 小于 100 m，则选择 $A \geqslant R$。反之，当圆曲线半径较大时，可选择 A 在 $R/3$ 左右，如 R 超过了 3 000 m，即使 $A < R/3$，在视觉上也是没有问题的。当然，缓和曲线长度和回旋线参数的确定还必须考虑地形、排水和中间所夹圆曲线长度等因素。当限制较严时，方可选用极限值。

5. 缓和曲线的省略

《公路工程技术标准》规定，在下列情况下可不设缓和曲线：

（1）在直线和圆曲线间，当圆曲线半径大于或等于《公路工程技术标准》规定的“不设超高的最小半径”时可省略缓和曲线。

（2）四级公路无论圆曲线半径大小是多少都可不考虑设计缓和曲线。

（3）半径不同的同向圆曲线径向连接处，符合下列条件时可以不设缓和曲线。

1）半径不同的同向圆曲线间，当小圆半径大于或等于“不设超高的最小半径”时，直线与圆曲线间和大圆与小圆间均不设缓和曲线。

2）小圆半径大于表 1—1—7 中所列临界半径，且符合下列条件之一时，大圆与小圆间不设缓和曲线：

①小圆曲线按规定设置相当于最小回旋线长的回旋线时，其大圆与小圆的内移值之差不超过 0. 10 m。

②计算行车速度大于或等于 80 km/h 时，大圆半径（R_1）与小圆半径（R_2）之比小于 1. 5。

③计算行车速度小于 80 km/h 时，大圆半径（R_1）与小圆半径（R_2）之比小于 2。

表 1—1—7　　复曲线中的小圆临界半径

公路等级	高速公路			一级公路			二级公路		三级公路	
计算行车速度（km/h）	120	100	80	100	80	60	80	60	40	30
临界半径（m）	2 100	1 500	900	1 500	900	500	900	500	250	130

1. 试述公路平、纵、横三剖面定义及公路线形的三要素是什么？

2. 已知平面上四点坐标 A（100，100）、B（100，400）、C（400，300）、D（400，100），求 AC、BD 两直线的数学方程和夹角。

3. 试述直线长度的限制理由和设计标准。

4. 圆曲线的线形特征有哪些？

5. 缓和曲线的长度和参数由哪些因素决定？

6. 某平原微丘三级公路，路线偏角 $\alpha=30°30'30''$，取半径 $R=280$ m，缓和曲线长 $l_h=70$ m，求曲线要素和距缓和曲线起点 20 m、50 m、70 m 处的直角坐标。

课题二　平面线形的组合设计

◆ 了解公路平面线形设计的一般原则。

◆ 掌握平面线形要素的组合类型及特点。

一、平曲线形设计一般原则

1. 平面线形应直捷、连续、顺适，并与地形、地物相适应，与周围环境相协调

在地势平坦开阔的平原微丘区，路线直捷舒顺，在平面线形三要素中直线所占比例较大。而在地势有很大起伏的山岭和重丘区，路线则多弯曲，曲线所占比例较大。可以设想，如果在没有任何障碍物的开阔地区（如戈壁、草原）故意设置一些不必要的弯道或者在高低起伏的山地硬拉长直线，都将给人以不协调的感觉。路线要与地形相适应，这既是美学问题，也是经济问题和保护生态环境的问题。直线、圆曲线、回旋线的选用与合理组合取决于地形、地物等具体条件，片面强调路线要以直线为主或以曲线为主，或人为规定三者的比例都是错误的。

2. 行驶力学上的要求是基本的，高速路对视觉和心理上的要求应尽量满足

各级公路对于行驶力学的要求必须保证，计算行车速度大于或等于 60 km/h 的公路对于视觉和心理上的要求应尽量满足。

高速公路、一级公路以及计算行车速度大于或等于 60 km/h 的公路，应注重立体线形设计，尽量做到线形连续、指标均衡、视觉良好、景观协调、安全舒适。计算行车速度越高，线形设计所考虑的因素越应周全。

计算行车速度小于 40 km/h 的公路，首先应在保证行车安全的前提下，正确地运用平面线形要素最小值，在条件允许不过多增加工程量的情况下力求做到各种线形要素的合理组合，并尽量避免和减少不利的组合，以期充分发挥投资效益。

3. 保持平面线形的均衡与连贯（技术指标的均衡与连续性）

为使一条公路上的车辆尽量以均匀的速度行驶，应注意各线形要素保持连续性而不出现技术指标的突变，以下几点在设计时应十分注意：

（1）长直线尽头不能接小半径曲线。长的直线和长的大半径曲线会导致较高的车速，若突然出现小半径曲线，则会因减速不及而造成事故，特别是在下坡方向的尽头更要注意。若由于地形所限小半径曲线难免时，则中间应插入中等曲率的过渡性曲线，并使纵坡不要过大。

（2）高、低标准之间要有过渡。同一等级的公路由于地形的变化在指标的采用上也会有变化，或同一条公路按不同计算行车速度的各设计路段之间也会形成技术标准的变化。遇有这种高、低标准变化的路段，除满足有关设计路段在长度和梯度上的要求外，还应结合地形的变化，使路线的平面线形指标逐渐过渡，避免出现突变。不同标准的路段相互衔接的地点，应选在交通量发生变化处，或者驾驶者能够明显判断前方需要改变行车速度的地方。

4. 应避免连续急弯的线形

这种线形给驾驶者造成不便，给乘客的舒适也带来不良影响。设计时可在曲线间插入足够长的直线或回旋线。

5. 平曲线应有足够的长度

平曲线太短，汽车在曲线上行驶时间过短，会使驾驶操纵来不及调整，所以《公路路线设计规范》规定了平曲线（包括圆曲线及其两端的缓和曲线）长度的一般值，见表1—2—1。当地形条件及其他特殊情况限制时，可采用表1—2—1中的最小值。

表1—2—1　　平曲线长度

设计车速（km/h）		120	100	80	60	40	30	20
平曲线长度（m）	一般值	600	500	400	300	200	150	100
	最小值	200	170	140	100	70	50	40

公路弯道在一般情况下是由两段缓和曲线（或超高、加宽缓和段）和一段圆曲线组成。缓和曲线（一般采用回旋线）的长度不能小于该级公路对其最小长度的规定；中间圆曲线的长度也宜有大于3 s的行程。当条件受限时，可将缓和曲线在曲率相等处直接连接，此时的圆曲线长度等于零，如凸形曲线。

当路线交点转角很小时，驾驶员在高速行车中会把平曲线的长度看得比实际的小，产生路线急转弯的错觉，这种错觉在偏角越小时越明显。一般认为，当路线偏角小于7°时属于小偏角的范畴，对小偏角的弯道应设置较长的平曲线长度，其长度应大于表1—2—2中规定的一般值，但受地形或其他特殊情况制约时，可减短至表中的最小值。

表 1—2—2　　公路转角小于或等于 7°时的平曲线长度

设计车速（km/h）	120	100	80	60	40	30	20
平曲线长度（m）	1 400/θ	1 200/θ	1 000/θ	700/θ	500/θ	350/θ	280/θ

注：表中 θ 为路线转角值（°），当 $\theta<2°$时，按 2°计算。

二、平面线形要素的组合类型

平面线形由直线、圆曲线、缓和曲线三要素组成，为适应不同的地形条件，可组合成不同的组合线形，为满足行车的力学和公路景观要求，不同的线形组合应满足一定的几何标准。平面线形组合形式主要有基本形、S 形、卵形、凸形、复合形、C 形六种。

1. 基本形

平面线形的基本形是指平曲线部分按直线—回旋线—圆曲线—回旋线—直线的顺序组合的形式，如图 1—2—1 所示。基本形中的回旋参数、圆曲线最小长度都应符合有关规定。从线形的协调与美观角度上看，宜将回旋线—圆曲线—回旋线的长度之比尽量设计成 1∶1∶1 或大致接近。

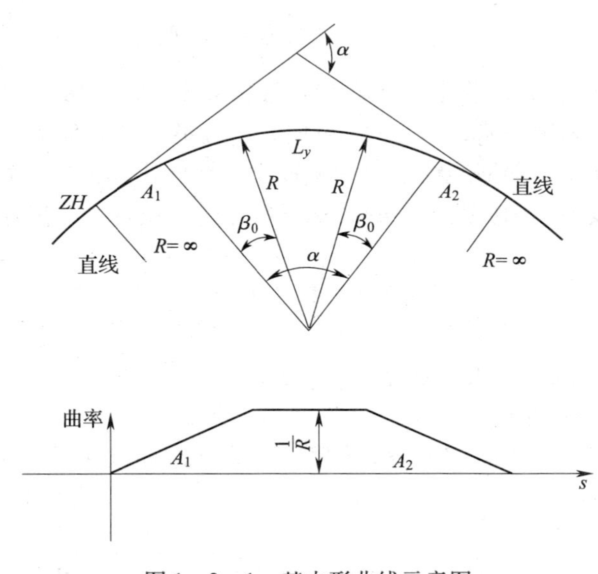

图 1—2—1　基本形曲线示意图

当左、右两缓和曲线参数 $A_1=A_2$ 时称为对称基本形曲线，回旋线参数应在下述范围中取值：

$$R/3 \leqslant A \leqslant R \qquad (1—2—1)$$

式中　A——回旋参数；

R——与回旋线相连接的圆曲线半径，m。

当 R 接近 100 m 时，取 $A=R$；当 $R<100$ m 时，取 $A\geqslant R$。

当 R 较大或接近于 3 000 m 时，取 $A=R/3$；当 $R>3\ 000$ m 时，取 $A<R/3$。

当左、右两缓和曲线参数 $A_1 \neq A_2$ 时称为不对称基本形曲线，此时回旋线参数应满足：$A_1 : A_2 \leqslant 2$。

2. S 形

S 形是指两个反向圆曲线用两段反向回旋线连接的组合形式，如图 1—2—2 所示。

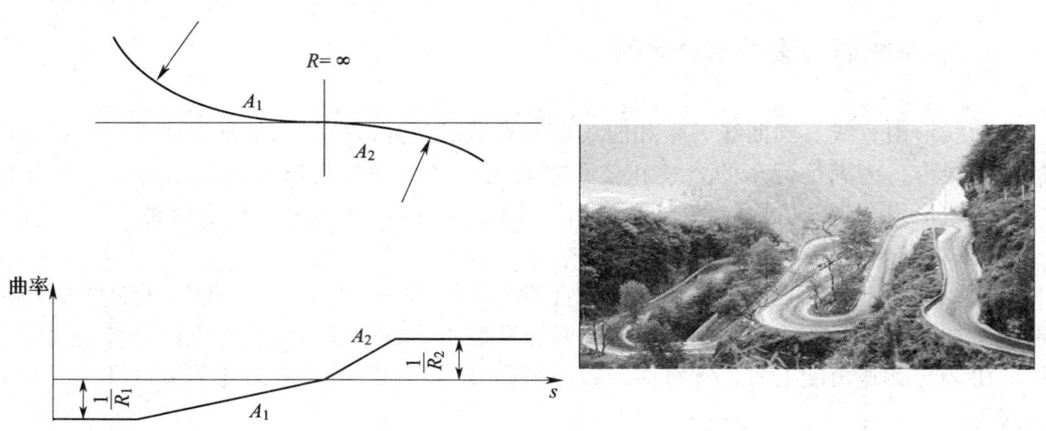

图 1—2—2　S 形曲线示意图

两个回旋线参数 A_1 与 A_2 宜相等。当采用不同的参数时，A_1 与 A_2 之比应小于 2.0，有条件时以小于 1.5 为宜。高速公路，当 $A_2 \leqslant 200$ 时，A_1 应不大于 1.5 倍的 A_2。

在 S 形曲线上，两个反向回旋线之间不设直线，是行驶力学上所希望的。当地形条件限制而必须插入短直线或当两圆曲线的回旋线相互重合时，短直线或重合段的长度应符合下式要求：

$$l \leqslant \frac{A_1 + A_2}{40} \tag{1—2—2}$$

式中　l——反向回旋线间短直线或重合段的长度，m；

A_1、A_2——回旋线参数。

两圆曲线以半径之比 $R_1/R_2 = 1 \sim 1/2$ 为宜。R_1 为小圆曲线半径（m），R_2 为大圆曲线半径（m）。

3. 卵形

卵形是指用一个回旋线连接两个同向圆曲线的组合形式，如图 1—2—3 所示。

如图 1—2—3 所示：卵形按直线—缓和曲线（A_1）—圆曲线（R_1）—缓和曲线（A_f）—圆曲线（R_2）—缓和曲线（A_2）—直线的顺序组合而成。该组合线形用于除四级公路以外的其他各级公路中；当 l_f 和 l_h 的省略条件均不满足时采用。

卵形曲线要求大圆能完全包住小圆，如果大圆半径为无穷大，它就是直线，而回到基本形。所以卵形曲线可以认为是具有基本形式的一般线形。不过卵形的回旋曲线 l_f，不是从回旋线的原点开始，而是使用回旋线中曲率从 $1/R_1$ 至 $1/R_2$ 这一段。

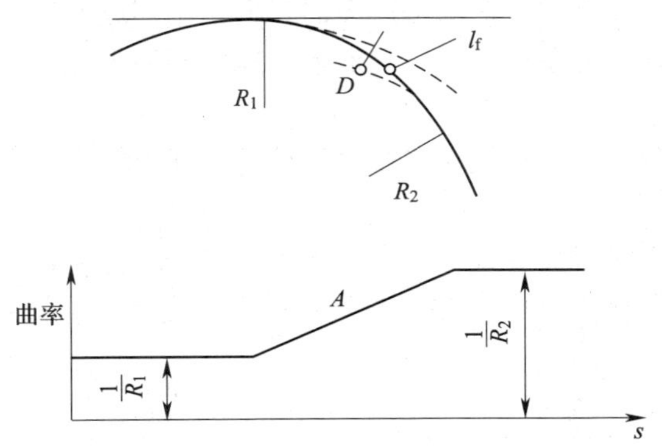

图 1—2—3　卵形曲线示意图

卵形回旋线参数 A_f 不应小于该级公路关于回旋线最小参数的规定，同时宜在下列界限之内：$R_2/2 \leqslant A_f \leqslant R_2$

两圆曲线半径之比宜在下列界限之内：$0.2 \leqslant R_2/R_1 \leqslant 0.8$。

两圆曲线的间距宜在下列界限之内：$0.003 \leqslant D/R_2 \leqslant 0.03$。

式中　D——两圆曲线最小横向间距，m。

4. 凸形

凸形是指在两个同向回旋线间不插入圆曲线而径向衔接的组合形式（圆曲线长度为零），如图 1—2—4 所示。

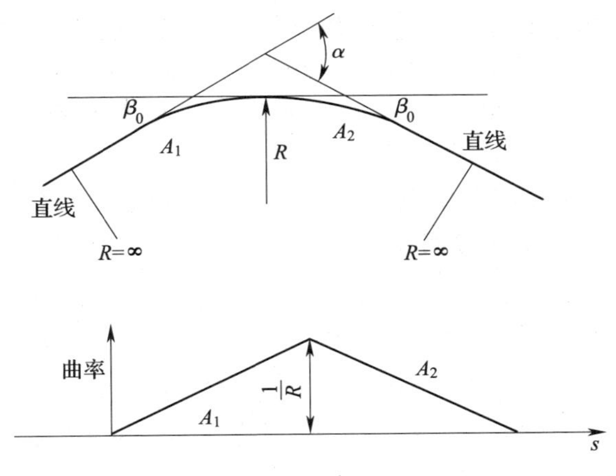

图 1—2—4　凸形曲线示意图

设置凸形曲线的几何条件是：

$$2\beta_0 = \alpha \qquad (1—2—3)$$

凸形曲线的回旋线参数及其连接点的曲率半径，应分别符合容许最小回旋线参数和圆曲线一般最小半径的规定。连接点附近的最小 $0.3V$ 的长度范围内，应保持以连接点的曲率半径确定的路拱横坡度。

凸形曲线尽管在各衔接处的曲率都是连续的，但因中间圆曲线的长度为零，对驾驶操纵造成一些不利因素，所以只有在路线严格受地形、地物限制处方可采用凸形。

5. 复合形

复合形是指将两个以上同向回旋线在曲率相等处相互连接的组合形式，如图1—2—5所示。

组合时要求相邻两个回旋线参数之比应小于1.5。复合形线形形式较复杂，所以很少采用，只有在受地形条件限制，或互通式立体交叉的匝道设计中才采用。

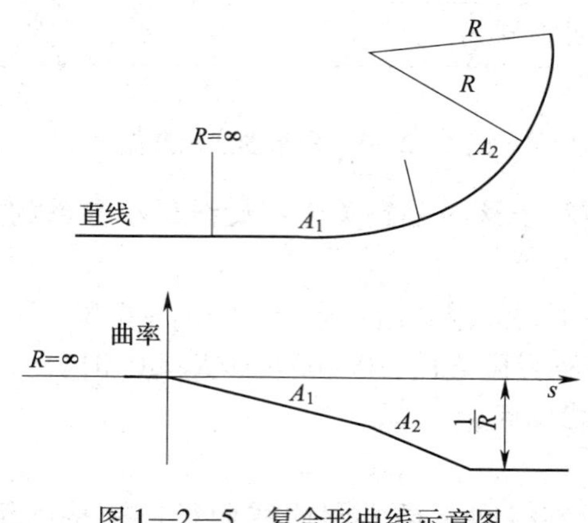

图1—2—5　复合形曲线示意图

6. C形

C形是指同向曲线的两回旋线在曲率为零处径向连接的组合形式，如图1—2—6所示，其连接处的曲率为零，也就是$R=\infty$，相当于两基本形的同向曲线的中间直线长度为零，对行车和线形都带来一些不利影响，所以C形曲线只有在特殊地形条件下方可采用。

当采用C形曲线时，回旋线段的路面横坡方向应与圆曲线段相一致，且应使公切点前后最小$0.3V$长度内保持同一路面横坡度。

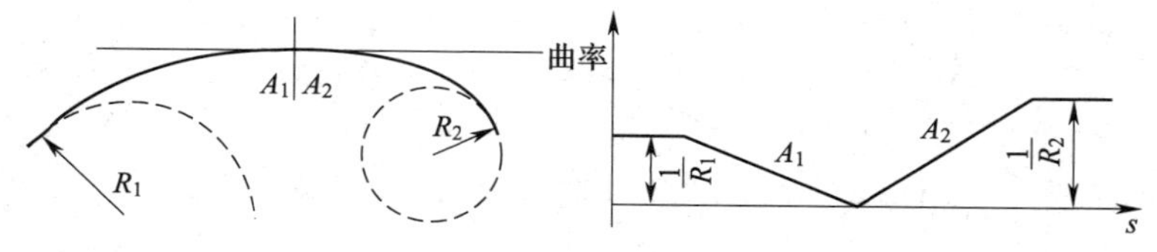

图1—2—6　C形曲线示意图

7. 简单曲线

（1）单圆曲线

当一个弯道由直线与圆曲线组合时称为单圆曲线，即按直线—圆曲线—直线的顺序组合，如图1—2—7所示。

单圆曲线在ZY和YZ点处有曲率突变，对行车操纵、离心力缓和过渡都不利。当半径较小时，从线形视觉上看不顺适，一般限于四级公路采用。在其他等级公路中，当平曲线半径大于不设超高半径时，省略缓和曲线后也构成简单形曲线。

（2）回头曲线

回头曲线是指山区公路为克服高差，在同一坡面上展线时采用的，其圆心角一般接近于180°的曲线，如图1—2—8所示。

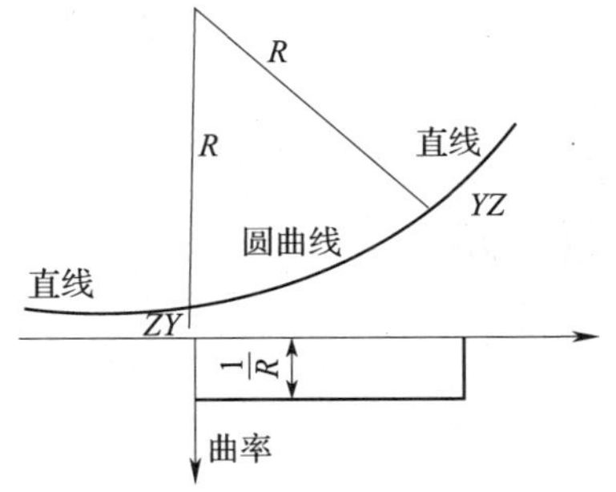

图1—2—7　单圆曲线示意图

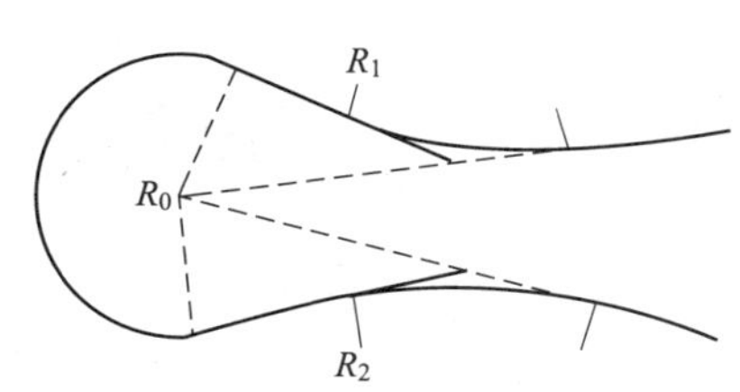

图1—2—8　回头曲线示意图

回头曲线转角大、半径小、线形差，一般较少采用，只有当二、三、四级公路自然展线无法争取需要的距离以克服高差时，或因地形、地质条件所限不能采取自然展线时，才可采用回头曲线展线。相邻两回头曲线之间，应争取有较长的距离，由上一回头曲线终点至下一回头曲线起点的距离，在设计车速为40 km/h、30 km/h、20 km/h时分别应不小于200 m、150 m、100 m。

回头曲线的前后线形应有连续性，两头布设过渡性曲线，此外还应设置限速标志，并采取保证通视良好的技术措施。回头曲线的主要技术指标见表1—2—3。

表1—2—3　回头曲线的主要技术指标

主线设计车速（km/h）	40		30	20
回头曲线设计速度（km/h）	35	30	25	20
圆曲线最小半径（m）	40	30	20	15
回旋线最小长度（m）	35	30	25	20
超高横坡度（%）	6	6	6	6
双车公路面加宽值（m）	2.5	2.5	2.5	3.0
最大纵坡（%）	3.5	3.5	4.0	4.5

由于回头曲线位置应设置限速标志，同时进入回头曲线路段的车辆的行驶速度比一般路线上行驶速度要慢，因此设计速度为40 km/h的三级公路可采用设计速度为35 km/h、30 km/h的回头曲线设计技术标准。设计速度为30km/h的三级公路可采用25 km/h的回头曲线设计技术标准。

1. 公路平曲线线形设计的一般原则是什么？
2. 平面线形组合有哪些形式，各种组合应满足哪些要求？

课题三 行 车 视 距

◆ 了解不同视距的类型及含义。
◆ 掌握视距标准的选用方法。
◆ 熟悉确定视距切除范围的步骤。

一、行车视距的定义及组成

为了行车安全，驾驶员应能随时看到汽车前方相当远的一段路程，一旦发现前方路面上有障碍物或迎面来车时，能及时采取措施，避免相撞，这一必需的最短距离称为行车视距。行车视距是否充分，直接关系到行车的安全与迅速，它是公路使用质量的重要指标之一。在公路平面上的暗弯（处于挖方路段的弯道和内侧有障碍物的弯道）、纵断面上的凸形竖曲线及下穿式立体交叉的凹形竖曲线上都有可能存在视距不足的问题，如图 1—3—1 所示。

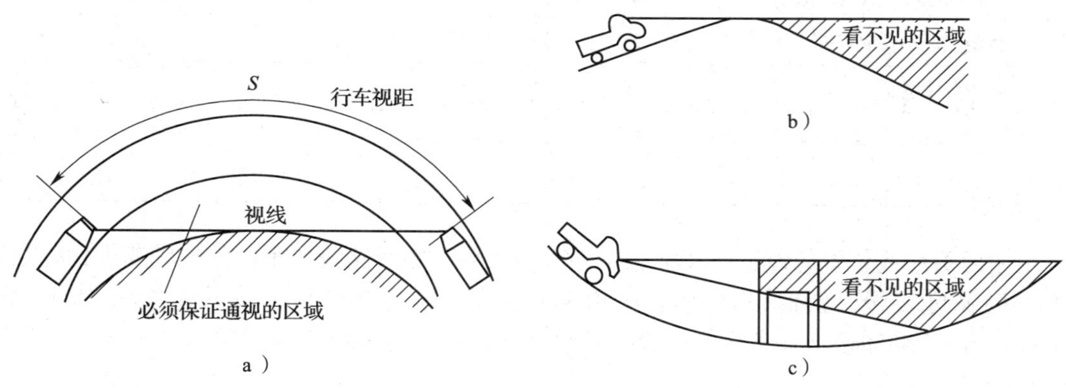

图 1—3—1 影响行车视距的地方

a）平面视距 b）纵断面视距 c）桥下视距

视距的几何标定，对设计车型为小客车而言，是从内侧车辆行车轨迹线上1.2 m的高度（按设计车型小客车驾驶员的眼睛高度位置），看到该车辆行驶轨迹线上高为0.1 m（按设计车型底盘高度控制）的物体顶点的距离；对载重货车而言，目高取2.0 m,物高取0.1 m进行计算。必须注意的是视距是沿该车道轨迹线量得的曲线距离，与之相对应的一个概念是视线，视线是司机看到前方障碍物的方向，是一条直线，两者不可混淆。

行车视距按行车状态不同分为停车视距、会车视距和超车视距三种。

1. 停车视距

汽车在公路上行驶时，从汽车驾驶员发现前方有障碍物到汽车在障碍物前完全停住所需要的最短距离称为停车视距，用S_T表示。

停车视距S_T由反应距离S_1、制动距离S_2和安全距离S_3三个部分组成，如图1—3—2所示。

停车视距：$S_T = S_1 + S_2 + S_3$ （1—3—1）

式中 S_1——驾驶员从发现障碍物到开始制动汽车所行驶的距离；

S_2——驾驶员从开始制动至完全停止汽车所行驶的距离；

S_3——汽车停止后与障碍物间的距离，一般取5～10 m。

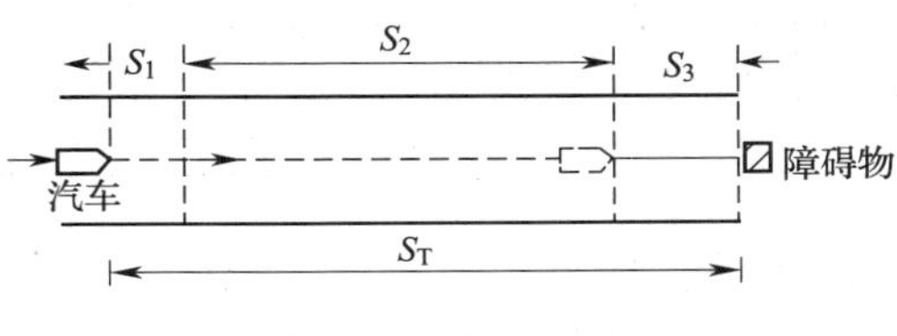

图1—3—2 停车视距

（1）反应距离

反应距离是指当驾驶员发现前方有阻碍物，经过判断决定采取制动措施的那一瞬间到制动器真正开始起作用的那一瞬间汽车所行驶的距离。这段时间也可分为感觉时间和反应时间来分析并可用实验测定。感觉时间在很大程度上取决于物体的外形、颜色，司机的视力、机敏度及大气的可见度等。在高速行车时的感觉时间要比低速时短一些，这是由于高速行驶时警惕性会更高的缘故。根据测定的资料，设计上感觉时间取1.5 s，制动反应时间取1.0 s是较适当的。感觉和制动反应的总时间$t=2.5$ s，在这个时间内汽车行驶的距离为

$$S_1 = \frac{V}{3.6}t \qquad (1—3—2)$$

（2）制动距离

制动距离是指汽车从制动生效到汽车完全停住这段时间内所走过的距离。汽车在刹车制动过程中受到的阻力有迎风面的空气阻力、弹性轮胎变形引起的滚动阻力、上（下）坡车辆自重引起的坡度阻力和路面对车辆的摩阻力。略去影响较小的空气阻力、滚动阻力。考虑坡度阻力和路面摩阻力因素，根据动能守恒定理有下式成立：

$$S_2(G\varphi \pm Gi) = \frac{1}{2}\frac{G}{g}(v_1^2 - v_2^2) \qquad (1—3—3)$$

等式左边是$G\varphi$和Gi在S_2距离内所做的功，等式右边是v_1到v_2所消耗的动能。因$v_2=0$，所以

$$S_2 = \frac{v_1^2}{2 \times 9.8(\varphi \pm i)} \tag{1—3—4}$$

把上式 v 化为 V，则有

$$S_2 = \frac{V_1^2}{19.6 \times 3.6^2(\varphi \pm i)} = \frac{V_1^2}{254(\varphi \pm i)} \tag{1—3—5}$$

式中 S_2——制动距离，m；

V_1——制动初速度，km/h，当设计车速为 120 ~ 80 km/h 时为其 85%；当设计车速为 40 ~ 60 km/h 时为其 90%；当设计车速为 20 ~ 30 km/h 时为其 100%；

i——路线纵坡值，以小数点参加计算，上坡为“+”，下坡为“-”；

φ——路面与轮胎之间的纵向摩阻系数。因轮胎新旧、路面、制动条件的不同而异，计算停车视距一般按路面潮湿状况考虑，数值见表 1—3—1。

表 1—3—1　　不同车速下的路面纵向摩阻系数值

计算行车速度（km/h）	120	100	80	60	50	40	30	20
φ	0.29	0.31	0.31	0.33	0.35	0.38	0.44	0.44

（3）安全距离

安全距离是由于汽车在实际行驶时的速度与设计车速可能的差异，汽车在障碍物之前完全停下的距离，一般可取 5 ~ 10 m。

（4）停车视距标准

按以上的分析可知，停车视距的计算公式为

$$S = S_1 + S_2 + S_3$$

$$S = \frac{V}{3.6}t + \frac{V_1^2}{254(\varphi \pm i)} + S_3 \tag{1—3—6}$$

标准中规定了各级公路的停车视距。我国公路和城市公路停车视距的标准见表 1—3—2 和表 1—3—3。

表 1—3—2　　公路停车视距

设计速度（km/h）	120	100	80	60	40	30	20
停车视距（m）	210	160	110	75	40	30	20
货车停车视距（m）	245	180	125	85	50	35	20

表 1—3—3　　城市公路停车视距

设计速度（km/h）	80	60	50	45	40	35	30	25	20	15	10
停车视距（m）	110	70	60	45	40	35	30	25	20	15	10

（5）货车停车视距的坡度修正

货车停车视距在下坡路段应随坡度值的大小进行修正，其修正值见表 1—3—4。

表 1—3—4　　下坡段货车停车视距　　m

设计车速（km/h）		120	110	100	90	80	70	60	50	40	30	20
纵坡坡度（%）	0	245	210	180	150	125	100	85	65	50	35	20
	3	265	225	190	160	130	105	89	66	50	35	20
	4	273	230	195	161	132	106	91	67	50	35	20
	5		236	200	165	136	108	93	68	50	35	20
	6				169	139	110	95	69	50	35	20
	7							97	70	50	35	20
	8										35	20
	9											20

2. 会车视距

会车视距指的是两对向行驶的车辆在同一车道上相遇，从相互发现时起，同时采取制动措施使两车安全停止所需的最短距离。

会车视距由三部分组成：双方驾驶员反应时间所行使的距离；双方汽车的制动距离；安全距离。

从图 1—3—3 可知，会车视距略小于停车视距的二倍，规范对会车视距的规定是其长度不应小于停车视距的两倍。

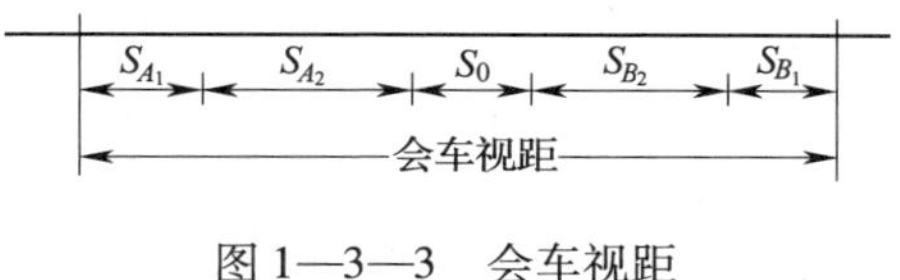

图 1—3—3　会车视距

3. 超车视距

超车视距指的是在双车道公路上，后车超越前车，从开始驶离原车道之处起，至超车后安全驶回原车道并与对向来车保持必要的安全距离所需的最短距离，如图 1—3—4 所示。

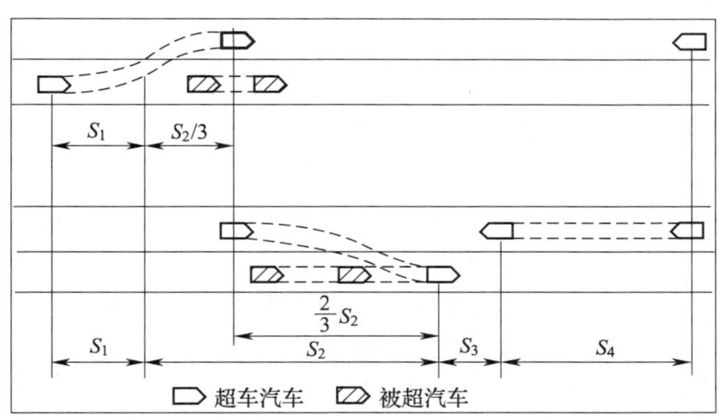

图 1—3—4　超车视距

超车视距的全程可分为四个阶段：

（1）加速行驶距离 S_1

当超车汽车经判断认为有超车的可能，于是加速行驶移向对向车道。在进入该车道之前的行驶距离为 S_1，则

$$S_1 = \frac{V_0}{3.6}t_1 + \frac{1}{2}at_1^2 \quad (1—3—7)$$

式中　V_0——被超汽车的速度，km/h；

t_1——加速时间，s；

a——平均加速度，m/s^2。

（2）超车汽车在对向车道上行驶的距离 S_2

按下式计算：

$$S_2 = \frac{V}{3.6}t_2 \quad (1—3—8)$$

式中　V——超车汽车的速度，km/h；

t_2——超车汽车在对向车道上的行驶时间，s。

（3）超车完了时超车汽车与对向汽车之间的安全距离 S_3

这个距离视超车汽车和对向汽车的行驶速度不同采用不同的数值，一般取：

$$S_3 = 15 \sim 100\ \text{m} \quad (1—3—9)$$

（4）超车汽车从开始加速到超车完了时对向汽车的行驶距离 S_4

对向车辆按匀速行驶考虑：

$$S_4 = \frac{V}{3.6}(t_1 + t_2) \quad (1—3—10)$$

以上四个距离之和是比较理想的全超车过程，但其距离较长，在地形比较复杂的地点很难实现。实际上在计算 S_4所需时间时只考虑超车车辆从完全进入对向车道到超车完了所行使的时间就可保证安全了。因为，尾随在慢车后面的快车司机开始超车操作行驶 S_1，进入对向车道之后发现迎面有汽车开来而超车距离不足时还来得及返回自己的车道。因此，对向汽车行驶时间大致为 t_2的 2/3 就足够了，即

$$S_4^* = \frac{2}{3} \times \frac{V}{3.6}(t_1 + t_2) \quad (1—3—11)$$

由上面分析可知，最小超车视距为：

$$S = S_1 + S_2 + S_3 + S_4^* \quad (1—3—12)$$

在地形困难或其他原因不得已时，可采用

$$S = S_2 + S_3 + S_4^* \quad (1—3—13)$$

计算中，V 用设计速度，设超车汽车和对向汽车都按设计速度行驶。被超汽车的行驶速度较设计速度低 5 ~ 20 km/h，各阶段的行驶时间距实测大致为：t_1 = 2.9 s，t_2 = 9.3 ~ 10.4 s，据此数据计算出超车视距并整理，见表 1—3—5。

表 1—3—5　　超 车 视 距

设计车速（km/h）	80	60	(50)	40	30	20
公路一般值	550	350	(250)	200	150	100
公路最小值	350	250	(200)	150	100	70

注：表中带括号的数据是城市公路的规定值。

二、视距标准的选用

停车视距、会车视距、超车视距，应根据公路等级、设计车速、交通管理方式和具体条件选用。

1. 各级公路每一条车道均应满足大于停车视距的要求。更详细的说明是车道上任意点位不论从平面或断面上讲均应保证大于停车视距。

2. 高速公路、一级公路的设计视距采用停车视距。因为高速公路和一级公路都有中央分隔带，无对向行驶，不存在会车问题。同时车道数均为四个以上，快、慢车用画线分隔行驶，各行其车，故也不存在超车问题。《公路工程技术标准》和《城市道路工程设计规范》中也不提供设计车速大于80 km/h的超车视距指标。

3. 二、三、四级公路的视距应满足会车视距要求，会车视距长度应不小于停车视距的2 倍。工程特别困难或受其他条件限制的地段，可采用停车视距，但必须采用分道行驶措施，如设分隔带、分割线、分隔桩或设成分离式的单车道。

4. 高速公路、一级公路以及大型车比例高的二、三级公路，应按货车停车视距对相关路段进行检验。因为以小客车为标准的视距推导的视点位置是眼高值取 1. 2 m，这与大型货车司机眼睛所在位置不符，所以应按实际的眼高位置进行检验。

5. 二级公路宜在 3 ~4 min 的行驶时间，提供一次满足超车视距要求的超车路段。一般情况下，超车路段不小于路线总长度的 10% ~30% 。

6. 三、四级公路除满足停车、会车视距外，还应根据地形、地物条件，在适当间隔设置满足一般值的超车视距，当地形及其他因素不得已时，超车视距可适当缩短，但最小值不应小于《公路工程技术标准》和《城市道路工程设计规范》推荐的最小值。

三、公路上视距的保证

1. 横断面上视距保证

汽车在弯道上行驶时，弯道内侧行车视线可能被树木、建筑物、路堑边坡等障碍物所阻挡，行车视距受到影响。因此，在路线设计时必须检查平曲线上的视距是否能得到保证，如不能，则必须清除视距区内侧横净距内的障碍物，如图 1—3—5 所示。图中阴影部分是阻碍司机视线的范围，范围以内的障碍物都应清除。S 为内侧车道上汽车应保证的横净距，S_z称最大横净距。横净距指的是公路曲线最内侧的车道线行车轨迹与设计视距两端点连线所构成的曲线内侧空间的界限线（即包络线）的距离。可根据各种情况按公式计算最大横净距 S_z。若公路上实有横净距 S_{z0}小于最大横净距 S_z，则视距不能得到保证；反之，视距得到保证。

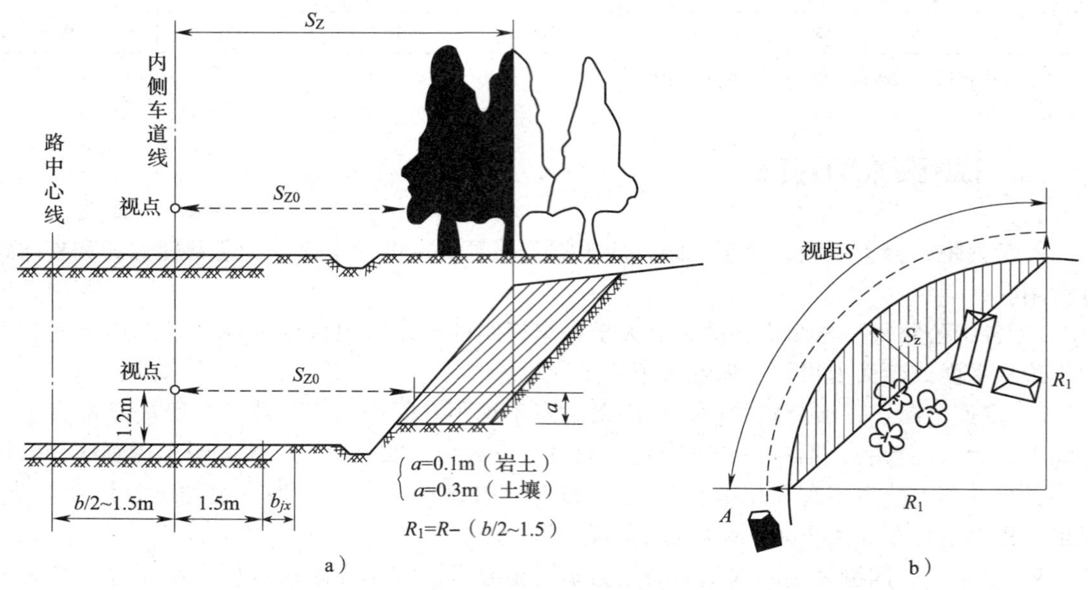

图 1—3—5　视线障碍与视距保证

a）横净距立面图　b）横净距平面图

行车轨迹线一般取弯道内侧公路面内缘（不包括加宽）加 1.5 m，驾驶员视点离地面 1.2 m（对货车而言取 2.0 m）。视距台上的下挖深度对土质台阶而言，考虑到长草后对视线有影响，取 0.3 m；对岩石而言，取 0.1 m。

2. 图解法确定视距切除范围步骤

一条路线的弯道数很多，到底哪一个弯道的现有横净距小于要求的最大横净距，一般应通过理论公式求出最大要求横净距值，并把最大横净距值卡在公路横断面上检查。但是按公式计算的 S_z值是弯道上须清除的最大横净距（该套公式可查阅《公路设计手册》），它位于曲线中点或中点附近。在曲线上任意位置的横净距是随行车位置的改变而变化的，如果曲线全长上按最大横净距切除，那么必造成工程上的浪费。对于需要清除的重要建筑物或岩石边坡，目前多用图解法来确定清除范围，如图 1—3—6 所示，其方法如下：

（1）按一定比例绘制弯道平面图，并标示出行车轨迹线位置。

（2）在轨迹上从弯道两端相连直线上距曲线起点（或终点）S 的地方开始，按距离 S 定出多组视线 1－1、2－2、3－3、…、10－10 等。

（3）用曲线板绘出这些视线的光滑包络线（内切曲线）即为视距曲线。

（4）量出相应断面位置的横净距，即可按上面的方法确定相应横断面上的视距切除范围。

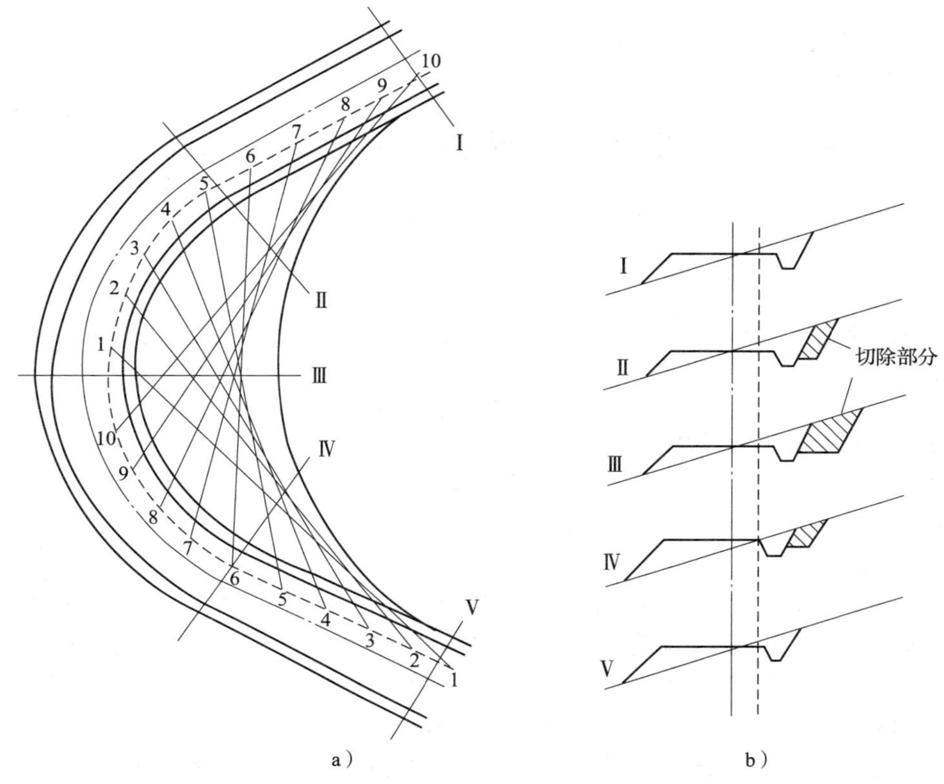

图 1—3—6 图解法确定视距切除范围示意图

a）平面 b）横断面

必须指出，除平曲线上考虑视距外，在竖曲线上也有保证视距的问题，其保证措施在选择竖曲线半径时就应考虑。《公路工程技术标准》对竖曲线最小半径的规定值也考虑了视距的保证因素。为保证必要的视距有时需做大量的开挖和拆迁工作，在交通量不大的低等级公路上，对于不能保证会车视距的路段，可以采取其他措施以防止碰车事故的发生。如在路中心画线或设置高出路面的明显标志带，强调“各行其道”“靠右行驶”“转弯鸣笛”等，以降低工程造价。

思考与练习

1. 何谓视距？弯道上视距如何保证？
2. 什么是停车视距？停车视距由哪几部分组成？
3. 公路上的视距如何保证？

课题四　平面设计成果

- 了解直线、曲线及转角表的表格内容及编制方法。
- 熟悉逐桩坐标表的计算方法。
- 掌握路线平面设计图的比例尺和测绘范围。
- 掌握路线平面设计图的内容及测绘步骤。

完成路线平面设计以后应及时清绘各种图纸和表格。其中主要的图纸有：路线平面设计图、路线交叉设计图、公路用地图、纸上移线图等。主要的表格有：直线、曲线及转角表、路线交点坐标表（或含在直线、曲线及转角表中），逐桩坐标表、路线固定表、总里程及断链桩号表等。各种图纸和表格的样式在交通部颁布的设计文件图表示例中都有具体规定，这里仅就主要的表格直线、曲线及转角表、逐桩坐标表和主要的图纸路线平面设计图进行说明。

一、直线、曲线及转角表

直线、曲线及转角表全面地反映了路线的平面位置和路线平面线形的各项指标，它是公路设计的主要成果之一。只有在完成直线、曲线及转角表以后，才能据此计算逐桩坐标表和绘制路线平面设计图，同时在作路线的纵断面设计、横断面设计和其他构造物设计时都要使用直线、曲线及转角表的数据。

直线、曲线及转角表的格式参见表1—4—1。本表对公路和城市公路都适用。对于高等级公路，通常还应加上“交点坐标”一栏。

1. *JD* 桩号的推算

路线上某点桩号指的是从该点沿路中心线到路线起点的水平距离。由于 *JD* 不是路线中心线上的点，因此 *JD* 桩号实际上是计算过程中出现的过渡桩号，是计算一个曲线各主点桩号的基础。*JD* 桩号的计算可按以下公式之一进行：

（1）按前一个弯道的终点桩号推算，如图1—4—1所示。

$$JD_{i+1} = HZ_i + W_{i-i+1} - T_i \qquad (1—4—1)$$

（2）按前一个 *JD* 桩号推算后一个 *JD* 桩号。

$$JD_{i+1} = JD_i + W_{i-i+1} - J_i \qquad (1—4—2)$$

表 1—4—1　　　　直线、曲线及转角表

交点编号 JD	交点桩号	转角值 α		曲线要素值（m）							曲线位置		
		左转角 α_z	右转角 α_y	半径 R	缓和曲线参数 A	缓和曲线长度 l_h	切线长度 T_h	曲线长度 L_h	外距 E_h	校正值 J_h	第一缓和曲线或超高缓和长度、加宽缓和长度起点 ZH	第一缓和曲线终点或圆曲线起点 HY（ZY）	曲线中点 QZ
1	2	3	4	5	6	7	8	9	10	11	12	13	14

曲线位置		直线长度及方向			测量长短链			备注
第二缓和曲线或圆曲线终点 YH（YZ）	第二缓和曲线或超高缓和长度、加宽缓和长度起点 HZ	直线长度 L	交点间距 W（m）	计算方位角或计算方向角	桩号	增长（m）	减短（m）	
15	16	17	18	19	20	21	22	23

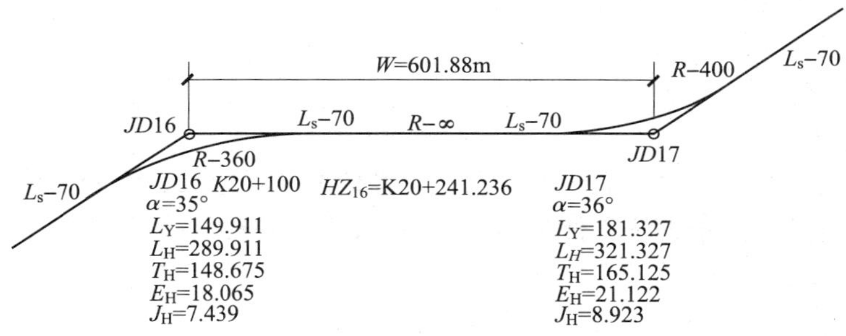

图 1—4—1　路线 JD 桩号计算图

例：JD17 桩号 = K20 + 100 + 601. 88 − 7. 439 = K20 + 694. 441

JD17 桩号 = K20 + 241. 236 + 601. 88 − 148. 675 = K20 + 694. 441

2. 直线长度及方向

直线长度 L 指的是两弯道间所夹的直线长度，由前一弯道的终点桩号减去后一弯道的起点桩号而得，直线长度应满足最小直线长和最大直线长的要求。

交点间距 W 指的是两交点之间的长度，外业选线测量中，必须控制该数值以使设置曲线后的两曲线之间所夹的直线长度 L 满足规范的要求。在 JD 桩号有坐标数据时，可用坐标求两点间距，当已知前、后两个 JD 桩号后，可用式（1—4—1）和式（1—4—2）反算交点间距。

直线方向一般用直线的方位角表示。对高等级公路，方位角按坐标计算，体现在逐桩坐标表中；对低等级公路，方位角可按路线的偏角计算，体现在直、曲线一览表中。方位角有实测方位角和计算方位角之别，实测方位角是用罗盘仪直接测定直线的方位角，计算方位角是通过某一实测方位角与路线坐标或偏角计算而得到的某一直线边的方位角，按测量规程要求，实测方位角和计算方位角的误差不得超过限值。

3. 测量断链

如前所述，路线上某点的桩号指的是从该点沿路中心线到路线起点的水平距离。当路线测量中有错误时，或当路线改弯取直后，为避免整条路线桩号的重新编制，有时可以用错误的桩号继续往前推算，从而使路线桩号与实际的真实里程不符，通常称路线桩号为名义里程。当真实里程不等于名义里程时，称为断链。

路线发生断链时，路线上一个点位有两个名义里程，如 5K + 100 = 5K + 200，等式左边为来向桩号，等式右边为去向桩号，来向桩号小于去向桩号的，真实里程小于名义里程，路线短链，如 5K + 100 = 5K + 200 表示路线短链 100 m。反之，若 5K + 200 = 5K + 100 时，来向桩号大于去向桩号，真实里程大于名义里程，则表示路线长链 100 m。

由于有可能出现路线测量断链，因此路线的总里程长度就不是最后一个桩号的名义里程，而应该用以下公式计算：

$$\text{路线总长度} = \text{路线终点桩号} - \text{路线起点桩号} + \sum\text{长链} - \sum\text{短链}$$

路线断链应在直、曲线一览表中体现，以供路线纵、横断面设计、结构物设置、土石方工程数量计算、工程造价计算等使用。

二、逐桩坐标表

高等级公路的线形指标高，表现在平面上是圆曲线半径较大，缓和曲线较长，在测设和放样时须采用坐标法，方能保证其测量精度。所以计算一份逐桩坐标表是十分必要的。

1. 坐标系统的采用

根据测区内原坐标系统，一般可作下列几种选择：

（1）采用统一的高斯正投影 3°带平面直角坐标系统。

（2）采用高斯正投影 3°带或任意带平面直角坐标系统，若影面可采用 1985 年国家高程基准、测区抵偿高程面或测区平均高程面。

（3）三级和三级以下公路、独立桥梁、隧道及其他构造物等小测区，可不经投影，采用平面直角坐标系统在平面上直接进行计算。

（4）在已有平面控制网的地区，应尽量沿用原有的坐标系统，若精度不合要求，也应充分利用其点位，选用其中一点的坐标及含此点的方位角，作为平面控制的起算依据。

2. 中桩逐桩坐标的计算

逐桩坐标即是各个中桩的坐标，其计算和测量的方法是按从整体到局部的原则进行的。其步骤如下：

（1）计算导线点坐标

采用两阶段勘测设计的公路或一阶段设计但遇地形困难的路段，一般都要先作平面控制测量，而路线的平面控制测量多采用导线测量的方法，在有条件时可优先采用全球定位系统（简称 GPS）测量的方法。导线测量的方法，还包括经纬仪导线法和全站仪导线法。其中全站仪可以直接读取导线点的坐标，经纬仪导线法可以在测得各边边长及其夹角后，用坐标增量法逐点推算其坐标。用 GPS 定位技术观测，则可在测站之间不通视的情况下，高精度、高效率地获得测点的三维坐标，这是今后公路勘测中作控制测量的发展方向。

（2）计算交点坐标

当导线点的精度满足要求并经平差后，即可展绘在图纸上供测绘地形图，或以导线点为依据在现场直接测得路线各交点的坐标（直线定向）。纸上定线的交点坐标可以在图纸上量取，而直接定线的交点坐标若是用全站仪测量则也可以很方便地获得。

（3）计算各中桩坐标

可先计算直线和曲线主要点桩坐标，再计算缓和曲线、圆曲线上每一个中桩的坐标。计算结果见表 1—4—2。这是图 1—4—2 中的一部分路段。

表 1—4—2　　逐桩坐标表（图 1—4—2 中某段）

桩号	坐标（m）		方向角	桩号	坐标（m）		方向角
	X	*Y*			*X*	*Y*	
K2 +000.00	40 452.257	91 297.811	82°14′27.0″	K2 +340.00	40 497.902	91 634.730	84°05′26.5″
K2 +010.00	40 453.607	91 307.719	82°14′27.0″	HY +360.89	40 499.302	91 655.568	88°41′08.7″
K2 +030.00	40 456.307	91 327.536	82°14′27.0″	K2 +380.00	40 498.828	91 674.665	94°09′37″
K2 +050.00	40 495.007	91 347.353	82°14′27.0″	K2 +400.00	40 496.383	91 694.506	99°53′23.8″
K2 +070.00	40 461.707	91 367.170	82°14′27.0″	K2 +420.00	40 491.969	91 714.005	105°37′10.3″
K2 +100.00	40 465.757	91 396.895	82°14′27.0″	K2 +440.00	40 485.631	91 732.965	111°20′56.7″
K2 +120.00	40 468.458	91 416.712	82°14′27.0″	K2 +460.00	40 477.431	91 751.198	117°04′43.2″
K2 +140.00	40 471.158	91 436.529	82°14′27.0″	QZ +476.08	40 469.544	91 765.206	121°41′06.9″
K2 +160.00	40 473.858	91 456.346	82°14′27.0″	K2 +500.00	40 455.794	91 784.761	128°32′16.2″
K2 +180.00	40 476.558	91 476.163	82°14′27.0″	K2 +520.00	40 442.573	91 799.757	134°16′02.6″
K2 +200.00	40 479.258	91 495.980	82°14′27.0″	K2 +540.00	40 427.920	91 813.357	139°59′49.1″
K2 +220.00	40 481.959	91 515.797	82°14′27.0″	K2 +560.00	40 411.983	91 825.427	145°43′35.6″
K2 +240.00	40 484.659	91 535.613	82°14′27.0″	K2 +580.00	40 394.921	91 835.845	151°27′22.1″
K2 +260.00	40 487.359	91 555.430	82°14′27.0″	K2 +591.27	40 384.875	91 840.947	154°41′05.3″
K2 +280.00	40 490.059	91 575.247	82°14′27.0″	K2 +600.00	40 376.910	91 844.518	156°56′35.0″
K2 +300.00	40 492.759	91 595.064	82°14′27.0″	K2 +620.00	40 358.262	91 851.740	160°17′15.4″
JD_5ZH K2 +315.89	40 494.905	91 610.809	82°14′27.0″	*HZ*（*GQ*） K2 +636.27	40 342.893	91 857.077	161°07′48.0″

三、路线平面设计图

路线平面设计图是公路设计文件的重要组成部分。路线平面图可以反映出公路的平面位置和所经过地区的地形、地物等，还可以反映出路线所经地段的各种结构物如挡土墙、边坡、排水结构、桥涵等的具体位置以及和地形、地物的关系。它是设计人员对路线设计意图的总体体现。路线平面图无论对提供有关部门审批、专家评议、设计初审、设计会审、工程施工以及指导后续工作如施工图设计、施工放样等都起着重要的作用。

1. 路线平面设计图的比例尺和测绘范围

公路路线平面图是指包括公路中线在内的有一定宽度的带状地形图。若为供工程可行性研究、初步设计阶段的方案研究与比选，则可采用1∶5 000或1∶10 000的比例尺测绘（或向国家测绘部门和其他工程单位搜集），但作为初步设计、施工图设计的设计文件组成部分应采用更大的比例尺。一般常用的是1∶2 000，在平原微丘区可用1∶5 000。在地形特别复杂地段的路线初步设计、施工图设计可用1∶500或1∶1 000。若为纸上移线，则比例尺将更大。

路线带状地形图的测绘宽度，一般为中线两侧各100～200 m。对1∶5 000的地形图，测绘宽度每侧应不小于250 m。若有比较线，则应将比较线包括进去。

2. 路线平面设计图的内容及测绘步骤

（1）路线平面设计图的内容

1）公路沿线的地形、地物情况。

2）公路交点和转点位置及里程桩标注、公路沿线各类控制桩位置及有关数据。

3）路线所经地段的地名，重要地理位置情况标注。

4）各类结构物设计成果的标注。

5）若图纸中包含弯道，则应包括曲线要素表和导线、交点坐标表。

6）图签和有关说明。

（2）测绘步骤

1）按要求选定比例尺。

2）依直线、曲线及转角表及中线资料绘制公路中线图。

3）在公路中线图上标出公路起终点里程桩、百米桩、公里桩、曲线要素桩、桥涵桩及位置。

4）实地测绘沿线带状地形图并现场勾绘出等高线。

5）根据设计情况在图纸上标出各类结构物的平面位置并在图上列出直线、曲线及转角表等有关内容。

公路路线平面图示例如图1—4—2所示。

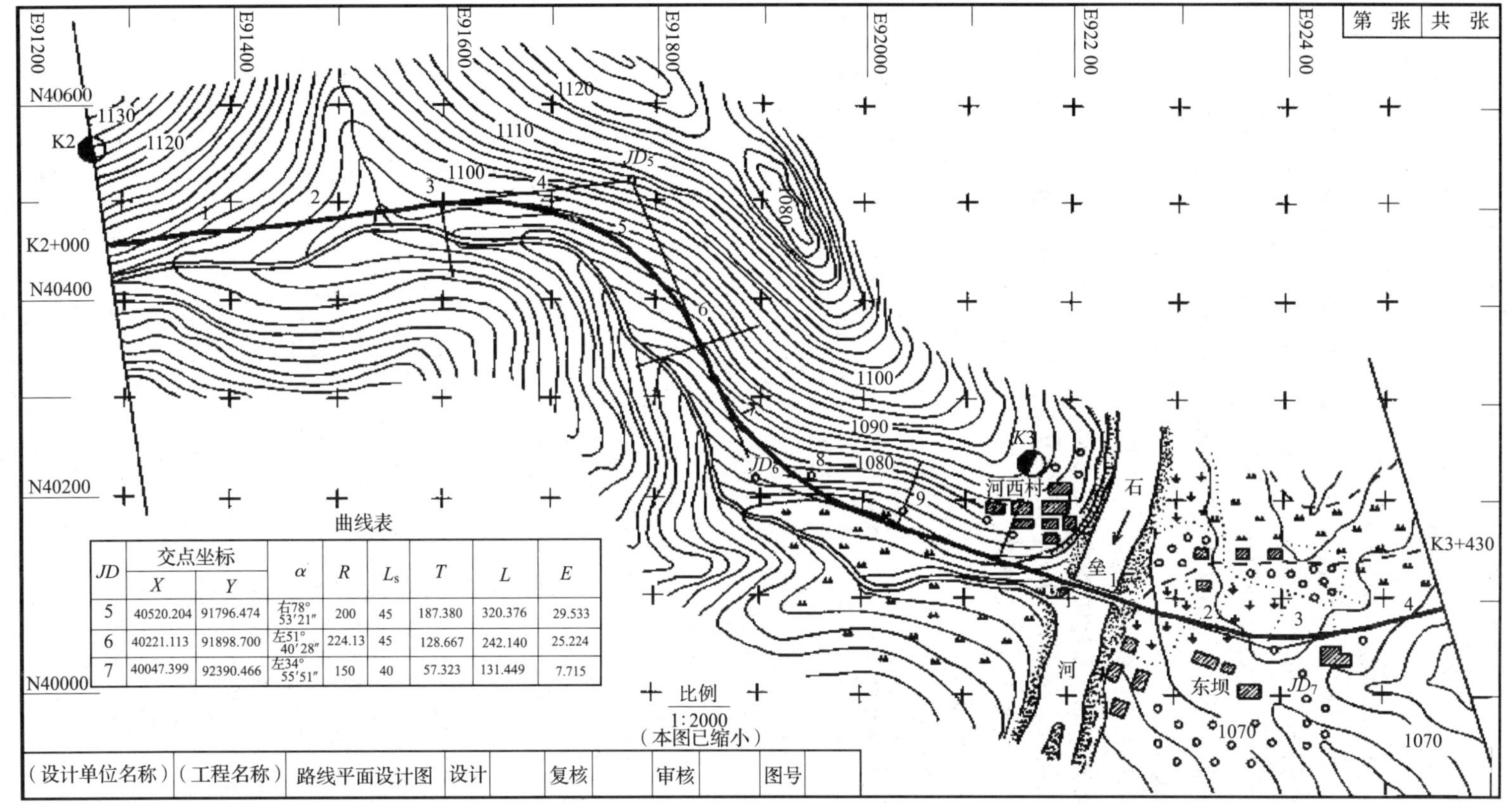

曲线表

JD	交点坐标		α	R	L_s	T	L	E
	X	Y						
5	40520.204	91796.474	右78° 53′21″	200	45	187.380	320.376	29.533
6	40221.113	91898.700	左51° 40′28″	224.13	45	128.667	242.140	25.224
7	40047.399	92390.466	左34° 55′51″	150	40	57.323	131.449	7.715

图 1—4—2　公路路线平面设计图示例

1. 平面设计成果主要有哪几个方面?

2. 某山岭重丘区二级公路，已知 JD_1、JD_2、JD_3 的坐标分别为（40 900.000，91 000.000）、（40 400.000，91 250.000）、（40 500.000，91 800.000），并设 JD_2 的 $R=160$ m，$l_h=40$ m，JD_2 桩号为 K2+400.000。计算：

（1）$JD_1\sim JD_2$、$JD_2\sim JD_3$ 的导线长度与 JD_2 路线转角 α。

（2）JD_2 的曲线要素。

（3）曲线5个主要点里程桩号。

要求：应画出坐标草图，并标明路线前进方向。

3. 计算上题所给平曲线的 ZH、HY、QZ、YH 和 HZ 五个主要点位的坐标。

4. 根据表1—4—2、图1—4—2计算：

（1）JD_5、JD_6 坐标和间距。

（2）计算 JD_6 主点桩号。

（3）计算 JD_6 主点桩号坐标。

模块二

公路纵断面设计

课题一　汽车行驶理论

- 了解汽车行驶理论。
- 理解汽车能满足以一定速度平稳行驶时对公路的几何和构造要求。
- 能结合汽车驾驶常识，理解汽车动力特征及行驶状态。
- 能够分析汽车纵向、横向和纵横组合向稳定性。

一、公路纵断面概述

公路纵断面，是指沿公路中线作竖向剖面并将该竖直剖面拉直后路中心线在该剖面上的投影图。由于地形、地物、地质、水文等自然因素的影响及满足经济性的要求，公路路线在纵断面上不可能从起点至终点都是一条水平线，而是一条有起伏的空间线。

纵断面设计的主要任务就是根据汽车的动力性能、公路等级和性质、当地的自然地理条件及工程经济等，来研究这条空间线形的纵坡大小及其长度。它是公路设计的重要内容之一，而且将直接影响行车的安全和迅速、工程造价、运营费用和乘客的舒适程度。把公路的纵断面图与平面图结合起来，能完整地表达公路中线的空间位置。

纵断面图可以看成由两部分组成：一部分是图的下半部，主要用来填写有关数据，自上而下分别有这样一些内容：沿线土壤、地质分布情况；坡度、坡长；填、挖高度值；设计标高；地面标高；桩号及里程；直线与平曲线。另一部分是图的上半部，主要用来描绘地面线和纵坡设计线，其中地面线是根据中线上各桩点的地面高程点绘制的一条不规则的折线，它反映了沿公路中线地面的起伏变化情况，而设计线是经过技术上、经济上及美学上等多方面比较后定出的一条规则的几何线，它由直线和竖曲线两种线形要素所组成，它是根据汽车的动力性能、地形条件、路基临界高度及运输与工程经济等方面的要求，通过技术、经济及视觉效果等多方面的比较后定出来的。同时，充分考虑路基、排水及工程量的要求，对纵坡的大小、长度、前后纵坡情况、竖曲线半径大小及与平面线形的组合设计，最后得到纵坡合理、线形平顺圆滑的最优线形。

公路设计是以满足汽车行驶要求为前提的。汽车在公路上行驶的要求是安全、迅速、经济和舒适，它是通过人、车、路和环境等方面来保证的。在上述因素中，公路的线形设计与汽车形式的各主要性能关系密切。公路线形设计的质量直接影响汽车行驶的稳定性，行驶的速度，行车的通畅、舒适和经济性。因此，汽车行驶理论是公路线形设计的基础，是制定公路路线集合标准的理论依据。

二、汽车的牵引力

汽车在行驶时需要不断克服行驶中所遇到的各种运动阻力。为克服这些运动阻力，汽车必须具备足够的动力——牵引力。

1. 汽车发动机的基本指标

汽车行驶的动力来自它的内燃发动机。在发动机里热能转化成机械能，产生有效功率 N，驱使曲轴以转速 n 旋转，发生 M 的扭矩，再经过离合器、变速器、传动轴、主传动器、差速器和半轴等一系列的变速和传动，将曲轴的扭矩传给驱动轴，产生 M_k 的扭矩驱动汽车行驶。

（1）有效功率 N

有效功率是指汽车在单位时间内所具有的做功的能力。单位为千瓦（kW）。不同的汽车发动机性能不同，所发出的有效功率亦不同。

（2）转速 n

转速是指发动机曲轴在单位时间内的旋转次数，以每分钟转数（r/min）为单位。转速的大小影响汽车行驶的快慢。

（3）扭矩 M

扭矩是指汽车发动机产生于曲轴上的转动力矩，以牛顿·米（N·m）为单位。发动机扭矩的大小，决定了汽车产生牵引力的大小。

（4）转动角速度

转动角速度是指单位时间内发动机曲轴转动的角度，以弧度/秒（rad/s）为单位。

2. 发动机曲轴扭矩及外特性曲线

对于不同类型的发动机，其输出的功率不同，产生的扭矩也不同。由功率的基本计算公式得

$$N = M\omega/1\,000 \tag{2—1—1}$$

$$\omega = 2\pi n/60 \tag{2—1—2}$$

代入得

$$N = Mn/9\ 549 \quad (2—1—3)$$

$$M = 9\ 549N/n \quad (2—1—4)$$

式（2—1—4）为发动机的功率 N、扭矩 M 和转速 n 的关系式。此式表征发动机的特性，用此函数关系绘制成的曲线称为发动机特性曲线。汽车油门的开启程度不同，发动机的特性曲线亦不相同。当发动机油门全开时的特性曲线称为发动机外特性曲线。在进行汽车牵引力性能分析时，只需研究外特性曲线中功率 N 与扭矩 M 和转速 n 的关系曲线。图 2—1—1 为某汽油发动机的外特性曲线示意图。N_{min} 为发动机的最小稳定工作转速。随着曲轴转速的增加，发动机发出的功率和扭矩都在增加。当达到最大扭矩 M_{max} 时的曲轴转速为 n_M。若转速增加时，扭矩 M 会下降，但功率 N 会一直增加到最大功率 N_{max}，此时曲轴转速为 n_N。当转速继续增大时，功率 N 会下降。允许的发动机最高转速为 n_{max}。

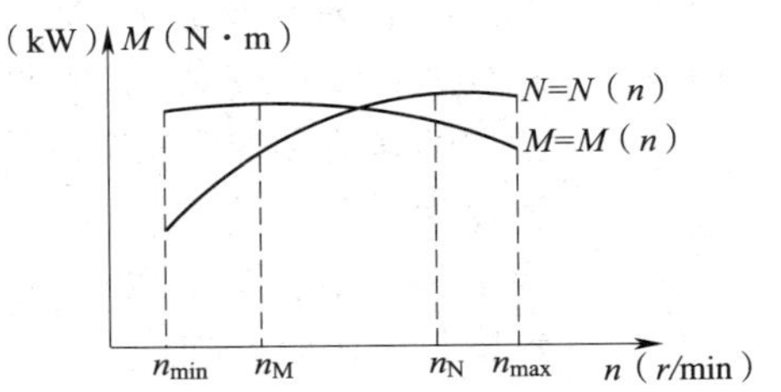

图 2—1—1　某汽油发动机的外特性曲线示意图

在实际中，有时未给出发动机特性曲线，只给出 N_{max} 和 n_{max}，可用下面的经验公式近似地计算汽油发动机的外特性曲线 $N=N(n)$，并由式（2—1—4）换算成扭矩曲线 $M=M(n)$。

$$N = N_{max}\left[\alpha_1 \frac{n}{n_N} + \alpha_2 \left(\frac{n}{n_N}\right)^2 - \alpha_3 \left(\frac{n}{n_N}\right)^3\right] \quad (2—1—5)$$

式中　N_{max}——发动机的最大功率；

n_N——发动机的最大功率所对应的转速，r/min；

α_1、α_2、α_3——与发动机类型有关的系数，对汽油发动机可近似地采用 $\alpha_1=\alpha_2=\alpha_3=1.0$。

如果已给定 N_{max} 和 n_N，那么可采用下式直接计算扭矩曲线 $M=M(n)$。

$$M = M_{max} - \frac{M_{max} - M_N}{(n_N - n_M)^2}(n_M - n)^2 \quad (2—1—6)$$

式中　M_{max}——最大扭矩，N·m；

M_n——最大功率所对应的扭矩，即 $M_n = 9\ 549\dfrac{N_{max}}{n_N}$；

n_N——最大功率所对应的转速，r/min；

n_M——最大扭矩所对应的转速，r/min；

n——转速，r/min。

3. 驱动轮扭矩 M_k

汽车车轮分为驱动轮和从动轮。驱动轮上有发动机曲轴传来的扭矩 M_k，在 M_k 的作用下驱使车轮滚动。而从动轮则无扭矩的作用，它的滚动是由于驱动轮上的力经车架传至从动轮的轮轴上而产生运动。普通汽车均是前轮从动，后轮驱动，只有某些特殊用途的汽车前后轮均为驱动轮。

发动机上的扭矩 M 传到驱动轮上的扭矩 M_k 可用下式计算

$$M_k = M\gamma\eta_T \tag{2—1—7}$$

式中 M_k——汽车驱动轮扭矩，N·m；

M——发动机曲轴扭矩，N·m；

γ——总变速比，$\gamma = i_0 i_k$，i_0 为主传动器的速比，i_k 为变速箱的速比；不同车型的主传动器的速比和变速箱某一排挡的速比是不相同的，如东风 EQ140 车主传动器的速比为6. 33；变速箱的速比，一挡为7. 48，二挡为4. 31，三挡为2. 45，四挡为1. 54，五挡为1. 00，倒挡为8. 19；其他类型汽车的速比数据均可在汽车性能资料手册中查到；

η_T——传动系统的机械效率，发动机所发出的功率 N 在传动驱动轮的过程中，为了克服传动系统各部件的摩擦，有一部分功率 N_T 被消耗了，则 $\eta_T = 1 - N_T/N$，传动效率受多种因素影响而变化，但对汽车动力性能分析时可将其看成一个常数，一般载重汽车为0. 80 ~0. 85，小客车为0. 85 ~0. 95。

4. 汽车的牵引力

如图2—1—2 所示为汽车驱动轮受力分析。把驱动轮上的扭矩 M_k 用一对力偶 T_a 和 T 代替，T_a 作用在轮缘上与路面水平反力 F 抗衡，T 作用在轮轴上推动汽车前进，称为牵引力，与汽车行驶阻力 R 抗衡。

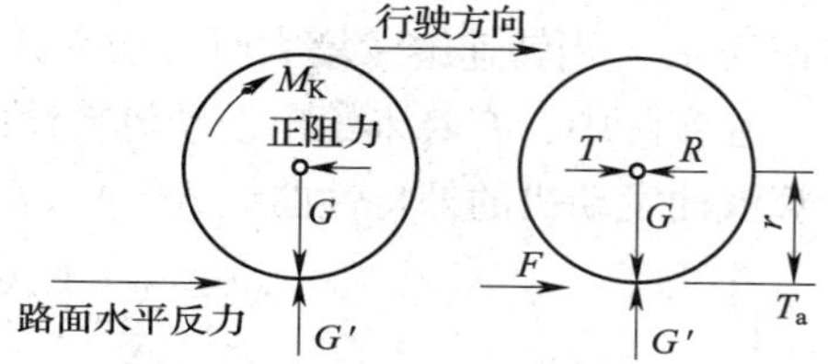

图2—1—2 汽车驱动轮受力分析图

牵引力 T 与扭矩 M 之间的函数关系式为

$$T = \frac{M_k}{r} = \frac{M\gamma\eta_T}{r} = 0.377\frac{n}{V}M\eta_T \tag{2—1—8}$$

牵引力 T 与功率 N 之间的函数关系式为

$$T = 0.377\frac{n}{V}M\eta_T = 3\,600\frac{N}{V}\eta_T \tag{2—1—9}$$

式中 N——发动机功率，kW；

V——汽车行驶速度，km/h。

由式（2—1—8）可以知道，如要获得较大的牵引力 T，则必须要有较大的总变速比 γ。但随着 γ 的增大，车速则降低。所以，对同一发动机，不可能同时兼得大的牵引力和高的车速。对此，汽车设置了几个排挡，每一排都具有固定的总变速比 γ，以及该挡的最大车速和最小车速。当使用低排挡时，用较大的 γ 值以获得较大的牵引力 T，但车速 V 较小；当使用高排挡时，用较小的 γ 值以获得较小的牵引力和较高的车速。

三、汽车的行驶阻力

汽车行驶时需要不断克服运动中所遇到的各种阻力。这些阻力既有来自汽车周围空气介质的阻力，也有来自公路的路面下平整和上坡行驶所形成的阻力，还有来自汽车变速行驶时克服惯性的阻力，分别称为空气阻力、公路阻力和惯性阻力。

1. 空气阻力

汽车在空气中运动，空气本身也有运动，两者综合形成的相对运动，造成空气质点对汽车行驶产生的阻力称为空气阻力。两者相对运动的速度越高，对汽车行驶的阻力就越大。现代汽车的行驶速度很高，因而空气阻力对汽车行驶的动力和燃料的经济性的影响，日益受到重视。实验结果表明，汽车行驶的速度越高，空气阻力的成分就越大，当行驶速度在 100 km/h 以上时，可能一半的功率都用来克服空气阻力。

由空气动力学的研究和实验可知，汽车在空气介质中运动时所产生的空气阻力 R_w 可以用下式计算：

$$R_w = \frac{1}{2}KA\rho v^2 \tag{2—1—10}$$

式中 K——空气阻力系数，它与汽车的流线型有关，可参考表 2—1—1 选用或查阅有关资料；

ρ——空气密度，一般 $\rho = 1.225\,8$，$N \cdot S^2/m^4$；

A——汽车迎风面积（或称正投影面积），m^2；

v——汽车与空气的相对速度，m/s，可近似地取汽车的行驶速度。

将车速 v（m/s）化为 V（km/h）并化简，得：

$$R_w = \frac{KAV^2}{21.15} \tag{2—1—11}$$

对列车的空气阻力，一般按每节挂车的空气阻力为其牵引力的 20% 进行近似计算。

表 2—1—1　　汽车的空气阻力系数与迎风面积

车型	迎风面积 A（m^2）	空气阻力系数 K
小客车	1.4 ~ 1.9	0.32 ~ 0.50
载重车	3.0 ~ 7.0	0.60 ~ 1.00
大客车	4.0 ~ 7.0	0.50 ~ 0.80

2. 公路阻力

公路阻力是由弹性轮胎变形和公路的不同路面类型及纵坡而产生的阻力，主要包括滚动阻力和坡度阻力。

（1）滚动阻力

滚动阻力是车轮滚动时轮胎与路面之间的摩擦阻力。产生滚动阻力的原因是胎面滑移引起轮胎与路面内的摩擦。用下式计算：

$$R_f = Gf\cos\alpha \tag{2—1—12}$$

由于坡度角 α 一般较小，因此可认为 $\cos\alpha \approx 1$，则

$$R_f = Gf \tag{2—1—13}$$

式中 R_f——滚动阻力，N；

G——车辆总重量，N；

f——滚动阻力系数，它与路面种类、轮胎的性质和行驶速度等因素有关，是车辆在一定条件下滚动所需的推力与车轮总重量之比，即单位车重所需的推力。f一般应由试验确定，在一定类型的轮胎和一定车速范围内，可视为只和路面状况有关的常数，见表2—1—2。

表2—1—2　　各类路面滚动阻力系数f

路面类型	水泥及沥青混凝土路面	表面平整的黑色碎石路面	碎石路面	干燥平整的土路	潮湿不平整的土路
f值	0.01～0.02	0.02～0.025	0.03～0.05	0.04～0.05	0.07～0.15

（2）坡度阻力

当汽车在坡道上行驶时，汽车重力沿坡道方向阻碍汽车行驶的分力称为坡度阻力，上坡时它与汽车前进方向相反，阻碍汽车行驶，下坡时与汽车前进方向相同，助推汽车行驶。坡度阻力可用下式计算：

$$R_i = G\sin\alpha \tag{2—1—14}$$

因为坡道倾角一般较小，所以可认为$\sin\alpha \approx \tan\alpha = i$，则

$$R_i = Gi \tag{2—1—15}$$

式中　R_i——坡度阻力，N；

G——车辆总重量，N；

i——公路纵坡度，上坡为正，下坡为负。

滚动阻力和坡度阻力均与公路状况有关，且都与汽车的总重量成正比，可以将它们统称为公路阻力，以R_R表示，则

$$R_R = G(f+i) \tag{2—1—16}$$

式中　$f+i$——统称公路阻力系数。

3. 惯性阻力

汽车在变速行驶时，需要克服其质量变速运动时产生的惯性力和惯性力矩称惯性阻力，用R_I表示。汽车的质量分为平移质量和旋转质量（如飞轮、离合器、变速器轴及齿轮、传动轴、主传动器、半轴、车轮等）两部分。变速时平移质量产生惯性力，旋转质量产生惯性力矩。

平移质量的惯性力

$$R_{I1} = ma = \frac{G}{g}a$$

旋转质量的惯性力矩

$$R_{I2} = \sum I \frac{\mathrm{d}w}{\mathrm{d}t}$$

式中　I——旋转部分的转动惯量；

$\frac{d\omega}{dt}$——旋转部分转动时的角加速度。

旋转质量组成部分较多，且各部分的转动惯量和角加速度不同，计算比较复杂，为了方便计算，一般用平移质量的惯性力乘以大于 1 的系数 δ 来代替旋转质量的惯性力矩的影响。即

$$R_I = \delta \frac{G}{g} a \qquad (2—1—17)$$

式中 R_I——惯性阻力，N；

G——车辆总重量，N；

g——重力加速度，m/s^2；

α——汽车的加速度（正值）或减速度（负值）；

δ——惯性力系数（或旋转质量换算系数）。

惯性力系数 δ 主要与飞轮的转动惯量、车辆的转动惯量及传动系的传动比有关，可用下式计算其值：

$$\delta = l + \delta_1 + \delta_2 i_K^2 \qquad (2—1—18)$$

式中 δ_1——汽车车轮惯性力的影响系数，一般 $\delta_1 = 0.03 \sim 0.05$；

δ_2——发动机飞轮惯性力的影响系数，对于小汽车，$\delta_2 = 0.05 \sim 0.07$；对于载重汽车，$\delta_2 = 0.04 \sim 0.05$；

i_K——变速箱的速比，i_K（本挡）$= V_{max}$ -（高挡）$/V_{max}$（本挡）或查阅汽车的主要技术性能表。

这样，汽车的总行驶阻力为：$R = R_w + R_R + R_I$。

四、汽车的驱动平衡方程式

汽车在公路上行驶时，必须要有足够的牵引力来克服各种行驶阻力。当牵引力与各种行驶阻力的代数和相等的时候，称为驱动平衡，其驱动平衡方程式（也称为汽车的运动方程式）为

$$T = R = R_w + R_R + R_I \qquad (2—1—19)$$

式（2—1—19）中牵引力 T 为发动机油门全开时的情况。当油门部分开启时，要对牵引力 T 进行修正。修正系数用 U 表示，称为负荷率。即

$$T = U \frac{M\gamma\eta_T}{r} \qquad (2—1—20)$$

一般情况下，负荷率 $U = 80\% \sim 90\%$。

将式（2—1—20）、式（2—1—11）、式（2—1—16）、式（2—1—17）代入式（2—1—19），则汽车的驱动平衡方程式为

$$T = U \frac{M\gamma\eta_T}{r} = \frac{KAV^2}{21.15} + G(f + i) + \delta \frac{G}{g} a \qquad (2—1—21)$$

五、汽车的行驶条件

汽车在公路上行驶，当牵引力等于各种阻力之和时，汽车就等速行驶；当牵引力大于各种阻力之和时，汽车就加速行驶；当牵引力小于各种阻力之和时，汽车就减速行驶，直至停车。由上面分析可知，汽车在公路上行驶时，必须有足够的牵引力来克服各项行驶阻力，即

$$T \geqslant R \tag{2—1—22}$$

式（2—1—22）就是汽车行驶的必要条件（即驱动条件）。但仅有这一条件还不能保证汽车正常行驶。根据前面的分析，牵引力 T 的产生，还必须靠路面对轮胎提供足够的切向反力才能起作用。若轮胎与路面间摩擦力很小，不能提供足够的附着力，则轮胎将在路面上打滑，甚至空转，汽车仍不能前进。因此汽车牵引力的发挥受到驱动轮与路面的附着力的限制，由此可得到汽车行驶的充分条件：牵引力必须小于或等于轮胎与路面间的最大摩擦力（即附着力），即

$$T \leqslant \varphi G_k \tag{2—1—23}$$

式中 φ——附着系数，主要取决于路面的粗糙程度和潮湿泥泞程度，轮胎的花纹和气压，以及车速荷载，计算时可从表 2—1—3 中选用；

G_k——驱动轮荷载。一般情况下，小汽车为总重量的 0.5～0.65 倍，载重车为总重量的 0.65～0.80 倍。

表 2—1—3　　各类路面附着系数 φ 值

路面类型	路面状况			
	干燥	潮湿	泥泞	冰滑
水泥混凝土路面	0.7	0.5	—	—
沥青混凝土路面	0.6	0.4	—	—
过渡或低级路面	0.5	0.3	0.2	0.1

式（2—1—22）和式（2—1—23）是汽车行驶的必要和充分条件，也称为汽车运动的驱动程序和附着条件。

根据上述汽车行驶条件，要提高汽车的效率，在实际工作中应从汽车牵引力、路面与轮胎间的附着力和减小行驶阻力三方面着手。

六、汽车的动力性能

汽车的动力性能是指汽车在行驶时所具有的加速、上坡、最大速度等性能。汽车的动力越好，其可能的行驶速度就越高，所具有的克服公路阻力和爬坡的能力也就越大，其平均技术速度也越高。因此，汽车的动力特性常用汽车行驶可能的最高速度、最低稳定速度、所能克服的最大纵坡、加速和滑行性能等技术指标来评价，这些评价指标称为汽车的牵引性

参数。

改善汽车动力性能，可以提高汽车的运行速度和降低运输成本，这通常是汽车设计者的任务。对于公路设计者，学习汽车的动力性能的主要任务是了解在公路上行驶的主要车型的动力性能，使所设计的公路能很好地发挥汽车的动力性能，也为一些公路技术标准的制定（如最大纵坡、合成坡度、坡度限制等）提供理论依据。

1．汽车的动力因数及动力特性图

将汽车的驱动平衡方程式（2—1—19）作如下改变：

$$T - R_W = R_R + R_I$$

上式等号左端$T - R_W$称为汽车的后备驱动力，其值与汽车的构造和行驶速度有关，等号右端为汽车在公路上行驶时的公路阻力R_R和惯性阻力R_I之和，其值主要与公路状况和汽车的行驶方式有关，将右端行驶阻力表达式带入，得

$$T - R_W = G(f + i) + \delta \frac{G}{g}a$$

为了使不同类型汽车的动力特性可以进行比较，且具有相同的评价尺度，将上式两端分别除以车辆总重量G，得

$$\frac{T - R_W}{G} = (f + i) + \frac{\delta}{g}a \qquad (2—1—24)$$

令上式左端为D，即

$$D = \frac{T - R_W}{G} \qquad (2—1—25)$$

D称为动力因数，它表示某型号汽车在海平面高程上，满载的情况下，每单位车重克服公路阻力和惯性阻力的性能（也叫单位车重所具有的潜力）。将式（2—1—20）、式（2—1—11）代入式（2—1—25）得

$$D = \frac{UM\gamma\eta_T}{rG} - \frac{KAV^2}{21.15G} = -\frac{1}{G}\left[\frac{7.036U\gamma^3\eta_T(M_{max} - M_N)}{r^3(n_N - n_M)^2} + \frac{KA}{21.15}\right]V^2 + \frac{5.305U\gamma^2\eta_T n_M}{r^2G(n_N - n_M)^2}(M_{max} - M_N)V + \frac{U\gamma\eta_T}{rG}\left[M_{max} - \frac{M_{max} - M_N}{(n_N - n_M)^2}n_M^2\right]$$

上式中，设

$$P = -\frac{1}{G}\left[\frac{7.036U\gamma^3\eta_T(M_{max} - M_N)}{r^3(n_N - n_M)^2} + \frac{KA}{21.15}\right]$$

$$Q = \frac{5.305U\gamma^2\eta_T n_M}{r^2G(n_N - n_M)^2}(M_{max} - M_N)$$

$$W = \frac{U\gamma\eta_T}{rG}\left[M_{max} - \frac{M_{max} - M_N}{(n_N - n_M)^2}n_M^2\right]$$

则有

$$D = PV^2 + QV + W \qquad (2—1—26)$$

为了使用方便，也可用曲线表示D与V的函数关系，称为动力特性图。利用该图可直

接查出各排挡下不同车速对应的动力因数值。

以东风 EQ140 载重车（表 2—1—4）的原始计算数据代入式（2—1—26）可绘制出 $D=f(V)$ 的关系曲线图（图 2—1—3），即动力特性图。

表 2—1—4　　东风 EQ140 载重车原始计算数据

项目	计算参数	单位	项目	计算参数	单位
M_{max}	352.8	N·m	A	4.185	m^2
M_N	316.0	N·m	r	0.49	m
n_N	3 000	r/min	i_0	6.33	
n_M	1 300	r/min	δ_1	0.03	
G	91 135	N	δ_2	0.04	
K	0.9				

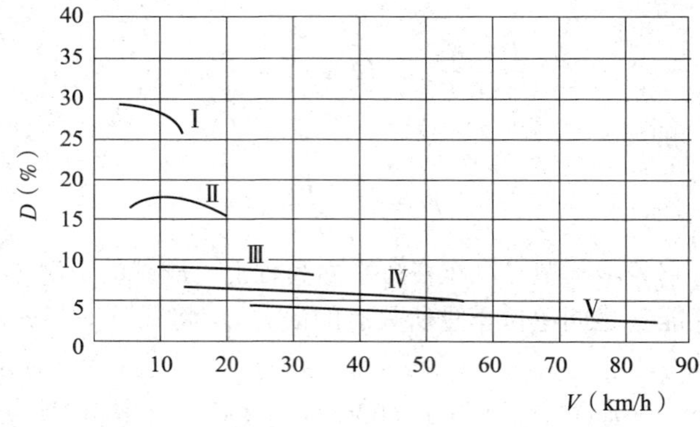

图 2—1—3　东风 EQ140 动力特性图

动力因数和动力特性图是按海平面及汽车满载情况下的标准值绘制的。对于不同海拔高度及荷载下的动力因数 D 应进行修正，方法是给 D 乘以一个修正系数 λ，即

$$\lambda D = (f+i) + \frac{\delta}{g}a \tag{2—1—27}$$

λ 称为动力因数 D 的海拔荷载修正系数，其值为

$$\lambda = \varepsilon \frac{G}{G'}$$

式中　ε——海拔系数，如图 2—1—4 所示，$\varepsilon=(1-2.26\times10^{-5}H)^{5.3}$，$H$ 为海拔高度（m）；

G——满载时汽车的总重量，N；

G'——实际装载时汽车的总重量，N。

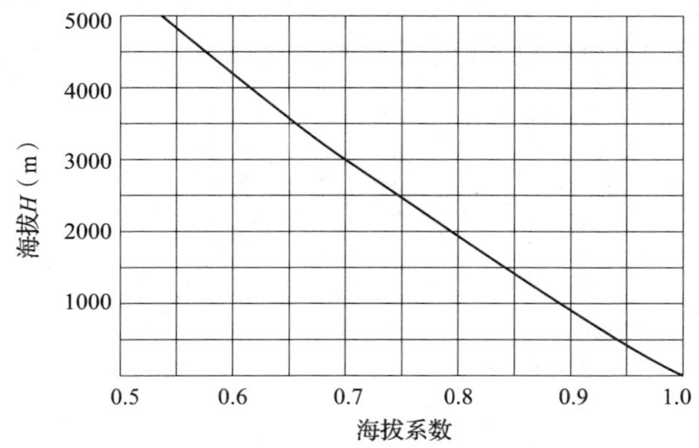

图 2—1—4　海拔系数图

2. 汽车的行驶状况

由式（2—1—27）整理后可得

$$a = \frac{\lambda g}{\delta}(D - \psi) \tag{2—1—28}$$

式中　ψ——公路阻力系数，$\psi = \frac{f+i}{\lambda}$。

汽车在不同行驶条件下稳定行驶时，就有不同的 ψ 值，也即有不同的 D 值，而在动力特性曲线上就可以找到其相应的速度 V 值。当公路条件已知时，可在动力特性图上求出该条件下汽车行驶的最大速度；反之，当需保证汽车以某一速度行驶时，也可在动力特性图上找出符合该行驶速度的公路阻力条件。

从不同排挡的 $D-V$ 曲线可以看出，D 值都有一定的使用范围，挡位越低，车速也就越低，D 值相应也就越大。设当汽车的动力因素为 D，公路阻力为 ψ 时，汽车的行驶状态有以下三种：

当 $\psi < D$ 时，$a = \frac{\lambda g}{\delta}$（$D-\varphi$）$>0$，加速行驶；

当 $\psi = D$ 时，$a = 0$，等速行驶；

当 $\psi > D$ 时，$a = \frac{\lambda g}{\delta}$（$D-\varphi$）$<0$，减速行驶。

在动力特性图上，与任意的 $\psi = D$ 相应等速行驶的速度称为平衡速度，设为 V_p。由式（2—1—26）可以得到

$$D - \psi = PV^2 + QV + W - \psi = 0$$

解此方程可以得到

$$V_p = \frac{-Q - \sqrt{Q^2 - 4P(W-\psi)}}{2P} \tag{2—1—29}$$

每一挡都存在各自的最大动力 D_{max}，与之对应的速度称为平衡速度，用 V_k 表示。如图2—1—5 所示为某汽车一个排挡的动力特性图，临界速度可由水平直线与曲线 $D=f(V)$ 相切的切点 d 所确定，与切点所对应的速度就是临界速度 V_k。

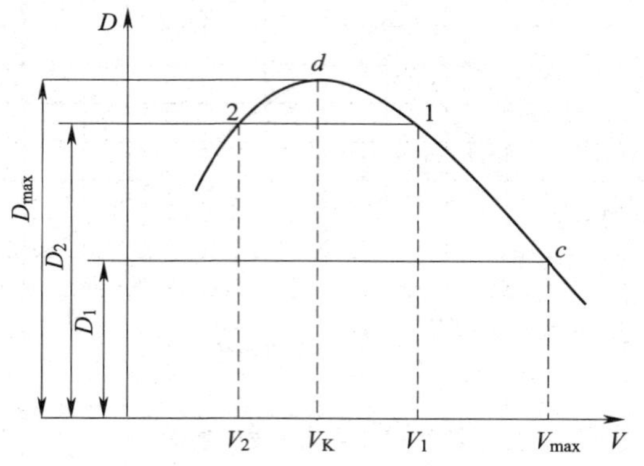

图 2—1—5　汽车一个排挡的动力特性图

汽车的临界速度 V_k 是汽车稳定运动的极限速度。如汽车采用某一挡位稳定行驶，当公路阻力 $\psi_2=D_2$ 时，如图 2—1—5 所示，则汽车可以采用 V_1 或 V_2 任一速度行驶，其中 $V_1>V_k$，而 $V_2<V_k$。现对这两种行驶速度的行驶情况分别进行分析：

（1）当汽车采用 $V_1>V_k$ 的速度行驶时，若公路阻力额外增加（如公路局部坡度增大、路面出现坑凹或松软等），汽车可在原来排挡上降低车速，以获得较大 D 值来克服额外阻力，待阻力消失后可立即提高到 V_1 的速度。这种行驶状态称为稳定行驶。

（2）当汽车采用 $V_2<V_k$ 的速度行驶时，若公路阻力额外增加，汽车减速行驶而 D 值随之减小，如果此时不换挡或开大节流阀，汽车将因发动机熄火而停驶。这种行驶状态称为不稳定行驶。

因此，临界速度 V_k 是汽车运动的稳定极限速度，一般汽车的行驶速度均采用大于同一挡位的临界速度 V_k 值，以便克服额外阻力而连续行驶。

评价汽车动力性能常用的指标是：汽车的最高速度和最小稳定速度。

汽车的最高速度是指节流阀全开，变速器挂直接挡的情况下汽车满载（不带挂车）在表面平整坚实的水平路段上稳定行驶时的速度。每一排挡都有各自的最高速度，除个别车型外，一般直接挡的速度最大。某一排挡的最高速度 V_{max} 可由下式计算：

$$V_{max}=\frac{0.377rn_{max}}{\gamma} \tag{2—1—30}$$

式中　n_{max}——汽车发动机最大转速，r/min。

汽车的最小稳定速度是指满载（不带挂车）在表面平整坚实的水平路段上稳定行驶时的最低速度（即临界速度 V_k）。某一排挡的最小稳定速度 V_k 可以从动力特性图上查得，也可以用下式计算：

由 $\mathrm{d}D/\mathrm{d}V=0$，可得

$$V_k = -\frac{Q}{2P} \qquad (2—1—31)$$

汽车的最高速度与最小稳定速度的差值越大，表示汽车对公路阻力的适应性越强。

3. 汽车的爬坡能力

汽车的爬坡能力是指汽车在良好路面上等速行驶时克服了其他行驶阻力所能爬上的纵坡度。因 $\alpha=0$，则

$$i = \lambda D - f \qquad (2—1—32)$$

汽车的最大爬坡能力是用最大爬坡坡度来评定的。最大爬坡坡度是指汽车在坚硬路面上用最低挡作等速行驶时所能克服的最大坡度。由于最低挡爬坡能力大，坡道倾角 α 也大，此时，应采用下式计算：

$$\lambda D_{\mathrm{Imax}} = f\cos\alpha + \sin\alpha$$

解此三角函数方程式，得

$$\alpha_{\mathrm{Imax}} = \arcsin\frac{\lambda D_{\mathrm{Imax}} - f\sqrt{1-\lambda^2 D_{\mathrm{Imax}}^2 + f^2}}{1+f^2} \qquad (2—1—33)$$

式中 α_{Imax}——最低挡所能克服的最大坡道倾角；

f——滚动阻力系数；

D_{Imax}——最低挡的最大动力因数。

取 $i_{max}=\tan\alpha_{\mathrm{Imax}}$，计算最大爬坡坡度。

七、汽车在坡道上行驶的要求

汽车在坡道上行驶的要求主要是指汽车行驶的稳定性，即汽车在行驶过程中，在外部因素作用下，尚能保持或者很快自行恢复原行驶状态和方向，而不致发生丧失控制产生侧滑、倾覆等现象的能力。

影响汽车行驶稳定性的因素主要有汽车本身的结构参数（如汽车的整体参数、几何参数、重量参数、轮胎特性、前后悬挂的形式等）、驾驶员的操作技术、公路与环境等外部因素。

1. 汽车行驶的纵向稳定性

汽车在坡道上行驶的过程中，随着运动状况的改变，作用在前、后车轮上的法向反作用力亦有相应的变化。若汽车在某一运动状况下，前轮的法向反作用力为零，则汽车将产生前轴车轮离地而导致纵向倾覆；当后轮的法向反作用力为零时，根据附着条件，其牵引力将不复存在，汽车丧失行驶的可能。上述两种情况均为汽车的纵向失稳，会导致汽车出现纵向倾覆或倒滑现象。如图2—1—6所示为汽车等速上坡受力图，惯性阻力为零，因车速低可略去空气阻力和滚动阻力。设 G 为汽车总重力，α 为坡道倾角，h_g 为重心高度，Z_1 和 Z_2 为作用在前、后轮上的法向反作用力，X_1 和 X_2 为作用在前、后轮上的切向反作用力，L 为汽车轴距，l_1 和 l_2 为汽车重心至前、后轴的距离，O 点为汽车重心，O_1 和 O_2 为前、后轮与路面的接触点。

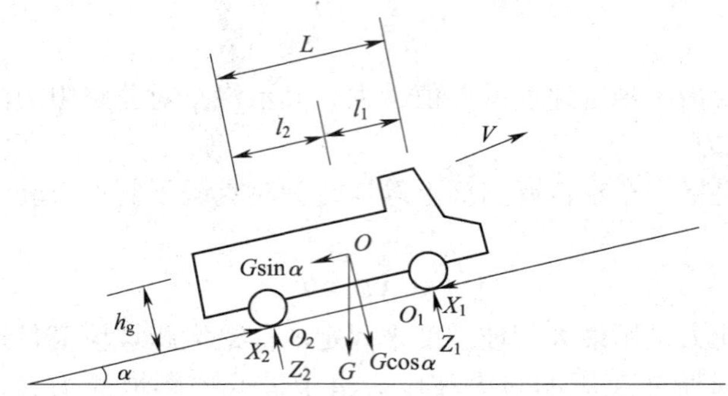

图 2—1—6　汽车等速上坡受力图

（1）纵向倾覆

产生纵向倾覆的临界状态是汽车前轮法向反作用力 Z_1 为零时，汽车可能绕 O_2 点发生倾覆现象。对 O_2 点取距并让 $Z_1=0$，得

$$Gl_2\cos\alpha_0 - Gh_g\sin\alpha_0 = 0 \qquad (2—1—34)$$

$$i_0 = \tan\alpha_0 = \frac{l_2}{h_g} \qquad (2—1—35)$$

式中　α_0——Z_1 为零时的极限坡道倾角；

i_0——Z_1 为零时的公路纵坡值。

当坡道倾角 $\alpha \geqslant \alpha_0$ 或公路纵坡 $i \geqslant i_0$ 时，汽车即失去控制，可能发生纵向倾覆。由式（2—1—35）可知，纵向倾覆的稳定性主要与汽车重心至后轴的距离 l_2 和重心高度 h_g 有关。即 l_2 越大，h_g 越低，纵向稳定性越好。

（2）纵向滑移

对于后轮驱动的汽车，根据附着条件，驱动轮不产生滑移的临界状态是

$$G\sin\alpha_\varphi = \varphi G_k \qquad (2—1—36)$$

由于 α_φ 很小，因此 $\sin\alpha_\varphi \approx \tan\alpha_\varphi = i_\varphi$，则

$$i_\varphi = \tan\alpha_\varphi = \frac{G_k}{G}\varphi \qquad (2—1—37)$$

式中　α_φ——产生纵向滑移临界状态时的坡道倾角；

i_φ——产生纵向滑移临界状态时的公路纵坡度，其他符号的意义同前。

当坡道倾角 $\alpha \geqslant \alpha_\varphi$（或公路纵坡 $i \geqslant i_\varphi$）时，驱动轮受到附着条件的限制，所能产生的牵引力不足以克服 α_φ 的坡度，使汽车发生滑移而倒溜。

（3）汽车行驶纵向稳定性的保证

对于式（2—1—35）来说，一般 $i_0 = \tan\alpha_0 = \frac{l_2}{h_g}$ 接近于 1；而在式（2—1—37）中，$i_\varphi = \tan\alpha_\varphi = \frac{G_k}{G}\varphi$ 则远远小于 1，因此，$i_\varphi < i_0$。

上述分析说明，汽车在坡道上行驶时，在发生纵向倾覆之前，首先发生纵向滑移现象。

为了保证汽车行驶的纵向稳定性，公路设计应满足不产生纵向滑移的条件，同时应对行驶中汽车的装载高度有所限制，以避免重心过高而破坏稳定条件，从根本上避免汽车纵向倾覆现象出现。从上面的分析可以得到汽车行驶时纵向稳定性的条件为

$$i = i_{\varphi} = \frac{G_k}{G}\varphi \tag{2—1—38}$$

只要设计的公路纵坡坡度 i 满足上式条件，那么汽车满载行驶时一般都能保证纵向行驶稳定性。

2. 汽车行驶的横向稳定性

汽车在行驶过程中，横向受到如惯性力、重力等侧向力和分力的作用，当车轮的侧向反作用力达到附着力时，汽车将沿着侧向力的作用方向滑移；侧向力同时将引起左、右车轮法向反作用力的改变，当一侧车轮上的法向反作用力变为零时，汽车将发生侧向倾覆。

由公路平面设计可知，使汽车不产生横向倾覆的条件为

$$\mu = \frac{X}{G} \leqslant \frac{b}{2h_g} \tag{2—1—39}$$

$$R \geqslant \frac{V^2}{127\left(\frac{b}{2h_g} + i_h\right)} \tag{2—1—40}$$

使汽车不产生横向滑移的条件为

$$\mu = \frac{X}{G} \leqslant \varphi_h \tag{2—1—41}$$

$$R \geqslant \frac{V^2}{127(\varphi_h + i_h)} \tag{2—1—42}$$

3. 汽车行驶的纵横组合向稳定性

汽车在具有一定纵坡的小半径平曲线上行驶比在直线上行驶增加了弯道行驶时带来的阻力。对上坡汽车，行车速度降低，功率消耗增大；对下坡汽车，由于纵横组合向的影响，使汽车沿合成坡度方向产生倾斜、滑移和装载偏重的可能。为此，对合成坡度的最大值进行限制，是有利于行车稳定性的。

如图 2—1—7 所示为汽车在平曲线段下坡受力图。路线的纵坡为 i（$\tan\alpha$）、超高横坡为 i_h（$\tan\beta$），则作用在前轴上的荷载 W_1 为

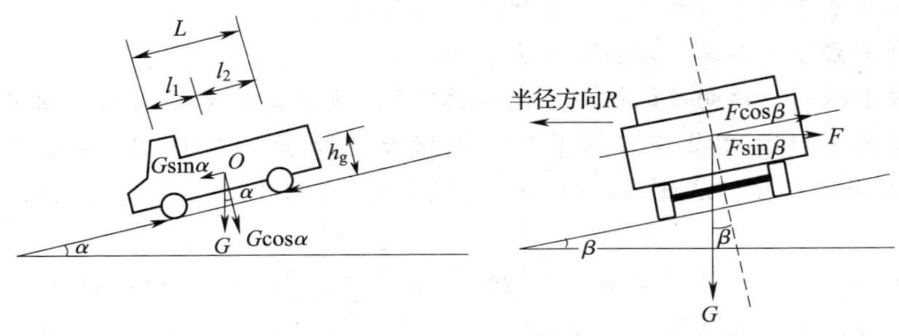

图 2—1—7　汽车在平曲线段下坡受力图

$$W_1 = \frac{G(l_2\cos\alpha + h_g\sin\alpha)}{L}\cos\beta \tag{2—1—43}$$

离心力 F 分配在前轴上的荷载 W_2 为

$$W_2 = \frac{Gv^2 l_2}{gRL}\sin\beta \tag{2—1—44}$$

在平直路段上，作用于前轴的荷载 W_3 为

$$W_3 = \frac{l_2}{L}G \tag{2—1—45}$$

在有平曲线的坡道上，前轴荷载增量与在平直路段上作用于前轴的荷载的比值为

$$I = \frac{W_1 + W_2 - W_3}{W_3}$$

由于倾角 α、β 都很小，因此

$$I = \frac{h_g}{l_2}i + \frac{v^2}{gR}i_h \tag{2—1—46}$$

对于载重汽车，一般 $h_g/l_2 \approx 1$，则

$$I = i + \frac{v^2}{gR}i_h$$

汽车在直线坡道（$i_h \approx 0$，则 $I = i$）下坡时，前轴荷载增量与平直路段前轴荷载的比率等于该路段的纵坡度。在曲线上若也以直线上相同大小的最大纵坡 i_{max} 作为控制，则有

$$i + \frac{v^2}{gR}i_h \leqslant i_{max}$$

将车速大的单位 v（m/s）化为 V（km/h）得

$$i \leqslant i_{max} - \frac{V^2}{127R}i_h \tag{2—1—47}$$

式（2—1—47）即为汽车沿纵横组合方向的稳定条件，也是最大纵坡在平曲线上的折减条件。

1. 根据某排挡的动力特性曲线，分析汽车行驶状态。

2. 分析汽车排挡、车速、牵引力三者之间的关系。

3. 综合考虑纵向、横向及纵横组合向的稳定性，试述抗滑和抗倾覆二者的关系。

4. 设一东风 EQ140 型载重车满载时，在滚动阻力系数为 0.015 的公路上挂Ⅳ挡以 30 km/h 的速度等速行驶，试计算：1）$H = 0$。2）$H = 1\ 000$ m 海拔高度上所能克服的最大坡度。

5. 已知 $\lambda = 0.8$，$f = 1\%$，若东风 EQ140 型载重车以 80 km/h 的速度开始在 3% 的坡道上不换挡爬坡。1）当坡道长为 600 m 时，求达到坡顶的车速。2）若驶出坡道的速度为 40 km/h，坡道长不变，则此坡段可设多大坡度？

6. 设某段公路规定的最大纵坡为5%，当汽车以80 km/h的速度在半径为300 m、超高横坡为8%的平曲线上行驶时，求折减后的最大纵坡度。

7. 设某公路弯道上的最大横向力系数为0.15，当$R=600$ m，$i_h=5\%$时，允许的最大车速是多少？

课题二　纵坡设计标准

- 了解纵坡设计的一般要求。
- 熟悉路基设计标高的选定方法。
- 掌握最大纵坡的取值方法。
- 熟悉设计中对于最短坡长、最大坡长的限制规定。
- 了解缓和坡段、平均纵坡、最小纵坡、合成坡度的概念与规定。

一、纵坡设计的一般要求

为使纵坡设计达到经济合理的目的，在设计之前必须全面掌握勘测资料，并结合选（定）线时的纵坡考虑意图，经综合分析、比较后确定纵坡设计。纵坡设计应满足以下几点要求：

1. 纵坡设计必须满足规范的各项规定，一般不轻易采用极限纵坡值。

2. 为保证车辆能以一定速度安全顺适地行驶，纵坡应具有一定的平顺性，起伏不宜过大和过于频繁。尽量避免采用极限纵坡值，合理安排缓和坡段，不宜连续采用极限长度的陡坡夹最短长度的缓坡。连续上坡或下坡路段，应避免设置反坡段。越岭线压口附近的纵坡应尽量缓一些。

3. 纵坡设计应对沿线地域、地下管线、地质、水文、气候和排水等进行综合考虑，视具体情况加以处理，以保证公路的稳定与通畅。

4. 一般情况下山岭重丘区纵坡设计应考虑填挖平衡，尽量使挖方运作就近路段填方，以减少借方和废方，降低造价和节省用地，即纵向填挖平衡设计。

5. 平原微丘区地下水埋深较浅，或池塘、湖泊分布较广，纵坡除应满足最小纵坡要求外，还应满足最小填土高度要求，以保证路基稳定，即包线设计。

6. 对连接段纵坡，如大、中桥引道及隧道两端接线等，纵坡应和缓，避免产生突变。

交叉处前后的纵坡应平缓一些。

7. 在实地调查基础上，充分考虑通道、农田水利等方面的要求。

二、设计标高及路基设计洪水频率

1. 设计标高的规定

对纵断面上的设计标高，即路基的设计标高，《公路路线设计规范》规定如下：

（1）新建公路的路基设计标高

高速公路和一级公路采用中央分隔带的外侧边缘标高，二、三、四级公路采用路基边缘标高。在设置超高、加宽地段为设超高、加宽前该处边缘标高。

（2）改建公路的路基设计标高

一般按新建公路的规定办理，也可视具体情况而采用中央分隔带中线或行车道中线标高。

2. 路基设计洪水频率

沿河及受水浸淹的路线，路基设计标高一般应高出设计洪水频率的计算水位以上 0. 5 m。《公路路线设计规范》规定的路基设计洪水频率见表 2—2—1。

表 2—2—1　　路基设计洪水频率表

公路等级	高速公路	一	二	三	四
设计洪水频率	1/100	1/100	1/50	1/25	按具体情况确定

沿水库上游岸边的路线，路基最低侧边缘标高应考虑水库水位升高后地下水位壅升、水库淤积后壅水曲线抬高以及浪高的影响；在寒冷地区还应考虑冰塞壅水对水位增高的影响。

大、中桥桥头引道（在洪水泛滥范围内）的路基最低侧边缘标高，一般应高于该桥设计洪水位（包括壅水和浪高）至少 0. 5 m；小桥涵附近的路基最低侧边缘标高应高于桥（涵）前壅水水位至少 0. 5 m（不计浪高）。

三、最大纵坡

最大纵坡是指各级公路容许采用的最大坡度值，它是公路纵断面设计的重要控制指标。在山岭地区，纵坡的大小将直接影响路线的长度、使用质量、运输成本和工程造价。因此，纵坡大小的取值必须要通过全面分析、综合考虑后再合理确定。

1. 确定最大纵坡应考虑的因素

（1）汽车的动力特性：要根据公路上主要行驶车辆的牵引性能确定。在一定的行驶速度条件下确定。

（2）公路等级越高，要求行车速度越快，但从汽车的动力特性可知其爬坡能力越低，因此不同等级的公路有不同的最大纵坡值。

（3）自然因素：公路所经地区的地形、气候、海拔高度等自然因素，对汽车行驶条件和爬坡能力也有很大的影响。

2. 最大纵坡的确定

最大纵坡的确定主要取决于汽车的动力性能、公路等级和自然因素，但另一方面还必须保证行车安全。从实际调查中可知，汽车在陡坡路段下坡时，由于制动次数增多，易使制动器发热而失效，因此导致事故频发。如东风 EQ1090 载货汽车及解放 CA1091 载货汽车上坡时，均可用 2 挡顺利地通过 12% 以上的纵坡，但在下坡时却很不安全。因此，确定最大纵坡不能只考虑汽车的爬坡性能，还要从行驶的快速、安全及经济等方面综合分析，同时兼顾汽车拖挂车、民间运输工具的特殊要求等。实践证明，四级公路为了达到其相应的行车速度，一般情况下最大纵坡不宜超过 8%，只有在工程特殊困难的山岭地区，经技术论证合理最大纵坡才可增加 1%，但在海拔 2 000 m 以上或积雪冰冻地区，为安全考虑，最大纵坡不应大于 8%。我国《公路工程技术标准》对各级公路的最大纵坡规定见表 2—2—2。

表 2—2—2　　各级公路的最大纵坡

设计速度（km/h）	120	100	80	60	40	30	20
最大纵坡（%）	3	4	5	6	7	8	9

高速公路受地形条件或其他特殊情况限制时，经技术、经济论证合理，最大纵坡可增加 1%。

在非汽车交通比例较大的路段，可根据具体情况将纵坡适当放缓，平原、微丘区一般不大于 2% ~3%；山岭、重丘区一般不大于 4% ~5%。

小桥涵处的纵坡可按表 2—2—2 的限值设计，但大、中桥上的纵坡不宜大于 4%，桥头引道纵坡不大于 5%；位于城镇附近非汽车交通量较大的路段，桥上及桥头引道纵坡均不得大于 3%；紧接大、中桥桥头两端的桥头引道纵坡应与桥上纵坡一致。

隧道内的纵坡不应大于 3%，且不小于 0.3%；对于独立的明洞和长度小于 50 m 的隧道，其纵坡不受此限；紧接隧道洞口的路线纵坡应与隧道内纵坡相同。

3. 高原地区纵坡折减

在海拔 3 000 m 以上的高原地区，因空气密度下降而使汽车发动机的功率和汽车的牵引力降低，导致汽车爬坡能力下降；此外，在高原地区，汽车水箱中的水容易开锅而破坏冷却系统。故《公路工程技术标准》规定在海拔 3 000 m 以上的高原地区，各级公路的最大纵坡值应按表 2—2—3 的规定予以折减，最大纵坡折减后若小于 4%，则仍采用 4%。

表 2—2—3　　高原最大纵坡折减

海拔高度（m）	3 000 ~4 000	4 000 ~5 000	5 000 以上
折减值（%）	1	2	3

四、坡长限制

1. 最小坡长的限制

由于纵坡上转坡点过多，因此汽车在行驶时颠簸过于频繁，特别是车速越高时越显得突出。为了提高行车的平顺性，一般要求纵坡上转折宜少，相邻转坡点之间的最短距离应不小于相邻两竖曲线的切线长，以便插入适当的竖曲线缓和转坡点。此外为保证行车安全，还必须使两个凸形转坡点之间的距离满足设计视距的要求。总之，从路容美观、相邻两竖曲线的设置和纵坡视距等也要求坡长应有一定的长度。

各级公路最小坡长应按表2—2—4和表2—2—5进行选用。在平面交叉口、立体交叉的匝道及水路面地段，最小坡长不受此限制。

表2—2—4　　城市公路最小坡长

计算行车速度（km/h）	80	60	50	40	30	20
最小坡长（m）	290	170	140	110	85	60

表2—2—5　　各级公路最小坡长

设计速度（km/h）		120	100	80	60	40	30	20
最小坡长（m）	一般值	400	350	250	200	160	130	80
	最小值	300	250	200	150	120	100	60

2. 最大坡长的限制

最大纵坡长度是指控制汽车在坡道上行驶，当车速下降到最低容许速度时所行驶的距离。公路纵坡的大小及其坡长对汽车正常行驶影响很大。纵坡越陡，坡长越长，对行车影响也越大。主要表现在：汽车上坡行驶时速度明显下降，甚至需要低速排挡克服坡度阻力；下坡行驶时制动次数频繁，易使制动器发热失效。所以，长距离的陡坡对汽车行驶很不利，应对陡坡长度加以限制。

规范规定，各级公路最大坡长应按表2—2—6和表2—2—7进行选用。

表2—2—6　　各级公路不同纵坡的最大坡长限制　　m

设计车速（km/h）		120	100	80	60	40	30	20
纵坡坡度值（%）	3	900	1 000	1 100	1 200	—	—	—
	4	700	800	900	1 000	1 100	1 100	1 200
	5	—	600	700	800	900	900	1 000
	6	—	—	500	600	700	700	800
	7	—	—	—	—	500	500	600

续表

设计车速（km/h）		120	100	80	60	40	30	20
纵坡坡度值（%）	8	—	—	—	—	300	300	400
	9	—	—	—	—		200	300
	10	—	—	—	—			200

表 2—2—7　　城市公路纵坡限制

计算行车速度（km/h）	80			60			50			40		
纵坡坡度（%）	5	5.5	6	6	6.5	7	6	6.5	7	6.5	7	8
纵坡长度限制（m）	600	500	400	400	350	300	350	300	250	300	250	200

高速公路、一级公路纵坡与坡长的选用应充分考虑车辆运行质量要求。高速公路的纵坡即使为2%，其坡长也不宜过大。

当高速公路、一级公路的连续陡坡由不同坡度值的坡段组合而成时，应进行坡长组合计算，如公路设计车速为 40 km/h，纵坡度为 8%，长度为 180 m，则该长度是相应限制长度（300 m）的 60%；如相邻坡段的纵坡为 6%，则该坡长不应超过相应坡长限制（700 m）的 40%，即 $700 \times 0.4 = 280$ m，要满足（180/300）＋（280/700）≤1 的要求，其后就应设置不大于 3% 的缓和坡段。同时还应对纵坡长度受限制的组合坡段采用平均坡度法进行验算。

五、缓和坡段

在纵断面设计中，当陡坡的长度达到限制坡长时，应安排一段缓坡，用以恢复在陡坡上降低的速度。同时，从下坡安全考虑，也是需要设置缓坡的。

公路连续纵坡均大于 5% 时，应在不大于表 2—2—6 所规定长度处设置缓和坡段，缓和坡段的纵坡应不大于 3%，其长度应符合表 2—2—5 公路最小坡长的规定，四级公路山岭、重丘区特殊困难地段可不小于 80 m。

在必须设置缓和坡段的范围内，可以利用纵坡不大于 3% 的平曲线路段作为缓和坡段，但若圆曲线半径四级公路小于 20 m、三级公路小于 40 m、二级公路小于 80 m 时，则缓和坡段应予以加长，其增加的长度为该圆曲线半径值。

在进行纵坡实际设计时，有时某一坡度坡长还未达到限制坡长时，可变换坡度，但其长度应按坡长限制的规定进行折算。如设计车速为 30 km/h 的公路，坡段纵坡为 8%，长度为 120 m，该长度是相应限制坡长 300 m 的 2/5，若后续相邻坡段的纵坡为 7%，其坡长则不应超过 $500 \times (3/5) = 300$ m，具体地讲就是 8% 的纵坡设计 120 m 后，还可接着设计 300 m 长 7% 的坡度，或 420 m 长 6% 的坡度，其中不设缓和段。

当公路上有大量兽力车通行时，在可能情况下宜在不超过500 m处设置一段不大于2%的缓坡，以利于兽力车行驶。城市公路的非机动车车道纵坡宜小于2.5%，否则应按表2—2—8限制坡长。

表2—2—8　　城市公路非机动车坡长限制　　m

纵坡坡度（%）	车种	
	自行车	三轮车、板车
2.5	300	150
3	200	100
3.5	150	—

总之，缓和坡段的具体设置应结合纵向地形起伏情况，尽量减少填挖方工程数量，同时应考虑路线的平面线形要素。在一般情况下，缓和坡段宜设在平面直线或半径较大的平曲线上，以便充分发挥缓和坡段的作用，提高整条公路的使用质量。在必须设置缓和坡段而地形又困难的地段，可将缓和坡段设置在半径比较小的平曲线上，但应适当增加缓和坡段的长度，以使缓和坡段端部的竖曲线位于该小半径平曲线之外。上述这些措施对提高行车质量和保证行车安全是非常必要的。

六、平均纵坡与最小纵坡

1. 平均纵坡

平均纵坡是指一定长度的路段纵向所克服的高差与路线长度之比，是为了合理运用最大纵坡、坡长及缓和坡长的规定，以保证车辆安全顺利地行驶的限制性指标。用公式表示为

$$i_{平均} = \frac{H}{l} \tag{2—2—1}$$

式中　$i_{平均}$——平均纵坡，%；

H——相对高差，m；

l——路线长度，m。

从汽车行驶顺适和安全出发，为了合理利用最大纵坡、坡长和缓和坡段的规定，应该很好地应用和控制平均纵坡。在纵坡设计时，保证路线越岭地段总长度的平均纵坡不要过陡，同时避免局部地段使用过大的平均纵坡。

标准规定：二、三、四级公路越岭路线的平均纵坡应符合以下规定：

（1）越岭路段的相对高差为200～500 m时，平均纵坡以接近5.5%为宜。

（2）越岭路段的相对高差大于500 m时，平均纵坡以接近5%为宜。

（3）在任一连续3 km路段的平均纵坡不宜大于5.5%。

城市公路的平均纵坡按上述规定减少1.0%。对于海拔3 000 m以上的高原地区，平均纵坡应比规定值少0.5%～1.0%。

2. 最小纵坡

为了保证挖方地段、设置边沟的低填方地段和横向排水不畅地段的排水，以防止积水渗入路基而影响其稳定性，规范规定各级公路的长路堑路段以及其他横向排水不良路段，均应设置不小于0.3%的纵坡。当必须设计平坡0%或纵坡小于0.3%时，边沟应进行纵向独立排水设计。

七、合成坡度

合成坡度是指由路线纵坡与弯道超高横坡或路拱横坡组合成的坡度，其方向为流水线方向。它的计算公式为

$$I = \sqrt{i_h^2 + i^2} \tag{2—2—2}$$

式中 I——合成坡度,%；

i_h——超高横坡度或路拱横坡度,%；

i——路线设计纵坡坡度,%。

在有平曲线的坡道上，汽车除受坡度阻力外还受曲线阻力，如果坡度大而平曲线半径小时，离心力会造成货物偏重，给汽车行驶带来危险。所以，当弯道与坡道组合时，为了防止汽车向合成坡度方向倾斜、滑移，应将超高横坡与纵坡的组合控制在适当的范围内。

对于最大允许合成坡度，规范是按式（2—1—47）对纵坡进行折减，并考虑实际使用经验后制定的。表2—2—9为各级公路最大允许合成坡度的规定值。

表2—2—9　　各级公路最大允许合成坡度的规定值

公路等级	高速公路、一级公路				二、三、四级公路				
设计车速（km/h）	120	100	80	60	80	60	40	30	20
合成坡度（%）	10.0	10.0	10.5	10.5	9.0	9.5	10.0	10.0	10.0

注：在积雪冰冻地区，公路的合成坡度值应不大于8%。

当陡坡与小半径平曲线重叠时，在条件许可的情况下，以采用较小的合成坡度为宜。特别是在冬季路面或结冰的地区、自然横坡较陡的傍山路段及非汽车交通比率高的路段，其合成坡度必须小于8%。

对于三、四级公路，在山岭重丘区的工程特别艰巨的路段，合成坡度值可适当增大。

各级公路最小合成坡度不宜小于0.5%。在超高过渡的变化处，合成坡度不应设计为0。当合成坡度小于0.5%时，则应采取综合排水设计措施，以保证路面排水通畅。

合成坡度临界线图及其与各种计算行车速度所对应圆曲线半径的关系如图2—2—1所示和见表2—2—10。

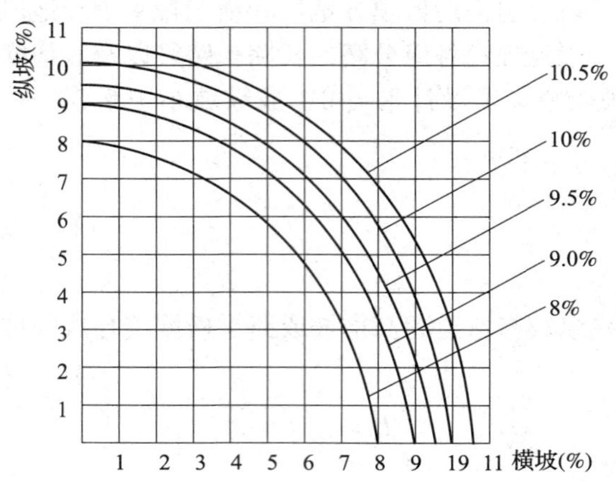

图 2—2—1　合成坡度临界线图

表 2—2—10　　**行车速度所对应圆曲线半径**

设计车速（km/h）	曲线半径（m）								
120	3 240	2 160	1 620	1 300	1 080	930	810	720	650
100	1 710	1 220	950	770	650	560	500	440	400
80	1 240	830	620	500	410	350	310	280	250
60	810	570	430	340	280	230	200	160	125
50	590	410	310	240	200	160	130	100	80
横坡度（%）	2	3	4	5	6	7	8	9	10

思考与练习

1. 简述平均纵坡在公路纵断面设计中的作用。
2. 试述公路纵坡设计的方法和注意要点。
3. 路基设计高程有哪些规定？
4. 为什么要进行坡长限制？
5. 为什么要规定最大纵坡？

课题三　竖曲线设计标准与计算方法

- ◆ 了解竖曲线的设计标准。
- ◆ 熟悉竖曲线设计的一般要求。
- ◆ 掌握竖曲线半径、几何要素、设计高程的确定方法。

汽车驶过纵断面上的转坡点时，将受到冲击，行车的平顺性遭到破坏。为了缓和这种突变，保证行车的平稳和满足视距的要求，在转坡点竖直面内应以曲线衔接，这种曲线称为竖曲线。竖曲线按其转坡点在曲线上方或下方分别称为凸形或凹形竖曲线，如图 2—3—1 所示。

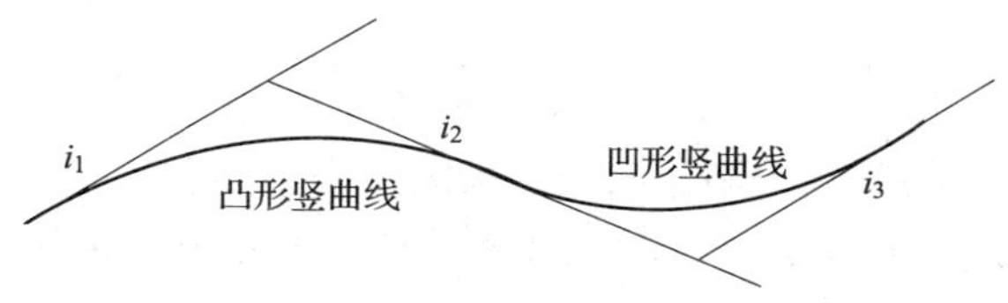

图 2—3—1　竖曲线形状图

设置曲线的主要作用如下：

1. 缓和纵向转坡处行车动量变化产生的冲击作用。
2. 确保公路纵向行车视距。
3. 将竖曲线与平曲线恰当组合，有利于路面排水和改善行车的视线诱导和舒适感。

一、竖曲线设计标准

竖曲线设计的主要标准有：竖曲线半径和竖曲线长度，按一般值和极限值给出设计指标。极限值是指汽车在纵坡变更处行驶时，为了缓和冲击、保证视距和避免视觉错误所需的最小值，该值在受地形等特殊情况约束时方可采用。一般值指为提高行驶舒适度而希望设计工程师采用的标准，一般值通常是极限值的 1.5～2.5 倍。

1. 凹形竖曲线极限最小半径

(1) 控制离心力的大小限制竖曲线的极限最小半径

汽车行驶在竖曲线上，由于离心力的作用，要产生失重（凸形竖曲线）和增重（凹形竖曲线）。而竖曲线半径的大小直接影响离心力的大小。因此，必须从控制离心力不至于过大来限制竖曲线的极限半径。

汽车在竖曲线上产生的离心力为

$$F = \frac{GV^2}{127R} \tag{2—3—1}$$

其中，F/G 是单位车重受到的离心力，根据资料限制为 $F/G=0.028$，代入式（2—3—1），得

$$R_{\min} = \frac{V^2}{3.6} \tag{2—3—2}$$

（2）夜间行车前灯照射角限制竖曲线的极限最小半径

当凹形竖曲线半径较小时，夜间行车前灯受照射角的限制，只能照到一定范围，若照射距离小于要求的视距长度，则不能保证行车安全。以此为控制条件计算竖曲线最小半径的计算公式为

$$R = \frac{s^2}{2(h + s\tan\delta)} \tag{2—3—3}$$

式中 s——前灯照射距离，m，按规定的视距角度取值；

h——前灯高度，m，取 $h=0.75$ m；

δ——前灯向上的照射角，取 $\delta=1°$。

$$R_{\min} = \frac{s^2}{1.5 + 0.0349\,s} \tag{2—3—4}$$

（3）对跨线桥下视距的影响限制竖曲线的极限最小半径

当凹形竖曲线处于跨线桥下时，驾驶员的视线要受到桥跨上部构造的阻挡。桥下净高按桥下最小净高要求控制，驾驶员的视线长度按规定视距长度控制，以此为控制条件计算竖曲线最小半径的计算公式为：

当视线长度＜竖曲线长度时，

$$R_{\min} = \frac{s^2}{26.93} \tag{2—3—5}$$

当视线长度＞竖曲线长度时，

$$R_{\min} = \frac{2R}{\omega} - \frac{13.5}{\omega} \tag{2—3—6}$$

上述三种情况中，主要采用式（2—3—2），即以限制凹形竖曲线上离心力条件为凹形竖曲线极限最小半径制定的依据。

2. 凸形竖曲线极限最小半径

主要从限制失重不至于过大和保证纵面行车视距两个方面计算确定。

（1）从失重不至于过大考虑

与凹形竖曲线的限制条件和计算公式相同，即

$$R_{\min} = \frac{V^2}{3.6} \tag{2—3—7}$$

（2）从保证纵面行车视距考虑

凸形竖曲线半径过小，路面上凸直接影响行车视距，按规定的视距控制可得到计算极限最小半径的公式。

1）当视距 $s \leqslant L$（竖曲线长度）时。

如图 2—3—2 所示，由求竖曲线上任一点距切线的纵距的计算公式可得

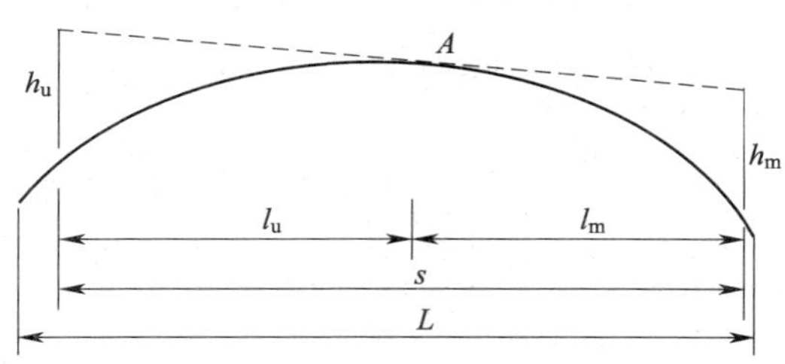

图 2—3—2　凸形竖曲线视距（$s \leqslant L$）

$$h_u = \frac{l_u^2}{2R}, \quad h_m = \frac{l_m^2}{2R}$$

将上两式代入控制条件 $h = l_u + l_m$，得

$$s = \sqrt{2R}(\sqrt{h_u + h_m}) \tag{2—3—8}$$

式中　h_u——物高，m，规范规定，$h_u = 0.10$ m；

h_m——目高，m，规范规定，$h_m = 1.2$ m；

l_u——竖曲线顶点 A 距物点的距离，m；

l_m——竖曲线顶点 A 距目点的距离，m；

s——要求的行车视距，按停车视距考虑，m。

将 h_u、h_m的值代入式（2—3—8），整理后得

$$R_{min} = \frac{s^2}{3.98} \tag{2—3—9}$$

2）当视距 $s > L$ 时。

计算公式为

$$R_{min} = \frac{2s}{\omega} - \frac{3.98}{\omega^2} \tag{2—3—10}$$

综合上述两种情况，主要采用式（2—3—9）即按视距条件作为限制凸形竖曲线极限最小半径制定的依据。

3. 竖曲线极限最小半径

竖曲线极限最小半径是缓和行车冲击和保证行车视距所必需的最小值，该值只有在地形受限制迫不得已时才采用。通常为了使行车有较好的舒适条件，设计值多采用大于极限最小半径的 1.5～2.0 倍，此值即为竖曲线设计的一般最小半径值。系数 1.5～2.0 随设计车速减小而取较大值。

4. 竖曲线最小长度

与平曲线相似，当竖曲线坡度角很小时，即使采用较大半径，竖曲线长度也很短，这样容易使驾驶员产生变坡很急的错觉。因此竖曲线的最小长度应该按 3 s 行程时间计算，即

$$L_{min} = \frac{V}{1.2} \tag{2—3—11}$$

各级公路竖曲线的最小半径及其最小长度规定见表 2—3—1。

表 2—3—1　各级公路竖曲线的最小半径和最小长度

设计速度（km/h）		120	100	80	60	40	30	20
凸形竖曲线半径（m）	极限最小值	11 000	6 500	3 000	1 400	450	250	100
	一般最小值	17 000	10 000	4 500	2 000	700	400	200
凹形竖曲线半径（m）	极限最小值	4 000	3 000	2 000	1 000	450	250	100
	一般最小值	6 000	4 500	3 000	1 500	700	400	200
竖曲线最小长度（m）	一般值	250	210	170	120	90	60	50
	最小值	100	85	70	50	35	25	20

二、竖曲线设计

1. 竖曲线设计的一般要求

竖曲线是否平顺，在视觉上往往是构成纵断面线形优劣的主要原因。纵断面线形不好的原因大多数是由设置过多的竖曲线和竖曲线长度小或竖曲线半径小引起的。所以，竖曲线设计时应遵循以下一般原则和要求。

（1）应选用较大的竖曲线半径

竖曲线设计首先应确定合适的半径，在不过分增加工程量的情况下，尽可能选用较大的竖曲线半径。特别是前后相邻纵坡值的代数差小时，竖曲线更应采用大半径，以利于视觉和路容美观。只有当地形限制或其他特殊困难迫不得已时才允许采用极限最小半径。在有条件的路段，为获得平顺而连续的线形，并通视良好，可参阅表 2—3—2 的规定选择竖曲线半径。

表 2—3—2　视觉所需的竖曲线最小半径

计算行车速度（km/h）	凸形竖曲线半径（m）	凹形竖曲线半径（m）
120	20 000	12 000
100	16 000	10 000
80	12 000	8 000
60	9 000	6 000
40	3 000	2 000

（2）同向竖曲线间应该避免“断背曲线”

同向竖曲线，特别是同向凹形竖曲线间，如果直线段不长，那么应合并为单曲线或复曲线。

（3）反向竖曲线间，一般有直线段连接，亦可相互直接连接

反向竖曲线间，最好设置一段直线，直线段长度一般不小于计算行车速度行驶 3 s 的行程长度，以使汽车在行驶中从失重（或增重）过渡到增重（或失重）有一个缓和段。如受条件限制也可相互直接连接，或插入短直线。

（4）竖曲线设置应满足排水需要

若相邻纵坡值的代数差很小，采用大半径竖曲线则可能导致竖曲线上的纵坡小于 0.3%，这样不利于排水，应重新设计，以避免这种情况。

2. 半径的选择

竖曲线半径的选择主要考虑的因素有：

（1）选择半径应符合规范规定的竖曲线最小半径和最小长度要求。

（2）在不过分增加土石方工程数量的情况下，为使行车舒适，应采用较大的半径。

（3）结合纵断面起伏情况和标高控制要求，确定合适的外距值，按外距控制半径，计算公式如下：

$$R = \frac{8E}{\omega^2} \tag{2—3—12}$$

（4）考虑相邻竖曲线的连接（即保证最小直坡段长度或不发生重叠）以限制曲线长度，按切线长度选择半径。即

$$R = \frac{2T}{\omega} \tag{2—3—13}$$

（5）过大的竖曲线半径将使竖曲线过长，从施工和排水来看都是不利的，选择半径时应注意。

（6）夜间行车交通量大的路段考虑灯光照射方向的改变，过小的竖曲线半径将使前灯照射范围受到限制，选择半径时应适当加大，以使其有较长的照射距离。

3. 几何要素的计算

公路竖曲线的线形有圆形和抛物线两种，设计时一般采用二次抛物线。在进行竖曲线设计时，由于相邻坡度差很小，而选用的竖曲线半径都很大，因此采用二次抛物线计算所得到的结果在应用范围内与圆曲线相同。

如图 2—3—3 所示，设竖曲线纵坡的坡度分别是 i_1、i_2，半径为 R，竖曲线的几何要素计算公式如下。

坡度代数差

$$\omega = i_1 - i_2$$

曲线长

$$L = \omega R$$

由于 ω 很小，因此可以认为

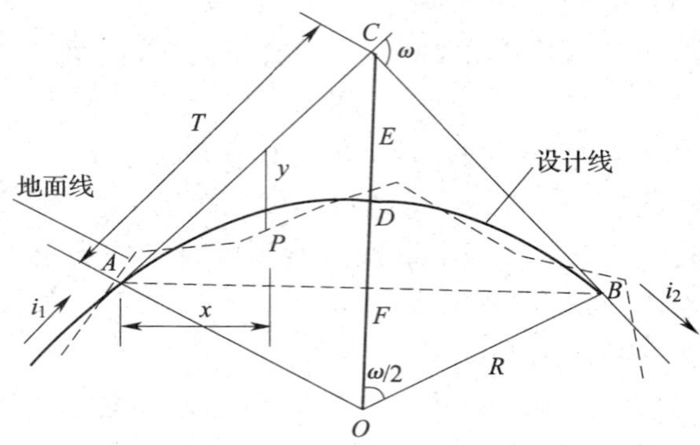

图 2—3—3　竖曲线几何要素计算略图

$$L = R(i_1 - i_2) \tag{2—3—14}$$

切线长 $T = R\tan\frac{\omega}{2}$，因 ω 很小，$\tan\frac{\omega}{2} = \frac{\omega}{2}$，则

$$T = R\frac{\omega}{2} = \frac{L}{2} = \frac{1}{2}R(i_1 - i_2) \tag{2—3—15}$$

又因为 ω 很小，所以可以认为

$$DF = E,\quad AF = T$$

根据三角形 ACO 与 ACF 可以列出

$$R:T = T:2E$$

外距

$$E = \frac{T^2}{2R} \tag{2—3—16}$$

同理可导出竖曲线上任一点 P 距切线的纵距（又称高程改正值）的计算公式为

$$y = \frac{x^2}{2R} \tag{2—3—17}$$

式中，x 为曲线上任一点 P 至竖曲线起点或终点的水平距离。y 值在凹形竖曲线中为正数，在凸形竖曲线中为负数。

4. 计算竖曲线上任意点的设计高程

如图 2—3—3 所示，竖曲线上任意点的设计高程的计算步骤如下：

（1）起点桩号里程 = 转坡点桩号里程 − 切线长度 T。

（2）起点桩号高程 = 转坡点桩号高程 ± 切线长度 T × 竖曲线设计纵坡 i。

（3）x = 任意点桩号里程 − 起点里程。

（4）竖直线上任意点的纵距 $y = \frac{x^2}{2R}$。

（5）各桩号对应的切线高程 = 起点桩号高程 + x × 竖曲线设计纵坡 i。

（6）设竖曲线后各桩号处的设计高程为：各桩号处的设计高程 = 各桩号对应的切线高程 ± 各桩号处的纵距。

1. 什么是竖曲线？如何计算竖曲线的几何要素？

2. 某竖曲线半径 $R=3\ 000$ m，相邻坡段的坡度 $i_1=2.5\%$，$i_2=-1.6\%$，转坡点的里程桩为 K10 +550，高程为 1 547.67 m。设曲线上每隔 10 m 设置一中桩，试计算竖曲线各要素及曲线上各中桩点的高程。

3. 某二级公路，转坡点桩号为 K8 +620，其高程为 396.67 m，$i_1=6\%$，$i_2=-3\%$，竖曲线半径受外距 $E=1.5$ m 控制，试计算竖曲线半径、曲线要素及竖曲线起、终点桩号。

课题四　平、纵面线形组合设计与纵断面设计

- 了解视觉分析的概念与意义。
- 熟悉平、纵组合的设计原则与设计方法。
- 掌握纵断面设计要点、设计方法和注意事项。
- 掌握纵断面图的绘制方法。

一、平、纵面线形组合设计

公路线形设计首先是从路线规划开始的，然后按选线、平面线形设计、纵面线形设计和平、纵线形组合设计的过程进行，最终是以平、纵组合的立体线形展现给汽车驾驶员的。行驶过程中驾驶员所选择的实际行驶速度，是由驾驶员对立体线形进行判断后做出的，这样，立体线形组合的优劣最后集中反映在汽车的行驶速度上。如果只按平面、纵面线形标准设计，而不将二者结合起来综合考虑，那么最终不一定能得到良好的设计效果。

平、纵面线形组合是指在满足汽车运动学和力学要求的前提下，研究如何满足视觉和心理方面的连续、舒适以及与环境的协调和良好的排水条件。

1. 视觉分析

(1) 视觉分析的意义

汽车在公路上快速行驶时，驾驶员是通过视觉、运动感觉和时间变化感觉来判断线形的。公路的线形、周围的景观、标志及其他有关信息，几乎都是通过驾驶员的视觉感受到

的。因此，视觉是连接公路与汽车的重要媒介。

从视觉心理出发，对公路的空间线形及其与周围自然景观和沿线建筑的协调等进行研究分析，以保持视觉的连续性，使行车具有足够的舒适感和安全感的综合设计称为“视觉分析”。

（2）视觉与车速的动态规律

驾驶员的视觉判断能力与车速密切相关，车速越高，其注视前方越远，而视角越小，研究表明：

1）驾驶员的注意力集中和心理紧张的程度随着车速的增加而增加。

2）驾驶员的注意力集中点随着车速增加而向远方移动。当车速增加到 97 km/h 时，其注意力集中点是在前方 600 m 以外的某一点。

3）当车速超过 97 km/h 时，对前景细节的视觉开始模糊起来。

4）驾驶者的周界感随车速的增加而减少。当车速达到 72 km/h 时，驾驶者可以看到公路两侧视角 30°～40°的范围；而当车速增加到 97 km/h 时，视角减至 20°以下；当车速再增加时，驾驶者的注意力随之引向景象中心而置两侧于不顾。

5）即使在中等车速下，驾驶员也需要 1/16 s 才能把眼睛注视在能够看得见的目标上，眼睛总是从注视某一点跳到另外一点，而在跳动间是不易看到东西的。为了要看到目标，眼睛和目标必须相对固定，这就是为什么在高速行驶时驾驶员的眼睛总是瞄准到越来越远的地方。

驾驶员的注意力集中和心理紧张程度随车速的增加而增加。注意力集中点和视野距离随车速而增大，高速行驶时，驾驶员对前景细节的视觉开始变得模糊不清；而视角随车速逐渐变窄，高速时驾驶员已不能顾及两侧景象了。

由此可见，对于高速公路来说，驾驶员的主要集中力是观察视点较远路幅的线形状况，必须使驾驶员明白无误地了解线形，尽量避免由于判断错误而导致驾驶失误。

（3）视觉分析方法

线形状况是指公路平面和纵面线形所组成的立体形状，在汽车快速行驶中给驾驶员提供连续不断的视觉印象。

该视觉印象的优劣，除依靠设计者对三维空间的想象判断之外，比较好的方法是利用视觉印象随时间变化的公路透视图来评价。它是按照汽车在公路上的行驶位置，根据线形的几何状况确定的视轴方向及由车速确定的视轴长度，利用坐标透视的原理绘制的。通过透视图，可直观地看出立体线形是否顺适，是否有易产生判断错误或茫然的地方，路旁障碍是否有妨碍视线的地方等。若存在上述缺陷则要在设计阶段进行修改，然后再绘出透视图分析研究，直至满意为止。

2. 平、纵面线形组合的设计原则

（1）在视觉上自然地引导驾驶员的视线，并保持视觉的连续性

避免任何使驾驶员感到茫然、迷惑或判断失误的线形。在视觉上能否自然地诱导视线是衡量平、纵面线形组合的最基本问题。

（2）保持平、纵面线形的技术指标大小均衡

平、纵面线形的技术指标不仅影响线形的平顺性，而且与工程费用相关。对纵面线形反

复起伏的路面，在平面上却采用高标准的线形是无意义的，反之亦然。

（3）选择合适的合成坡度

选择组合得当的合成坡度，以利于路面排水和行车安全。

（4）注意与公路周围环境的配合

注重公路与其周围环境的配合可以减轻驾驶员的疲劳和紧张程度，并达到可能引导视线的作用。

3. 平曲线与竖曲线的组合

当计算行车速度大于或等于60 km/h时，必须注重平、纵面线形的合理组合。而当计算行车速度小于或等于40 km/h时，首先应在保证行驶安全的前提下，正确地运用线形要素规定的限制，在条件允许的情况下力求做到各种线形要素的合理组合，并尽量避免和减轻不利组合。

（1）平曲线与竖曲线应相互重合，且平曲线应稍微长于竖曲线

这种组合是使平曲线和竖曲线对应，最好使竖曲线的起、终点分别放在平曲线的两个缓和曲线内，即所谓的“平包竖”。

图2—4—1表现了平曲线与竖曲线相互重合的透视形状。这种立体线形不仅能起到诱导视线的作用，而且可取得平顺而流畅的效果。对于等级较高的公路应尽量使用这种组合，并使平、竖曲线半径都大一些才显得协调。

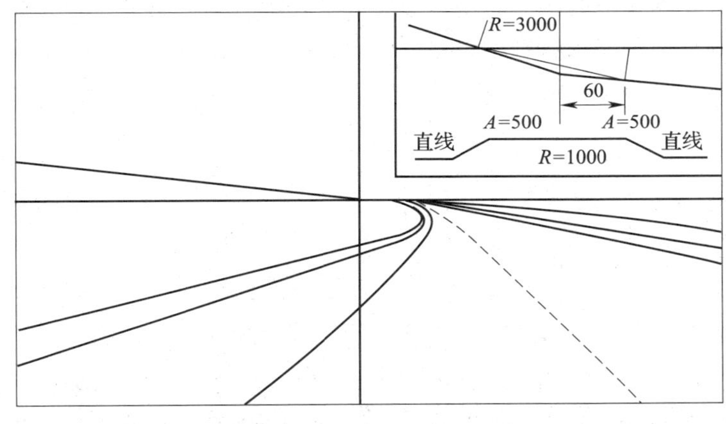

图2—4—1 平曲线与竖曲线重合（单位：m）

（2）平曲线与竖曲线大小应保持均衡

如果平曲线和竖曲线其中一方大而平缓，那么另一方也要注意大而平缓，切不能使另一方变化过多。因为这种线形中可能会出现一个长的平曲线内有两个以上的竖曲线，或一个大的竖曲线含有两个以上的平曲线的情况，使得线形看上去非常别扭，失去了视觉上的均衡性。

（3）暗、明弯与凸、凹竖曲线

暗弯与凸形竖曲线的组合及明弯与凹形竖曲线的组合是合理的。

对暗与凹、明与凸的组合，当坡差较大时，会给人留下舍近路、坦坡不走，而故意绕弯、爬坡的感觉。此种组合在山区难以避免，在坡差不大时，矛盾不突出。

（4）平、竖曲线应避免的组合

平、竖曲线重合是一种理想的组合，但由于地形等条件限制，这种组合是可遇而不可求的，往往不是总能争取到。如果平曲线的中点与竖曲线的顶（底）点位置错开不超过平曲线长度的四分之一，就仍然可以获得比较满意的外观。但是，如果错位过大或大小不均衡就会出现视觉效果很差的线形。

1）避免使凸形竖曲线的顶部或凹形竖曲线的底部与反向曲线的拐点重合。当凸形竖曲线的顶部或凹形竖曲线的底部与反向曲线的拐点重合时，二者都存在不同程度的扭曲外观。前者会使驾驶员操作失误，引起交通事故；后者虽无视线诱导问题，但会使路面排水困难，易产生积水。

2）小半径竖曲线不宜与缓和曲线重合。小半径竖曲线与缓和曲线重合时，对凸形竖曲线诱导性差，事故率较高；对凹形竖曲线路面排水不良。

3）计算行车速度大于等于 40 km/h 的公路，应避免在凸形竖曲线顶部或凹形竖曲线底部插入小半径的平曲线。在凸形竖曲线顶部插入小半径的平曲线会失去引导视线的作用，驾驶员须接近坡顶才会发现平曲线，导致不必要的减速或交通事故；凹形竖曲线底部插入小半径的平曲线会导致汽车高速行驶时急转弯，行车不安全。

为了便于实际应用，把平曲线与竖曲线的组合形象地表示为如图 2—4—2 所示。竖曲线的起、终点最好分别放在平曲线的两个缓和曲线内，其中任一点都不要放在缓和曲线以外的直线上，也不要放在圆弧段之内。若平、竖曲线半径都很大，则平、竖曲线的位置可不受上述限制；若做不到平、竖曲线较好的组合，则宁可将二者拉开相当一段距离，使平曲线位于直线上或竖曲线位于直线上。

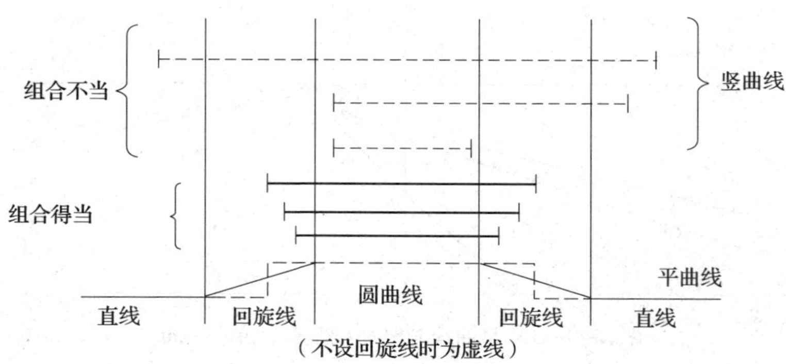

图 2—4—2　平曲线与竖曲线的组合

4. 直线与纵断面的组合

平面的长直线与纵面的直坡线配合，对双车道公路超车方便，在平坦地区易于与地形相适应，但行车单调乏味，易疲劳。直线上一次转坡是很好的平、纵面组合，从美学观点讲以包含一个凸形竖曲线为好，而以包含一个凹形竖曲线次之。直线中短距离内两次以上转坡会形成反复凸凹的“驼峰”和“凹陷”，线形看上去既不美观也不连贯，行车时会使驾驶员的视线中断。所以，只要路线有起伏，就不宜采用长直线，最好使平面路线随纵坡的变化略加转折，并把平、竖曲线进行合理组合。但要避免驾驶员一眼能看到方向转折两次以上或纵坡起伏三次以上的线形出现。

5. 平、纵面线形组合与景观的协调配合

公路作为一种人工构造物，应将其作为景观的对象来研究。修建公路会对自然景观产生影响，甚至会有一定的破坏作用。而公路两侧的自然景观反过来又会影响公路上汽车的行驶，特别是对驾驶员的感觉、心理以及驾驶操作等都有很大影响。

平、纵线形组合必须是在充分与公路所经地区配合的基础上进行的。对驾驶员来说，只有看上去具有优美的线形和景观，才能称为舒适和安全的公路。对计算行车速度高的公路，平、纵线形组合设计与周围景观配合尤为重要。

公路景观工程包括内部协调和外部协调两方面。其中内部协调主要指平、纵线形视觉的连续性和立体协调性；而外部协调是指公路与其两侧坡面、路肩、中间带、沿线设施等的协调及公路的宏观位置。实践证明，线形与景观的配合应遵循以下原则：

（1）充分重视对景观的要求

在公路的规划、选段、设计、施工等过程都应重视景观要求。尤其在规划和选线阶段，比如对风景旅游区、自然保护区、名胜古迹区、文物保护区等景点和其他特殊地区，一般以绕避为主。

（2）保护沿线自然景观

尽量少破坏沿线自然景观，避免深挖高填。比如沿线周围的地貌、地形、天然树林、池塘湖泊等。纵断面尽量减少填挖，横断面设计要使边坡造型和绿化与现有景观相适应，弥补必要的填挖对自然景观的破坏。

（3）消除公路单调感，使公路与自然密切结合

充分利用自然风景，人工建筑物或在路旁设置一些设施，提供视野的多样性，消除公路单调感，力求与周围的风景自然地融为一体。

（4）结合实际，美观路容

条件允许时，应适当放缓边坡或将其转坡点修整圆滑，以使边坡接近自然地面形状，增进路容美观。

（5）综合绿化治理

将绿化视作引导视线、点缀风景及改造环境的一种措施进行专门设计，以进行综合绿化处理。

二、纵断面设计

纵断面设计主要是指纵坡和竖曲线设计。它的主要内容是根据公路等级和相应的有关规定，以及路线自然条件和拟建构造物的标高要求等，确定路线适当的标高、各坡段的纵坡和坡长，并设计竖曲线。

1. 纵断面线形设计要点

纵断面设计的基本要求是使纵坡均匀平顺、起伏和缓、坡长和竖曲线长短适当。平面与

纵面组合设计协调以及填挖经济、平衡等。

(1) 纵面线形设计的一般原则

1) 纵面线形应与地形相适应，设计成视觉连续、平顺而圆滑的线形，避免在短距离内出现频繁起伏。

2) 应避免能看见近处和远处而看不见中间凹处的线形。

3) 较长的连续上坡路段，宜将最陡的纵坡放在底部，接近坡顶的纵坡宜适当放缓。

4) 相邻纵坡的代数差小时，应尽量采用大的竖曲线半径。

5) 交叉处前后的纵坡应平缓。

6) 在积雪或冰冻地区，应避免采用陡坡。

(2) 纵坡值的应用

各级公路的最大纵坡值与纵坡限制长度不应轻易采用。只有在越岭线中为争取高度，缩短路线长度或避免工程艰巨地段等迫不得已的情况时，方可采用。

纵坡以平、缓为宜，最小纵坡不应小于0.3%，干旱少雨地区可不受此限。

(3) 各种地形条件下的纵坡设计

1) 平原、微丘地形的纵坡应均匀、平缓。丘陵地形的纵坡应避免过分迁就地形而起伏过大。

2) 山岭、重丘地形的沿河线，尽量采用平缓的纵坡，坡长不宜超过规定的限值，纵坡不宜大于6%。

3) 越岭线的纵坡应力求均匀，尽量不采用极限或接近极限的坡度，更不宜连续采用极限长度的陡坡夹短距离缓坡的纵坡线形。越岭展线不应设置反坡。

4) 山脊线和山腰线，除结合地形不得已时采用较大的纵坡外，在可能条件下应尽量采用平缓的纵坡。

(4) 竖曲线设计的要求

竖曲线应采用较大的半径。当条件受限制时，可采用一般最小值，特殊困难迫不得已时方可采用极限最小值。当有条件时，宜按表2—3—1的规定进行设计。

(5) 相邻竖曲线的衔接

1) 同向曲线间，特别是同向凹形竖曲线之间，如直线坡段不长，应合并为单曲线或复曲线，避免出现断背曲线。

2) 反向竖曲线间宜插入直线坡段，亦可直接连接。

2. 纵断面设计方法和注意事项

(1) 纵断面设计方法和步骤

1) 准备工作。坡面设计（也称为拉坡）前，应在厘米纸上根据中桩和水准记录，按比例标注里程桩号和标高，点绘地面线，填写土壤地质说明资料等有关内容。同时应收集和熟悉有关资料，并领会设计意图和要求。

2) 标注控制点。控制点是指影响纵坡设计的标高控制点。它包含路线起点和终点、越岭垭口、重要桥涵、地质不良地段的最小填土高度、最大挖深、沿溪线的设计洪水位、隧道进出口、平面交叉和立体交叉点、铁路道口、城镇规划控制标高，以及其他因素限制必须通过的标高控制点等内容。山区公路还有根据路基挖填平衡关系控制路中心填挖值的标高点，称为经济点。它是用路基断面透明模板在横断面上得到的，如图 2—4—3 所示。该模板可用透明描图纸或透明胶片制成，其上按横断面测图比例尺绘出路基宽度（挖方段应包括边沟）和各种不同边坡的坡度线。使用时将模板扣在横断面图使中线重合，上下移动，使填挖面积大致相等，此时模板上路基顶面到中桩地面线的高差为经济填挖值，将此值按比例点绘到纵断面相应桩号上即为经济点。

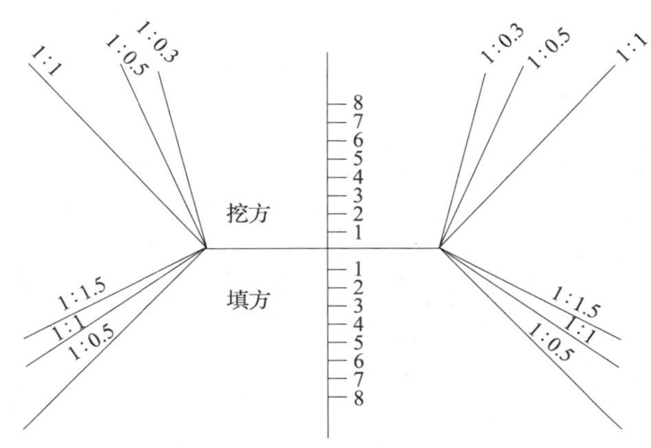

图 2—4—3　路基横断面透明模板

3）试坡。在已标出控制点、经济点的纵断面图上，根据技术指标、选线意图，结合地面起伏变化，本着以控制点为根据，照顾多数经济点的原则，在这些点位间进行穿插与取直，试定出若干直坡线。对各种可能的坡度方案进行反复比较，最后优化出既符合技术标准，又满足控制点要求，且土石方比较省的设计线作为初定坡度线，将前后坡度线延长交会出转坡点的初步位置。

4）调整。将试坡后所需要的坡度与选线时试定的坡度比较，二者应基本相符，若有较大差异时应全面分析，权衡利弊，决定取舍，然后对照技术标准检查设计最大纵坡、最小纵坡、坡长限制等是否满足规范规定的要求，平、纵面线形组合是否适当，路线交叉、桥隧和接线等处的纵坡取值是否合理，若有问题应进行调整。调整方法是对初定坡度线平抬、平降、延伸、缩短或改变坡度值；调整时应以少脱离控制点、少变动填挖为原则，以便调整后的纵坡与试定纵坡基本相符。

5）核对。选择有控制意义的重点横断面，如高填深挖、地面横坡较陡的路基、挡土墙、重要桥涵及其他重要控制点等，在纵断面图上直接读出对应桩号的填、挖高度，用模板在横断面图上“戴帽”，检查是否挖方过大、坡脚落空或过远、挡土墙工程过大、桥梁过高或过低、涵洞过长等情况；若有问题应及时调整纵坡。核对工作在横坡陡峻时尤显重要。

6）定坡。经调整核对无误后，逐段把直坡线的坡度值、转坡点桩号和标高确定下来。坡度值可采用三角板推平行线法确定，要求取值到千分之一，即 0.1%。转坡点一般要求调整到 10 m 整的桩号上，相邻转坡点桩号之差为坡长。转坡点是由纵坡度和坡长依次推算得到的。

7）设置竖曲线。根据拉坡时已初步考虑的平、纵组合线形情况，按照技术标准、平、纵组合均衡等确定竖曲线半径，计算竖曲线要素。

（2）纵坡设计应注意的问题

1）回头曲线地段。设置回头曲线的地段，拉坡时应按回头曲线技术标准先定出该地段的纵坡，然后从两端接坡，应注意在回头曲线地段不宜设竖曲线。

2）大、中型桥。大、中型桥上不宜设置竖曲线，桥头两端曲线的起、终点应设在桥头 10 m 以外，如图 2—4—4 所示。

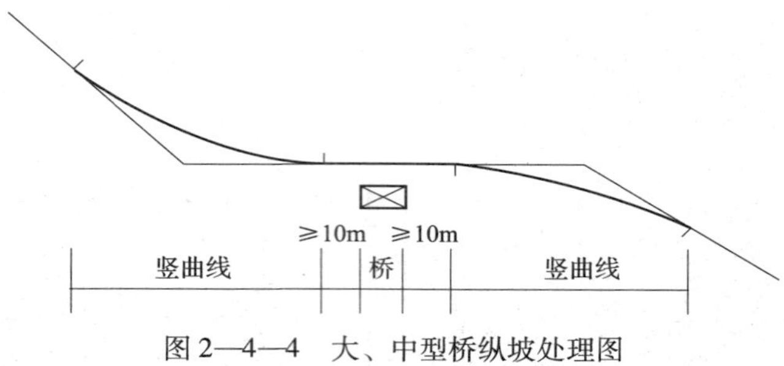

图 2—4—4　大、中型桥纵坡处理图

3）小桥涵。小桥涵允许设在斜坡地段或竖曲线上，为保证行车平顺，应尽量避免在小桥涵处出现驼峰式纵坡，如图 2—4—5 所示。

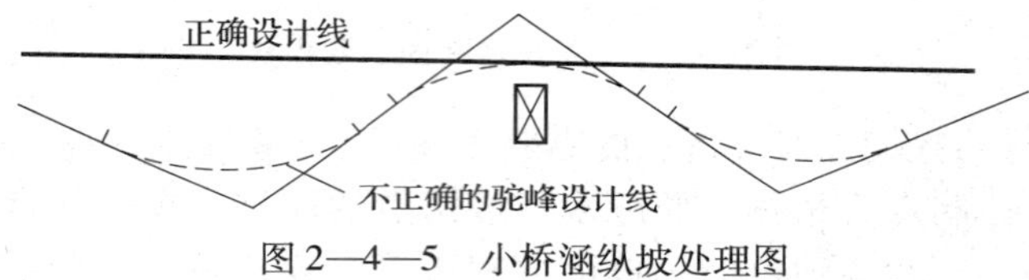

图 2—4—5　小桥涵纵坡处理图

4）平面交叉口纵坡及两端接线要求。公路与公路交叉时，一般宜设在水平坡段，其长度应不小于最短坡长规定。两端接线纵坡应不大于 3%，山区工程艰巨地段不大于 5%。

5）受控制点或经济点等条件制约，修改原定纵坡线。拉坡时如受控制点或经济点制约，导致纵坡起伏过大或土方工程量太大，经调整仍难以解决时，可用纸上移线的方法修改原定平面线、纵坡线。具体方法是按理想要求定出新的纵坡设计线，然后找出对应新设计的填、挖高度，用模板在横断面上以新填、挖高度左右移动，定出适宜的中线位置，该点距原路中线的横距就是按新纵坡设计要求希望平面线形调整移动的距离，据此可画出纸上平面移线，若为实地定线时还应到现场改线。这种移线修正纵面线形的方法，在山区和丘陵区公路的纵坡设计中是常遇到的。

3. 纵断面图的绘制

纵断面设计图是公路设计的重要技术文件之一，也是纵断面设计的最后成果。

纵断面采用直角坐标，以横坐标表示里程桩号，纵坐标表示高程。为了明显地表明地形起伏，方便纵断面设计，水平方向的比例尺通常与平面图一致，高程方向的比例尺通常是水平方向的 10 倍。

对于高速公路水平方向的比例尺用 1∶2 000 或 1∶1 000，高程方向的比例尺用 1∶200 或 1∶100。对于城市公路，水平方向的比例尺用 1∶1 000 或 1∶500，高程方向的比例尺用 1∶100 或 1∶50，如图 2—4—6 所示。

R-32000 T-80.00 E-0.10
K2003+100~K2003+800
第1页 共6页
392 390 388 386 384 382 380 378 376 374 372 370 368 366 364 362
PVC K2003+240
K2003+400 PVT
设计高程/m
375.52 375.64 375.72 375.82 375.92 376.04 376.12 376.24 376.38 376.52 376.71 376.87 377.12 377.39 377.57 377.75 378.02 378.29 378.56 378.74 378.92 379.20 379.33 379.55 379.82 380.00 380.23 380.45 380.70
地面高程/m
375.52 375.66 375.76 375.92 375.63 375.18 375.04 374.86 374.68 375.50 376.32 376.77 377.08 377.25 377.54 377.57 377.72 377.85 378.09 378.08 378.12 378.28 378.55 378.92 378.92 379.04 379.14 379.22 379.48
坡度/% 坡长/m
0.400 220.00
+320 376.40
0.900 840.00
里程桩号
K2003+100 +130 +150 +175.150 2 +230 +250 +275.150 3 +322.710 +350 +370.260 4 +430 +450 +470.260 5 +530 +560 +580 6 +631.060 +645.060 +670 7 +720 +745.060 +770 8+797.500
直线及平曲线
R-∞
JD1 I-29°02′09.6″(Z) R-385 T-149.95
R-∞
JD2 I-10°16′45.4″(Y) R-1141.9 T-152.74
地质概况
填挖高度/m
0.00 −0.02 −0.04 −0.10 0.29 0.86 1.08 1.38 1.70 1.02 0.39 0.10 0.04 0.14 0.03 0.18 0.30 0.44 0.47 0.66 0.80 0.92 0.78 0.63 0.90 0.96 1.09 1.23 1.22
超高
2% 2% +175.155 5% +275.155 5% +275.155 5% +370.263 5% +370.263 2% −470.263 2% +645.069 2% +745.069 2% +745.069 2% 2%
××高速公路建设有限公司
××至××高速公路××段
路线纵断面图
比例
日期
图号
第×公路勘察设计院

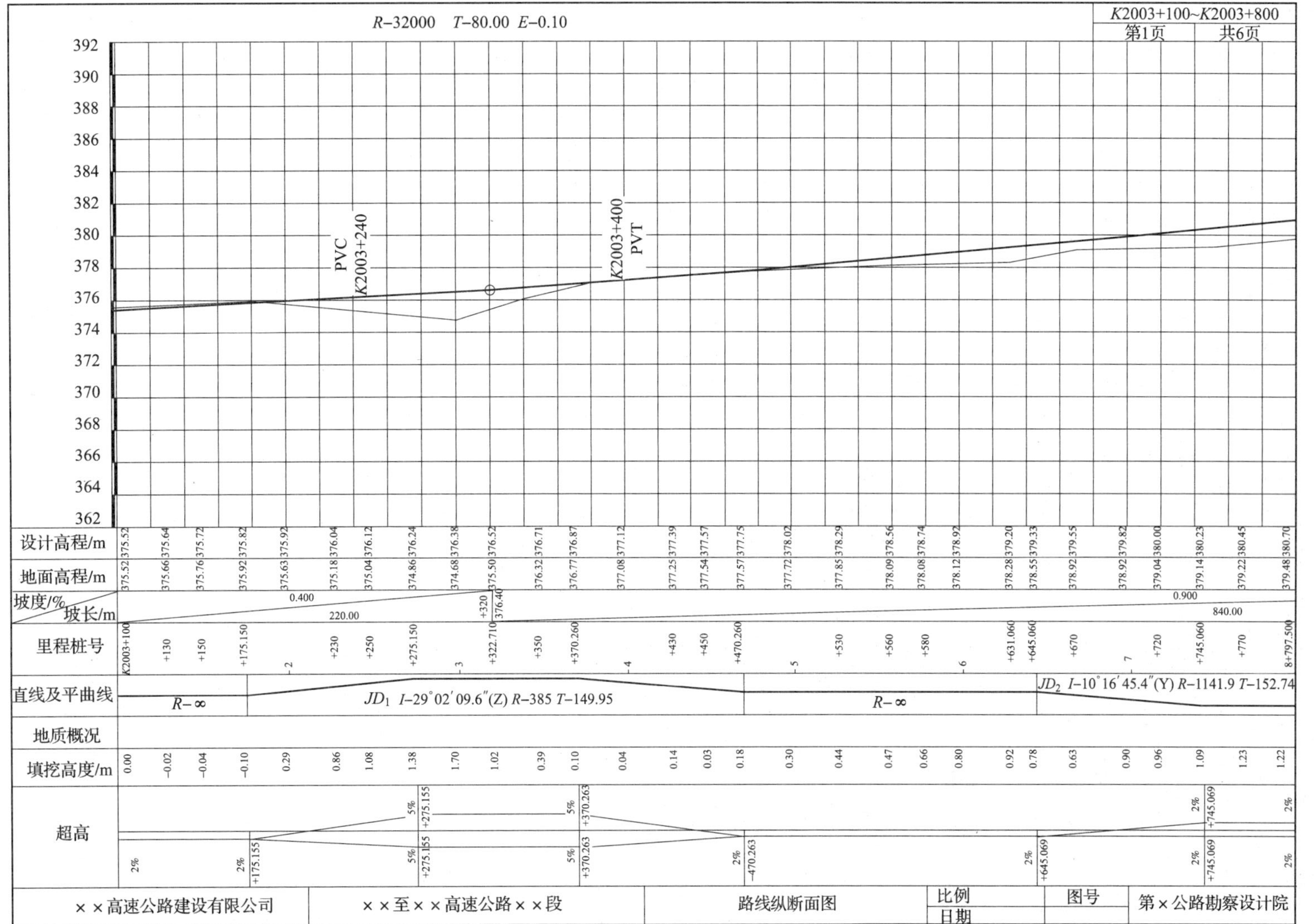

图 2—4—6 公路纵断面图

纵断面图是由上、下两部分内容组成的。上部主要用来绘制地面线和纵坡设计线，另外，也用以标注竖曲线及其要素：坡度及坡长（有时标在下部）；沿线桥涵及人工构造物的位置、结构类型、孔数和孔径；与公路、铁路交叉的桩号及路名；沿线跨越的河流名称、桩号、常水位和最高洪水位；水准点位置、编号和标高；断链桩位置、桩号及长短链关系等。

下部主要用来填写有关内容，自下而上分别填写：直线及平曲线；里程桩号；地面高程；设计高程；填、挖高度；土壤地质说明；设计排水沟沟底线及其坡度、距离、标高、流水方向（视需要而标注）。

纵断面设计图应按规定采用标准图纸和统一格式，以便装订成册。

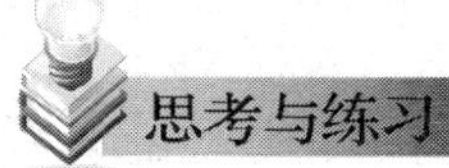

思考与练习

1．平、纵线形组合设计如何考虑与自然景观的协调？

2．如何避免在公路平、纵线形组合设计中出现因受地形等条件限制而导致视觉效果差的线形？

3．纵断面图是如何进行绘制的？

4．纵断面图中“填挖高度”一栏如何计算？

模块三

公路横断面设计

课题一　公路横断面的组成

◆ 了解公路横断面的组成及各组成部分的功能。

◆ 了解公路建筑限界和公路用地要求。

公路路线是由平面线形、纵断面线形和横断面线形构成的空间线形，当平、纵面线形确定后，横断面线形才能确定。公路的横断面是沿公路中线法线方向的剖面。它反映了公路的形状和尺寸，因此，必须要合理地进行横断面上各组成部分的设计，以保证公路具有足够的横断面尺寸、强度和稳定性，使之经济合理。

一、公路横断面的组成

沿着公路平面中心线的法线方向作一垂直剖面，这个剖面称为公路横断面。它是横断面设计线与横断面地面线所围成的图形。在横断面上反映了路基的组成和几何尺寸，以及路基形成前的原地面线。

公路的标准横断面一般由行车道、路肩、中间带、边沟、边坡及截水沟等部分组成。各级公路标准横断面组成如图 3—1—1 所示。

高速公路和一级公路等级高、交通量大，通常将上、下行车辆分开。高速公路和一级公路的路基分为整体式和分离式两种（见图 3—1—2）。整体式是用分隔带分离，分离式是将上、下行车道放在不同的平面上加以分隔。整体式横断面由行车道、中间带、路肩以及紧急停车带、爬坡车道、变速车道等部分组成，一般在自然条件较为良好的地区使用。分离式横断面由行车道、路肩以及紧急停车带、爬坡车道、变速车道等部分组成。

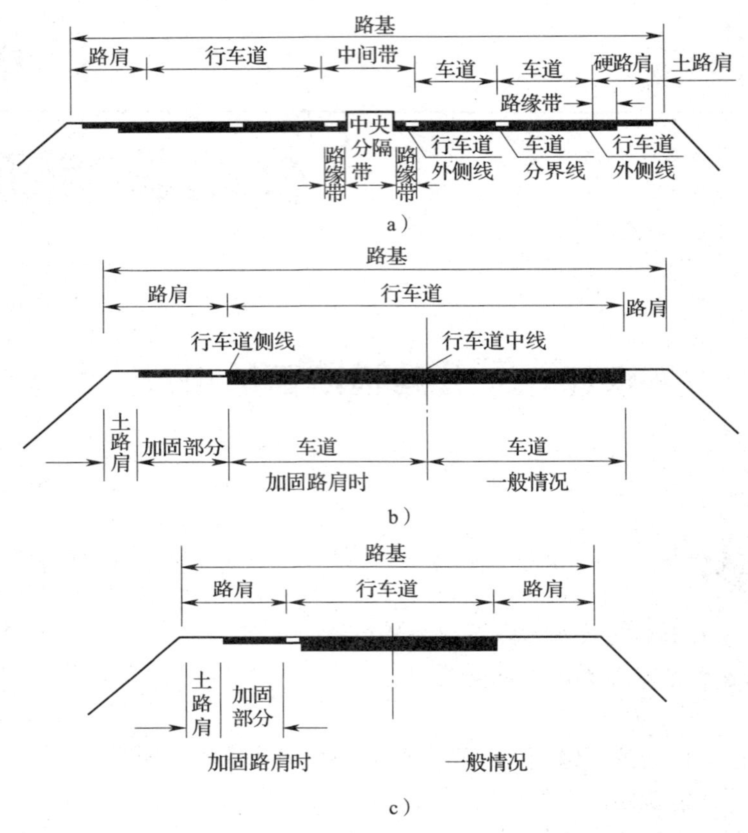

图 3—1—1　公路标准横断面的组成

a）高级公路、一级公路　b）二级公路　c）三级公路、四级公路

a）　b）

图 3—1—2　公路路基的形式

a）整体式　b）分离式

二级公路的横断面由行车道、路肩、爬坡车道等部分组成。

三、四级公路的横断面由行车道、路肩及错车道等部分组成。

横断面设计线包括行车道、路肩、分隔带、边沟、边坡、截水沟、护坡道以及取土坑、弃土堆、环境保护措施等设施。地面线是表征横断面方向地面起伏变化的线，是通过现场实测或由大比例尺地形图等途径获得。

公路横断面应根据公路等级、设计速度，并结合地形、气候、土壤、水文、地质等条件，做出正确设计，以保证路基的强度和稳定性。

二、各主要组成部分的定义及作用

1. 行车道

行车道是公路上供各种车辆行驶部分的总称。行车道有单车道、双车道和多车道三种形式。

高速公路、一级公路最少为四车道，四车道以上按双数增加。

二级公路、三级公路均为双车道公路。

四级公路为双车道或单车道公路。

2. 路肩

位于行车道外缘至路基边缘，具有一定宽度的带状结构物。路肩通常是由路缘带、硬路肩和土路肩三部分组成的。路缘带是路肩或中间带的组成部分，与行车道相接，用行车道的外侧标线或不同颜色的路面来表示。其作用主要是诱导驾驶员视线和分担侧向余宽，以利于行车安全。由于路肩的路缘带在行车道的右侧，故称右侧路缘带。硬路肩是指路肩中靠近行车道的部分，用加固材料铺装，具有一定强度，可承受偶然的车辆荷载，具有支承路面的作用，供车辆临时行车、停放和慢行使用。土路肩是指不加任何铺装的土质路肩，可提供侧向余宽，以保护和支承路基路面。

路肩的主要作用：

（1）保护及支承路基路面结构。

（2）临时停车。

（3）增加路幅的侧向余宽，提高驾驶的安全性和舒适性。

（4）提供公路养护作业、设置其他公路设施的场地。

（5）对于未设人行道的公路，可供行人和非机动车等使用。

（6）利于诱导驾驶员的视线。

3. 中间带

中间带是指高速公路、一级公路上用于分隔对向行驶车辆的带状构造物，一般设在行车道的中间。它由两侧路缘带和中央分隔带组成。

中间带的作用：

（1）分离不同方向的交通流，减少车辆的对向干扰，以防止无序的交叉运行和转弯运行。

（2）在不妨碍公路限界的前提下作为设置公路标牌的场地。

（3）在交叉路口为左转车辆提供避让区域。

（4）提供绿化带，以遮挡对向车灯的眩光。

（5）引导驾驶员的视线，同时为失控车辆提供救险区域。

（6）埋设管线等设施。

4. 边坡和边沟

边坡是指为保证路基稳定，在路基两侧具有一定坡度的坡面。

边沟是指为汇集和排除路面、路肩及边坡流水，在挖方或低填方路基两侧设置的纵向排水沟。

5. 紧急停车带

在高速公路和一级公路上设置的供临时发生故障或其他原因需紧急停车车辆使用的临时停车带。当右侧硬路肩的宽度小于 2. 5 m 时，应设紧急停车带，设置间距不宜大于 2 km，其宽度包括硬路肩在内为 5 m，有效长度不小于 50 m，并设 100 m 和 150 m 左右的过渡带。

6. 爬坡车道

在高速公路和一级公路上，当纵坡大于 4% 时，设置的专供慢车爬坡使用的车道，其宽度一般为 3. 5 m。

7. 变速车道

在高速公路互通式立体交叉、服务区等处设置的，供车辆驶入或驶离高速车流的加速或减速车道，其宽度一般为 3. 5 m。

8. 错车道

在四级公路上，当采用 4. 5 m 的单车道路基时，应在不大于 300 m 的可通视的距离内设置供车辆交错避让用的一段加宽车道。设置错车道的路段的路基宽度不小于 6. 5 m，有效长度不小于 20 m。

9. 护坡道

当路堤较高时，为保证路基边坡稳定，在取土坑与坡脚之间，沿原地面纵向保留的有一定宽度的平台。

10. 碎落台

在路堑边坡坡脚与边沟外侧边缘之间或边坡上，为防止碎落物落入边沟而设置的具有一定宽度的纵向平台。

11. 截水沟

在地面线较陡的挖方路段，为拦截山坡上流向路基的水，在路堑坡顶以外设置的水沟。

行车道、路肩、边坡、边沟、中间带是公路横断面的一般组成部分。紧急停车带、爬坡车道、变速车道、错车道、护坡道、碎落台、截水沟是为满足特殊的地质地形需要而设置的。

三、公路建筑限界及公路用地

1. 公路建筑限界

公路建筑限界是指为保证车辆、行人通行的安全，对公路和桥面上以及隧道中规定的高度和宽度范围内不允许有任何障碍物侵入的空间界限，又称为建筑净空。建筑限界由净高和净宽两部分组成。

公路建筑限界是一个空间概念，不同类别、不同等级的公路，其建筑限界的大小不同。公路横断面设计中，公路标志、护栏、照明灯柱、电杆、行道树以及跨线桥的桥台、桥墩等任何部分都不得侵入公路建筑限界之内。

（1）公路建筑限界的一般规定。

《公路工程技术标准》规定各级公路建筑限界如图 3—1—3 所示。

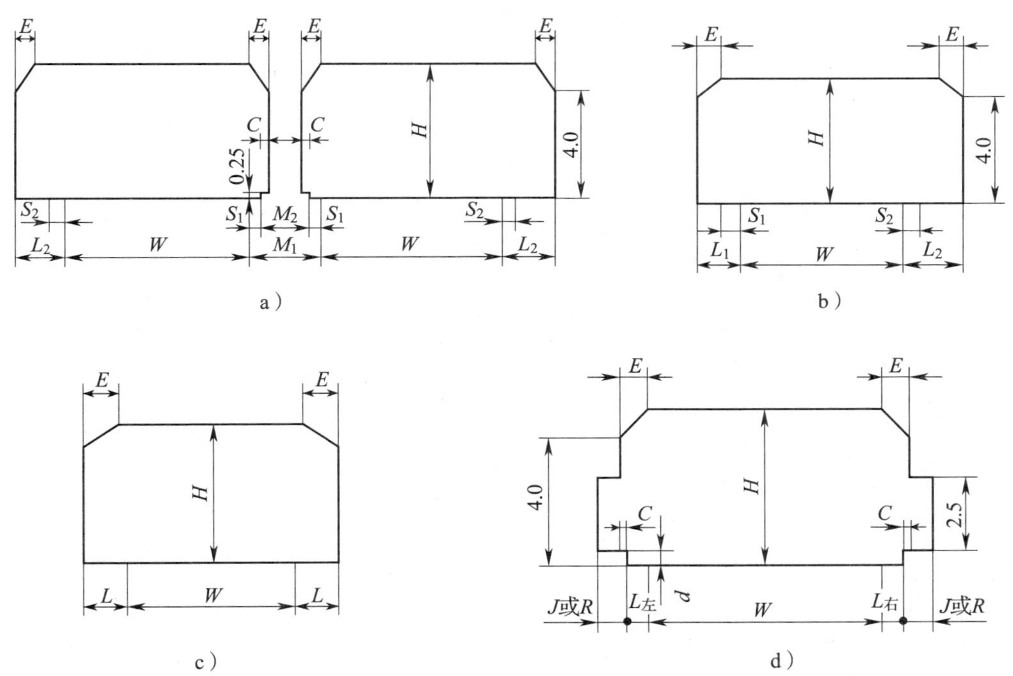

图 3—1—3 建筑限界示意图（尺寸单位：m）

a）高速公路、一级公路（整体式） b）高速公路、一级公路（分离式） c）二、三、四级公路 d）公路隧道

W—行车道宽度；L_1—左侧硬路肩宽度；L_2—右侧硬路肩宽度；S_1—左侧路缘带宽度；S_2—右侧路缘带宽度；L—侧向宽度：高速公路、一级公路的侧向宽度为硬路肩宽度（L_1 或 L_2），二、三、四级公路的侧向宽度为路肩宽度减去 0.25 m，隧道内侧向宽度（$L_{左}$或$L_{右}$）应符合表3—1—1 的规定；C—当设计速度大于100 km/h 时为0.5 m，等于或小于100 km/h 时为0.25 m；M_1—中间带宽度；M_2—中央分隔带宽度；J—隧道内检修道宽度；R—隧道内人行道宽度；d—隧道内检修道或人行道高度；E—建筑限界顶角宽度：当 $L \leq 1$ m 时，$E = L$，当 $L > 1$ m 时，$E = 1$ m；H—净空高度。

（2）隧道最小侧向宽度规定见表3—1—1。

表3—1—1　隧道最小侧向宽度

设计速度（km/h）	高速公路			一级公路			二级公路		三级公路		四级公路
	120	100	80	100	80	60	80	60	40	30	20
左侧侧向宽度 $L_{左}$（m）	0.75	0.50	0.50	0.50	0.50	0.50	0.75	0.50	0.25	0.25	0.50
右侧侧向宽度 $L_{右}$（m）	1.25	1.00	0.75	1.00	0.75	0.75	0.75	0.50	0.25	0.25	0.50

（3）桥梁、隧道设置检修道、人行道时，建筑限界包括相应部分的宽度。

（4）检修道、人行道与行车道分开设置时，其净高为2.50 m。

2．公路建筑限界划定原则

如图3—1—4所示为建筑限界两侧及上边缘划分示意图。

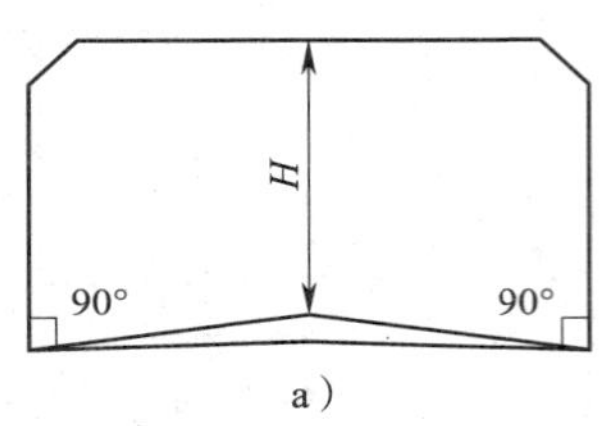

a）

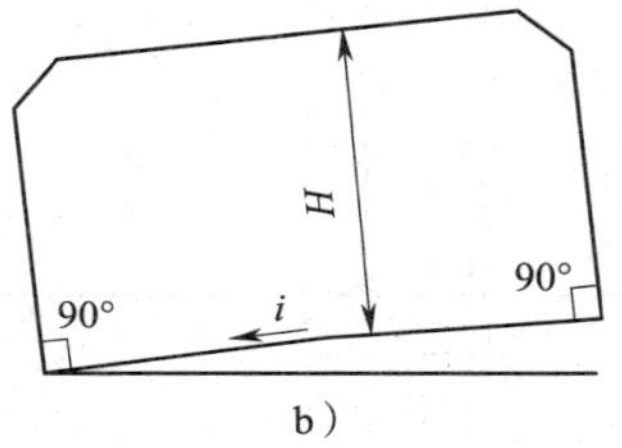

b）

图3—1—4　建筑限界两侧及上边缘划分示意图

a）一般路拱路段　b）设置超高路段

（1）建筑限界的上缘边界线为水平线（超高路段与超高横坡平行）。

（2）建筑限界的两侧边界线与水平线垂直（超高路段与路面超高横坡垂直）。

3．公路用地

公路用地是为修建、养护公路及设置沿线设施而依照国家规定所征用的地幅，可分为直接用地和间接用地两种。公路用地的征用应遵守国家有关的土地法规。确定公路用地既要根据公路建设的需要，保证必需的用地，又要考虑农业生产及照顾群众利益而尽可能节省用地，在公路用地范围内不得修建非路用建筑物。

公路用地范围的划定如下：

（1）新建公路

对于路堤为两侧排水沟外边缘（无排水沟时为路堤或护坡道坡脚）以外，对于路堑为路堑坡顶截水沟外边缘（无截水沟为坡顶）以外不少于1 m的土地为公路用地范围。有条件的地段，高速公路、一级公路排水沟或截水沟以外不少于3 m，二级公路不少于2 m的土地为公路用地范围。对于高填深挖路段，应根据计算要求确定用地范围。

（2）改建公路

对现有公路，一般保持原用地范围不变；对于改建路段参照新建公路规定具体确定。

(3) 特殊情况

如沿线房屋、料场、苗圃、防护林以及防沙防雪、特殊地质地段设施等应根据需要确定其用地范围。桥梁、隧道、互通式立体交叉、分离式立体交叉、平面交叉、交通安全设施、服务设施、管理设施等，应根据实际需要确定其用地范围。

4. 公路红线规划

(1) 定义

公路红线是指划分公路用地和建筑用地、生产用地及其他备用地的分界控制线。公路红线之间的宽度即公路建设用地范围，也称为公路的总宽度或规划路幅。

(2) 城市公路红线规划

规划公路红线是一项划定公路建设与城市建设分界线的重要工作，关系到城市建设用地问题。红线的作用是控制街道两侧建筑（包括围墙）不能侵入公路规划用地。红线不但是具体公路设计的依据，也是城市公用设施各项管线工程的用地依据。

城市公路红线规划设计的主要内容：

1）公路红线宽度的确定。确定红线宽度主要根据公路的功能与性质，考虑适当的横断面形式，定出机动车道、非机动车道、人行道、绿化带、分车带等各组成部分的合理宽度，从而确定公路的总宽度（征地宽度），即红线宽度。确定公路总宽度时要充分考虑"近远兼顾，因地制宜"的原则，应根据不同城市不同时期在城市交通和建设中的特点具体分析，有特殊情况的适当留有发展余地。红线宽度规划不能太窄也不能太宽，以免带来不必要的麻烦和城市用地和近期建设极大的浪费。

公路红线宽度划定应综合考虑以下因素：

①公路的位置及沿路两旁建筑物的性质：从日照、通风要求考虑，为了使公路两旁的建筑物有足够的光照和良好的通风条件，公路红线规划的总宽度和沿线建筑物的高度要有适当的比例；从防风、防火、防震的特别情况出发，公路红线规划应考虑公路两侧的安全保护区；另外，公路的总宽度应能保证沿路建筑物有良好的能见度。

②满足交通运输的要求：按照公路功能、交通性质与交通量等可以确定车行道的宽度、人行道的宽度、绿化带的宽度及各组成部分的宽度，从而确定公路所需的总宽度。

③其他方面的要求：如公路绿化布置的要求，公路两侧埋设地下管线（电力线、通信线、污水管道、燃气管道、输油管道等）的要求，考虑其他规划设施和既有建筑设施对用地宽度的要求。

2）确定公路的红线位置。在城市总平面图基本确定的基础上，选择规划路中心的位置，并按所拟定的公路横断面宽度规划公路的红线宽度。

规划红线宽度的具体实施有下面几种方式：

①对于新建城区公路，一般是先画出规划红线，然后建筑物依照红线逐步建造，公路则参照规划断面，分期修建，逐步形成。

②对于旧城区公路有两种实施方式。一种是一次开辟达到规划宽度，目前较少采用。另一种是按照规划红线逐步改建，逐步形成，目前较多采用这种方式。

③确定交叉口形式：根据各交叉口的类型，具体条件和近、远期结合的要求，确定交叉

口用地范围、具体位置和尺寸，并以红线方式绘在平面图上。

④确定控制点的坐标和标高：规划公路中线的转折点和各条公路的交点，即控制点，控制点的平面位置可直接实地测量得到，标高则由竖向规划、设计确定。

1. 公路横断面由哪几部分组成？路肩和中间带的作用分别是什么？
2. 公路建筑限界划定的原则是什么？

课题二　路基横断面设计

- 了解路基横断面的几何尺寸及设计标准。
- 掌握路基横断面设计要求和步骤。
- 掌握公路路基典型横断面的类型。
- 能够应用横断面图设计成果。

横断面是由地面线与设计线所围成的图形，路基横断面设计应充分考虑当地的气候、地形、土壤、地质、水文、环境、土地利用、材料供应等自然条件和社会条件，本着“节约用地，少占耕地”的原则选用合理的横断面，以满足行车顺适、工程经济、路基稳定、防水畅通且便于施工和养护的要求，设计出适合路基稳定和经济的横断面。课题一介绍了横断面的基本知识，下面具体介绍路基横断面的几何尺寸及设计方法。

一、路基横断面的几何尺寸

1. 路基宽度

路基宽度是指在横断面上两路肩外缘之间的宽度，一般是指行车道与路肩宽度之和。当设有中间带、紧急停车带、爬坡车道、变速车道、错车道、路缘带等时，应包括在路基宽度内。《公路工程技术标准》（JTG B01—2003）中规定各级公路路基宽度按设计车速确定，整体式路基宽度见表3—2—1，高速公路、一级公路分离式路基宽度见表3—2—2。

表 3—2—1　　整体式路基宽度

公路等级		高速公路							
设计速度（km/h）		120			100			80	
车道数		8	6	4	8	6	4	6	4
路基宽度（m）	一般值	42.00	34.50	28.00	41.00	33.50	26.00	32.00	24.50
	最小值	40.00	—	25.00	38.50	—	23.50	—	21.50

公路等级		一级公路				
设计速度（km/h）		100		80		60
车道数		6	4	6	4	4
路基宽度（m）	一般值	33.50	26.00	32.00	24.50	23.00
	最小值	—	23.50	—	21.50	20.00

公路等级		二级公路		三级公路		四级公路
设计速度（km/h）		80	60	40	30	20
车道数		2	2	2	2	2 或 1
路基宽度（m）	一般值	12.00	10.00	8.50	7.50	6.50（双车道） 4.50（单车道）
	最小值	10.00	8.50	—	—	—

注："一般值"为正常情况下可采用的值；"最小值"为条件受限制时可采用的值。

表 3—2—2　　高速公路、一级公路分离式路基宽度

公路等级		高速公路							
设计速度（km/h）		120			100			80	
车道数		8	6	4	8	6	4	6	4
路基宽度（m）	一般值	22.00	17.00	13.75	21.75	16.75	13.00	16.00	12.25
	最小值	—	—	13.25	—	—	12.50	—	11.25

公路等级		一级公路				
设计速度（km/h）		100		80		60
车道数		6	4	6	4	4
路基宽度（m）	一般值	16.75	13.00	16.00	12.25	11.25
	最小值	—	12.50	—	11.25	10.25

注：1. "一般值"为正常情况下可采用的值；"最小值"为条件受限制时可采用的值。

2. 八车道的内侧车道宽度如采用 3.50 m，相应路基宽度可减少 0.25 m。

2. 车道数及车道宽度

在公路上提供每一纵列车辆安全行驶的空间平面，称为一个车道。高速公路上每一纵列两虚线之间的部分为一个行车道。车道数目的多少则依远景年的设计小时交通量和一条车道

的设计通行能力及服务水平而定，即车道数 =（远景年的单向设计小时交通量/每一车道的设计通行能力）×2。根据公路等级和设计速度将车道数分为单车道、双车道、四车道、六车道及八车道。

车道宽度是指一个车道边缘之间的水平距离，不同设计速度的车道宽度也不同。

当交通组织方案是各类机动车分流行驶时，应分别计算车道宽度。《公路工程技术标准》（JTG B01—2003）中规定各级公路车道宽度按设计车速确定，见表3—2—3。

表3—2—3　　各级公路车道宽度

设计速度（km/h）	120	100	80	60	40	30	20
车道宽度（m）	3.75	3.75	3.75	3.50	3.50	3.25	3.00 （单车道时为3.50）

注：高速公路为八车道时，当设置左侧硬路肩时，内侧车道宽度可采用3.50 m。

二级公路当混合交通量大，并且将慢行车道分开困难时，其行车道宽度可加宽到14 m，并应划线区分快、慢车道。

（1）机动车车道宽度

城市公路中机动车车道宽度是供机动车行驶的全部车道的宽度。

机动车车道宽度 = 所需要的车道数 × 一条车道所需的宽度　　（3—1—1）

每条机动车车道宽度应根据汽车车型及设计车速，并考虑侧向余宽予以确定，推荐按表3—2—4采用。机动车车道的路面宽度应计入分隔带及两侧路缘带的宽度，路缘带宽度一般为0.50 m。

表3—2—4　　城市公路机动车车道宽度

车型及行驶状态	计算行车速度（km/h）	车道宽度（m）
大型汽车或大小型汽车混行	≥40	3.75
	<40	3.50
小型汽车专营线		3.50
公共汽车停靠站		3.00

注：1. 大型汽车包括普通汽车及铰接车。

2. 小型汽车包括2 t以下的载货汽车、小型旅行车、吉普车、小客车及摩托车等。

3. 交叉口进口道车道宽度见《城市道路设计规范》第6.2.7条。

根据我国中、小城市的主干道红线宽度，其机动车车道数、车道宽度、车行道的布置形式建议值见表3—2—5。

表3—2—5　　中、小城市主干道宽度建议值

城市人口（万人）	主干道红线宽度（m）	机动车车道数（条）	一条车道宽度（m）	车行道布置形式
20～50	30～40	4	3.50	三幅路或单幅路
10～20	20～50	2～3	3.00～3.50	单幅路

人口超过50万的大城市和特大城市的主干道宽度可根据实际需要确定，一般采用4～6条机动车车道，每条车道宽度为3.50～3.75 m。对于高速干道，车道宽度宜宽些，建议每条车道宽度采用4.0 m。

对于汽车与同向行驶非机动车之间的安全间隙，根据调查和观测：自行车与汽车并行时的横向距离为1.3～1.5 m（至少1 m）；三轮车与汽车并行时的横向距离约为1.0 m。因此，建议以汽车车厢右侧1 m作为划分快、慢车分道线的位置。

（2）非机动车车道宽度

城市中行驶的非机动车包括自行车、三轮车、畜力车、板车等。畜力车在城市交通中已逐步消失，而自行车作为一种短途出行的代步工具，在我国具有很大的市场。所以，城市公路中非机动车车道主要是供自行车行驶，设计时应根据自行车设计交通量与每条自行车道的设计通行能力来计算自行车车道数。非机动车公路面总宽度包括自行车车道宽度及两侧各25 cm的路缘带宽度，这还可适当照顾其他非机动车的行驶。

自行车车道的通行能力是以单车安全行驶所需的宽度划分车道线，以高峰时间各车道线平均的通行能力作为一条自行车车道的设计通行能力。根据观测及研究，推荐一条自行车车道线（宽1 m）的设计通行能力（单纯为自行车行驶，无人力三轮车等时）为：采用分车线与机动车分隔的自行车车道为850 辆/h；采用分车带与机动车分隔的自行车车道为1 100 辆/h；有信号灯交通管制的路口，因受路口条件、间距及路段行车密度的影响，设计时平均可按750 辆/h 采用。

依据各种非机动车辆自身的几何宽度以及平均行车速度，考虑到非机动车之间行驶的横向安全间隙，《城市道路设计规范》规定的不同非机动车的车道宽度见表3—2—6。

表3—2—6　城市公路非机动车车道宽度

车辆种类	自行车	三轮车	畜力车	板车
非机动车车道宽度（m）	1.0	2.0	2.5	1.5～2.0

按照我国各城市对非机动车车道的使用经验，非机动车车道的基本宽度可采用5.0 m、6.5 m、8.0 m三种。

3. 路肩宽度

路肩是设于行车道外缘至路基边缘之间，具有一定宽度的带状结构物。高速公路、一级公路的路肩宽度应能够满足故障车辆停置所需的宽度。四级公路采用单车道路面时一般采用1.5 m，其他情况均采用0.5 m。

《公路工程技术标准》规定的各级公路路肩宽度值见表3—2—7。

表3—2—7　各级公路路肩宽度

设计速度（km/h）		高速公路、一级公路				二级公路、三级公路、四级公路				
		120	100	80	60	80	60	40	30	20
右侧硬路肩宽度（m）	一般值	3.00或3.50	3.00	2.50	2.50	1.50	0.75	—	—	—
	最小值	3.00	2.50	1.50	1.50	0.75	0.25			

续表

设计速度（km/h）		高速公路、一级公路				二级公路、三级公路、四级公路				
		120	100	80	60	80	60	40	30	20
土路肩宽度（m）	一般值	0.75	0.75	0.75	0.50	0.75	0.75	0.75	0.50	0.25（双车道） 0.50（单车道）
	最小值	0.75	0.75	0.75	0.50	0.50	0.50			

注：1. “一般值”为正常情况下可采用的值；“最小值”为条件受限制时可采用的值。

2. 设计速度为120 km/h的四车道高速公路采用宽度为3.50 m的右侧硬路肩；六车道、八车道高速公路采用宽度为3.00 m的右侧硬路肩。

高速公路、一级公路应在右侧硬路肩宽度内设右侧路缘带，其宽度为0.50 m。

采用分离式断面时，高速公路、一级公路应设置左侧路肩，其宽度应符合表3—2—8的规定。左侧硬路肩内含左侧路缘带，其宽度为0.50 m。《城市道路设计规范》规定的硬路肩宽度见表3—2—9。

表3—2—8　　高速公路、一级公路分离式路基的左侧路肩宽度

设计速度（km/h）	120	100	80	60
左侧硬路肩宽度（m）	1.25	1.00	0.75	0.75
左侧土路肩宽度（m）	0.75	0.75	0.75	0.50

表3—2—9　　城市公路硬路肩宽度

设计行车速度（km/h）	80	60、50	40
硬路肩最小宽度（m）	1.00	0.75	0.50
有少量行人时的最小宽度（m）	1.75	1.50	1.25

注：左侧路肩可采用表中硬路肩最小宽度。

4. 中间带及分车带的宽度

《公路工程技术标准》规定：高速公路、一级公路必须设置中间带。中间带由两条左侧路缘带和中央分隔带组成。一般均采用窄分隔带高出行车道表面的中央分隔带，称为凸形；也有宽度大于4.5 m的凹形，表面植草、栽灌木或铺面。中间带可不等宽，也不一定等高，应与地形、景观等相符合。不等宽的中间带应逐步过渡，避免突变。

《公路工程技术标准》规定的各级公路中间带宽度见表3—2—10。

表3—2—10　　各级公路中间带宽度

设计速度（km/h）		120	100	80	60
中央分隔带宽度（m）	一般值	3.00	2.00	2.00	2.00
	最小值	2.00	2.00	1.00	1.00

续表

设计速度（km/h）		120	100	80	60
左侧路缘带宽度（m）	一般值	0.75	0.75	0.50	0.50
	最小值	0.75	0.50	0.50	0.50
中间带宽度（m）	一般值	4.50	3.50	3.00	3.00
	最小值	3.50	3.00	2.00	2.00

注：“一般值”为正常情况下可采用的值；“最小值”为条件受限制时可采用的值。

《城市道路设计规范》中规定的城市公路分车带最小宽度见表3—2—11。

表3—2—11　　城市公路分车带最小宽度

分车带类型		中间带			两侧带		
计算行车速度（km/h）		80	60，50	40	80	60，50	40
分隔带最小宽度（m）		2.00	1.50	1.50	1.50	1.50	1.50
路缘带宽度（m）	机动车道	0.50	0.50	0.25	0.50	0.50	0.25
	非机动车道	—	—	—	0.25	0.25	0.25
侧向净宽（m）	机动车道	1.00	0.75	0.50	0.75	0.75	0.50
	非机动车道	—	—	—	0.50	0.50	0.50
安全带宽度（m）	机动车道	0.50	0.25	0.25	0.25	0.25	0.20
	非机动车道	—	—	—	0.25	0.25	0.25
分车带最小宽度（m）		3.00	2.50	2.00	2.25	2.25	2.00

注：1. 快速路的分车带均应采用表中80 km/h栏中的规定值。
2. 计算行车速度小于40 km/h的主干路与次干路可设路缘带。分车带采用40 km/h栏中的规定值。
3. 支路可不设路缘带，但应保证25 cm的侧向净宽。
4. 表中分隔带最小宽度是按设施带宽度1 m考虑的，如设施带宽度大于1 m，则应增加分隔带宽度。
5. 安全带宽度为侧向净宽与路缘带宽度之差。

5. 人行道宽度

人行道的总宽度应由行人步行道宽度和绿化带宽度以及布设地面杆柱、设置橱窗报栏、沿街房基散水宽等用地宽度所组成。此外还应考虑在人行道底下埋设地下管线所需要的宽度。人行道宽度必须保证行人通行的安全和顺畅。

《城市道路设计规范》中规定的人行道最小宽度见表3—2—12。

表3—2—12　　城市公路人行道最小宽度

项目	人行道最小宽度（m）	
	大城市	中、小城市
各级公路	3	2
商业或文化中心区以及大型商店或大型公共文化机构集中路段	5	3
火车站、码头附近路段	5	4
长途汽车站	4	4

为使街道各部分的宽度协调，一般认为，街道总宽度与单侧人行道宽度之比在5∶1～7∶1的范围内是比较合适的。人行道的设置一般高出车行道10～20 m，横坡为单向横坡，一般为1.5%～2.0%，向路缘石一侧倾斜。

二、路基横断面设计要求及步骤

1．横断面设计的基本要求

横断面是由横断面设计线和横断面地面线所构成的。横断面的设计应使公路横断面的布置和几何尺寸满足交通环境、用地经济、城市面貌等要求。路基是支承路面的结构物，既要承受路面传来的行车荷载，又要承受自然因素的影响，因此路基横断面设计应满足如下基本要求：

（1）足够的强度和稳定性。在荷载、自然因素的共同作用下不倾覆、不滑动、不沉陷、不塌方。

（2）良好的经济性。工程量小，节约资金。

（3）规范性。路基横断面形式和尺寸应满足公路等级、设计标准、设计任务书的规定以及公路的使用要求。

（4）兼顾性。要兼顾农田基本建设的需要，兼顾环境保护的需要。

2．公路路基典型横断面

公路横断面的布设可结合当地地形、地质、水文、填挖等情况，参照典型横断面进行布置，一般不作单独计算。路幅的宽度和路幅内各部分尺寸应根据公路等级、交通量、技术标准和具体情况按规定进行布置。横断面设计俗称“戴帽子”，其过程就是绘制横断面设计图的过程。它有3种基本形式（路基、路堑、半填半挖地段），在地面线、路基设计标高、路幅设计、边坡坡率、排水、防护设计等确定后，则只有一种基本横断面形式能够采用。“戴帽子”就是要确定哪种地面类型适合哪种横断面形式（标准横断面设计图、一般路基设计图、特殊路基设计图），然后把它绘制在横断面图纸上，从而完成“戴帽子”的工作。

在公路设计中，为使起伏不平的地面变成可供汽车行驶的路面，需要在原地面上填筑或挖除土石方而形成路基设计线。因此，把高于原地面的填方路基称为路堤，低于原地面的挖方路基称为路堑，在一个横断面内一部分要填、另一部分要挖的路基称为半填半挖路基，如图3—2—1所示。

以上三种为路基横断面的基本形式，由于自然地形、地质条件的多样性，因此可派生出一系列类似的横断面形式，这些横断面形式适宜不同的地面类型，它们在公路设计中经常采用，故称为典型横断面。

选用典型横断面应注意的问题简述如下：

（1）一般路堤。指填土高度小于20 m的路堤。当填土高度小于0.5 m时，为满足最小填土高度和排出路面、路肩和边坡地面水的需要，应设置边沟；当填土高度大于2 m时，可将边沟断面扩大成取土坑以满足填土的需要，但此时为保证边坡的稳定，应在坡脚与取土坑之间设宽度不小于1 m的护坡道；当填土高度较大时，为保证边坡稳定，应采用折线形边坡，如图3—2—1a所示。

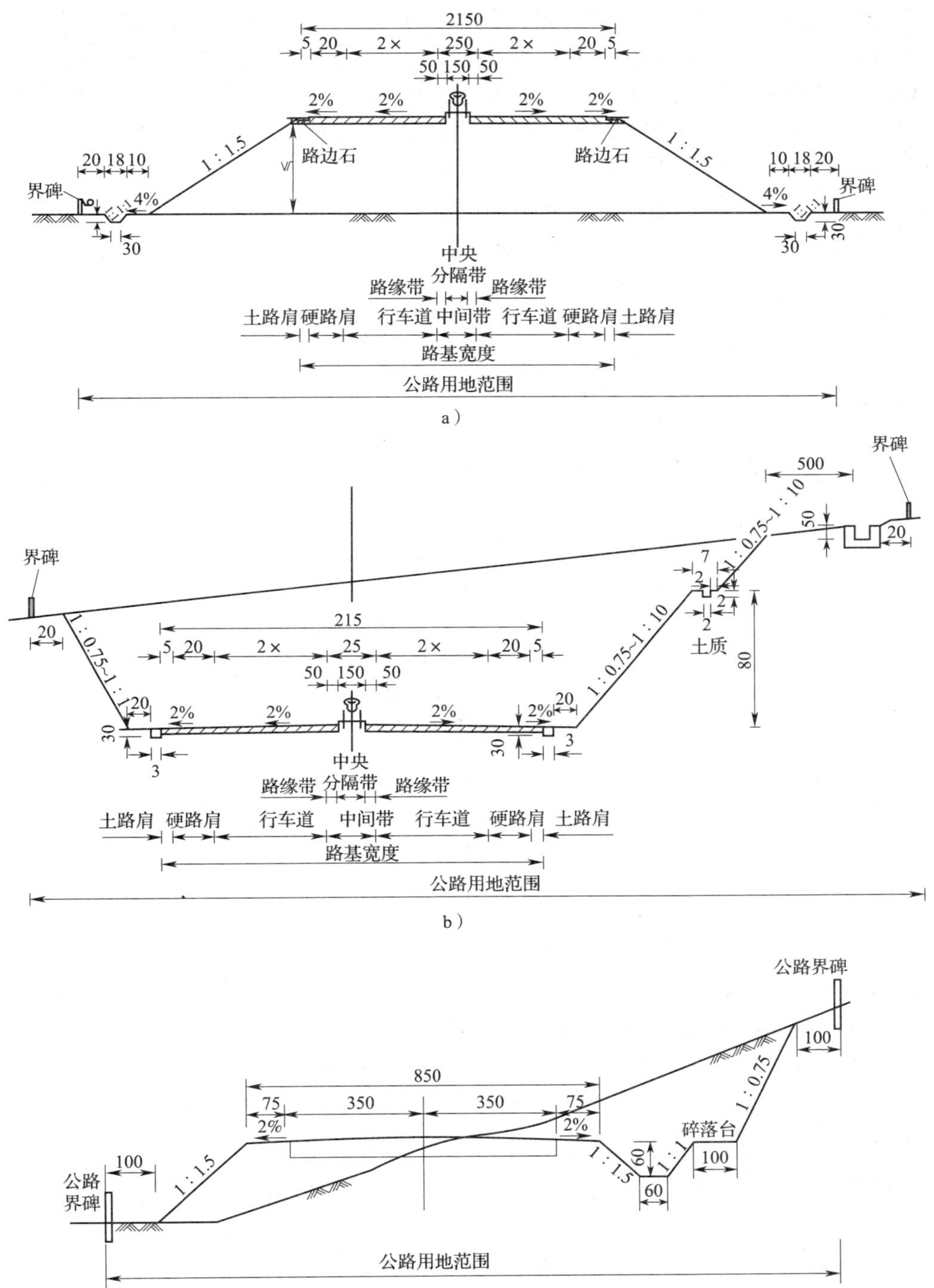

图 3—2—1 路基横断面的基本形式

a）填方路基 b）挖方路基 c）半填半挖路基

（2）挖方路基（又称路堑）。挖方深度小于 30 m、一般地质条件下的路堑路段必须设置边沟，以排出路面积水；为拦截山坡上方的地面水以避免流向路基，在坡顶外至少 5 m 处设置截水沟。路堑挖出的废弃土石方置于地形下侧的路堑坡顶以外至少 3 m，形成弃土堆。除此之外还有台口式路堑（山体的自然坡面为路堑的下边坡，适用于地质状况良好的地段）和半山洞（半山洞适用于整体坚硬的岩石层，为节省工程量而采用的一种形式），应用时注意公路的安全和建筑限界的要求，如图 3—2—1b 所示。

（3）半填半挖路基。常用的半填半挖路基如图 3—2—1c 和图 3—2—2 所示。

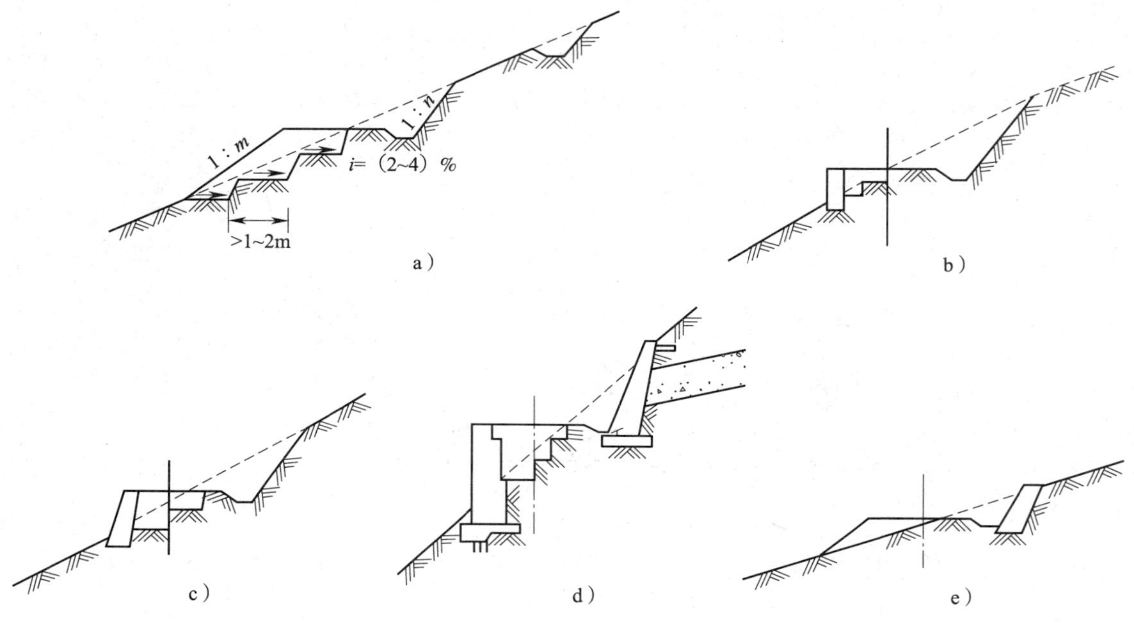

图 3—2—2　半填半挖路基横断面各种形式

a）一般半填半挖路基　b）护肩路基　c）砌石路基　d）挡土墙路基　e）矮墙路基

1）一般半填半挖路基：半填半挖路基是比较经济的横断面形式，注意当原地面横坡大于 1∶5 时，应将原地面挖成台阶，以保证填土的稳定。

2）护肩路基：用于填土高度不大，但坡脚太远不易填筑时的情况。护肩高度一般不超过 3 m。

3）砌石路基：用于地面横坡太陡、坡脚落空、不能填筑时。

4）挡土墙路基：挡土墙是不依靠路基也能独立稳定的结构物，它也能支挡填方，稳定路基。

5）矮墙路基：用于挖方边坡土质松散、易产生碎落的情况。

此外，还有陡坡路基、沿河路堤、吹砂路基、填粉煤灰路基。各种典型路基横断面要结合实际地形选用，且应以路基稳定、行车安全、工程量小和经济适用为前提。

3. 公路路基标准横断面

公路路基标准横断面是交通运输部根据设计交通量、交通组成、设计车速、通行能力和满足交通安全的要求，按公路等级、横断面的类型、路线所处地形规定的路基横断面各组成部分横向尺寸的行业标准（见图3—2—1）。

典型横断面公路平面图，如图3—2—3所示。

a）

b）

c）

d）

e）

f）　　g）

h）

图 3—2—3　典型横断面公路平面图

a）、b）一般路基公路平面图　c）、d）、g）、h）挖方路堑公路平面图　e）、f）填方路基公路平面图

4. 路基横断面设计步骤

公路横断面的几何尺寸，应能满足交通、环境、用地、经济、城市风貌等要求，并应保证路基的稳定性。

（1）根据外业横断面测量资料点绘制各横断面的横向地面线（一般在现场与测量同时进行）。顺着公路中心纵向直线地段一般要求 50 m 一处，曲线地段一般要求 25 m 一处，不同地形、特殊情况应根据设计要求进行测量绘制，原始地面横断面一般绘制时应标明中心里程桩号和地面标高。

（2）根据《公路工程技术标准》的规定，确定路基结构形式与宽度。

①按照土质、水文条件示出土石，设计边坡形式与坡度。

②按照排水要求拟定边沟、截水沟等的形式与尺寸。

（3）按弯道半径大小分别拟定超高、加宽值。

（4）根据纵断面设计资料，按设计标高在路基设计表上逐桩进行计算，完成路基设计表。根据路线及路基资料，将横断面的填、挖值及有关资料（如路基宽度、加宽值、超高坡度、缓和段长度、平曲线半径等）抄于相应桩号的断面上。

（5）按路基设计表数据，绘出横断面设计线（“戴帽子”）。设计线应包括路基、边沟、边坡、截水沟、加固及防护工程、护坡道、碎落台、视距台等，在弯道上的横断面还应示出超高、加宽等。一般直线上的横断面可不示出路拱坡度。陡峻山坡需设挡土墙时，应绘于横断面图上，并将挡土墙设计成果另行绘图。

（6）检查转弯公路段横断面内侧视距是否足够，是否需要清除障碍及设置视距台。

横断面图的绘制，一般在方格纸上按桩号由下向上、从左到右绘制，并在每个横断面上注明必要的数据（如地面标高、设计标高、填挖值、加宽、超高、填挖面积等）。

5．公路横断面设计成果

根据《公路工程基本建设项目设计文件编制办法》规定，公路路基设计的主要成果及要求如下：

（1）路基设计表

路基设计表是公路路线设计文件中的主要技术文件之一，它是综合路线平、纵、横3个方面设计资料汇编而成的。路基设计表需列出平曲线要素、纵坡（坡度、坡长、转坡点桩号及高程）、竖曲线要素、桩号、地面高程、设计高程、填挖高度，路基宽度（原宽、加宽、加宽后总宽）、缓和长度、超高（左、右）、路基边缘与设计高之差（左、右）等。边沟（排水沟）需特殊设计时还应列出沟底纵坡设计资料、形状及尺寸、沟底高程（左、右）。路基设计表在公路设计文件中占有重要地位，见表3—2—13。

高速公路、一级公路应列出平曲线要素、纵坡（坡度、坡长、转坡点桩号及高程）、竖曲线要素、桩号、地面高程、设计高程、填挖高度、路基宽度（中央分隔带、左、右幅分别按行车带及路缘带、硬路肩、土路肩计列）、各点与设计高之差（左、右幅分别按左侧路缘外缘、硬路肩外缘、土路肩外缘各点填列），并说明加宽、超高情况。

（2）边沟（排水沟）设计表

列出桩号、地面高程、设计高程，按左、右侧分别列出边沟或排水沟形式及尺寸、沟中心至中桩距离及沟底纵坡（设计资料、沟底高程、说明等）。

（3）路基标准横断面图

绘出路中心线、行车道、拦水缘石、土路肩、路拱横坡、边坡、护坡道、边沟、碎落台、截水沟、用地界碑等各部分组成及其尺寸、路面宽度及概略厚度。高速公路、一级公路整体式路基、分离式路基分别绘制，还应示出中央分隔带、缘石、左侧路缘带、硬路肩（含右侧路缘带）、护栏、隔离栅、预埋管道等设置的位置。比例尺用1∶100～1∶200，其示例如图3—2—4所示。

（4）路基典型横断面设计图

绘出一般路堤、路堑、半填半挖路基、高填方路堤、深挖路基、浸水路堤等不同形式的代表性路基设计图，分别示出路基、边沟、碎落台、截水沟、护坡道、排水沟、边坡率、护脚墙、护肩、护坡、挡土墙等防护加固结构形式，并标注主要尺寸，比例尺用1∶200。

（5）路基横断面设计图

绘出所有整桩、加桩的横断面图，示出加宽、超高、边坡、边沟、截水沟、碎落台、护坡道、路侧取土坑、开挖台阶及视距台等，注明用地界碑。挡土墙、护面墙、护脚、护肩、护岸、边坡加固，边沟（排水沟）及截水沟加固等均绘在本图上，并注明起讫桩号、圬工种类及断面尺寸（另绘有防护工程设计图的只绘出示意图，注明起讫桩号和设计图编号）。高速公路、一级公路还应标出设计高程、路基边缘高程、边沟（排水沟）底设计高程。比例尺用1∶200，其示例如图3—2—5所示。

（6）特殊路基设计工程数量表

分别列出软土地基等不良地质和病害地段路基的起讫桩号、位置、长度、宽度、地质说明、处理方式（或措施）、工程及材料数量等。

表 3—2—13

路基设计表

项目名称

桩号	平曲线		竖曲线		地面高程（m）	设计高程（m）	填挖高度（m）		路基宽度（m）							以下各点与设计高之差						坡脚至中桩距离（m）		备注
									左侧			中分带	右侧			左侧			右侧					
	左偏	右偏	凹形	凸形			填	挖	W1	W2	W3	W0	W3	W2	W1	A1	A2	A3	A3	A2	A1	左侧	右侧	
K0+000					1 139.448	1 140.865	1.417		0.00	2.50	7.00	2.50	7.00	2.50	0.00	-0.190	-0.190	-0.140	-0.140	-0.190	-0.190	10.75	11.12	
+011.608		K0+011.608			1 139.207	1 140.670	1.463		0.00	2.50	7.00	2.50	7.00	2.50	0.00	-0.190	-0.190	-0.140	-0.140	-0.190	-0.190	10.75	12.26	
+020		(ZH)		-1.68%	1 138.894	1 140.529	1.635		0.00	2.50	7.00	2.50	7.00	2.50	0.00	-0.126	-0.126	-0.093	-0.140	-0.190	-0.190	10.75	11.47	
+040			QD	200.00	1 138.552	1 140.193	1.641		0.00	2.50	7.00	2.50	7.00	2.50	0.00	0.026	0.026	0.019	-0.140	-0.190	-0.190	10.00	11.75	
+060			K0+047.500		1 138.163	1 139.860	1.697		0.00	2.50	7.00	2.50	7.00	2.50	0.00	0.178	0.178	0.131	-0.140	-0.190	-0.190	10.75	12.71	
+080					1 137.622	1 139.542	1.920		0.00	2.50	7.00	2.50	7.00	2.50	0.00	0.330	0.330	0.243	-0.243	-0.330	-0.330	14.13	12.24	
+100					1 136.907	1 139.240	2.333		0.00	2.50	7.00	2.50	7.00	2.50	0.00	0.380	0.380	0.280	-0.280	-0.380	-0.380	14.77	13.23	
+120		K0+131.608			1 136.452	1 138.954	2.502		0.00	2.50	7.00	2.50	7.00	2.50	0.00	0.380	0.380	0.280	-0.280	-0.380	-0.380	15.37	14.23	
+131.608		(HY)			1 136.298	1 138.795	2.497		0.00	2.50	7.00	2.50	7.00	2.50	0.00	0.380	0.380	0.280	-0.280	-0.380	-0.380	15.07	15.88	
+140					1 136.153	1 138.684	2.531		0.00	2.50	7.00	2.50	7.00	2.50	0.00	0.380	0.380	0.280	-0.280	-0.380	-0.380	15.12	15.18	
+160					1 134.996	1 138.430	3.434		0.00	2.50	7.00	2.50	7.00	2.50	0.00	0.380	0.380	0.280	-0.280	-0.380	-0.380	16.47	15.93	
+180		JD1	R-25000	1 137.51	1 134.323	1 138.192	3.869		0.00	2.50	7.00	2.50	7.00	2.50	0.00	0.380	0.380	0.280	-0.280	-0.380	-0.380	16.92	15.99	
+200		I-31°	T152.50	K0+200	1 133.399	1 137.970	4.571		0.00	2.50	7.00	2.50	7.00	2.50	0.00	0.380	0.380	0.280	-0.280	-0.380	-0.380	17.59	17.04	
+209.576		37′11.2″	E-0.47		1 133.107	1 137.870	4.763		0.00	2.50	7.00	2.50	7.00	2.50	0.00	0.380	0.380	0.280	-0.280	-0.380	-0.380	18.16	17.32	
+220		R-500.00			1 133.014	1 137.764	4.750		0.00	2.50	7.00	2.50	7.00	2.50	0.00	0.380	0.380	0.280	-0.280	-0.380	-0.380	17.84	18.5	
+235		Lz-120.00			1 132.719	1 137.620	4.901		0.00	2.50	7.00	2.50	7.00	2.50	0.00	0.380	0.380	0.280	-0.280	-0.380	-0.380	18.37	19.03	
+240		Ly-155.93			1 131.551	1 137.574	6.023		0.00	2.50	7.00	2.50	7.00	2.50	0.00	0.380	0.380	0.280	-0.280	-0.380	-0.380	20.02	20.72	
+260					1 131.719	1 137.400	5.681		0.00	2.50	7.00	2.50	7.00	2.50	0.00	0.380	0.380	0.280	-0.280	-0.380	-0.380	18.57	18.7	
+280		K0+287.543			1 131.531	1 137.242	5.711		0.00	2.50	7.00	2.50	7.00	2.50	0.00	0.380	0.380	0.280	-0.280	-0.380	-0.380	19.89	18.75	
+287.543		(YH)			1 131.582	1 137.187	5.605		0.00	2.50	7.00	2.50	7.00	2.50	0.00	0.380	0.380	0.280	-0.280	-0.380	-0.380	19.73	18.59	
+300					1 131.529	1 137.100	5.571		0.00	2.50	7.00	2.50	7.00	2.50	0.00	0.380	0.380	0.280	-0.280	-0.380	-0.380	19.68	18.54	
+320			ZD		1 131.545	1 136.974	5.429		0.00	2.50	7.00	2.50	7.00	2.50	0.00	0.380	0.380	0.280	-0.280	-0.380	-0.380	19.76	18.32	
+340			K0+352.5		1 131.450	1 136.864	5.414		0.00	2.50	7.00	2.50	7.00	2.50	0.00	0.323	0.323	0.238	-0.238	-0.323	-0.323	19.36	18.39	
+360					1 131.518	1 136.769	5.251		0.00	2.50	7.00	2.50	7.00	2.50	0.00	0.171	0.171	0.126	-0.140	-0.140	-0.140	18.88	16.99	
+380					1 131.553	1 136.677	5.124		0.00	2.50	7.00	2.50	7.00	2.50	0.00	0.019	0.019	0.014	-0.140	-0.140	-0.140	18.47	14.65	
+400					1 131.602	1 136.585	4.983		0.00	2.50	7.00	2.50	7.00	2.50	0.00	-0.133	-0.133	-0.099	-0.140	-0.140	-0.140	17.43	15.07	
+407.543		K0+407.543			1 131.763	1 136.550	4.787		0.00	2.50	7.00	2.50	7.00	2.50	0.00	-0.190	-0.190	-0.140	-0.140	-0.140	-0.140	17.65	15.75	
+410		(HZ)	-0.406%		1 131.873	1 136.539	4.666		0.00	2.50	7.00	2.50	7.00	2.50	0.00	-0.190	-0.190	-0.140	-0.140	-0.140	-0.140			
+413			1 600.00		1 131.824	1 136.525	4.701		0.00	2.50	7.00	2.50	7.00	2.50	0.00	-0.190	-0.190	-0.140	-0.140	-0.140	-0.140			

编制：　　　　　　　　复核：

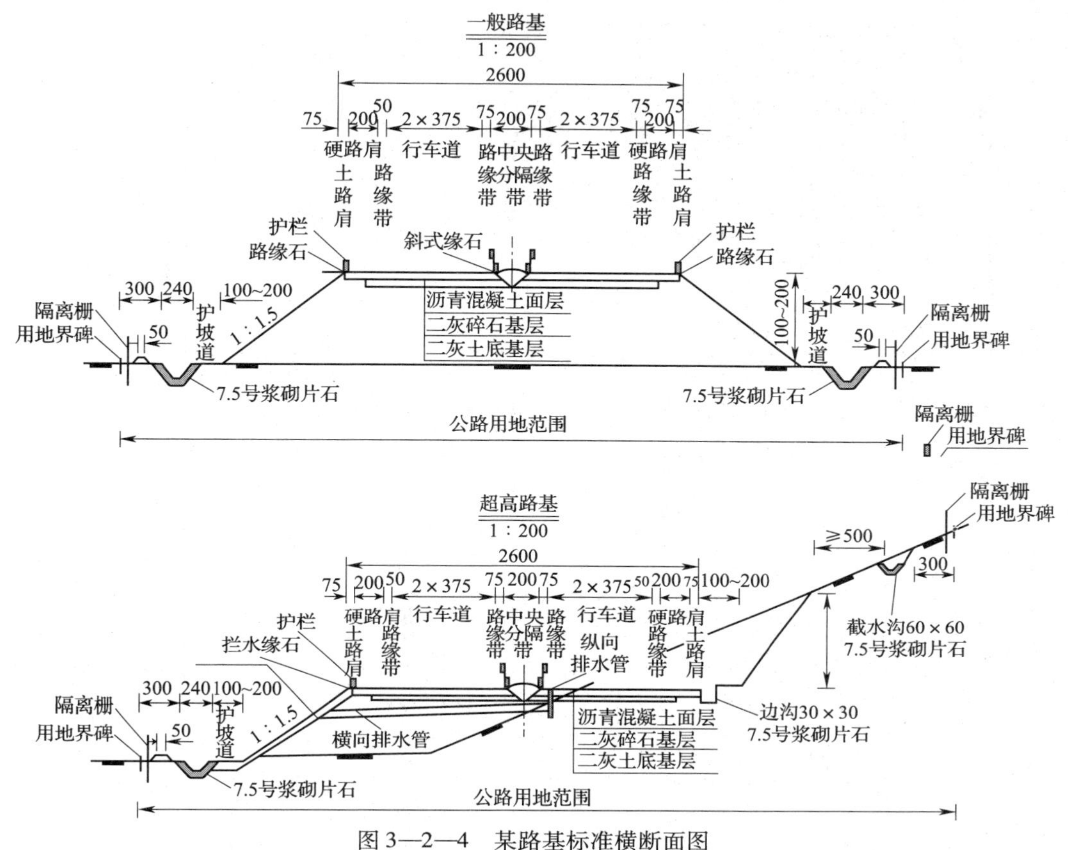

图 3—2—4　某路基标准横断面图

（7）特殊路基设计图

绘出软土地基等不良地质和病害地段处理设计图（平面、立面、断面），加固及构造物等结构设计图，示出工程地质情况。比例尺用 1∶50～1∶200。列出每延米或每处（段）工程及材料数量表，软土地基处理应列出地基处理、填土、预压设计表。必要时应绘出工程地质平、纵面图，比例尺根据情况确定。

（8）中间带设计图

绘出中央分隔带平面、断面设计图及路缘石大样图，示出预埋管道及轮廓尺寸等，列出每延米工程及材料数量表。比例尺根据需要确定。

（9）中央分隔带开口设计图

按类型分别绘出平面布置图、中央分隔带渐变段断面图、开口处路面结构图、缘石大样图，比例尺用 1∶20～1∶200。列出中央分隔带开口一览表、开口工程及材料数量表。

（10）路基土石方数量表

列出桩号、断面积，平均断面积、挖方（总体积、土类、石类）、填方［总体积、填土及填石（分压实方和自然方）］、本桩利用方、余方、欠方、远运利用方、调配示意、运量、借方（分土类、石类、运距、运量），弃方（土、石、运距、运量）等。路基土石方工程数量计算表在工程造价与施工组织中作用重大，见表 3—2—14。

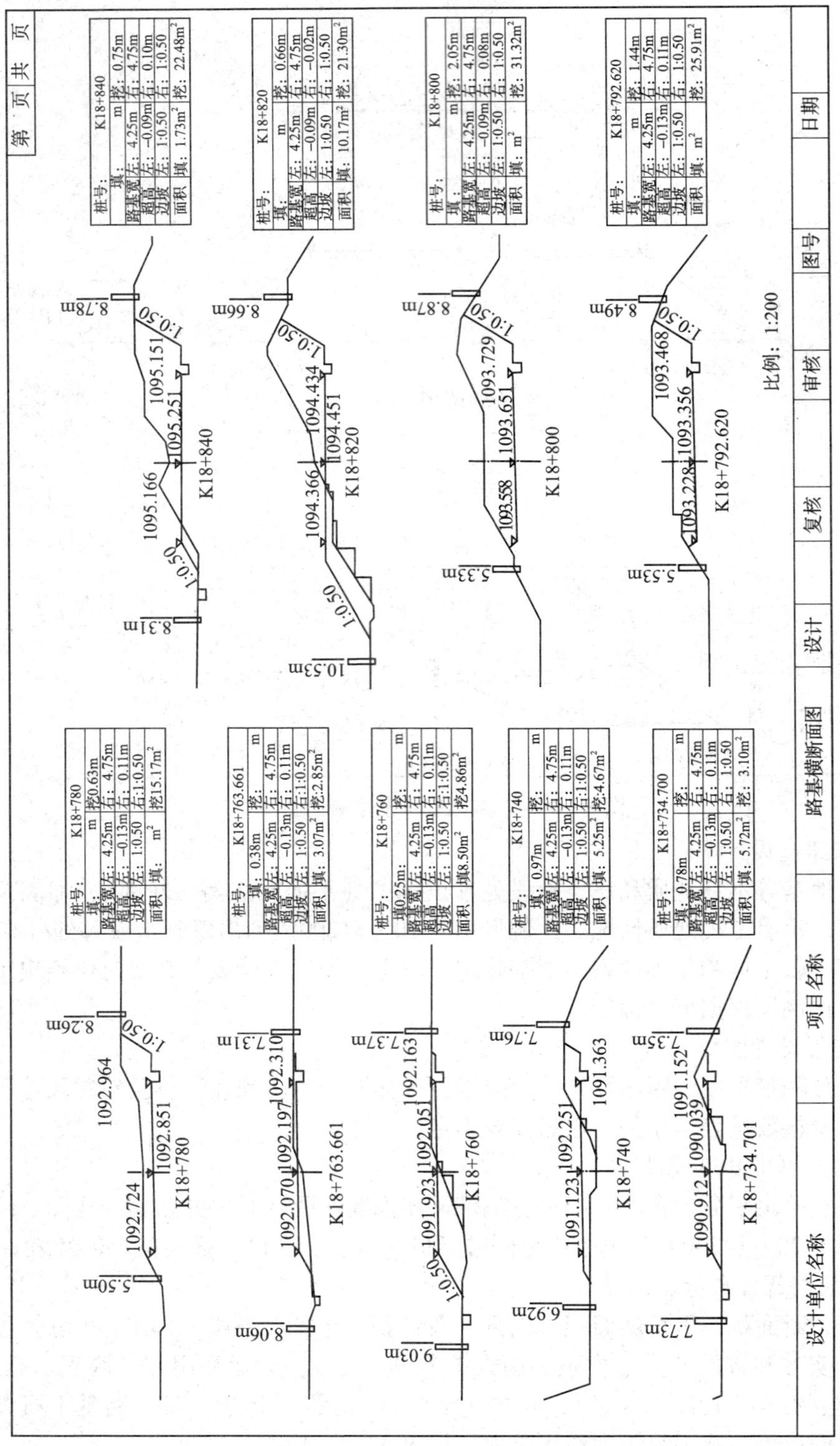

图3—2—5 公路路基横断面设计图

表 3—2—14

路基土石方数量表

项目名称

桩号	横断面面积（m^2）		距离（m）	挖方分类及数量（m^3）													填方数量（m^3）			利用方数量及调配（m^3）							备注
				总数量	土						石									本桩利用		填缺		挖余		远运利用及纵向调配示意	
					Ⅰ		Ⅱ		Ⅲ		Ⅳ		Ⅴ		Ⅵ												
	挖方	填方			%	数量	%	数量	%	数量	%	数量	%	数量	%	数量	总数量	土	石	土	石	土	石	土	石		
1	2	3	4	5	6	7	8	9	10	11	12	13	14	15	16	17	18	19	20	21	22	23	24	25	26	27	28
K0+000	2.24	24.08																									
K0+011.608	0.00	33.13	11.61	13.00					100	13.0							332.1	332.1		13.0		372.2					
K0+020	0.37	37.24	8.39	1.50					100	1.5							295.3	295.3		1.5		341.0					
K0+040	0.72	37.73	20.00	10.90					100	10.9							749.7	749.7		10.9		858.8					
K0+060	0.00	44.98	20.00	7.20					100	7.2							827.2	827.1		7.2		952.3					
K0+080	0.00	53.97	20.00						100								989.6	989.6				1 147.9					
K0+100	0.00	65.11	20.00						100								1 190.8	1 190.8				1 381.4					
K0+120	0.00	76.94	20.00						100								1 420.4	1 420.4				1 647.7					
K0+131.608	0.00	80.58	11.61						100								914.2	914.2				1 060.5					
K0+140	0.00	81.74	8.39						100								681.1	681.1				790.1					
K0+160	0.00	106.45	20.00						100								1 881.8	1 881.8				2 182.9				±37 740.1（1 941 m）借方（从取土坑 K1+940）	
K0+180	0.00	120.92	20.00						100								2 273.7	2 273.7				2 637.5					
K0+200	0.00	137.39	20.00						100								2 583.1	2 583.1				2 996.4					
K0+209.576	0.00	145.18	9.58						100								1 352.9	1 352.9				1 569.4					
K0+220	0.00	150.66	10.42				100										1 541.9	1 541.9				1 788.7					
K0+235	0.00	162.85	15.00				100										2 531.3	2 351.3				2 727.5					
K0+240	0.00	207.70	5.00				100										926.4	926.4				1 074.6					
K0+260	0.00	175.02	20.00				100										3 827.2	3 827.2				4 439.5					
K0+280	0.00	184.75	20.00				100										3 597.7	3 597.7				4 173.3					
K0+287.543	0.00	180.55	7.54				100										1 377.7	1 377.7				1 598.2					
K0+300	0.00	179.17	12.46				100										2 240.5	2 240.5				2 599.0					
K0+320	0.00	177.37	20.00				100										3 565.4	3 565.4				4 135.9					
K0+340	0.00	172.10	20.00				100										3 494.7	2 116.9	1 377.8			2 455.6	1 267.6				
K0+360	0.00	162.60	20.00				100										3 347.0	2 597.2	749.7			3 012.8	689.8				
K0+380	0.00	146.20	20.00				100										3 088.1	3 088.1				3 582.1				±11 733.4（309 m）石1 957.3（441 m）从K0+440段调入；±2 425.5（766 m）从K1+000段调入；±358.2（1 186 m）从K1+484段调入；±2 405.3（1 257 m）从K1+553段调入	
K0+400	4.88	102.33	20.00	48.8			100	48.8									2 485.4	2 485.4		48.8		2 834.2					
K0+407.543	10.96	94.93	7.54	59.8			100	59.8									744.0	744		59.8		803.2					
小计				141.2				109		32.6							48 079.1	45 951	2 127.5	141.2		53 163.0	1 957.3				

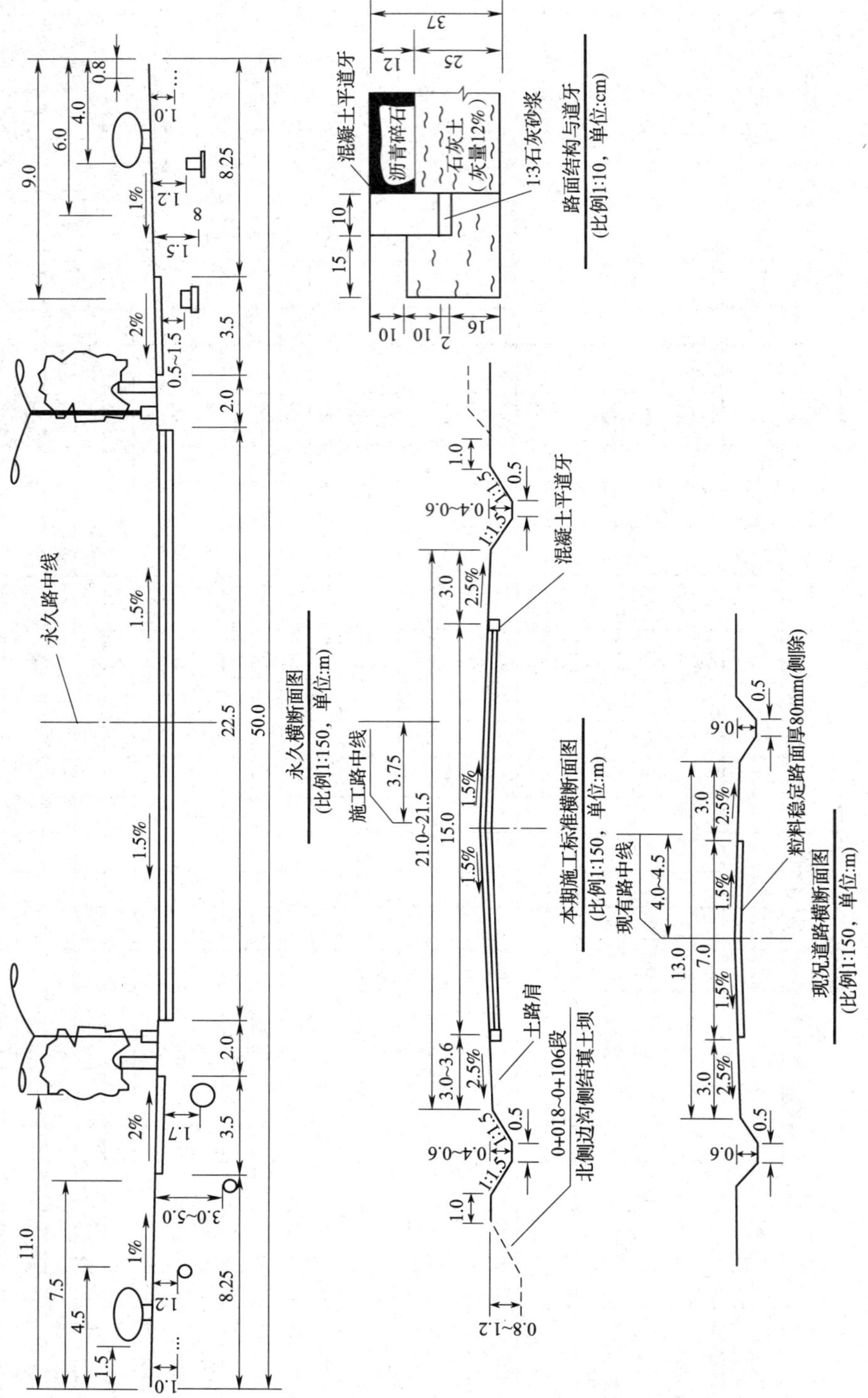

图 3—2—6　某城市公路横断面设计图

（11）路基每公里土石方数量表

列出起讫桩号、长度、挖方（总体积、土类、石类）、填方［总体积、填土及填石（分压实方和自然方）、本桩利用方、远运利用方、借方］、弃方、总运量、计价土石方总数量等。

（12）路基土石方运量统计表

列出起讫桩号、施工方法［人工施工土方、推土机施工土方、铲运机施工土方、挖土机配自卸汽车施工土方、人工施工石方、机械施工石方（人工清运）、机械施工石方（机械清运）等］、数量、平均运距。对一般公路，本表可体现在路基土石方数量表和每公里土石方数量表中。

（13）取土坑（场）、弃土堆（场）一览表

列出取土或弃土地段的起讫桩号、取土或弃土位置（上下路桩号、支线长度、运距）、取土坑（范围、土名、土类、最大挖深、可取量、计划用量）、占用土地（永久或临时）、开挖方式及运输条件、弃土堆（土石方数量、运距）、临时工程（便道、便桥等）。

（14）弃土堆（场）设计图

大型取土坑（场）应绘制本图，绘出取土坑（场）或弃土堆（场）平面布置图（示出地形、地物、公路等，沿线取土坑或弃土堆可绘在路线平面总体设计图上）、纵、横断面及排水系统、绿化等设计图，并说明施工注意事项。比例尺根据需要确定。

（15）路基防护工程数量表

列出起讫桩号、工程名称、主要尺寸及说明、单位、数量（左、右）、工程及材料数量等（包括挡土墙、护墙、护脚、护肩、边坡加固、驳岸、护岸、防水堤坝等）。

（16）路基防护工程设计图

绘出各项防护工程立面、平面、断面及结构设计图。比例尺用1∶50～1∶500。按不同情况列出每延米或每处工程及材料数量表。

6. 城市公路横断面图绘制

（1）绘出各个路段上的远期规划横断面图和近期设计横断面图，即远期和近期的标准断面图，一般采用1∶100或1∶200的比例尺。在图上应绘出红线宽度、车行道、人行道、绿化带、照明、新建或改建的地下管道等各组成部分的位置和宽度，以及排水方向、横坡等。

（2）绘制各个中线桩处的现状横断面图。图中包括横向地形、地物、中心桩地面高程、路基路面、横坡、车行道、人行道、边沟等。一般采用1∶100或1∶200的比例尺，直接在米厘纸上绘制，横距表示水平距离，纵距表示高程。纵、横坐标通常都采用相同的比例尺，这对绘制横断面图和计算土石方数量都方便。但在某些情况下，例如横断面很宽、地面又较平坦时，如水平距离和高程仍采用相同的比例尺，则显示不出地形的变化，此时，应根据高程变化的程度，横断面图的纵、横坐标可以选用不同的比例尺，以能显示地形的起伏变化为原则。首先在米厘纸上定出中心线的位置。然后将中心桩的地面高程和中心桩左右各地形点的高程点出来，连接各点即得现状横断

面的地面线，写上桩号和高程。在一张米厘纸上可以绘制若干个断面，一般是依桩号为序自下而上和自左而右布置。

（3）最后在绘出的各个桩号的现状横断面图上点出中心线的设计标高，以相同的比例尺，把设计横断面图（即标准横断面图）画上去。土石方工程量的计算和施工放样，就是以此图作为依据，故称为施工横断面图。城市公路横断面设计图如图 3—2—6 所示。

1. 路基横断面设计的基本要求是什么？
2. 简述公路横断面设计的步骤。

课题三　横断面的加宽与超高

- 掌握路基横断面加宽设计方法。
- 掌握路基横断面超高设计方法。

一、横断面加宽

1. 定义

汽车在曲线上行驶时，其行驶轨迹并不完全与理论行驶轨迹相吻合，而是有一定的摆动偏移，故需要加宽路面来弥补，以保证安全。这种在曲线上适当拓宽路面的形式称为弯道加宽（也称平曲线加宽）。

2. 加宽值

圆曲线上加宽值与圆曲线半径、设计车辆的轴距有关，同时还要考虑弯道上行驶车辆摆动及驾驶员的操作所需的附加宽度。因此，圆曲线上的加宽值由几何需要的加宽和汽车转弯时摆动加宽两部分组成。

（1）几何加宽值的计算

对于普通载重汽车，由图 3—3—1 可计算一条车道的加宽值为：

$$e = R - (R_1 + K)$$

而

$$R_1 + K = \sqrt{R^2 - A^2}$$

代入

$$e = R - \sqrt{R^2 - A^2} = R - \left(R - \frac{A^2}{2R} - \frac{A^4}{3R^3} - \cdots\right) = \frac{A^2}{2R} + \frac{A^4}{3R^3} + \cdots$$

上式第二项以后的数值极小，可略去不计，故一条车道的加宽值为：

$$e = \frac{A^2}{2R} \qquad (3—3—1)$$

对于半挂车，由图 3—3—2 所示的几何关系，可求得牵引车的几何加宽值为：

$$e_1 = \frac{A_1^2}{2R'}$$

而拖挂车的加宽值为：

$$e_2 = \frac{A_2^2}{2R}$$

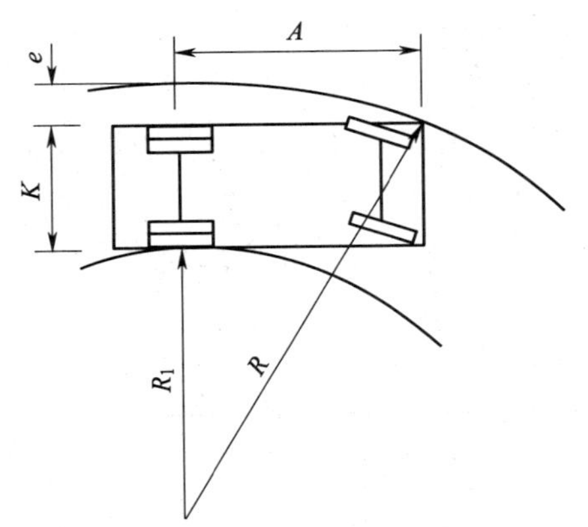

图 3—3—1　单车道加宽示意图

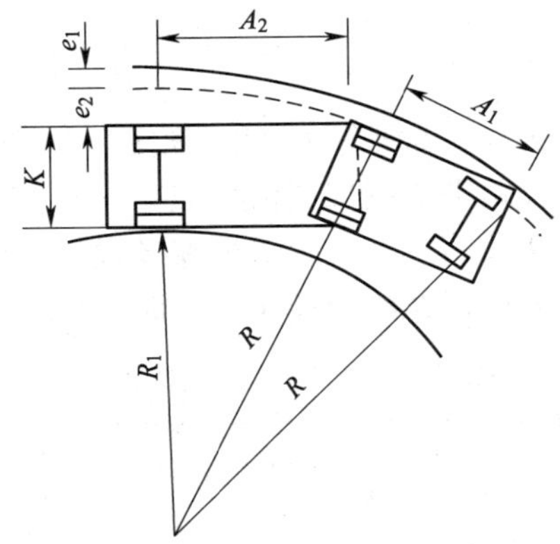

图 3—3—2　半挂车加宽示意图

其中 $R' = R - e_1$，由于 e_1 与 R 相比甚小，可取 $R' \approx R$。故对于半挂车一个车道的加宽值为：

$$e = e_1 + e_2 = \frac{A_1^2 + A_2^2}{2R}$$

令 $A_1^2 + A_2^2 = A^2$，则

$$e = \frac{A^2}{2R}$$

式中　e——一个车道加宽值，m；

R——曲线半径，m；

A——设计车长，m，对普通载重汽车为后轴至前保险杠的距离，对半挂车为当量车长，$A = \sqrt{A_1^2 + A_2^2}$；

A_1——牵引车保险杠至第二轴的距离，m；

A_2——第二轴至拖车最后轴的距离，m。

（2）摆动加宽值

据实测，汽车转弯摆动加宽与车速有关，一个车道摆动加宽值的计算经验公式为：

$$e' = \frac{0.05V}{\sqrt{R}} \tag{3—3—2}$$

式中 V——汽车转弯时的车速，计算时采用如下值：

$R=50\sim200$ m 时，V 取 50 km/h；

$R=15\sim50$ m 时，V 取 40 km/h。

3. 加宽的有关规定与要求

考虑上述几何加宽值和摆动加宽值两项因素，对于单车道，上述两项加宽值为：

$$b_j = e + e' = \frac{A^2}{2R} + \frac{0.05V}{\sqrt{R}} \tag{3—3—3}$$

对于多车道为：

$$b_j = N\left(\frac{A^2}{2R} + \frac{0.05V}{\sqrt{R}}\right) \tag{3—3—4}$$

《公路工程技术标准》规定，公路平曲线半径等于或小于 250 m 时，应在平曲线内侧加宽，公路平曲线加宽值见表 3—3—1。四级公路和山岭、重丘区的三级公路采用 1 类加宽值；高速公路、一、二级公路及设计速度为 40 km/h 的三级公路采用 3 类加宽值；对不经常通行集装箱运输的半挂车的公路，可采用 2 类加宽值。

表 3—3—1　　公路平曲线加宽值

加宽类别	平曲线半径（m）/ 加宽值（m）/ 汽车轴距加前悬（m）	200～250	150～200	100～150	70～100	50～70	30～50	25～30	20～25	15～20
1	5	0.4	0.6	0.8	1.0	1.2	1.4	1.8	2.2	2.5
2	5	0.6	0.7	0.9	1.2	1.5	2.0	—	—	—
3	5.2+8.8	0.8	1.0	1.5	2.0	2.5	—	—	—	—

单车道公路曲线加宽值采用表 3—3—1 的规定值折半。由三条以上车道组成的行车道，其路面的加宽值应另行计算；对于分道行驶的公路，若平凸线半径较小，则其内侧车道的加宽值应大于外侧车道的加宽值，设计时应通过计算确定其差值。

一、二、三级公路及路基宽度为 4.5 m 的四级公路，其路面加宽后，路基也应相应加宽。四级公路路基宽度为 6.5 m 以上时，若路面加宽后剩余的路肩宽度不小于 0.5 m，则路基可不予加宽；若小于 0.5 m，则应加宽路基以保证路肩宽度不小于 0.5 m。

《公路路线设计规范》规定，城市公路圆曲线半径小于或等于 250 m 时，应在圆曲线内侧加宽，每条车道的加宽值见表 3—3—2。

表 3—3—2　　城市公路圆曲线每条车道的加宽值（单位：m）

车型 \ 圆曲线半径（m）	200 < $R\leq$ 250	150 < $R\leq$ 200	100 < $R\leq$ 150	60 < $R\leq$ 100	50 < $R\leq$ 60	40 < $R\leq$ 50	30 < $R\leq$ 40	20 < $R\leq$ 30	15 < $R\leq$ 20
小型汽车	0. 28	0. 30	0. 32	0. 35	0. 39	0. 40	0. 45	0. 60	0. 70
普通汽车	0. 40	0. 45	0. 60	0. 70	0. 90	1. 00	1. 30	1. 80	2. 40
半挂车	0. 45	0. 55	0. 75	0. 95	1. 25	1. 50	1. 90	2. 80	3. 50

4. 加宽缓和段

当平曲线半径小于等于 250 m 时，一般在弯道内侧圆曲线范围内设置全加宽，当其平曲线内无圆曲线（凸形）时，仅平曲线中点处断面设置全加宽。为了使路面和路基均匀变化，设置一般从加宽值为零逐渐加宽到全加宽的过渡段，称为加宽过渡段，如图 3—3—3 和图 3—3—4 所示。加宽缓和段（或超高缓和段）范围内，如无缓和曲线和超高缓和段，则应另设加宽缓和段。

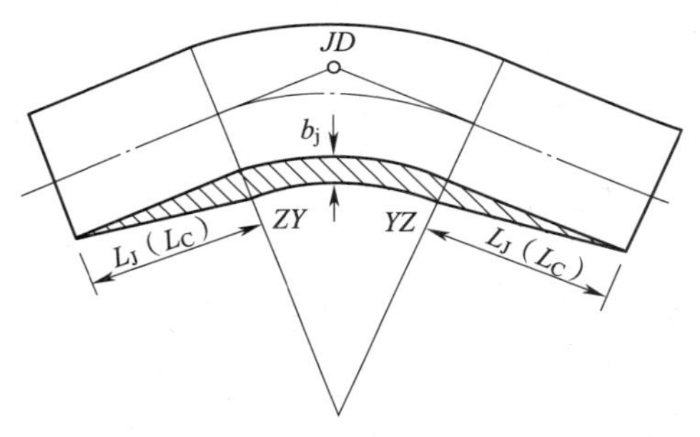

图 3—3—3　加宽过渡段示意图（单圆曲线）　　图 3—3—4　加宽过渡段示意图（对称基本形）

（1）缓和段缓和曲线的作用

1）有利于驾驶员操纵转向盘，保证安全行驶。

2）消除离心力的突变，保证乘客乘车的舒适与稳定。

3）满足超高、加宽缓和段的过渡，利于平稳行车。

4）与圆曲线配合得当，具有良好的视觉效果和心理效果。

（2）加宽缓和段的长度 L_j

在公路设计中，加宽缓和段长度取决于以下三方面的要求：

1）加宽所需的最小长度。在不设缓和曲线或超高缓和段时，加宽缓和段长度应按渐变率 1∶15 且不小于 10 m 的要求设置。

2）超高缓和段长度 L_C。

3）缓和曲线长度 L_S。

设置缓和曲线或超高缓和段时，加宽缓和段长度采用与缓和曲线或超高缓和段长度相同的数值。

不设缓和曲线时，加宽缓和段长度取超高缓和段长度，其渐变率不小于 1∶15，且长度不小于 10 m。此时，超高、加宽缓和段一般设于紧接圆曲线起、终点的直线段上。在地形困难地段，允许将超高、加宽缓和段的一部分插入曲线中，但插入曲线内的长度不得超过超高、加宽缓和段长度的一半。

（3）在 L_j 内加宽的过渡方式

在加宽缓和段内，加宽是逐渐变化的，其过渡方式有以下几种：按直线比例变化；内切法；插入高次抛物线的方法；插入二次抛物线的方法；复曲线的加宽过渡。下面简单介绍其中三种方法：

1）按直线比例变化。即加宽缓和段任一点的加宽值 B_{jx} 与该点到加宽缓和段起点的距离 L_x 同加宽缓和段全长 L_j 的比率成正比，如图 3—3—5 所示。

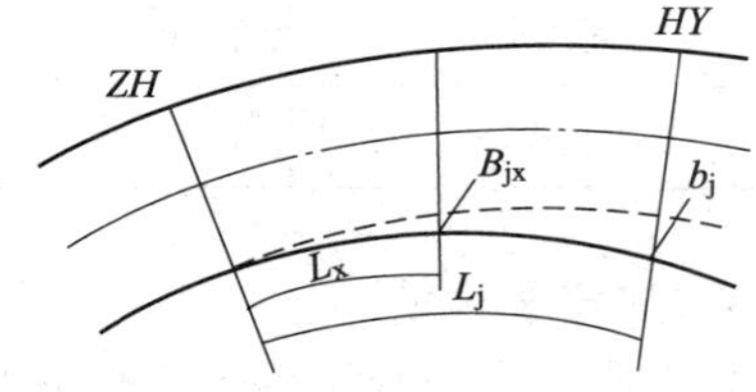

图 3—3—5　直线比例加宽法示意图

$$B_{jx} = Kb_j \tag{3—3—5}$$

$$K = \frac{L_x}{L_j} \tag{3—3—6}$$

式中　B_{jx}——加宽缓和段上任一点的加宽值，m；

b_j——行车道加宽值，m；

K——比率；

L_x——加宽缓和段内任一点到缓和段起点的长度，m；

L_j——加宽缓和段长度，m。

这种过渡方式处理简单粗糙，不圆滑美观，适用于一般的二、三、四级公路。

2）插入高次抛物线的方法。加宽缓和段内任一点的加宽值 B_{jx} 可按下列公式计算：

$$B_{jx} = (4K^3 - 3K^4)b_j \tag{3—3—7}$$

$$K = \frac{L_x}{L_j} \tag{3—3—8}$$

这种方法路面边缘线圆滑、顺适，适用于高速公路、一级公路以及对路容有较高要求的二级公路。

3）复曲线的加宽过渡。对于四级公路以不同半径的同向圆曲线径向连接构成的复曲线，其超高、加宽缓和段一般对称地设在衔接处（GQ 点）的两侧。

对于卵形曲线，加宽方式如图 3—3—6 所示，其加宽值按下式计算：

$$B_{jx} = b_{j-2} + (b_{j-1} - b_{j-2})\frac{L_x}{L_f}$$

式中符号意义如图 3—3—6 所示。

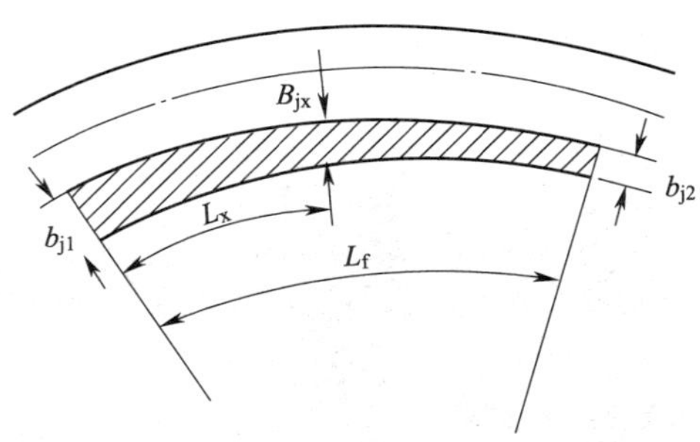

图 3—3—6 复曲线的加宽过渡示意图

二、横断面超高

1. 定义

为抵消车辆在曲线路段上行驶时所产生的离心力，在该路段横断面上设置的外侧高于内侧的单向横坡，称为超高。当汽车在弯道上行驶时，要受到离心力的作用，横向力是引起汽车不稳定行驶的主要因素。所以在平曲线设计时常将弯道外侧边道抬高，构成与内侧车道同坡度的单向坡，这种设置称为平曲线超高，其作用是为了使汽车在圆曲线上行驶时能获得一个指向内侧的横向分力，用以克服离心力，减小横向力，从而提高行车的安全性和舒适性。

超高设于圆曲线的范围内，两端用过渡段与直线相连。从直线段的双向横坡渐变到圆曲线路段具有超高单向横坡的过渡段称为超高缓和段。超高的布置如图 3—3—7 所示，公路超高平面图如图 3—3—8 所示。

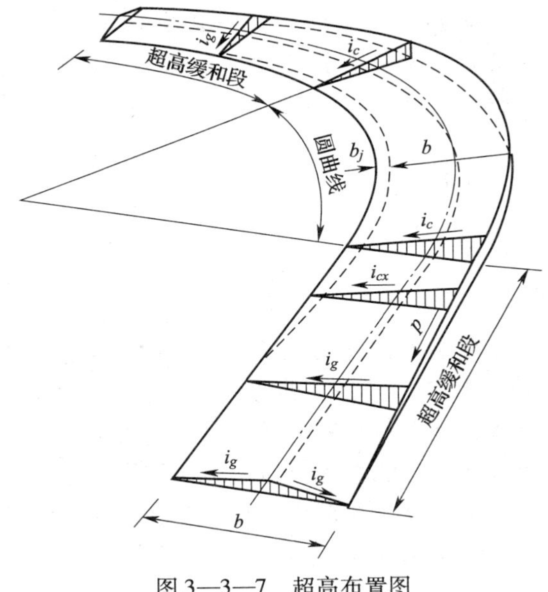

图 3—3—7 超高布置图

a)

b)

图 3—3—8　公路超高平面图

2. 超高坡度

（1）最大超高坡度

由前面平曲线半径计算公式 $R=\frac{V^2}{127\ (u \pm i_c)}$，可得超高坡度的计算公式为：

$$i_c = \frac{V^2}{127R} - \mu \tag{3—3—9}$$

当采用极限最小半径时即为计算最大超高坡度，其公式为：

$$i_{cmax} = \frac{V^2}{127R_{min}} - \mu \tag{3—3—10}$$

最大超高坡度的限值与气候条件、地形、地区、汽车以低速行驶的频率、路面施工的难易程度等因素有关。从保证汽车转弯时有较高速度和乘客安全舒适性来看，要求超高横坡应尽量大些，但考虑车辆组成不同，车速不一，特别是在弯道上停车（$v=0$）时，有可能向弯道内侧滑移的危险，另外，在冰雪状态下，过大的超高对车辆启动及刹车都不利。

由式（3—3—9），当 $V=0$ 产生滑移的极限状态时：$\mu=\varphi_y$

故横向滑移限制条件为：

$$i_{cmax} \leqslant \varphi_y$$

式中　φ_y——横向附着系数。

综合考虑以上各种因素，结合国内外设计经验及我国公路上车辆组成状况，规定高速公路、一级公路的最大超高值为10%，其他公路为8%，在积雪、严寒地区，由于汽车启动、刹车时会产生打滑现象，因此规定各级公路的最大超高不宜大于6%。

当公路通过市镇或与市镇连接作为城市街道使用，公路按规定设置超高有困难，且市区对车速有所限制时，可根据实际情况酌量减少超高坡度值，见表 3—3—3。

（2）不同圆曲线半径与超高坡度的确定

位于曲线上的行车道、中间带和路肩，以及爬坡车道、加减速车道，均应根据圆曲线半

表 3—3—3 最大超高坡度选用值表

设计车速（km/h）	80	60、50	40、30、20
最大超高值（%）	6	4	2

径的大小、自然条件和公路等级按规定设置超高。各圆曲线半径所设置的超高值应根据设计速度、圆曲线半径、公路条件、自然条件等经计算确定。同时应注意各级公路圆曲线部分最小超高值应与该公路直线部分的正常路拱横坡一致。

3. 超高方式

从直线上的路拱双向坡断面，过渡到圆曲线上具有超高横坡度的单向坡断面，要有一个逐渐变化的区段，这一变化段称为超高缓和段。单向横坡超高是通过在圆曲线两端的超高缓和段（或缓和曲线）来实现过渡的。超高的过渡方式，根据超高旋转轴在公路横断面上的位置，分为下列几种：

（1）无中间带的公路

1）超高横坡度等于路拱坡度时，外侧车道绕路中线旋转，直至超高横坡值，如图3—3—9所示。

2）超高横坡度大于路拱横坡度时，有以下三种过渡方式。

①绕内边缘旋转。如图 3—3—10 所示。

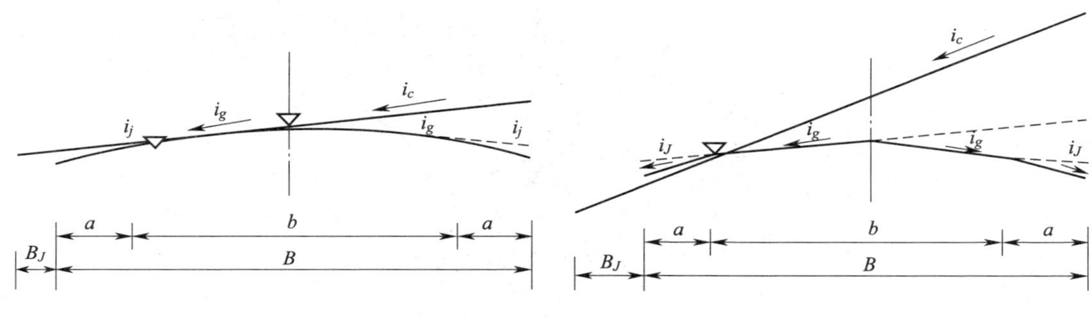

图 3—3—9 超高横坡度等于路拱坡度的旋转图

图 3—3—10 绕内边缘旋转图

在缓和段起点之前将路肩的横坡逐渐变为路拱横坡，再以路中线为旋转轴，逐渐抬高外侧路面与路肩，使之达到与路拱坡度一致的单向横坡后，整个断面再绕未加宽前的内侧车道边缘旋转，直至达到超高横坡度为止，一般新建公路多采用此种方式。

②绕中线旋转。如图 3—3—11 所示，简称轴旋转。

在超高缓和段之前，先将路肩横坡逐渐变为路拱横坡，再以路中线为旋转轴，使外侧车道和内侧车道变为单向横坡后，整个断面一同绕中线旋转，使单坡横断面达到超高横坡度为止。一般改建公路常采用此方式。

③绕外边缘旋转。如图 3—3—12 所示。

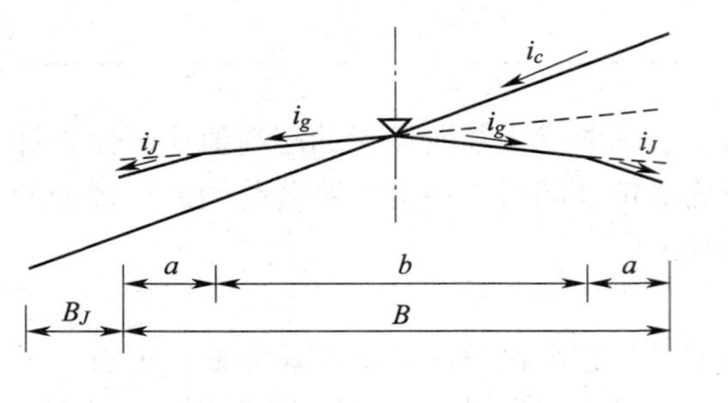

图 3—3—11　绕中线旋转图

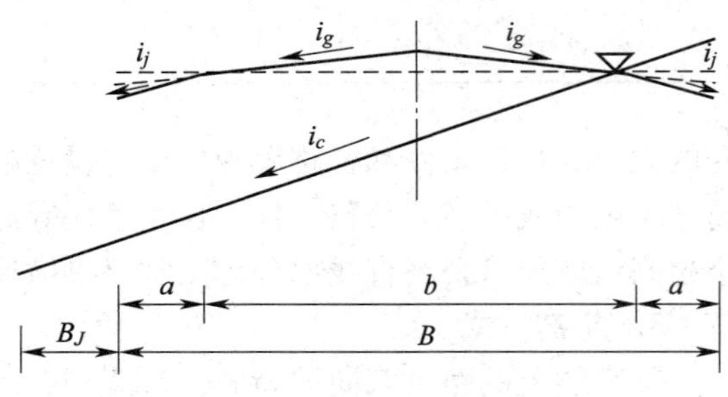

图 3—3—12　绕外边缘旋转图

先将外侧车道绕外边缘旋转，与此同时，内侧车道随中线的降低而相应降坡，待达到单向横坡后，整个断面仍绕外侧车道边缘旋转，直至达到超高横坡度为止。此种方法仅在特殊设计时采用（如强调路容美观，外侧因受条件限制不能抬高等）。

（2）有中间带的公路

1）绕中间带的中心线旋转。如图 3—3—13 所示。

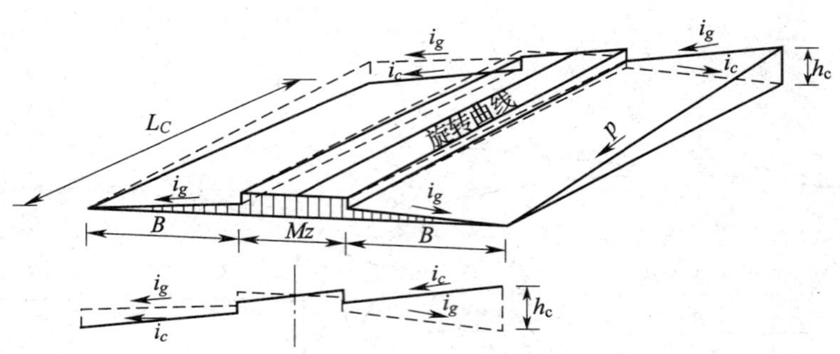

图 3—3—13　绕中间带的中心线旋转图

先将外侧行车道绕中间带的中心线旋转，待达到与内侧行车道构成单向横坡后，整个断面一同绕中心线旋转，直至达到超高横坡值。此时，中央分隔带呈倾斜状。宽度小于或等于 4. 5 m 的公路可采用此方式。

2）绕中央分隔带边缘旋转。如图 3—3—14 所示。

将两侧行车道分别绕中央分隔带边缘旋转，使之各自成为独立的单向超高断面，此时中央分隔带维持原水平状态。各种宽度不同的中间带均可选用此种方式。

3）绕各自的行车道中线旋转。如图 3—3—15 所示。

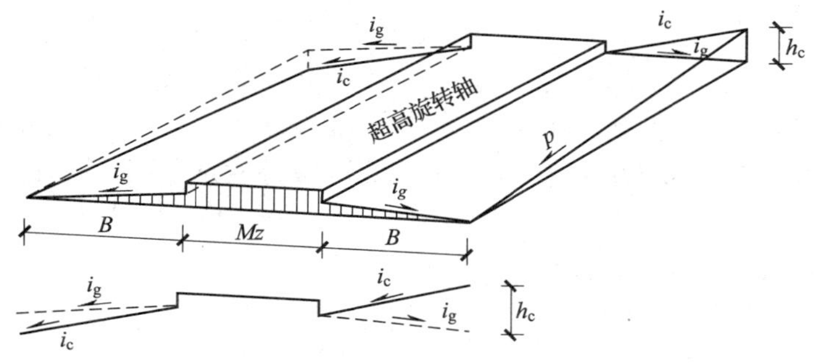

图 3—3—14 超中央分隔带边缘旋转图

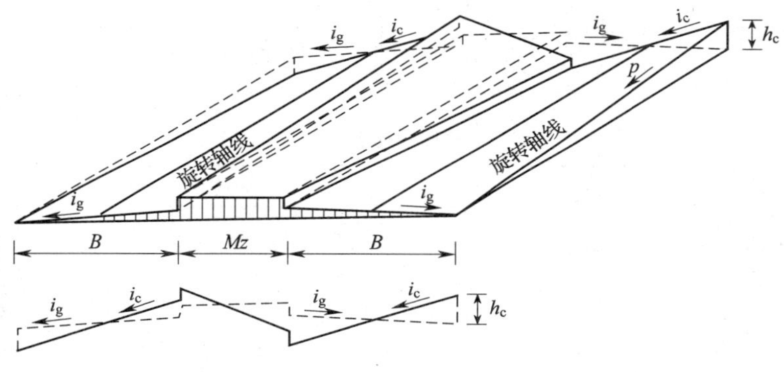

图 3—3—15 绕各自的行车道中线旋转图

将两侧行车道分别绕各自的中线旋转，使之各自成为独立的单向超高断面。此时中央分隔带两边缘分别升高与降低而成为倾斜断面。单向车道数大于四条的公路可采用此种方式。

（3）分离式公路

分离式断面公路的超高过渡方式是作为两条无中间带的公路分别予以处理。

（4）城市公路

城市公路超高方式应根据地形状况、车道数、超高横坡度值、横断面形式、便于排水、路容美观等因素确定。单幅路及三幅路的路面宽度宜绕中心线旋转；双幅路及四幅路的路面宽度宜绕中央分隔带边缘旋转，使两侧行车道各自成为独立的超高横断面，如图 3—3—16 所示。

图 3—3—16 城市公路超高方式示意图

4. 超高缓和段长度

为了满足行车舒适、路容美观和排水的要求，超高缓和段必须有一定的长度。超高缓和段长度的确定一般以“超高渐变率”来控制。所谓超高渐变率，是指在超高缓和段上由于路基抬高，外侧路缘纵坡较原来设计纵坡增加了一个附加纵坡。超高渐变率过大，会使行车不舒服，路容不美观。超高缓和段长度通常按设超高后行车道外缘的渐变率来计算。

双车道公路的超高缓和段长度按下式计算：

$$L_c = \frac{B'\Delta i}{P} \tag{3—3—11}$$

式中 L_c——超高缓和段长度，m；

B'——旋转轴至行车道（设路缘带时为路缘带）外侧边缘的宽度，m；

Δi——超高坡度与路拱坡度的代数差，%；

P——超高渐变率，即旋转轴线与车行道（设路缘带时为路缘带）外侧边缘线之间相对升降的比率，其值见表 3—3—4。

表 3—3—4　　超高渐变率 P

设计车速（km/h）	超高旋转位置	
	绕中线旋转	绕边线旋转
120	1/250	1/200
100	1/225	1/175
80	1/200	1/150
60	1/175	1/125
40	1/150	1/100
30	1/125	1/75
20	1/100	1/50

（1）绕内边轴旋转的超高缓和段长度计算

由图 3—3—17 可知，路面外缘最大抬高值为：

$$h = bi_b$$

则
$$L_c = \frac{h}{P} = \frac{b}{P}i_b \tag{3—3—12}$$

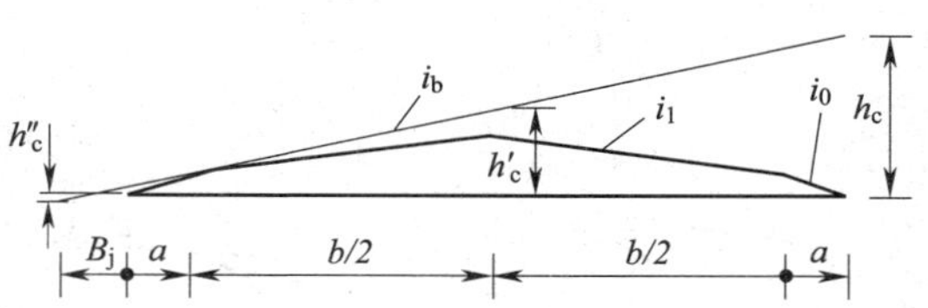

图 3—3—17　绕内边轴旋转图

式中 L_c——超高缓和段长度，m；

h——抬高值，m；

b——路面宽度，m；

P——超高渐变率；

i_b——最大超高横坡。

（2）绕中轴旋转的超高缓和段长度计算

由图 3—3—18 可知，路面外缘最大抬高值为：

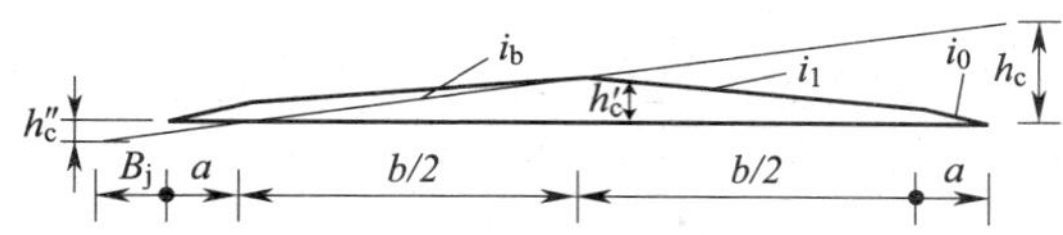

图 3—3—18　绕中轴旋转图

$$h = \frac{b}{2}i_1 + \frac{b}{2}i_b = \frac{b}{2}(i_1 + i_b)$$

则

$$L_c = \frac{h}{P} = \frac{b}{2} \times \frac{i_1 + i_b}{P} \tag{3—3—13}$$

对绕边线旋转，式（3—3—13）可写为：

$$L_c = \frac{bi_c}{P} \tag{3—3—14}$$

式中 b——路面宽度，m；

h——抬高值，m；

P——超高渐变率；

i_c——最大超高横坡；

i_1——路拱横坡。

多车道公路的超高缓和段长度，视车道数按上式计算值乘以下列系数得到：

1）行车道边缘到旋转轴距离为 1.5 车道时，乘以 1.20。

2）行车道边缘到旋转轴距离为 2 车道时，乘以 1.50。

3）行车道边缘到旋转轴距离为 3 车道时，乘以 2.00。

在确定超高缓和段长度时，应注意：

1）超高缓和段长度应采用 5 的倍数，并不小于 10 m。

2）超高的过渡应在回旋线全长范围内进行，但当超高渐变率过小时（为保证排水，超高渐变率不得小于 1/330），则只设在该回旋线的某一区段范围之内。

5．超高值计算

超高缓和段上各断面处的路基外缘和内缘与路基设计标高的高差 h_c 称为超高值。计算超高值后即可根据路基设计标高计算路基内、外边缘的设计标高，这些高程是弯道施工的依据，应列于路基设计表中。这些超高计算公式见表 3—3—5 和表 3—3—6，超高计算图式如图 3—3—19 所示。在设计文件中，图 3—3—19 应在路线平面图说明栏中体现。

表 3—3—5　　绕边线旋转超高值计算公式

超高位置		计算公式 $x \leqslant x_0$	计算公式 $x > x_0$
圆曲线上	外缘 h_c	$ai_j + (a+b)\ i_c$	
	中缘 h'_c	$ai_j + \frac{b}{2} i_c$	
	内缘 h''_c	$ai_j - (a+B_j)\ i_c$	
过渡段上	外缘 h_c	$a\ (i_j - i_g) + [ai_g + (a+b)\ i_c]\ \frac{x}{L_C}$	
	中缘 h'_c	$ai_j + \frac{b}{2} i_g$	$ai_j + \frac{b}{2}\ \frac{x}{L_C} i_c$
	内缘 h''_c	$ai_j - (a+B_{jx})\ i_g$	$ai_j - (a+B_{jx})\ \frac{x}{L_C} i_c$

注：

1. 计算结果均为与设计高之高差
2. 临界断面距过渡段起点：

$$x_0 = \frac{i_g}{i_c} L_C$$

3. x 距离处的加宽值：

$$B_{jx} = \frac{x}{L_C} B_j$$

4. 过渡段上 h_c 或用近似公式

$$h_c^* = \frac{x}{L_C} h_c$$

表 3—3—6　　绕中线旋转超高值计算公式

超高位置		计算公式 $x \leqslant x_0$	计算公式 $x > x_0$
圆曲线上	外缘 h_c	$a\ (i_j - i_g) + \left(B_j + \frac{b}{2}\right)(i_g + i_c)$	
	中缘 h'_c	$ai_j + \frac{b}{2} i_g$	
	内缘 h''_c	$ai_j + \frac{b}{2} i_g - \left(a + \frac{b}{2} + B_j\right) i_c$	
过渡段上	外缘 h_c	$a\ (i_j - i_g) + \left(a + \frac{b}{2}\right)(i_g + i_c)\ \frac{x}{L_C}$或$\frac{x}{L_C} h_c$	
	中缘 h'_c	$ai_j + \frac{b}{2} i_g$	
	内缘 h''_c	$ai_j - (a+B_{jx})\ i_g$	$ai_j + \frac{b}{2} i_g - \left(a \cdot \frac{b}{2} + B_{jx}\right)\frac{x}{L_C} i_c$

注：

1. 计算结果均为与设计高的高差
2. 临界断面距过渡段起点段起始距离：

$$x_0 = \frac{2i_g}{i_g + i_c} \cdot L_C$$

3. x 距离处的加宽值：

$$B_{jx} = \frac{x}{L_C} B_j$$

式中　b——路面宽度，m；

a——路肩宽度，m；

i_g——路拱横坡；

B——路基总宽度，m；

i_j——路肩横坡；

i_c——超高横坡；

L_C——超高缓和段长度（或缓和曲线长度），m；

x_0——与路拱同坡度单向超高点至超高缓和段起点的距离，m；

x——超高缓和段上任一点至起点的距离，m；

h_c——路基外缘最大抬高值，m；

h'_c——路中线最大抬高值，m；

h''_c——路基内缘最大降低值，m；

B_j——路基加宽值，m；

B_{jx}——x 距离处路基加宽值，m。

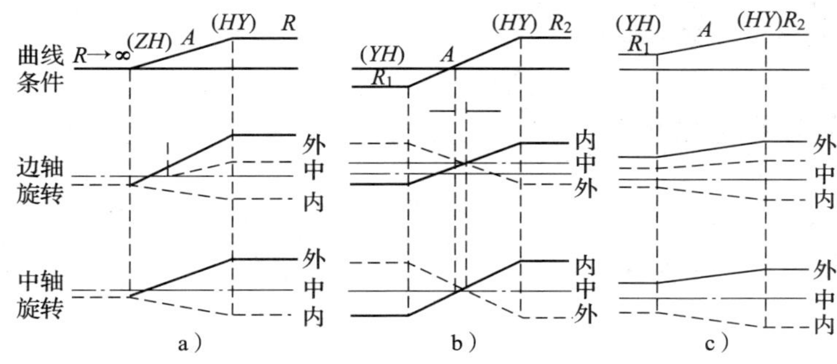

图 3—3—19　超高计算图式

a）直—缓和曲线—圆　b）圆—反向缓和曲线—圆　c）大圆—缓和曲线—小圆

注：虚线为超高后路面外、中、内侧位置；点画线为未设超高时路中线位置

思考与练习

1. 什么是平曲线加宽？什么是加宽缓和段？缓和段和缓和曲线的作用是什么？

2. 什么是横断面（平曲线）超高？简述超高缓和段。

3. 超高的方式有哪几种？

4. 某三级公路，计算行车速度 $V=60$ km/h，路面宽度 $b=7$ m，路拱横坡 $i_g=2\%$。路肩宽度 $a=1.50$ m，路肩横坡 $i_j=3\%$。一弯道 $\alpha=34°30'30''$，$R=180$，$l_h=60$ m，交点桩号为 K7+768.34。试求下列桩号的路基宽度和横断面上 3 个特征点的超高值：1）K7+720；2）K7+740；K7+760（圆曲线上的全加宽与超高值按公路路线设计规范处理）。

课题四　路肩、分隔带、路缘石与路拱

◆ 掌握路肩的作用。
◆ 掌握路拱的作用和基本形式。

一、路肩的作用及宽度

1．路肩的作用

路肩是设于行车道外缘至路基边缘之间，具有一定宽度的带状结构物。路肩平面图如图3—4—1所示。

图3—4—1　路肩平面图

各级公路都要设置路肩，路肩的作用是：

（1）保护及支承路面结构。

（2）供发生故障的车辆临时停放，有利于防止交通事故和避免交通紊乱。

（3）作为侧向余宽的一部分，能增进驾驶员的安全感和舒适感，这对保证设计车速是必要的，尤其在挖方路段，还可以增加弯道视距，以减少行车事故。

（4）提供公路养护作业、埋设地下管线的场地。

（5）精心养护的路肩，能增加公路的美观性。

2．路肩的宽度

从材料构造上，路肩又可分为硬路肩、土路肩。硬路肩可以承受汽车荷载的作用力，在混合交通的公路上便于非机动车、行人通行。在填方路段，为使路肩能汇集路面积水，在路肩边缘应设置缘石。土路肩是指不加铺装的土质路肩，它起保护路面和路基的作用，并提供侧向余宽。高速公路、一级公路当采用分离式断面或宽度大于4.5 m的中间带时，行车道左侧应设硬路肩。高速公路、一级公路的平原微丘区，有条件时宜采用宽度大于或等于2.5 m的硬路肩。

城市公路一般设阴井排水，两侧设人行道，当采取边沟排水时，则应在路面外侧设置路肩，与公路一样，分硬路肩和保护性路肩。城市公路的计算行车速度大于或等于40 km/h时，应设置硬路肩。保护性路肩一般为土质或简易铺装，其作用是为城市公路的某些交通设施，如护栏、栏杆、交通标志牌等的设置提供场地，最小宽度为0.5 m。双幅路或四幅路中间具有排水沟的断面，应设置左侧路肩。其他各级公路和城市公路的路肩宽度根据条件可采用2.25 m、2.00 m、1.75 m、1.50 m、1.00 m、0.75 m，最窄不能小于0.50 m。

二、分隔带的作用及宽度

1. 中间带

双向四车道和四车道以上的公路应设置中间带。中间带由两条左侧路缘带和中央分隔带组成，其作用是：

（1）将上、下行车流分开，减少公路中心线附近的交通压力，提高通行能力。

（2）可作为设置公路标志牌及其他交通管理设施的场地，也可作为行人的安全岛使用。

（3）种植花草灌木或设置防眩网，可防止对向车辆灯光眩目，还可起到美化路容和环境的作用。

（4）设于分隔带两侧的路缘带，有一定宽度且颜色醒目，既可以引导驾驶员视线，又能增加行车所必需的侧向余宽，从而提高行车的安全性和舒适性。

中间带的宽度是根据行车带以外的侧向余宽，防止驶入对向行车带的护栏、种植物、防眩网、交叉公路的桥墩等所需的设施带宽度而定的。中间带越宽作用越明显，同时也便于养护作业的开展。《公路工程技术标准》规定的最小中间带宽度随公路等级、地形条件变化在2.50～4.50 m，特殊情况下可减至2.00 m。城市公路的规定与公路大致相同，左侧路缘带常用宽度为0.50 m或0.75 m。中间带组成及平面图如图3—4—2所示。

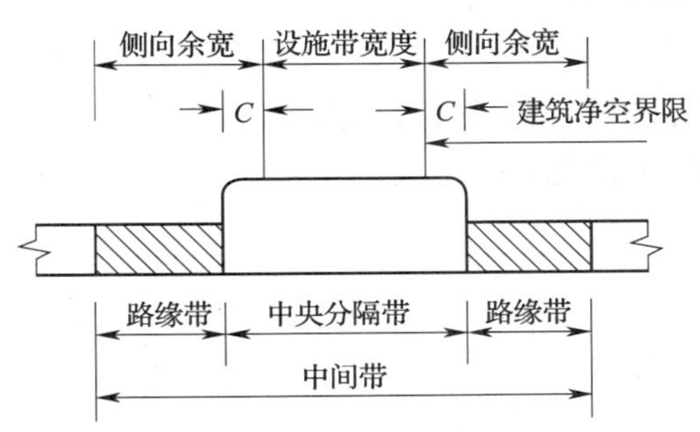

图3—4—2　中间带组成及平面图

中间带的宽度一般情况下应保持等宽，若需要变宽时，则应在宽度变化的地点设置过渡段。过渡段以设在回旋线范围内为宜，其长度应与回旋线长度相等，宽度大于4.50 m的中间带过渡段以设在半径较大的平曲线路段为宜。

为了便于养护作业和某些车辆在必要时驶向反向车道，中央分隔带应按一定距离设置开口部。开口部一般情况下以每2 km的间距设置为宜，太密将会造成交通的紊乱。城市公路可根据横向交通（车辆和行人）的需要设置。

中央分隔带的开口应设置在通视良好的路段，若在曲线上开口，则其曲线半径宜大于700 m。在互通式立体交叉、隧道、特大桥、服务区等设施的前后必须设置开口。开口端部的形状，常用的有半圆形和弹头形两种。

中央分隔带的表面形式有凹形和凸形两种，前者用于宽度大于4.5 m的中间带，后者用于宽度小于等于4.5 m的中间带。宽度大于4.5 m的，一般植草皮、栽灌木，宽度小于等于4.5 m的可铺面封闭。

2. 路侧带

布置在横断面两侧的分车带为两侧带，其作用与中间带相同，只是设置的位置不同而已。两侧带常用于城市公路的横断面设计中，它可以分隔快车道与慢车道、机动车道与非机动车道、车行道与人行道等。

两侧带的最小宽度规定为2.0～2.25 m。在北方寒冷积雪地区，在满足最小宽度的前提下，还应考虑能否满足临时堆放积雪的要求。降雪初期容许将路面积雪临时堆放在分隔带上，所以分隔带的宽度应大于或等于堆雪宽度。两侧分隔带的宽度可按临时堆放机动车道路面宽度一半的积雪量计算，其余允许堆放到路侧带上。

城市公路路侧带位于行车道两侧，人行道、种植绿化带、公用设施带等统称为路侧带。路侧带的宽度应根据公路类别、功能、行人流量、绿化、沿街建筑性质及布设公用设施要求等确定。

（1）人行道

人行道主要是供行人步行之用，同时也是植物、立杆的场地。人行道的地下空间还可埋设管线等。

（2）种植带

人行道上靠行车道一侧种植行道树。行道树的株距一般为4～6 m，树池采用边长为1.5 m的正方形或尺寸为1.2～1.8 m的矩形，也有种植草皮与花丛的。

（3）设施带

设施带宽度包括设置行人护栏、照明灯柱、标志牌、信号灯等的宽度。红线宽度较窄及条件困难时，设施带可与种植带合并，但应避免各种设施与树木间的干扰。常用宽度为：护栏0.25～0.50 m，杆柱1.0～1.5 m。

三、路缘石

路缘石是设置在路面与其他构造物之间的标石。在分隔带与路面之间，人行道与路面之间一般都需要设置路缘石。路缘石的形状有立式、斜式和曲线式等（见图 3—4—3）。

高速公路和一级公路中央分隔带上的路缘石起导向、分割、保护的作用，高度不宜太高，因为高的路缘石（高度大于0.2 m）会导致高速行驶的汽车一旦驶入就产生飞跃甚至翻车的副作用，所以高速公路的分隔带因排水必须设置路缘石时，应使用低矮光滑的斜式或曲线式的形状，高度宜小于 120 mm。

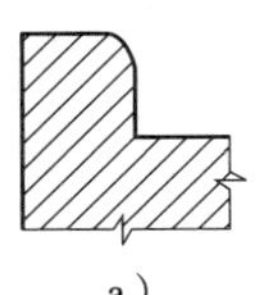
a）

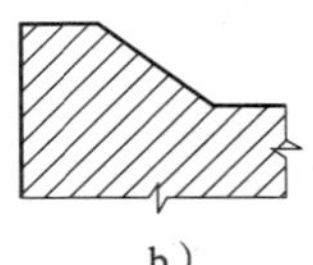
b）

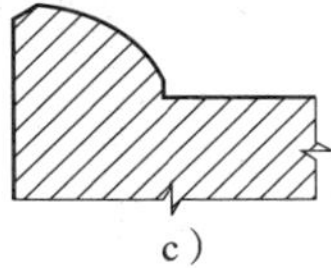
c）

图 3—4—3　路缘石的形状

a）立式　b）斜式　c）曲线式

城市公路的人行道及人行横道宽度范围内路缘石宜做成低矮的，而且坡面是较为平缓的斜式形状，便于儿童车、轮椅及残疾人通行。在分隔带端头或交叉口的小半径处，路缘石宜做成曲线式形状。路缘石宜高出路面 100 ~ 200 mm，隧道内线形弯曲路段或陡峻路段等处，可高出 250 ~ 400 mm，并应有足够的埋置深度，以保证稳定。路缘石宽度宜为 100 ~ 150 mm。

四、路拱

为了迅速排出路面上的雨水，将路面做成由中间向两侧倾斜的拱形，称为路拱。路拱虽然对排水有利，但对行车不利。这是由于汽车自身的重力沿着路拱横坡方向的分力增加了行车的不平稳性，并且当路面有水时路面与轮胎间的横向附着系数很小，更增加了侧向滑移的危险。因此，在选择路拱的大小与形状时，应该在保证排水的情况下，兼顾行车的要求，对于不同的路面类型和行车道宽度，应结合当地的自然条件、降雨强度等采用不同的路拱坡度。《公路工程技术标准》对路拱坡度的规定见表 3—4—1。高速公路和一级公路位于中等强度降雨地区时，路拱坡度宜采用高值；位于严重强度降雨地区时，路拱坡度可适当增大。

表 3—4—1　　路拱坡度

路面类型	路拱坡度（%）
沥青混凝土、水泥混凝土	1 ~ 2
其他沥青路面	1.5 ~ 2.5
半整齐石块	2 ~ 3
碎、砾石等粒料路面	2.5 ~ 3.5
低级路面	3 ~ 4

对于分离式路基，每侧行车道可设置双向路拱，也可设置成向路基外侧倾斜的单向横坡。但在积雪冻融地区，应设置双向路拱。

路拱的形式有抛物线形、直线接曲线形、折线形等。

土路肩由于其排水性远低于路面，为了迅速排出路面水，其横坡度一般较路拱横坡增加 1% ~ 2%。硬路肩一般与路面采用同一横坡，也可稍大于路面。

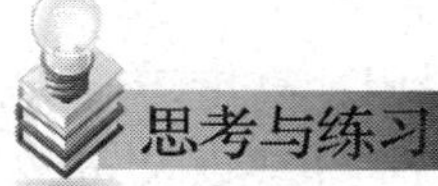

1. 公路路肩的作用是什么？
2. 公路分隔带的作用是什么？
3. 路拱的作用是什么？有哪些基本形式？

课题五　路基边沟及边坡

◆ 了解路基边沟的作用及断面形式。
◆ 了解路基边坡的类型及坡度。

一、路基边沟

1. 边沟的作用

边沟是沿路基两侧布置的纵向排水沟（见图3—5—1），设置于挖方路基的路肩外侧或矮路堤的坡脚外侧，多与路中心线平行。路面和水汇集到边沟内后，通过跌水或急流槽引到桥涵进出口处或通过排水沟引到路堤坡脚以外，从而排离路基。

图3—5—1　边沟

2. 边沟的纵坡

边沟的纵坡一般与路线纵坡一致，当路线纵坡为零时，边沟仍应保持0.3% ~0.5%的最小纵坡。出水口附近的纵坡应根据地形高差和地质情况作特殊设计。

3. 边沟的流量

边沟的流量一般不作计算，仅作概略估计。其他排水沟渠的水流一般应避免进入边沟，但当个别沟渠流量不大，拟利用一般边沟汇入桥涵时，应计算该段边沟的总流量，必要时应扩大边沟的断面尺寸。为防止边沟水流漫溢或产生冲刷，应尽可能利用当地有利地形条件，采取相应措施，将边沟水流分段排出于路基范围之外，或引入自然沟渠，以减少边沟的集中流量。

4. 边沟的断面形式及尺寸

如图3—5—2所示，边沟的断面形式有蝶形、梯形、三角形和矩形等。高速公路、一级公路宜采用矩形、三角形和蝶形边沟，条件受限而需要采用矩形边沟时，应在顶面加带槽孔的混凝土盖板。二级及二级以下公路的土质边沟适用梯形，石质边沟用矩形。易于积雪或积沙的路段，边沟宜用蝶形。公路两侧为农田时，为了少占良田及防止农业用水时对路基的破坏，可采用石砌矩形边沟。

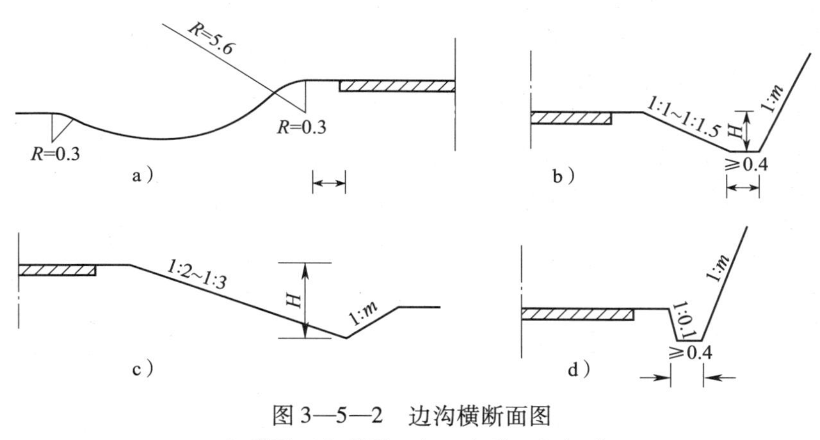

图3—5—2 边沟横断面图

a）蝶形 b）梯形 c）三角形 d）矩形

采用梯形边沟时，底宽与深度一般都不应小于0.4 m；干旱地区也可采用0.3 m。边沟边坡根据地质情况而定，内侧边坡坡率一般为1∶1 ~1∶1.5，石质路段可以直立，边沟外侧边坡，通常与挖方边坡一致。

当采用机械化施工时，土方边沟可做成三角形，其内侧边坡坡率可为1∶2 ~1∶3，外侧边坡坡率一般为1∶1 ~1∶20。当路线通过分水岭时，路堑中的石质边沟在凸形转坡点外，边沟最小深度可减至0.2 m，底宽可不变。

二、路基边坡

路基边坡是指在路基两侧修筑的具有一定坡度的土（或石）坡。它是支承路基主体、保证路基稳定的重要组成部分。根据施工条件，边坡应该有一定的坡率，不能过缓或过陡。

路基边坡坡度是指边坡高度与边坡宽度的比值，常写成1∶m（路堤）或1∶n（路堑）形式，称为边坡坡率。它取决于边坡的土质、岩石的性质及水文地质条件等自然因素和边坡的高度。

路基边坡可分为路堤边坡和路堑边坡两种，如图3—5—3所示。

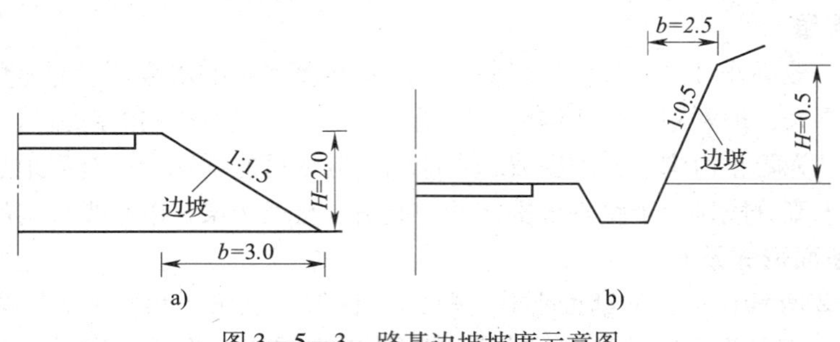

图3—5—3　路基边坡坡度示意图

a）路堤边坡　b）路堑边坡

1. 路堤边坡

路堤的边坡坡度，应根据填料的物理力学性质、气候条件、边坡高度以及基底的工程地质和水文地质条件进行合理的选定。在陡坡或填挖较大的路段，边坡稳定不仅影响到土石方工程量和施工的难易，而且是路基整体稳定性的关键。因此，确定边坡坡度对于路基的稳定性和工程的经济合理性至关重要。

（1）填土路堤边坡

如果路堤基底情况良好，边坡高度小于等于20 m，那么可参照表3—5—1选定其边坡坡度。边坡高度大于20 m时应按高路堤设计，必须进行边坡稳定性分析，常用的方法有直线法、圆弧法等。

表3—5—1　　路基边坡坡度

填料种类	边坡的最大高度			边坡的坡度		
	全部高度	上部高度	下部高度	全部高度	上部高度	下部高度
黏性土、粉性土、砂性土	20	8	12	—	1∶1.5	1∶1.5
砂石土、粗砂、中砂	12	—	—	1∶1.5	—	—
碎（块）石土、卵石土	20	12	8	—	1∶1.5	1∶1.75
不易风化的石块	20	8	12	—	1∶1.3	1∶1.5

当采取其他措施，如逐层加强压实、铺砌护坡、加强排水防冲设施等，可根据具体情况确定边坡坡度。例如，当边坡总高度不超过表3—5—1的上部高度，采用上述措施时，可采用1∶1.25或1∶1.33的边坡坡度。

沿河受水浸淹路基的填方边坡坡度，在设计水位以下部分视填料情况可采用1∶1.75～1∶2.0，在常水位以下部分可采用1∶2.0～1∶3.0。如采用渗水性较好的土填筑路堤，可采用较陡的边坡。

为了必要时便于汽车驶下公路进行疏散，在平原微丘区高度不超过1.0 m的路堤，如用地条件许可，可采用不陡于1∶3的边坡。

（2）填石路堤边坡

填石路堤边坡的坡度依据其填料的类型、边坡高度和施工方法而定。当边坡高度小于等于20 m时，其边坡坡度的选用可参考表3—5—2，高度大于20 m时，应进行稳定性验算，以决定采用其他措施。

表3—5—2　　路基边坡表

填料规格	边坡高度 H（m）	边坡坡度	施工方法
小于250 mm的石块	<6	1:1.25～1:1.33	填筑
250 mm左右的石块	6～20	1:1.5	填筑
大于250 mm的石块	<20	1:1	表面用较大石块砌成规则整齐的行列，内部以一般石料分层填筑

2. 路堑边坡

路堑边坡应从地貌、地质构造上，尤其是路堑开挖后的实际情况，判断其整体稳定性。影响路堑边坡稳定性的因素较为复杂，除了路堑深度和破体土石的性质之外，还包括地质构造特征、岩石的风化和破碎程度、土层的成因类型、地面水和地下水的影响、坡面的朝向以及当地的气候条件等，这些在边坡设计时应综合考虑。

路堑边坡的常用形式有直线形、折线形和台阶形三种，如图3—5—4所示。

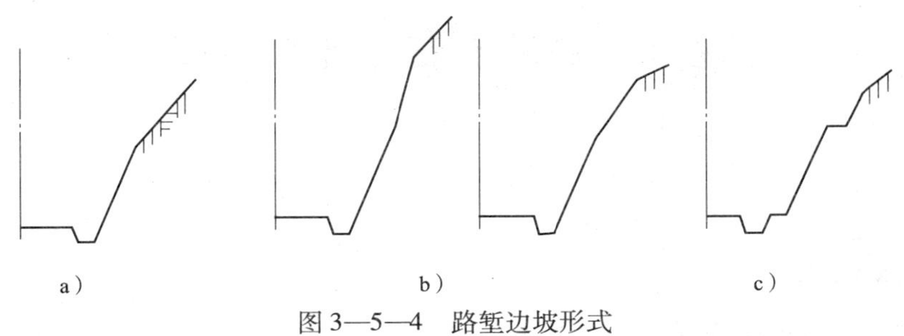

a）　b）　c）

图3—5—4　路堑边坡形式

a）直线形　b）折线形　c）台阶形

（1）土质路堑边坡。土质（包括粗粒土）挖方边坡坡度应根据边坡高度、土的密实程度、地下水、地面水的情况、土的成因类型及生成时代等因素确定。一般土质（包括粗粒土）的挖方边坡高度不宜超过30 m。边坡高度小于等于30 m时，其边坡坡度可参照表3—5—3选用。

表3—5—3　　土质挖方边坡坡度

密实程度	边坡高度与边坡坡度值		密实程度	边坡高度与边坡坡度值	
	<20 m	20～30 m		<20 m	20～30 m
胶结	1:0.3～1:0.5	1:0.5～1:0.75	中密	1:0.75～1:1.0	1:1.0～1:1.5
密实	1:0.5～1:0.75	1:0.75～1:1.0	较松	1:1.0～1:1.5	1:1.5～1:7.5

（2）石质路堑边坡。影响石质路堑边坡稳定性的因素很多，如岩性、地质构造、边坡高度、地面水及地下水、施工方法、地震作用等。所以在确定石质路堑边坡的坡度时，应针

对具体路段的工程地质条件和影响因素作合理的调查分析，找出主导因素，兼顾其他因素，做出合理设计。一般情况下，岩石挖方边坡坡度可参照表3—5—4确定。

表3—5—4　　岩石挖方边坡坡度

岩石种类	风化破碎程度	边坡高度与边坡坡度值	
		<20 m	20~30 m
1. 各种岩浆岩 2. 厚层灰岩、硅钙质砂砾岩 3. 片麻、石英、大理岩	轻度	1:0.1~1:0.2	1:0.1~1:0.2
	中等	1:0.1~1:0.3	1:0.1~1:0.4
	严重	1:0.2~1:0.4	1:0.3~1:0.5
	极重	1:0.3~1:0.5	1:0.5~1:0.75

1. 简述路基边沟的作用。
2. 简述影响路基边坡稳定性的因素。

课题六　路基土石方计算与调配

- ◆ 掌握路基土石方计算基本公式及计算方法。
- ◆ 掌握横断面面积的计算方法。
- ◆ 掌握路基土石方的调配原则和调配方法。

路基土石方工程是公路工程的主要工程项目，其工程数量在公路工程量中所占的比例较大，它影响公路的造价、工期、用地等许多方面，是主要的技术经济指标之一。土石方数量及其调配关系到取土（或弃土）地点、运距、公路用地范围，同时对工程造价、劳动力需求数量和机械设备的数量及工期也有一定影响。土石方工程数量又是公路方案评价和比较选择的主要技术经济指标之一。

土石方计算与调配的主要任务是：计算每公里路段的土石方数量和全线总的土石方工程数量，合理进行土石方调配，并计算土石方的运量。为编制公路工程概（预）算、公路施工组织、施工计量支付提供依据。

一、基本公式

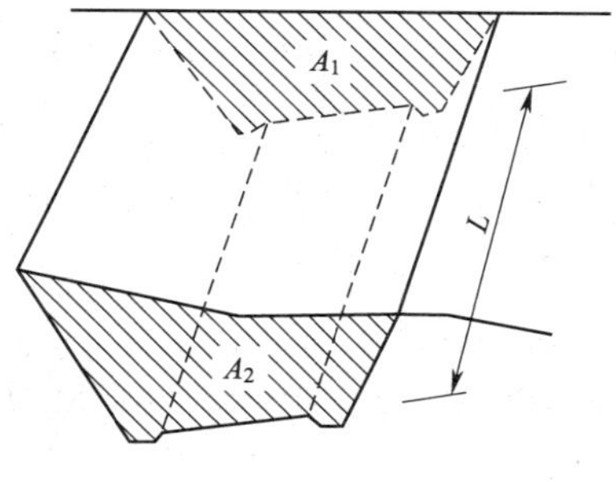

图 3—6—1　平均断面法示意图

路基土石方计算工作量较大，加上路基填挖变化的不规则性，要精确计算土石方体积是十分困难的，在工程上通常多采用近似计算。

假定两相邻断面间为一棱柱体，如图 3—6—1 所示，按平均断面法计算，其公式为：

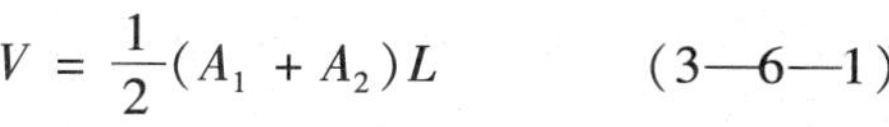

$$V = \frac{1}{2}(A_1 + A_2)L \qquad (3—6—1)$$

式中　A_1、A_2——两相邻断面的面积，m^2；

L——两相邻断面的间距，m，即两相邻断面的桩号差。

二、土石方数量计算

在路基土石方调配中需要进行路基的填挖方工程数量计算，常用的土石方数量计算方法有平均断面法和棱台体积法。平均断面法计算简便、实用，是公路上目前常采用的方法，但其精度较差，该法只有当两相邻断面的面积 A_1、A_2 相差不大时才较准确。当 A_1、A_2 相差较大时，则按棱台体积法计算更为接近。

1. 平均断面法

该方法是假定相邻两断面间为一棱柱体（见图 3—6—1），其间距为 L，棱柱体的体积可按下式计算：

$$V = \frac{1}{2}(A_1 + A_2)L \qquad (3—6—2)$$

2. 棱台体积法

相邻两个断面的面积相差较大时，用棱台体积公式计算的误差相对较小，其公式如下：

$$V = \frac{1}{3}(A_1 + A_2)L\left(1 + \frac{\sqrt{m}}{1 + m}\right) \qquad (3—6—3)$$

式中　$m = \frac{A_1}{A_2}$，其中 $A_2 > A_1$。

三、横断面面积的计算

路基横断面上的填挖面积是原地面线与路基设计线所包围的面积，可分别计算出填方面积和挖方面积。横断面的计算方法有积距法、几何图形法、求积仪法、坐标法、方格法、混合法等多种方法。一般常用积距法和坐标法。

1. 积距法

如图 3—6—2 所示，积距法的原理是：按单位宽度 b，把断面积切割成若干梯形与三角形条块，则每一小块面积为其平均高度 h_i 与 b 的乘积，即 $A_1 = bh_1$，$A_2 = bh_2$，…，$A_n = bh_n$，总面积为：

$$A = A_1 + A_2 + \cdots + A_n = bh_1 + bh_2 + \cdots + bh_n = b\sum_{i=1}^{n} h_i \tag{3—6—4}$$

路基横断面图都是绘在厘米方格纸上的，直接可以用厘米格子 5 mm 宽（等于 1 m）来划分横断面。平均高度总和 $\sum h_i$ 不必直接丈量，而是用卡规法、纸条法和计算器累积法来求积距。

2. 坐标法

如图 3—6—3 所示，由解析几何公式很容易推出面积计算公式如下：

$$A = \frac{1}{2}\sum_{i=1}^{n}(x_i y_{i+1} - y_i x_{i+1}) \tag{3—6—5}$$

式中　x，y——设计线和地面线围成面积的各折点的坐标，m。

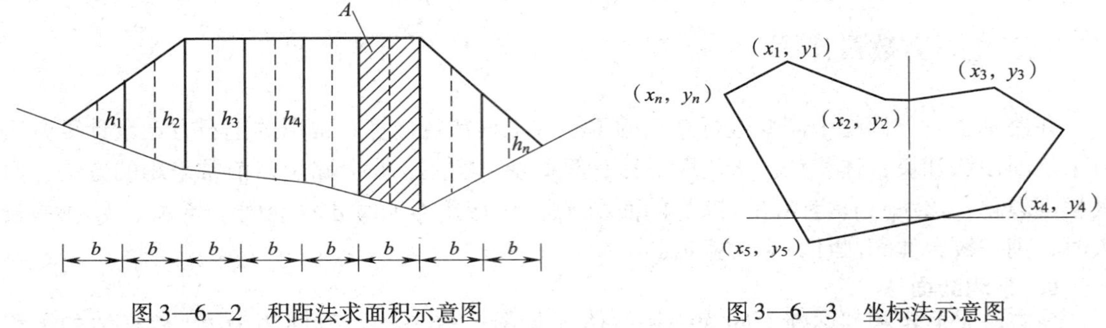

图 3—6—2　积距法求面积示意图　　图 3—6—3　坐标法示意图

坐标法计算面积的精度较高，但方法较复杂，适用于计算机计算。路基土石方多采用表格计算。

3. 几何图形法

当横断面地面线较规则时，可分成几个规则的几何图形，如三角形、矩形和梯形，然后分别计算面积，即可求出总面积。

4. 混合法

在一个填方或挖方面积较大的横断面设计图中，几何图形法和积距法共用可以加快计算速度。在横断面面积的计算中应注意以下问题：

（1）填方和挖方的面积应分别计算。

（2）填方或挖方的土石方也分别计算，因为其造价不同。

（3）有些情况下横断面上的某一部分面积既是挖方面积又要算作填方面积，例如，遇淤泥，既要挖除又要回填其他材料；当地面自然坡度较陡，按照设计规范的要求需要挖台阶的面积等。

四、土石方的调配

土石方调配是指路基挖方合理移用于填筑路堤，以及适当地布置取土坑及弃土堆的土石方调运和运量计算的工作。通过土石方调配，合理地解决各路段土石方的平衡与利用问题，达到填方有所取，挖方有所用，避免不必要的路外借土和弃土，尽量减少占用耕地，减少水土流失，保护自然环境。

1. 调配原则

（1）土石方调配应按先横向后纵向的次序进行。横向调运是指将本桩位内的挖方直接横向调运用作本桩填方，达到横向平衡。纵向调运则是将本桩多余的挖方（称为挖余）纵向运到其他桩号填筑或将其他桩号的挖余土石方运至本桩不足的填方（称为填缺）进行填筑。由于横向调运就近填挖，运量小，因此先横向后纵向调运可减少总的运输量。

（2）纵向调运的最远距离一般应小于经济运距。路基填方的土石方来源，一是路上的纵向调运，二是就近在路基外借土。一般情况下，距离较近时纵向调运是比较经济的，但是如果调运的距离过长，以致运价超过了在附近借方的费用时，纵向移挖作填就不如借方经济了。因此，是“调”还是“借”，有一个限度问题，按费用经济计算的纵向调运的最大限度距离称为经济运距。计算的公式如下：

$$L_{\mathrm{j}} = \frac{B}{T} + L_{\mathrm{m}} \tag{3—6—6}$$

式中 B——借方单价，元/m^3；

T——远运运费单价，元/（m^3 · km）；

L_{m}——免费运距，km。

根据定额规定，土方作业包括挖、装、运、卸四项工序，在规定的距离内（一般人工运输为 20 m，轻轨运输为 50 m，汽车运输为 100 m）只按方量计价，不另计运费，这一规定所不单独计价的基本运距称为免费运距。运土超出免费运距以外的距离则应另计运费。超出的运距称为超运距，超运距按下式计算：

$$L_{\mathrm{c}} = L_{\mathrm{j}} - L_{\mathrm{m}} \tag{3—6—7}$$

在纵向调运计算运距时应扣除免费运距 L_{m}。

在调配时，应综合考虑不同的施工方法、运输条件、施工机械程度及地形情况，以选择合理的经济运距。在取土、弃土不受限制的路段，纵向调运运距应小于经济运距。

（3）土石方调运的方向应考虑桥涵位置和路线纵坡对施工运输的影响。一般情况下，不跨沟跨河和少做上坡调运，尽可能考虑运输方便。

（4）借土方、弃土方应与借土还田、整地建田相结合。尽量少占田地，减少对农业的影响。

（5）不同性质的土石应分别调配。调运时可以以石代土，但不能以土代石，以保证路基填方质量。调运时还要注意与人工构造物供应结合起来。

（6）回头曲线路段的土石调运，要优先考虑上下线的竖向调运。

2. 调配方法

土石方调配方法有多种，如累积曲线法、调配图法、表格调配法等。由于表格调配法不需单独绘图，直接在土石方表上调配，因此具有方法简便、调配清晰的优点，目前设计上多采用土石方计算表（表格）调配法。

表格调配法又可有逐桩调运和分段调运两种方式。高等级公路采用逐桩调运法，为方便起见，低等级公路多采用分段调运法。

表格调配法的方法步骤如下：

（1）准备工作

调配前先要对土石方计算进行复核，确认无误后方可进行。调配前应将可能影响调配的桥涵位置、陡坡、深沟、借土位置、弃土位置等条件标于表旁，供调配时考虑。

（2）横向调运按表3—6—1第20～29项进行。即计算本桩利用、余方、欠方、以石代土时应填入本栏，并用符号区分（如用括号表示以石代土）。

1）确定经济运距。

2）根据填缺、挖余情况，结合调运条件，拟定调运方向和定出调运（调入和调出）土石方中心位置，表3—6—2第1项所示，对逐桩调配的应填写调入与调出桩号，表3—6—2第7～13项，对逐段调配的应用箭头表示调入与调出的方向。

3）计算调运数量和运距。

调配的运距是指计价运距，就是调运挖方重心到填方重心的距离减去免费运距。调运挖方和填方重心根据土石方情况估定（近似采用挖方或填方路段的中点位置，精确计算时应使用取矩法）。计价运距以“级”为运距单位，对不同运输方式，级的数值不同，应根据公路工程预算定额中规定取用，如人工挖运，每10 m为一个运级。在公路工程预算定额中：土石方的运距，第一个20 m（指人工运距）为免费运距，如不足20 m也按20 m计，此后每增加10 m为一个运距单位，尾数不满5 m时不计，满5 m时按10 m计。

4）计算借方数量、废方数量和调运量。

借方数量＝填缺－纵向调入本桩的数量

废方数量＝挖余－纵向调出本桩的数量

调运量＝纵向调运量＋废方调运量＋借方调运量

计算后分土、石填入表3—6—2第12～22项。

5）复核。

横向调运复核：

填方＝本桩利用＋填缺　挖方＝本桩利用＋挖余

纵向调运复核：

填缺＝纵向调运方＋借方　挖余＝纵向调运方＋废方

总调运量复核：

挖方＋借方＝填方＋废方

以上复核一般是按逐页小计进行的，最后应按每公里复核。

6）计算计价土石方。

计价土石方是指概预算编制中需给予计价的土石方，挖、借方均应计价，但填方则应看填料的来源，如移挖作填调配利用则不应计价，路外借土则应计价，否则会形成挖方填方双重计价。应注意的是填方中要加以碾压工程数量。计价土石方必须通过土石方调配才能确定其数量，一般体现在路基每公里土石方工程数量表中，见表3—6—3。

表 3—6—1

路基土石方数量计算表

桩号	横断面面积（m^2）			距离（m）	挖方（m^3）												填方（m^3）		本桩利用（m^3）				余方（m^3）				欠方（m^3）	
	挖	填			总数量		土方				石方																	
		填土	填石		天然	压实	普通土		硬土		软石		次坚石		坚石		填土	填石	普通土	硬土	软石	坚石	普通土	硬土	软石	坚石	土方	石方
							%	数量	%	数量	%	数量	%	数量	%	数量												
1	2	3	4	5	6	7	8	9	10	11	12	13	14	15	16	17	18	19	20	21	22	23	24	25	26	27	28	29
K0+300.00	0.3	198.7		20	3	3			100	3							4 002										3 999	
K0+320.00		201.5		20													3 749										3 749	
K0+340.00		173.4		20													3 100										3 100	
K0+360.00		136.6		9													1 174										1 174	
K0+369.00		124.3		11													1 383										1 383	
K0+380.00		127.2																										
K0+388.00		127		8													1 017										1 017	
K0+394.00		129.7		6													770										770	
K0+397.50		133.1		3.5													460										460	
K0+404.00		133.1		6.5													865										865	
K0+404.01																	1										1	
K0+500.99				97																								
K0+501.00	1.3	324.5															2										2	
K0+550.00	1.3	324.5		49	64	59			100	59							15 901			59							15 842	
K0+560.00	1.2	282.9		10	13	12			100	12							3 037			12							3 025	
K0+580.00	4.3	169.2		20	55	50			100	50							4 521			50							4 471	
K0+600.00	1.2	210.2		20	55	50			100	50							3 794			50							3 744	

续表

桩号	横断面面积（m^2）			距离（m）	挖方（m^3）												填方（m^3）		本桩利用（m^3）				余方（m^3）				欠方（m^3）	
	挖	填			总数量		土方				石方																	
							普通土		硬土		软石		次坚石		坚石													
		填土	填石		天然	压实	%	数量	%	数量	%	数量	%	数量	%	数量	填土	填石	普通土	硬土	软石	坚石	普通土	硬土	软石	坚石	土方	石方
1	2	3	4	5	6	7	8	9	10	11	12	13	14	15	16	17	18	19	20	21	22	23	24	25	26	27	28	29
K0+620.00	4.7	171.6	170	20	59	54			100	54							3 818	1 700		54							3 764	17 000
K0+640.00	0.1	202.3	380	20	48	44			100	44							3 739	5 500		44							3 695	5 500
K0+660.00		232.5	400	20	1	1			100	1							4 348	7 800		1							4 347	7 800
K0+680.00		238.5	400	20													4710	8000										
K0+703.18		242.6	450	23.2													5 575	9 850									5 575	9 850
K0+720.00		236.7	500	16.8													4 032	7 991									4 032	7 991
K0+740.00		266.7	500	20													5 034	10 000									5 034	10 000
K0+760.00	15.3	291.1	450	20	153	140			100	140							5 578	9 500		140							5 438	9 500
K0+780.00	1.4	299.4	500	20	167	153			100	153							5 905	9 500		153							5 752	9 500
K0+800.00		235	600	20	14	13			100	13							5 344	11 000		13							5 331	11 000
K0+820.00	3.4	210.9	450	20	34	31			100	31							4 459	10 500		31							4 428	10 500
K0+840.00	5.4	119.3	250	20	88	81			100	81							3 302	7 000		81							3 221	7 000
K0+860.00	56.7	112.4	230	20	621	570			100	570							2 317	4 800		570							1 747	4 800
本页合计					1 375	1 261				1 261							101 937	1E+05		1 261							100 676	103 141

计算过程中，已考虑普通土、硬土、石方填方压实系数。其中普通土系数为1.16、硬土系数为1.09、软石系数为1.0、坚石的膨胀系数为0.92　　编制：　　复核：

本表合计栏中校核条件：(7) ＝ (9) ＋ (11) ＋ (13) ＋ (15) ＋ (17)；(7) － [(20) ＋ (21) ＋ (22) ＋ (23)] ＝ (24) ＋ (25) ＋ (26) ＋ (27)；(18) ＋ (19) － [(20) ＋ (21) ＋ (22) ＋ (23)] ＝ (28) ＋ (29)

表 3—6—2 路基土石方数量逐桩调配表

重心桩号	本桩利用后及通道、软基、隧道等土石方数量					远运利用土石方数量及调运示意					借废方数量及运距		土方运输			软石运输			石方运输		
	余方（m^3）			欠方（m^3）		土石方数量	土石方数量	土石方数量	土石方数量	土石方数量	土方	石方	推土机	铲运机	汽车	推土机	翻斗车	汽车	推土机	翻斗车	汽车
											借废方数量	借废方数量	第一个 20 m	第一个 100 m	第一个 1 000 m	第一个 20 m	第一个 100 m	第一个 1 000 m	第一个 20 m	第一个 100 m	第一个 1 000 m
	土方	软石	坚石	土方	石方	从（往）何桩号调	从（往）何桩号调	从（往）何桩号调	从（往）何桩号调	从（往）何桩号调	桩号（运距）（km）	桩号（运距）（km）	每增运 10 m	每增运 50 m	每增运 500 m	每增运 10 m	每增运 50 m	每增运 500 m	每增运 10 m	每增运 50 m	每增运 500 m
1	2	3	4	5	6	7	8	9	10	11	12	13	14	15	16	17	18	19	20	21	22
K0 + 310				3 999							借土 3 999			3 999							
											K0 + 850 (0.59)			39 211							
K0 + 330				3 749							借土 37 499			3 749							
											K0 + 850 (0.57)			35 260							
K0 + 350 清表				728							借土 728			728							
											K0 + 850 (0.55)			6 556							
K0 + 351 清表	628										借土 628				628						
											K3 + 100 (2.79)				2 262						
K0 + 352				3 100							借土 3 100			3 100							
											K0 + 850 (0.54)			27 792							
K0 + 364				1 174							借土 1 174			1 174							
											K0 + 850 (0.53)			10 244							

续表

重心桩号	本桩利用后及通道、软基、隧道等土石方数量					远运利用土石方数量及调运示意					借废方数量及运距		土方运输			软石运输			石方运输		
	余方（m^3）			欠方（m^3）		土石方数量	土石方数量	土石方数量	土石方数量	土石方数量	土方	石方	推土机	铲运机	汽车	推土机	翻斗车	汽车	推土机	翻斗车	汽车
	土方	软石	坚石	土方	石方	从（往）何桩号调	从（往）何桩号调	从（往）何桩号调	从（往）何桩号调	从（往）何桩号调	借废方数量 桩号（运距）（km）	借废方数量 桩号（运距）（km）	第一个 20 m 每增运 10 m	第一个 100 m 每增运 50 m	第一个 1 000 m 每增运 500 m	第一个 20 m 每增运 10 m	第一个 100 m 每增运 50 m	第一个 1 000 m 每增运 500 m	第一个 20 m 每增运 10 m	第一个 100 m 每增运 50 m	第一个 1 000 m 每增运 500 m
1	2	3	4	5	6	7	8	9	10	11	12	13	14	15	16	17	18	19	20	21	22
K0 +374				1 383							借土 1 383			1 383							
											K0 +850 (0.52)			11 791							
K0 +384				1 017							借土 1 017			1 017							
											K0 +850 (0.51)			8 467							
K0 +391				770							借土 770			770							
											K0 +850 (0.50)			6 303							
K0 +395				460							借土 460			460							
											K0 +850 (0.50)			3 729							
K0 +400				865		土 25 石 0					借土 840			840							
						从 K0 +418 调					K0 +850 (0.50)			6 725							
K0 +404				1		土 1 石 0															
						从 K0 +418 调															
K0 +418 通道	26					土 1 石 0	土 25 石 0						26								
						调往 K0 +404	调往 K0 +400														

续表

重心桩号	本桩利用后及通道、软基、隧道等土石方数量					远运利用土石方数量及调运示意					借废方数量及运距		土方运输			软石运输			石方运输		
	余方（m³）			欠方（m³）		土石方数量	土石方数量	土石方数量	土石方数量	土石方数量	土方	石方	推土机	铲运机	汽车	推土机	翻斗车	汽车	推土机	翻斗车	汽车
	土方	软石	坚石	土方	石方	从（往）何桩号调	从（往）何桩号调	从（往）何桩号调	从（往）何桩号调	从（往）何桩号调	借废方数量	借废方数量	第一个 20 m	第一个 100 m	第一个 1 000 m	第一个 20 m	第一个 100 m	第一个 1 000 m	第一个 20 m	第一个 100 m	第一个 1 000 m
											桩号（运距）（km）	桩号（运距）（km）	每增运 10 m	每增运 50 m	每增运 500 m	每增运 10 m	每增运 50 m	每增运 500 m	每增运 10 m	每增运 50 m	每增运 500 m
1	2	3	4	5	6	7	8	9	10	11	12	13	14	15	16	17	18	19	20	21	22
K0 + 500				2							借土 2			2							
											K0 + 850 (0.40)			13							
K0 + 525				15 842							借土 15 842			15 842							
											K0 + 850 (0.37)			87 211							
K0 + 530 清表				673.8							借土 674			674							
											K0 + 850 (0.37)			3 643							
K0 + 531 清表	581										废土 581				581						
											K3 + 100 (2.61)				1 884						
K0 + 555				3 025							借土 3 025			3 025							
											K0 + 850 (0.34)			14 838							
K0 + 570 清表				687.5							借土 688			688							
											K0 + 850 (0.33)			3 169							
本页合计（压实）	1 235			37 476.3		土方：26					借土 37 451	借石 0		37 451	1 209						
											废土 1 209	废石 0		264 953	4 146						
本公里计																					

编制：　　　　　　　　　　　　　　　　　　　　复核：

本表在计算过程中，已考虑土方的压实和运输系数为 1.16（1.19），软石的压实系数为 1.0，坚石的膨胀系数为 0.92。

表 3—6—3

路基每公里土石工程方数量表

起讫桩号	挖方（天然方）（m^3）											主线调往通道（m^3）			主线利用通道（m^3）			利用通道余方填方			利用洞渣填方		借方填方		废方（m^3）		
	总体积	土方		石方			设计断面数量		清表土增填方	软基预压沉降增填方	路基加宽填筑增填方	土方	软石	石方	土方	软石	石方	土方	软石	石方	土方	石方	土方	石方	土方	软石	石方
		普通土	硬土	软石	次坚石	坚石	填土	填石				天然方 压实方	天然方 压实方	天然方 压实方	天然方 压实方	天然方 压实方	天然方 压实方	天然方 压实方	天然方 压实方	天然方 压实方	天然方 压实方	天然方 压实方	天然方 压实方	天然方 压实方	天然方 增运量	天然方 增运量	天然方 增运量
1	2	3	4	5	6	7	8	9	10	11	12	13	14	15	16	17	18	19	20	21	22	23	24	25	26	27	28
K0 +300 ~			7 776				106 939	111 371	2 914.3						7 777	1					18 397	9 689	80 394	5 312			
K1 +000															6 995	1					15 860	10 531	67 558	4 887.04			
K1 +000 ~			49 219	31 662			196 504		8 363.55			279			48 941	31 662					18 397	9 689	89 423				
K2 +000												241			42 565	31 662					15 860	10 531	75 146				
K2 +000 ~			41 787	29 709	18 240		112 053		8 547.5						41 788	29 708	18 239				4 706	38 961					
K3 +000															36 610	29 708	19 826				4 057	42 204					
K3 +000 ~			100 139	78 551	49 235		88 296	130 112	16 940						100 138	78 551	49 235				4 706	38 961					
K4 +000															86 060	78 551	53 516				4 057	42 204					
K4 +000 ~			8 322	5 114	1 794		25 180		2 305						8 321	5 113	1 794				16 400	88 576					
K4 +900															7 272	5 113	1 950				13 932	93 102					
K3 +200																		300	3 000	4 717							
改河																		259	3 000	5 128							
水田段挖	7 750		7 750																								
除黏性土																											

续表

起讫桩号	挖方（天然方）（m^3）											主线调往通道（m^3）			主线利用通道（m^3）			利用通道余方填方			利用洞渣填方		借方填方		废方（m^3）		
	总体积	土方		石方			设计断面数量		清表土增填方	软基预压沉降增填方	路基加宽填筑增填方	土方	软石	石方	土方	软石	石方	土方	软石	石方	土方	石方	土方	石方	土方	软石	石方
		普通土	硬土	软石	次坚石	坚石	填土	填石				天然方	天然方	天然方	天然方	天然方	天然方	天然方	天然方	天然方	天然方	天然方	天然方	天然方	天然方	天然方	天然方
												压实方	压实方	压实方	压实方	压实方	压实方	压实方	压实方	压实方	压实方	压实方	压实方	压实方	增运量	增运量	增运量
1	2	3	4	5	6	7	8	9	10	11	12	13	14	15	16	17	18	19	20	21	22	23	24	25	26	27	28
本页合计	429 299		214 993	145 037	69 269		528 972	241 483				279			206 965	145 035	69 268	870	3 000	4 717	62 606	185 876	169 817	5 312	本合同段所有欠方均利用		
												241			179 502	145 035	75 292	751	3 000	5 128	53 766	198 572	142 704	4 887	AA2 合同段余方		
本段合计	429 299		214 993	145 037	69 269		528 972	241 483	39 070.35			279			206 965	145 035	69 268	870	3 000	4 717	62 606	185 876	169 817	5 312	只计运距，不计挖方费用		
												241			179 502	145 035	75 292	751	3 000	5 128	53 766	198 572	142 704	4 887			

本表每公里天然方校核条件：挖土方总量：(3) + (4) = 〔利用土方 (16) +废土方 (26)〕天然方 - (11) - (12) 挖软石总量：(5) = 〔(17) + (14) + (27)〕天然方挖石方总量：(6) + (7) = 〔(15) + (18) + (28)〕

利用主线土方：(16) + (13) =本桩利用 (30) + (31) +远运利用 (34) + (35) 利用主线软石：(17) + (14) =本桩利用 (32) +远运利用 (36) 利用主线石方：(18) + (15) =本桩利用 (33) +远运利用 (37)；洞渣的石方包括软石

本路段填方闭合校核条件：有带＊的清表土数量只需要废方，无须增填方。

填方总量：(8) + (9) + (10) + (11) + (12) =利用方总量；= 〔(16) + (17) + (18) + (19) + (20) + (21) + (22) + (23) + (24) + (25)〕分母项

续表

起讫桩号	长度(km)	本桩利用（m³）				远运利用（m³）				土方运输（天然方）（m³）							软石运输（天然方）（m³）				石方运输（m³）			
		推土机								推土机		铲运机		自行式铲运机		自卸汽车	推土机	翻斗车	拖拉机	自卸汽车	推土机	翻斗车	拖拉机	自卸汽车
		普通土	硬土	软石	次坚石、坚石	普通土	硬土	软石	次坚石、坚石	普通土	硬土	普通土	硬土	普通土	硬土	第一个1 km	第一个20 m	第一个100 m	第一个100 m	第一个1 km	第一个20 m	第一个100 m	第一个100 m	第一个1 km
		天然方	天然方	天然方	天然方	天然方	天然方	天然方	天然方	第一个20 m	第一个20 m	第一个100 m	第一个100 m	第一个100 m	第一个100 m	每增运0.5 km	每增运10 m	每增运100 m	每增运100 m	每增运0.5 km	每增运10 m	每增运100 m	每增运100 m	每增运0.5 km
		压实方	压实方	压实方	压实方	压实方	压实方	压实方	压实方	每增运10 m	每增运10 m	每增运50 m	每增运50 m	每增运50 m	每增运50 m									
1	29	30	31	32	33	34	35	36	37	38	39	40	41	42	43	44	45	46	47	48	49	50	51	52
K0 +300 ~	0.7		5 253				2 524	1			2 522		18 400			80 393		1			3 616	6 072	5 312	
K1 +000			4 819				2 177	1			4 036					550 387					59 760	12 148	27 869	
K1 +000 ~	1		6 783	2 952			42 437	28 710			3 760		18 727		38 346	89 422	994	13 142	14 574				9 688	
K2 +000			6 223	2 952			36 584	28 710					23 893		155 606	389 292		11 208	34 799				10 483	
K2 +000 ~	1		10 594	6 012	2 377		31 194	23 696	15 862		25 789		5 404		4 706		13 594	10 101	1 668				14 294	38 863
K3 +000			9 719	6 012	2 584		26 891	23 696	17 242		98 088		639		33 287		34 329	271	6 071				54 331	13 350
K3 +000 ~	1		6 843	5 009	2 002		93 295	73 452	47 233		25 933		42 422			29 645	14 114	24 768		36 237	1 553	48 921	10 960	9 091
K4 +000			6 278	5 009	2 176		79 783	73 452	51 341		35 806		35 711			5 419	45 461	12 186		20 845	219 160	10 558	24 428	30 820
K4 +000 ~	0.9		2 954	897	221	3	5 371	4 220	1 577	2	2 386	2	6 920	2	2	12 467	2 092	1	1	38 659	1	1	2 735	50 884
K4 +900			2 710	897	240	3	4 566	4 220	1 715	2	1 048	2	2	2	2	39 358	896	1	1	101 039	1	1	2 896	287 112

续表

起讫桩号	长度(km)	本桩利用（m^3）				远运利用（m^3）				土方运输（天然方）（m^3）							软石运输（天然方）（m^3）				石方运输（m^3）			
		推土机								推土机		铲运机		自行式铲运机		自卸汽车	推土机	翻斗车	拖拉机	自卸汽车	推土机	翻斗车	拖拉机	自卸汽车
		普通土	硬土	软石	次坚石、坚石	普通土	硬土	软石	次坚石、坚石	普通土	硬土	普通土	硬土	普通土	硬土	第一个1 km	第一个20 m	第一个100 m	第一个100 m	第一个1 km	第一个20 m	第一个100 m	第一个100 m	第一个1 km
		天然方	天然方	天然方	天然方	天然方	天然方	天然方	天然方	第一个20 m	第一个20 m	第一个100 m	第一个100 m	第一个100 m	第一个100 m	每增运0.5 km	每增运10 m	每增运100 m	每增运100 m	每增运0.5 km	每增运10 m	每增运100 m	每增运100 m	每增运0.5 km
		压实方	压实方	压实方	压实方	压实方	压实方	压实方	压实方	每增运10 m	每增运10 m	每增运50 m	每增运50 m	每增运50 m	每增运50 m									
1	29	30	31	32	33	34	35	36	37	38	39	40	41	42	43	44	45	46	47	48	49	50	51	52
本页合计	4.6		32 427	14 960	4 600	3	174 821	130 079	64 672	2	60 390	2	91 873	2	43 054	211 927	30 794	48 013	16 243	74 895	19 170	54 994	42 989	98 838
			29 749	14 960	5 000	3	150 001	130 079	70 298	2	139 248	2	60 245	2	188 895	984 456	80 686	23 666	40 871	121 884	278 921	22 705	121 006	331 282
本段合计	4.6		32 427	14 960	4 600	3	174 821	130 079	64 672	2	60 390	2	91 873	2	43 054	211 927	30 794	48 013	16 243	74 895	19 170	54 994	42 989	98 838
			29 749	14 960	5 000	3	150 001	130 079	70 298	2	139 248	2	60 245	2	188 895	984 456	1E+06	23 666	40 871	121 884	278 921	22 705	121 006	331 282

本表每公里天然方校核条件：

土方运输方：〔（38）+（39）+（40）+（41）+（42）+（43）+（44）〕分子项=远运利用土方〔（34）+（35）〕天然方+借天然土方（24）+废天然土方（26）+利用洞渣天然土方（22）

软石运输方：〔（45）+（46）+（47）+（48）〕分子项=远运利用软石（36）天然方+废天然软石（27）

石方运输：〔（49）+（50）+（51）+（52）〕分子项=远运利用石方（37）天然方+借天然石方（28）+利用洞渣天然石方（23）

计价土石方 = 挖方数量 + 借方数量

一般工程中指的某地土石方总数量，就是指计价土石方总数量。一条公路的土石方数量，一般指包括路基、排水、临时工程、小桥涵工程等项目的土石方数量。对于大、中桥梁、长隧道的土方工程数量应另外计算。

思考与练习

1. 路基土石方计算与调配的主要任务是什么？简述土石方数量计算的方法以及路基横断面面积计算的方法。

2. 简述路基土石方调配的原则和方法。

3. 某路段两相邻桩号分别为 K1 + 253 和 K1 + 300，计算出横断面面积分别为：A_{t1} = 38.2 m^2，$A_{\omega 1}$ = 52.1 m^2 和 A_{t2} = 0.2 m^2，$A_{\omega 2}$ = 47.5 m^2，求此路段的土石方体积。

4. 根据表 3—6—4 的已知条件，计算土石方数量，填入表中空白处。

表 3—6—4　　土石方数量计算

桩号	断面积（m^2）		平均断面积（m^2）		距离	挖方体积（m^3）	填方体积（m^3）	本桩利用	远运利用	
	挖	填	挖	填					填缺	挖余
+050	34.1									
+064	40.5									
+072	18.6	21.4								
+090		65.2								
+100	53.7	24.8								
+120	10.5									
+140	2.2	32.0								
合计										

模块四

选　线

课题一　选线的原则、方法与步骤

◆ 了解选线在整个外业勘测中的核心作用。

◆ 了解选线的原则、方法和步骤。

公路选线就是根据路线的性质、任务、等级和标准，结合当地的地形、地质、地物及其他沿线条件和施工条件等，综合考虑平、纵、横三方面因素，在实地或纸上选定一条技术上可行、经济上合理，又能符合使用要求的公路中心线的工作。

选线的目的，就是根据国家建设发展的需要，结合自然条件，选定合理的路线，使筑路费用与使用质量达到统一，且行车迅速、安全、经济、舒适，构造物稳定耐久及易于养护。

选线的主要任务：确定公路的走向和总体布局；具体确定公路的交点位置和选定公路曲线的要素；通过纸上或实地选线，把公路的平面位置确定下来。

公路选线是整个公路勘测设计的关键，是公路线形设计的重要环节，它对公路的使用质量和工程造价都有很大的影响。

一、选线的原则

路线设计应在建设项目工程可行性研究报告所选定的路线走向和主要控制点的基础上进行。首先，要做出总体设计，主要包括：确定地形类别和计算行车的速度，确定车道数以及与城镇或其他路线连接交叉的地点、方式等。选线工作要综合考虑、妥善处理好各方面关系，其基本原则如下：

1. 方案比选、经济论证原则

选线是一项技术性、综合性强，且复杂的工作，设计者在画线时应该细致分析，寻找多个方案，在方案中进行比较。在路线设计的各个阶段，对路线方案做深入细致的研究，在多方案论证比选的基础上，选定最优路线方案，力求方案经济合理。

2. 安全合理、指标均衡原则

路线设计应在保证行车安全、舒适、迅速的前提下，力求工程数量小、造价低、营运费用省、效益好，并有利于施工和养护。在工程量增加不大时，应尽量采用较高的技术指标，不宜轻易采用低限指标，也不应片面追求高指标，力求指标均衡。

3. 因地制宜、协调一致原则

选线应同农田基本建设相配合，充分依托有利地形、地势，尽量回避不利地带，正确运用技术标准，从行车的安全、畅通和施工、养护的经济、方便着眼，认真研究路线与地形的配合，做好路线平、纵、横面的结合，力求平面短捷舒顺，纵面平缓均匀，横面稳定经济。通过名胜、风景、古迹地区的公路应与周围的环境、景观相协调，并适当照顾美观。选线时还应注意对原有的自然生态环境和重要的历史文物遗址的保护，做到少破坏，尽量不破坏。

4. 工点合理、路桥兼顾原则

大、中桥桥位应在服从路线总方向的原则下，对路桥综合考虑，不要因桥位而过多地增长路线。桥位应尽量选择在河道顺直、水流稳定、地质良好的河段上，并注意方便群众。小桥涵位置应服从路线走向，但在不降低路线技术指标的情况下，也应适当照顾小桥涵位置的合理性。

5. 注重环保、持续发展原则

选线应重视环境保护，应尽量减小由于公路修筑以及汽车运行所产生的影响与污染，如路线对自然景观与资源的影响，噪声对居民的影响等。干线尽可能避免穿越城镇、工矿区及较密集的居民点。应坚持靠村不进村，便民不扰民的原则，坚持可持续发展。

此外，自然条件对路线的影响因素很多，主要有地形、地质、气候、水文、土壤及植物覆盖等，这些因素可能引起公路塌方、滑坡等，造成水土流失，土壤质量和地质条件的不稳定。因此，要分析这些因素对公路的影响，以确保公路的安全和自然环境的良好。公路对自然环境的影响也是显而易见的，公路的施工对水资源会产生一定的影响。公路的修建会形成对原有水分循环路径的阻隔，引起生态的变化。公路对土壤退化造成影响的主要原因是水土流失，在公路建设中，取地、借地、弃地会使土壤发生水迁移，植被受到破坏，这些变化会引起土壤质量的下降，造成土壤的理化特性和净化能力的减弱。因此在公路建设过程中要注重两者之间的紧密关系，加强调查与研究，综合分析各种因素，使它们向着一个和谐的环境发展。

二、选线的方法和步骤

1．一般方法

（1）实地选线

一条线路的起点、终点确定以后它们之间有很多路径，实地选线是由选线人员根据设计任务书的要求，在现场进行勘察测量，经过反复对比论证，直接选定路线的方法，即我国的传统选线方法。其优点是方法简便，切合实际，容易掌握地质、地形、地物等情况，方案比较可靠，定线时一般不需要大比例尺地形图；其缺点是野外工作量很大，体力劳动强度大，野外测设受气候、季节的影响大。同时，由于实地视野的限制，地物、地貌的局限性很大，路线的整体布局有一定的片面性和局限性。实地选线一般适用于等级较低、方案比较明确的公路。

（2）纸上选线

纸上选线是在已经测得的地形图上进行路线布局、方案比选，从而在纸上确定路线，将此路线再放到实地勘测的选线方法。其优点是野外工作量小，定线不受自然因素干扰，能在室内纵观全局，结合地形、地物、地质条件，综合平衡平、纵、横三方面因素，所选定的路线更为合理；其缺点是必须要求有大比例尺地形图，且对地形图的要求较高，地形图的测设需要较大的工作量和具备一定的设备。

纸上选线的一般步骤为：实地敷设导线；实测地形图；纸上选定路线；实地勘测。

（3）自动化选线、CAD 辅助设计

自动化选线的基本做法是：先用航测方法测得航测图片，再根据地形信息建立数字地形模型（数字化的地形资料），把选线设计的要求转化为数学模型，将设计数据输入计算机，则计算机按照一定的程序进行自动选线、分析比较、优化，最后通过自动绘图仪和打印机将全部设计图表输出。

2．一般步骤

一条路线的选定是一项由部分到整体、由粗到细、由轮廓到具体，逐步深入、层层递进的工作。按照测设程序分阶段分步骤进行，比较分析后，选定最合理的路线。一般要经过以下三个步骤：

（1）总体把握

总体把握是解决路线基本走向的工作，即在路线总方向（起、终点和中间必须经过的城镇或地点）确定后，从全面到局部进行总体布置的过程。此项工作最好先在 1∶10 000 ~ 1∶50 000地形图上进行路线整体布局，选定出可能的路线方案，然后进行踏勘与资料收集，根据需要与可能，并结合具体条件，通过比选，落实必须通过的主要控制点，放弃那些应避让的控制点，逐步缩小路线活动范围，进而定出大体的路线布局。例如，在公路的起、终点及必须通过的控制点间可能沿某条河、越某座岭，也可能沿几条河、越几座岭。这可为下一步定线工作奠定基础。

路线布局是关系到公路质量的根本性问题。如果总体布局不当，即使局部路线选得再好、技术指标确定得再恰当，也仍然是一条质量很差的路线。因此，在选线中首先应着眼于总体布局工作，解决好基本走向问题。全面布局是通过路线视察、方案比较来解决的。

（2）分段开展。在总体路线方案既定的基础上，在相邻主要控制点间划分段落，根据公路标准，结合其间具体地形通过试坡展线方法逐段加密细部控制点，进一步明确路线走法，即在大控制点间结合地形、地质、水文、气候等条件逐段定出小控制点，这样就构成了路线的雏形。这一步工作的关键在于研究与落实路线方案，为实现具体定线提供可能的途径。这一步工作如果做得仔细，研究得周到，就可以减少以后不必要的改线与返工。逐段安排路线是通过踏勘测量或详测前的路线勘察来解决的。

（3）具体定线。经过上述两步的工作，路线雏形已经明显勾画出来。具体定线就是根据技术标准和路线方案，在逐段安排的小控制点间，结合自然条件，综合考虑平、纵、横三方面因素，反复穿线插点，具体定出路线位置的工作。这一步更深入、更细致、更具体。具体定线在详测时完成。

由此可知公路选线是一个由粗到细，由整体到具体的过程。只有布局合理，才能逐段安排到位，只有逐段安排到位，才有具体定线的结果。它是一个根据技术指标、自然条件、建筑材料、施工造价、养护条件、营运效益等综合考虑的结果。

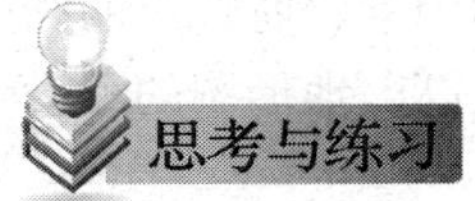

1. 公路选线的目的和任务是什么？
2. 公路选线的原则、步骤和方法是什么？

课题二　平原区选线

- 了解平原区自然特征和路线特征。
- 掌握平原地区选线的布设要点。

一、平原区自然特征和路线特征

1. 自然特征

平原区主要是指一般平原、山间盆地、高原等地形平坦地区。其地形特征是：地面起伏不大，一般自然坡度都在3°以下；耕地较多，在农耕区农田水系沟渠纵横交错；居民点多而散，建筑设施多，交通网系较密；在天然河网、湖区还密布有湖泊、水塘和河岔等。

从地质和水文条件来看，平原区一般不良地质现象较少，但由于地面平坦，易导致排水困难，地面积水，地下水位较高；平原区河流较宽阔，河道平缓，泥沙易淤积，河床低浅，洪水泛滥时河面较宽；有时会遇到软土和沼泽地段。

2. 路线特征

平原地区路线特征一般是：平面线形顺直，以直线为主体线形；弯道转角较小，平曲线半径较大；在纵断面上坡度平缓；路基设计以矮路堤为主。

二、平原区选线的布设要点

平原区路线布设应重点考虑政治、经济、文化和人民生活的方便，正确处理好路线与地物、地质与排水的关系。对于草原、戈壁、沙漠等空旷、周围景观相对单调的地区应避免采用过长的直线，但也不应随意转弯。路线布设时，平面设计应主要考虑平面线形如何绕避地物障碍等。纵断面设计应结合桥涵、通道、交叉等构造物的布局，合理确定路基设计高度，纵坡不应频繁变化，也不应过于平缓，要考虑车辆的行驶顺畅以及排水要求。

综合平原区自然和路线特征，布线时应着重考虑以下几点：

1. 正确处理路线与农业的关系

修建公路时占地是难以避免的。如何解决好路线与农田规划、农业灌溉、水利设施的关系，是平原区选线时的关键问题。布设路线时，要注意既不片面要求路线顺直而占用大面积的良田，也不片面要求少占耕地而降低线形标准，甚至恶化行车条件。如图 4—2—1 所示的跨河路线占地方案比较可知，公路通过某河附近时，如按虚线方案走田中间穿过，路线短，线形好，但多占好田，填筑路基取土困难；如将路线移向坡脚（实线），里程虽略有增长，但避免了占用大片高产田，而且沿坡脚布线，路基可为半填半挖，既节省了土方，又避免了填方借土的远运。

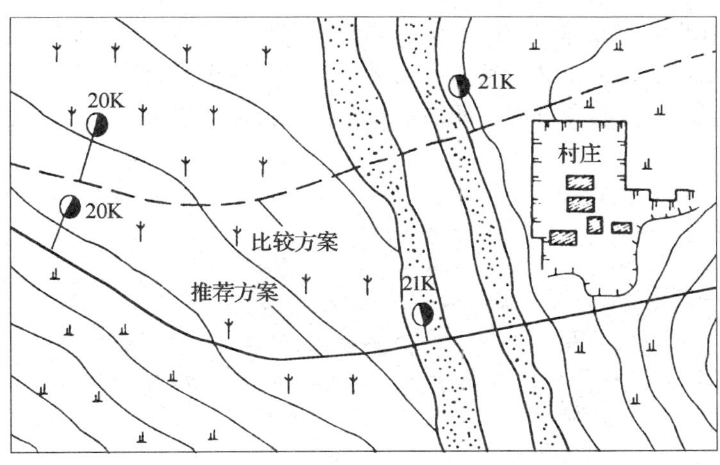

图 4—2—1　跨河路线占地方案比较示意图

路线的布置尽可能地与农业灌溉系统相配合，除较高等级的公路外，一般不要破坏灌溉系统，布线要注意尽量与干渠相平行，减少路线与渠道的相交次数，最好把路线布置在渠道的上方非灌溉区一侧或者渠道的尾部。尽量做到少占良田，不占高产田。

注意筑路与造田、护田相结合。在可能条件下，布线要有利于造田、护田，以支援农业。路线通过河曲地带，当水文条件许可时，可考虑路线直穿，裁弯取直，改移河道，缩短路线，改善线形（见图4—2—2）。当路线靠近河边低洼的村庄或通过田地时，应尽量争取靠河岸布线围滩筑路造田，利用公路的防护措施，兼作保护农田的措施（见图4—2—3）。

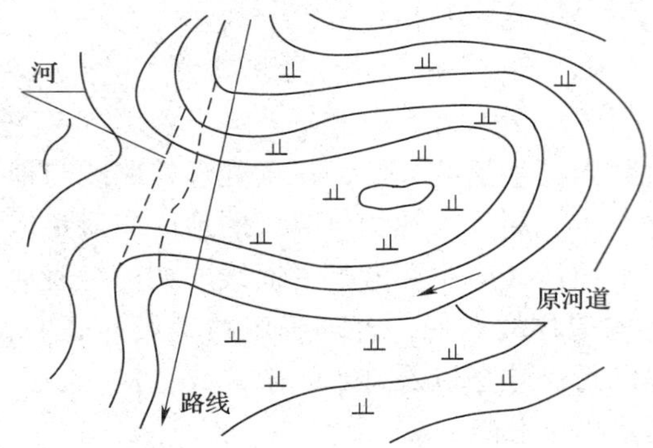

图4—2—2　路线改河造田

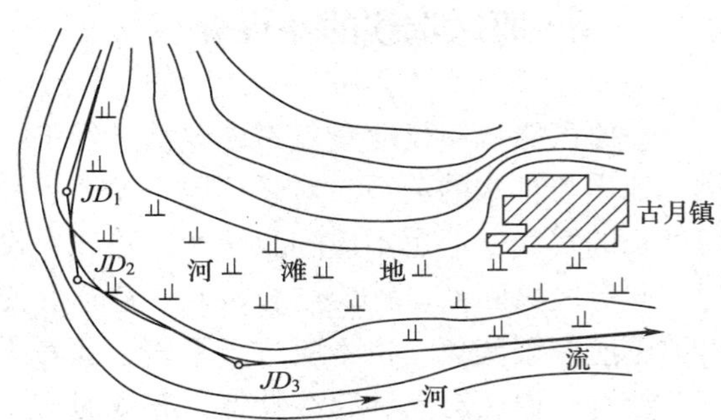

图4—2—3　围滩筑路造田的路线布置

2. 处理好路线和桥位的关系

大、中桥位往往是路线的控制点，应在服从路线总方向的原则下，对路、桥综合考虑，选择有利的桥位布设路线。既要防止只考虑路线顺直，不顾桥位条件，增加桥跨的难度，又要防止片面强调桥位，使路线绕线过长，标准过低（见图4—2—4）。一般情况下，桥位中线应尽可能与河水主流流向正交，桥梁和引道都在直线上。桥位应选在水文、地质、跨河条件较好的河段。

小桥涵的位置原则上应服从路线走向，但遇到斜交过大（夹角小于45°）或河流过于弯曲时，可考虑采取改流或改移路线的办法，调整斜交角，布线时应比较确定。路线通过泛洪区时，对桥涵、路基应根据水文资料留有足够的孔径、跨度和高度，以保证洪水泛滥时不会对村庄和农田造成威胁。有条件时，路线应设在洪水泛滥线以外。

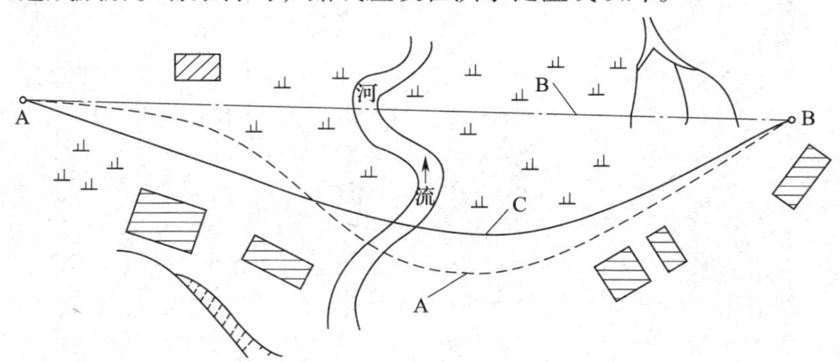

图4—2—4　不同的路线方案跨河示意图

3. 处理好路线与城镇居民点的关系

平原地区有较多的城镇、村庄、工业设施等，路线布设应正确处理好路线与它们的关系，必要时应采取相应的技术措施通过。

（1）国防公路与高等级的干道，应采取绕避的方式远离城镇、村庄及工矿区，必要时考虑采用支线联系。

（2）较高等级的公路应尽量避免直穿城镇、工矿区和居民密集区，以减少相互干扰。但考虑到公路对这些地区的服务性能，路线又不宜距离太远，往往从城镇的边缘经过，做到近村而不进村，利民而不扰民，既方便运输，又保证交通安全。这种路线布线时，要注意与城镇等的规划相结合。

（3）一般公路应考虑县、区、村的沟通，经地方同意可穿越城镇，但要注意有足够的视距和必要的公路宽度以及必要的交通设施，以保证行人和行车的安全。

（4）路线应尽量避让重要的电力、电信设施，当必须靠近或穿越时应保持足够的距离和净空，尽量不拆或少拆各种电力、电信设施。

4. 注意土壤、水文条件

平原区的水文条件较差，取土较为困难。为了保证路基的稳定性和节约用土，在低洼地区，应尽可能沿接近分水岭的地势较高处布线，以使路基具有较好的水文条件；在排水不良的地带布线时，要注意保证路基最小填土高度；路线要尽量避开较大的湖塘、水库、泥沼等，不得已时可选择最窄、最浅和基底坡面较平缓的地方通过，并采取措施保证路基稳定。

5. 注意处理新、旧线的关系

平原区布线应与铁路、航道及已有公路运输相配合。若沿线有老路与新布路线相距较近而且走向一致时，在条件许可时，应尽量地将其改造后加以利用，以减少耕地的占用和提高路基的稳定性。

6. 注意考虑就地取材

修建公路需要消耗大量的筑路材料，为节省工程造价，应充分利用当地的材料。平原地区一般缺乏砂石等建筑材料，布线时应注意考虑施工、运输等问题。有条件时可利用地方上的工业废料。

【例 4—2—1】　如图 4—2—5 所示，拟在普安村与和丰村之间修建一条二级干线公路，试确定路线的选线方案。

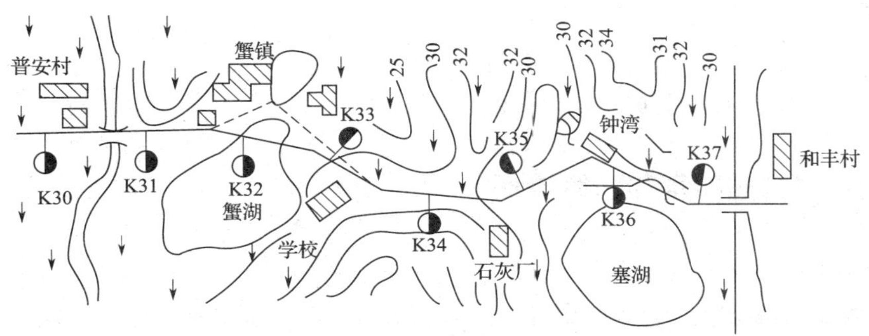

图 4—2—5　平原区布线方案示例

【解】 首先对路线总方向必经的控制点之间进行实地调查，选定中、小控制点。一般情况下，如果没有充分理由或并非不利的长直线，平原区选线就应该从一个控制点直达另一个控制点，尽量不要随意转弯。需要转弯时，应在控制点附近选择有利地形，定出交点，再敷设曲线。

项目要求的是一条一般二级公路的路段，根据图中所示条件可以看出，路线应以普安桥、蟹湖、蟹镇、学校、石灰厂、钟湾、赛湖以及和丰桥等作为控制点，在有利位置选定转角点，用直线直接连接各转角点。

因为是一般二级公路，所以考虑尽可能连接较多的城镇居民点、工矿区。图中实线安排较合理，线形标准较高，无不利条件的长直线；路线靠近居民点，却又不穿越居民点；沿线地形利用较合理。

作为比较方案的虚线，为了绕避蟹湖而使路线降低了技术指标，影响了线形的美观。避让点虽然避开了蟹湖，但靠居民点太近，有拆迁的可能。综合考虑以上因素，选择实线方案。需要注意的是，路线经过蟹湖处应采取相应的措施确保路基稳定，同时尽可能减少对蟹湖及周边生态环境的影响。

1. 简述平原地区的自然特征和路线特征。
2. 简述平原地区路线布设应考虑的内容。

课题三　山岭区选线

- ◆ 了解山岭区自然特征和路线特征。
- ◆ 掌握沿河（溪）线的路线特征及选线要点。
- ◆ 掌握越岭线的路线特征及选线要点。

一、山岭区自然特征和路线特征

1. 自然特征

山岭区地形包括山岭、突起的山脊、凹陷的山谷、陡峻的山坡、悬崖、峭壁等，地形复杂多变，一般地面自然坡度在20°以上。其主要特征是：

（1）地形条件。山高谷深，地形复杂。由于山区高差大，加之陡峻的山坡和曲折幽深的河谷，形成了错综复杂的地形。

（2）地质条件。岩石多、土层薄、地质复杂。由于山区的地质层理和地壳性质在短距离内变化很大，岩层的产状和地质构造复杂，不良地质现象（如岩堆、滑坡、崩塌、碎落、泥石流等）较多。

（3）水文条件。山区河流曲折迂回，河岸陡峻，河底比降大；雨季暴雨集中、流速快、流量大，冲刷和破坏力很大。

（4）气候条件。山区气候多变，气温一般较低，一年四季和昼夜温差很大。

2．路线特征

由于自然条件复杂，地形变化很大，使得路线在平、纵、横三方面受到很大限制，因而技术指标一般多采用低限，这也是同一等级公路山岭区计算行车速度比平原区低的原因之一。在所有自然因素中，高差急变是主导因素，因此，在路线布设时，一般多以纵断面线形为主安排路线，其次是横断面和平面。在选线时要注意分析平、纵、横三方面因素，结合影响路线的主要自然因素，综合考虑，合理协调。

山岭区路线应结合有利的地形条件布设路线。按照公路行经地区的地貌和地形特征，可分为沿河（溪）线、越岭线、山腰线和山脊线四种。

（1）沿河（溪）线是沿着山岭区内河（溪）的两岸布置路线。这种路线在平面因地制宜随地形而转动，在纵断面上坡度平缓；在横断面上路基形状适宜，路线走向与河（溪）的方向一致。在路线走向脱离河（溪）方向时，必须转为其他路线形式。

（2）越岭线是路线走向与山脉方向大致垂直而需在垭口穿越时的路线。这种路线须适当盘绕，提升高程（又称拔起高度），所以纵坡较大。

（3）山腰线是在山坡半腰上布置的路线。这种路线是随着山坡而行，平面线形可能弯曲较多，纵坡比较平缓，路基多为半填半挖式，有时需要修建挡土墙。

（4）山脊线是路线走向与山顶分水岭线大致平行时的路线。这种路线大多是在山脊一侧布置，所以，平面线形、纵坡和横断面都较易处理。问题在于如何把路线由山下提引到山脊上来。如果地形困难无法提引，就不能采用这种路线形式。

上述四种路线是山岭区布置路线的形式，但是在山区一条公路的总长度中，应根据地形地貌条件，分段选用不同的路线形式，互相连接沟通。

二、沿河（溪）线

1．沿河（溪）线的路线特征

沿河（溪）线是指公路沿河（溪）利用两岸开阔台地布设路线，其基本特征是路线总的走向与等高线一致。

（1）沿河（溪）线主要有利条件

1）路线走向明确、纵坡相对较小。由于沿河（溪）线路沿河流（或溪谷）方向布线，平面受纵断面线形的约束较少，容易争取较好的线形。如图 4—3—1 所示为沿溪路线图。

a）

b）

图 4—3—1　沿溪路线图

2）线形较好、标准较易达到。除个别悬崖陡壁的峡谷地段和河曲地带外，一般的开阔河谷均有台地利用，因而路线线形标准较易达到，标准较高。

3）施工、养护、运营条件较好。沿河（溪）线海拔低，气候条件较好，对施工、养护、运营有利，特别在高海拔地区更为有利。另外。沿溪线傍山临河，一般沙、石、木材都比较丰富，水源方便，为施工、养护提供了就地取材的条件。

4）服务性好、效益明显。山区城镇和居民点大多傍山近水，沿河分布，特别是河口三角地区是人口更为密集的地方。路线走沿溪方案，能更好地为沿线居民点服务，发挥公路的使用效益。

5）傍山隐蔽，利于国防。沿溪线线位低，比山脊线和越岭线的隐蔽性好，受到破坏的可能性小。

（2）沿溪线主要不利条件

1）临水较近、受威胁大。洪水是沿河（溪）线的主要障碍，沿河（溪）线的线位高低、工程造价多少、防护工程量大小等都直接受到洪水的影响。处理好路与水的关系是沿溪线布局的关键。

2）布线活动范围小。由于受到河谷限制（特别是峡谷河段），线位左右摆动的余地很小。当路线遇到河岸条件差时（如悬崖陡壁、不良地质地段等），绕过比较困难，如果冒险直穿，那么不是遗留后患就是防护工程很大，增加工程造价。

3）陡岩河段，工程艰巨。在路线通过陡岩河段时，工程艰巨，难点很多，给公路测设和施工带来很大困难。同时，由于工程艰苦，工程量集中，工作面狭窄，因此使工期加长。

4）防护工程较多、造价高。沿溪线线位低，往往要跨过较多的支沟，使桥涵工程量增加。同时，为了防御洪水的侵袭和破坏，防护工程必然很多。这些都较大地增加了工程造价。

5）方案布设与耕地的矛盾较大。河谷两岸台地虽是布线的良好场地，但在山区这些地方多是农田耕作地，对于耕地紧张困难的山区，这些良田尤为宝贵。因而，在这些路段布线与耕地的矛盾比较突出。

6）河谷工程地质情况复杂、施工养护困难。通常河谷两岸多处于路基病害如滑坡、岩堆、坍塌、泥石流的下部，路线通过容易破坏山体平衡，带来隐患。另外，在寒冷地区的峡谷段，日照少，常有积雪、雪崩现象。这些都给公路的设计、施工、养护、运营带来困难。

2. 沿河（溪）线的选线要点

沿溪线的路线布设的首要任务就是充分利用有利条件，避让不利条件。沿溪线布设时，首先论证的是方案选择河流的哪一岸，纵断面高程定位在什么高度，路线在何处跨河换岸，这三个问题是相互联系又相互影响的。路线布设中应抓住主要矛盾，根据公路的性质和技术等级，因地制宜地解决问题。

（1）河岸的选择。沿溪线两岸优缺点并存，适宜布线的优点也不是集中于一侧河岸，选择时应根据勘测和地质钻探资料，深入调查、全面权衡论证、综合比较确定。主要应考虑以下几方面因素：

1）地形、地质、水文条件。根据地质、给排水专业调查、勘探资料，详细研究方案布设。

2）气候条件。根据收集到的气象资料综合分析。如果路线处于长时间积雪冰冻地区，山脉的阳坡和阴坡、迎风面和背风面的气候条件差异很大，在不影响路线总体布局的前提下，一般路线走阳坡面和迎风面比较有利。

3）城镇、工矿和居民点的分布。一般路线应优先考虑选在工矿企业较集中、村镇较多、人口较为密集的一岸，以促进山区的经济发展和方便居民出行。

4）其他因素，例如为革命史迹、历史文物、风景区等的联系创造便利条件。具备上述有利条件的一岸即为选线时应走的河岸。当有利条件交替出现在两岸时，需要深入调查，进行技术论证和经济比较，最终确定一条合理的路线。

如图 4—3—2 所示，某一沿溪线开始走条件较好的左岸，但前方遇到两处陡崖。甲方案是对山崖地段进行处理，集中开挖一段石方后仍坚持走左岸；乙方案为了避让两处陡崖，而选择了跨河走右岸，但是右岸前方不远处出现了更长、更陡的山崖，还需要重新再换回到右岸，在约 3 km 的路段内，为了跨河，需要修建两座中桥。对上述两方案进行比较，甲方案技术上可行，费用较低，作为终选方案。

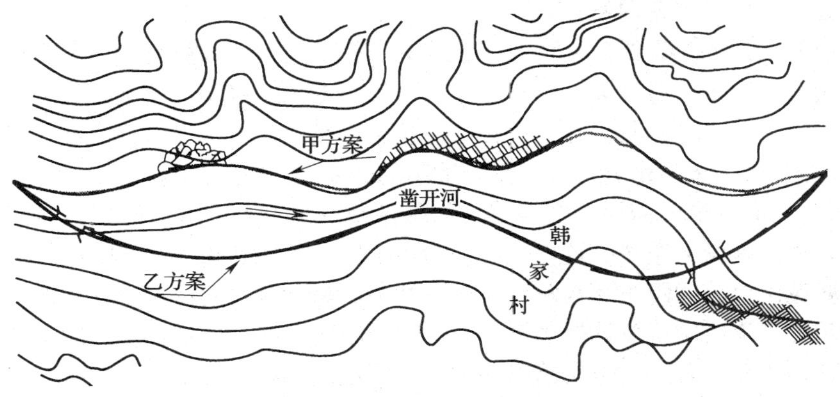

图 4—3—2　河岸选择方案示意图

（2）纵断面高程的定位。沿溪线线位高程的高低是路线纵断面线形布局的问题。路线沿岸布设高度，首先应考虑洪水的威胁。不管是高线位还是低线位，均应在设计洪水位以上一定的安全高度。因此，在选线时应认真做好洪水位调查工作，以确保路线必需的最低线位高度。

1）低线位方案：是指高出设计洪水位不多，路基一侧临水很近的布线方案。低线位方案的主要优点是：一般情况下在山岭地区越靠近河边地势越平缓，因此低线位有较宽的台地可以利用；地形较好，平面线形较顺适，纵断面不需要较大的填挖，容易达到较高的指标；路线低，填方边坡低，边坡较稳定，路线活动的余地较大，跨河时利用有利条件和避让不利条件较容易；养护和施工用水、材料运输均较方便。

低线位的主要缺点是：线位低，受洪水威胁大，防护工程较多；山岭区洪水的冲沟越接近山脚，冲积扇越大，水流速度越慢，会形成较多的支沟；低线位一般会在山沟的沟口附近跨越较多的支沟，因此桥涵等构造物较多；路线与农田矛盾较大，处理废方较为困难。

2）高线位方案：指路线高出设计洪水位较多，不受洪水威胁的布线方案。高线位的主要优点是：不受洪水影响；废方易于处理；当采用台口路基时，路基比较稳定。

高线位方案的主要缺点是：路基挖方往往较大，废方多；由于线位高，路线势必随着山形走势绕行，平面线形指标低；跨河时线位高，工程量大，造价高；支挡、加固工程较多；施工、养护用料运输及取水较困难。

（3）跨河桥位的选择。沿溪线需要跨河布线时，需要明确两个问题：一是为什么跨河；二是在哪里跨河。一般情况下，如果路线的起、止点在同岸，且距离很近，就不考虑跨河，以免因跨河建桥而增加工程费用。只有当跨河布线或跨河建桥比开挖防护直接布线更为经济时，才可考虑跨河。跨河布线常见的原因有：

1）中间主要控制点的需要。当路线起、止点在河岸两侧，至少必须跨河一次。有时起、止点在同一岸，中间控制点在对岸，则可以考虑两次跨河或支线跨河。

2）避让严重不良地质地段的需要。当布线遭遇严重的地质病害地段，无法穿越，同岸侧又无法避让时，可考虑跨河避让。

3）避让艰巨工程的需要。在峡谷中布线时，适宜布线的地形往往交替出现在河谷两岸。为了利用有利地形，避开艰巨的石方工程，提高施工、养护、营运的条件，也可采用跨河两岸交替布线。但必须与其他方案进行经济技术比较，最终选择最优方案。

4）避让保护区、大型水利工程等重要地物的需要。

5）路线等级和标准的需要。在高等级公路建设中，为了线形的顺直，当河沟较小、工程量不大时，可选择跨河布线，这样既可以缩短线路，又能够改善线形。

沿溪线跨越河流分为跨主河与跨支流两种情况。跨支流时的桥位选择一般属于局部方案问题，而跨越主河道时的桥位选择多属于方案布局问题。在桥位选择上，除了考虑地质水文情况，还要特别注意处理好桥位与路线的关系。跨越主河的桥位是确定路线走向的控制点。当路线走向与河流接近平行时，如何利用地形并使桥头路线平顺是选择桥位应考虑的重要因素之一。常见的情况如下：

①利用河曲河段跨河。如图 4—3—3 所示，利用河道转弯附近的有利位置跨越，避免多次转弯，提高了线形质量。但此时应注意防止河曲地段水流对桥台的影响，采取必要的工程防护措施。

图 4—3—3 利用河曲河段跨河示意图

②利用“S”形河段跨河。如图 4—3—4 所示，将跨河位置选在“S”形河段的腰部，使桥头线形得以显著改善。

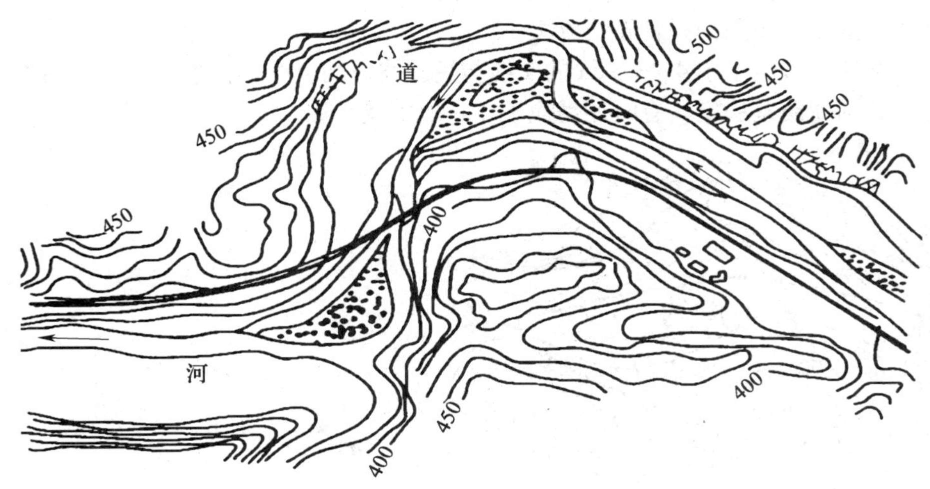

图 4—3—4 “S”形河段跨河示意图

③改善桥头线形。路线跨越河流，若没有河曲或“S”形河段可利用时，由于沿溪线与河谷走向平行，在跨主河时往往形成“之”字形路线，桥头平曲线半径较小，线形差。对于中、小桥可用适当斜交的方法改善桥头线形，如图 4—3—5a 所示。

对于大桥不宜斜交时，可对桥头路线适当展线，形成勺形桥头线，如图 4—3—5b 所示，可改善桥头线形，争取较大半径。

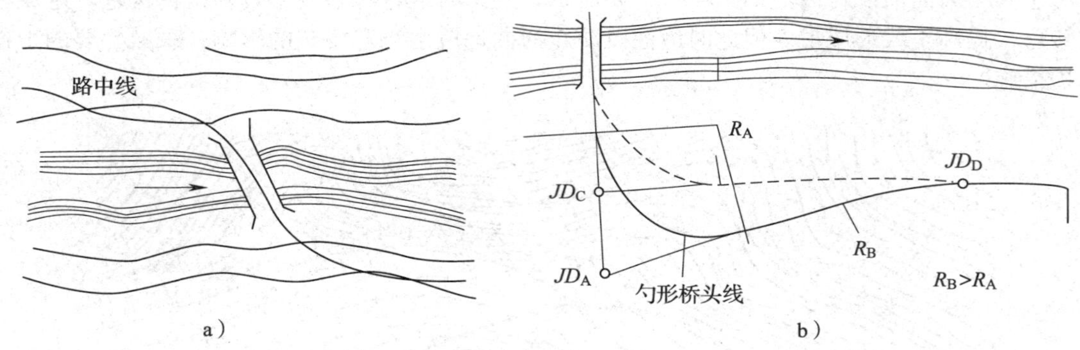

图 4—3—5　改善桥头线形

a）斜交改善线形示意图　b）桥头展线方案示意图

④特殊河谷地段的布线。

a. 开阔河谷。开阔河谷岸坡平缓，一般在坡、岸之间有较宽的台地，且多数为农田。如图 4—3—6 所示，路线可分三种走法：

Ⅰ. 傍河线：如图 4—3—6a 中短虚线所示，坡度均匀平缓，线形好，临河一侧受洪水威胁，须做防护工程。

Ⅱ. 傍山线：如图 4—3—6a 中实线所示，路线略有增长，纵断面会有起伏，但可不占或少占良田。这是常采用的一种布线方案。

Ⅲ. 中穿线：线位于图 4—3—6a 的实线与短虚线之间。线形标准高，但占用农田最多，在水田地区，为使路基稳定，有时还需换土，一般不宜采用。

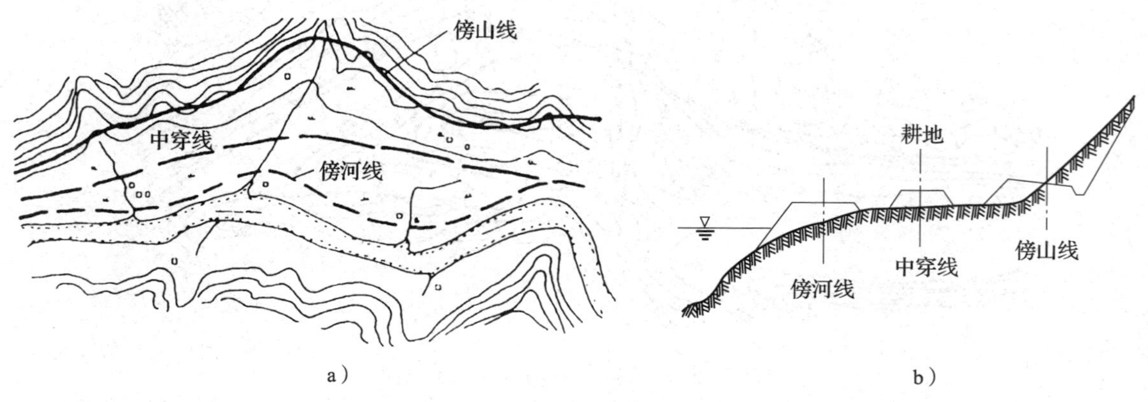

图 4—3—6　开阔河谷路线平面及纵断面图

a）开阔河谷路线方案平面示意图　b）开阔河谷路线方案纵断面示意图

b. 陡崖峭壁河段

山区河谷常有陡崖峭壁错综交替出现，两岸陡崖峭壁对峙、河床狭窄，即为河谷。对此类河谷，路线一般宜选在陡岩顶部的平缓有利地形越过，地质条件好，经技术经济比较合理，也可采用直穿的方案，具体直穿的方法是侵河筑堤。当河床较宽，水流不深，压缩部分河床不致引起洪水水位过高时，可采用借石填堤为主，挖方部分为辅的方法，并做好临河面的防护工程。河床不宜压缩的地方，可采用开、砌结合的办法，开是在对岸开挖石方，扩大河流过水断面，砌是把开挖的石方用于砌筑路堤，这样就使路堤占用河床的泄水面积能从开挖河槽中得到补偿，如图 4—3—7 所示。

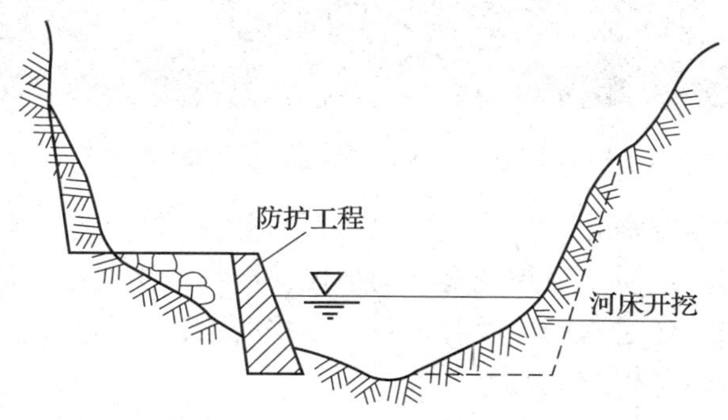

图 4—3—7　侵河筑堤示意图

当河床较窄，水流深急，无法侵河筑堤时，可考虑在石壁上开挖台口路基，设计时要注意地质状况和废方处理。在较高悬崖处，根据地质情况、施工力量、技术经济比较，可采用半山洞、隧道、悬出路台、半山桥等措施，如图 4—3—8 所示。

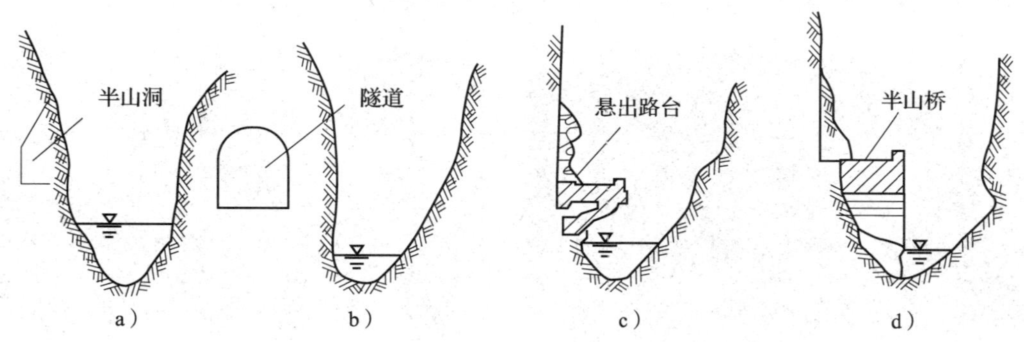

图 4—3—8　特殊措施穿越陡岩示意图

a）半山洞　b）隧道　c）悬出路台　d）半山桥

c．河床纵坡陡峻河段

河床纵断面在短距离内急剧下落几米至几十米，形成急流、跌水。这时路线纵坡在短距离坡长内不可能大幅度变化，自然线位无法继续保持和原河道的相对关系，为了尽快降低高程纵坡，继续沿溪而行，要利用有利地形及时展线，降低线位河床纵坡连续陡峻的河段。这类河段多出现在山区河流的上游，是沿溪线和越岭线之间的过渡段。河床纵坡是越上溯越陡，当陡到路线技术标准不允许的程度时，就需要进行展线，以获得较长的坡长从而降低线位高程，如图 4—3—9 所示为路线展线方案示意图。

图 4—3—9　路线展线方案示意图

d. 地质不良地段的路线布线

山区河谷地形通常是地质、地貌较复杂的地段，沿河两岸滑坡、崩塌、泥石流等不良地质现象较为常见，当路线通过这些地段时，对大面积的不良地质路段应尽量避让，对局部的不良地质路段可采用特殊防护方式通过。

Ⅰ. 当路线经过岩堆时，首先要调查其稳定性，对不稳定的岩堆一般应避让，当岩堆表面长满草木、无新鲜石块，岩堆体胶结紧密，无地下水冒出时，可视为稳定，路线通过岩堆可采用挡土墙、隧道、防石走廊等措施。

Ⅱ. 当路线通过滑坡时，路线一般应从滑坡上方以路堑方式通过，这样可以减少滑坡对公路的威胁，当必须从下方通过时，以路堤式加挡墙为宜，严禁开挖破坏现有滑坡体的平衡，对大型滑坡必须避让，如图 4—3—10 所示为滑坡地段路基布置示意图。

图 4—3—10　滑坡地段路基布置示意图

Ⅲ. 泥石流是由暴雨、融雪造成的一种夹带大量泥沙、石块等固体物质的洪流。由于它具有流动性，一般应避让，当无法避让时，可以提高路线，以桥跨通过，也可采用明洞的方式，让泥石流从明洞上面流过。

三、越岭线

1. 越岭线路线特征

越岭线指公路的走向与河谷及分水岭方向横交，路线连续升坡从一个河谷进入另一个河谷的布线方式。越岭路线地形的主要特征是两控制点分别位于两个河谷（山脊的两侧），路线从山的一侧升坡到山脊，在山脊上呈马鞍的明显下凹处（垭口）穿过，路线需要克服很大的高差。路线的主要特点是公路路线的长度和平面位置主要取决于路线纵坡的安排。因此，在越岭线的选线中，须以路线纵断面为主导。

越岭路线的主要有利条件是布线灵活，路线不受河岸限制，有较多的布线方案。

越岭路线的不利因素是线形较差，使用的技术指标较低。路线严格受纵坡控制，越岭时必须连续升坡展线，从而使路线增长。

2. 越岭线的布设要点

越岭线的布设应解决的主要问题是垭口选择、越岭标高的确定和垭口两侧线路展线方案的拟订。这三者是相互联系、相互影响的。布设时应综合考虑，处理好三者之间的关系。

（1）垭口选择

垭口是体现越岭线方案的重要控制点，应在基本符合路线走向的较大范围内选择，要全面考虑垭口的平面位置、立面标高、地形条件、地质情况和展线条件等。

1）垭口平面位置选择：垭口位置在基本符合路线走向的前提下，应与两侧山坡展线方案结合在一起考虑。首先考虑高差较小，其次再考虑稍微偏离路线方向，但接线较顺，且不致过于增长其他里程的垭口。

2）垭口标高选择：垭口海拔高低及其与山下控制点的高差，对路线长短、工期量大小和运营条件有直接的影响，一般应选择标高较低的垭口。

3）垭口展线条件选择：山坡线是越岭线的主要组成部分。而山坡坡面的曲折程度、横坡陡缓、地质好坏等情况，都与公路标准等级和工程大小有直接关系。因此，选择垭口必须结合山坡展线条件一起考虑。

4）垭口的地质条件选择：垭口一般地质构造薄弱，常有不良地质存在，设计时应深入调查研究，根据地质勘探资料和收集的地质资料摸清其性质和对公路的影响。对地质条件恶劣的垭口，局部移动路线或采取工程措施都不能解决问题时，应予放弃。

（2）越岭标高的确定

垭口的路线标高是越岭线的重要控制因素，越岭标高越低，路线就越短，但路堑或隧道就越深、越长，工程量也越大。因此越岭标高应结合路线等级、越岭地段的地形、地质以及两侧展线方案、过岭方式等因素经过技术经济比较来选定。越岭方式主要有如下几种：

1）浅挖低填。遇到越岭地段山坡平缓，垭口宽而厚的地形，展线容易，只宜采用浅挖低填的方式越岭，越岭标高基本上就是垭口标高。

2）深挖垭口。当垭口比较瘦削时，常用深挖的方式越岭。深挖垭口，虽土石方工程较集中，但由于降低了越岭标高，相应缩短了展线长度，总工程量并不一定增加。即使有所增加，也可从改善行车条件，节约运营费中得到补偿。至于深挖程度，应视地形、地质、气象条件以及展线对垭口标高的要求等因素而定。现有资料表明，一般挖深在 20 m 以内，地质情况良好时，还可深些。垭口越瘦，越宜深挖。但垭口通常地质条件较差，挖深应以不致危及路基稳定为度。否则应采取有效措施，以防止遗留病害。有条件时，可采用隧道通过。

3）隧道穿越。采用隧道穿越，可以缩短路线长度，提高路线技术指标，避让不良地质，减轻或消除高山缺氧、积雪、结冰对公路的不良影响，改善行车和养护条件。但隧道的工期长、造价高、技术复杂、受地质条件影响大。当垭口挖深在 20 ~ 25 m 以上时，应就采用隧道还是深挖路堑过岭方式进行比较。

（3）垭口两侧线路展线方案的拟订

1）放坡展线。越岭线的高程主要是通过垭口两侧山坡上的展线来克服的。路线的展线布局以纵坡为主导，即平、纵、横三个面的结合要以纵断面为主导。在确定了越岭线的主要控制点后，进行试坡展线，定出中间控制点，在各控制点之间逐段展线，最后形成路线的整体。试坡展线前应对现有的地形图（如军用地图或航测图）做好室内研究，分段了解适宜展线的方式、回头曲线的位置、各路段大致的坡度、可利用的有利地形条件、应该避让的不良地质地段等。

展线布局必须从纵坡的安排开始，其工作步骤如下：

①全面布局，拟定路线大致走向。在调查或踏勘阶段确定的主要控制点间，进行广泛勘察，调查周围地形及地质情况，注意利用有利地形、地质，拟定路线可能的大致走法。

②试坡布线。进一步落实初步拟定的路线走法的可能性，发现和加密中间控制点，研究局部比较方案，拟定路线布局。

③分析、落实控制点，确定布局方案。

④详细放坡定出路线。

2）展线方式。越岭线的展线方式主要有自然展线、回头展线、螺旋展线三种，如图 4—3—11 所示。

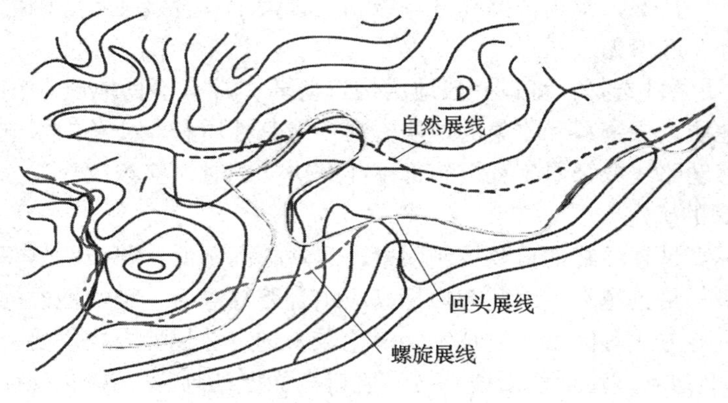

图 4—3—11　越岭展线的三种方式

①自然展线。自然展线是以适当的坡度，顺着自然地形，绕山嘴、侧沟来延展距离，克服高差。

②回头展线。回头展线是用回头曲线进行的展线，回头曲线通常指的是在同一面山坡上设置的转角接近 180°的曲线。当控制点间的高差大，靠自然展线无法取得需要的距离以克服高差，或因地形和地质条件限制，不宜采用自然展线时，路线可利用有利地形设置回头曲线进行展线，如图 4—3—12 所示。

图 4—3—12 回头曲线展线示意图

回头展线的缺点是在同一坡面上，上、下线重叠，尤其是靠近回头曲线前后的上、下线相距很近，对于行车、施工、养护都不利。优点是便于利用有利地形，避让不良地形、地质和难点工程。回头地点对于回头曲线工程大小和使用质量的影响很大，应慎重选择。回头曲线的形状取决于回头地点的地形。

③螺旋展线。当路线受到限制，需要在某处集中地提高或降低标高才能充分利用前后有利地形时，可考虑采用螺旋展线。螺旋展线一般多在山脊利用山包盘旋，以旱桥或隧道跨线。

3. 越岭线展线示例

越岭线展线布局的基本形式是利用山谷、山脊和山坡展线。

（1）利用山谷展线

如图 4—3—13 所示是利用山谷展线的示意图，线位依托谷底的实际地形，利用回头曲线多次展线，克服了高差的限制。

图 4—3—13 利用山谷展线示意图

(2) 利用山脊展线

如图 4—3—14 所示是利用山脊展线示意图，路线首先由山下采用回头展线，升坡到山脊后沿着分水岭前进，遇山脊高峰，选择有利的一侧山坡布线。线路继续前进，遇见个别低垭口，前后路段又无法降低时，考虑用旱桥通过；如垭口出现陡坎，按具体情况采用螺旋展线或回头展线升坡前进；当山脊自然坡度接近路线最大纵坡时，可寻求较缓山坡，适当展线前进；当山脊自然坡度超过规定最大纵坡时，需选择有利地形进行展线。

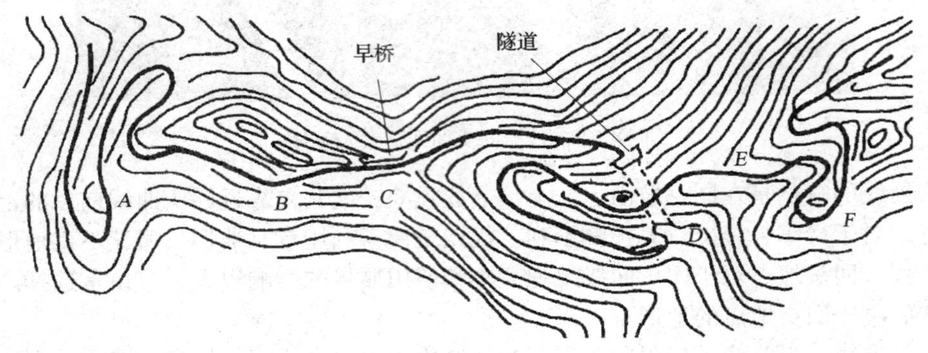

图 4—3—14　利用山脊展线示意图

(3) 利用山坡展线

利用一面山坡往返盘绕，往往叠线过多，一般应尽量避免。但在受地形限制，无其他展线方案时，可选择横坡平缓、地质条件好、布线范围较大的山坡设线。设线时注意尽可能突破难点，扩大布线范围和避免上、下两个回头曲线并头。

一条较长的越岭线，由于地形的变化，常常是各种展线方式的综合运用，布线时要根据具体地形变化特点，选用沿溪、越岭等合适的方式，因地制宜选用展线方式。在选线中要注意各路段之间技术指标的均衡和衔接，山区公路因地形原因，均衡原则更显重要，选线时应综合权衡、合理选择方案。

1. 简述山岭地区的自然特征和路线特征。
2. 简述沿河（溪）线的路线特征，布设的关键问题是什么，应掌握哪些要点？
3. 越岭线布设应掌握哪些要点？
4. 越岭线的展线方式有哪几种？为什么说回头展线是不理想的展线形式？

课题四　丘陵区选线

- 了解丘陵区路线的特点。
- 了解丘陵区路线布设要点及方式。
- 掌握丘陵区选线的方法及注意事项。

一、丘陵区路线特点

丘陵区是介于平原区和山岭区之间的地形，其地形特征是山丘连绵、岗坳交错、此起彼伏，山丘曲折迂回，岭低脊宽，山坡较缓，相对高差不大。丘陵区包括微丘和重丘两类地形。

微丘起伏较小，地面自然坡度在20°以下，山丘、沟谷分布稀疏，坡形缓和，相对高差在100 m以内，而且有较宽的平地可以利用。

重丘区起伏频繁，相对高差较大，地面自然坡度在20°以上，山丘、沟谷分布较密，而且具有较深的沟谷和较高的分水岭，路线平、纵面部分受地形的限制。

丘陵区的路线特征是以平面线形为主，平、纵、横三个面综合设计，丘陵区的山冈、谷地较多，路线走向的灵活性大，可行的布线方案一般比较多。由于平、纵、横三个面的相互制约和相互影响，综合设计尤为重要。因此，丘陵区路线布设更能体现出综合考虑与立体设计的思想。从技术指标的掌握上看，微丘地形接近于平原地形，技术指标比平原区稍紧一点。重丘地形接近于山岭地形，技术指标比山岭区稍松一点。丘陵区路线如图4—4—1所示。

图4—4—1　丘陵区路线示意图

二、丘陵区选线的方法

1. 丘陵区路线布设要点

丘陵区选线需摸清丘陵地区的地形、地质和水文特点，结合地形合理选用技术指标，从而确定使平面线形流畅，纵断面起伏不大，横断面稳定经济，工程量小的路线方案。

（1）微丘地区

微丘地区应充分利用地形，处理好平、纵面线形的组合。

（2）重丘地区

1）注意利用有利条件减少工程量。路线应随地形变化布设，在确定路线平、纵面线形的同时，应注意横向填挖的平衡。对于横向坡度较缓的地段，应采用半填半挖或多填少挖的路基形式；对于横向坡度较陡的地段，可采用全挖或多挖少填的路基形式。但应注意挖方的边坡坡度，不要因为挖方边坡过高、过陡而造成失稳。同时还应该注意填挖平衡，以减少废方和借方。

2）注意平、纵、横综合设计。应注意避免只考虑纵坡平缓，而使路线平面弯曲；也不应只考虑平面顺直、纵面平缓，而导致高填深挖，工程量过大；不能只讲究经济，过分迁就地形，而致使平、纵面线形指标过多地采用极限值或接近极限值。

3）注意少占耕地，不占良田。丘陵地区的种植耕地种类较多，分布较广，因此布线时需慎重，尽量做到少占农田、不占经济林园。

4）注意避让地质不良地段。遇到地质不良地段，首先应该考虑绕避，并采取相应必要的工程防护措施及排水设施，确保边坡及路基稳定。当遇到冲沟比较发育的地段时，高等级公路可采用高路堤或高架桥的方式直穿，低等级公路则适宜采用绕越方案。

2. 丘陵区路线布设方式

根据选线实践经验，丘陵区的地形可进一步细分为平坦地带、均坡地带和起伏地带。根据这三种地形情况，一般有三种走向方式：走直线、走匀坡线及走直线和匀坡线之间（见图4—4—2），其要点是：

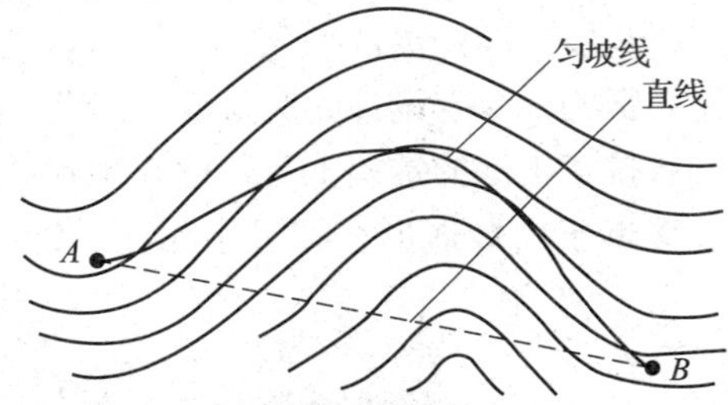

图4—4—2　丘陵区布线方案

（1）平坦地带——走直线

两控制点之间的地势平坦，一般按平原区以方向为主导的方式布线。如果没有地物、地质、风景、文物等障碍物，一般应按直线布线。如有障碍，则应加设中间控制点，路线设置以转折小、半径较大的长缓曲线为主。

（2）陡坡地带——走匀坡线

“匀坡线”是指在两点之间，沿自然地形以均匀坡度确定出地面点的连线。匀坡线通过多次试坡后才可得到。当两控制点之间无障碍等因素影响时，可直接按匀坡线布设；若有障碍等，则应在障碍处加设中间控制点，分段按匀坡线控制。

（3）起伏地带——走直线和匀坡线之间

起伏地带地面横坡较缓，所谓“走中间”，就是路线在匀坡线和直线之间选择平面顺适、纵断面均衡的合理路线。

1）两已定控制点间有一组起伏时。路线要交替跨越丘梁和坳谷，在两个相邻的梁顶（或谷底）之间，即出现一组起伏。在这种地形上布设路线，如沿直线走，路线最短，但起伏很大，为了减缓起伏，势必将出现高填深挖，增大工程量；如沿匀坡线走，坡度最好，但路线绕长太多，工程量一般也不会省。这种硬拉直线和弯曲求平的做法不可取。

选线时考虑路线走在直线和匀坡线之间，这样多作几个方案，在起伏地带应在直线与匀坡线之间寻找最合理的路线方案。路线在平面上的具体位置应根据路线等级并结合地形作具体分析，做到方案平、纵、横恰当结合。

对于较小的起伏，首先要采取缓坡，因此，低等级公路工程宜小，平面上稍多迂回是可以的，即路线可离直线远些；高等级公路则宁可多做些工程，尽可能减短一些距离，把路线定得离直线近些。

较大的起伏，两侧的高差常不相同，高差大的一侧的坡度常常成为决定因素，要根据应采用的合理坡度并结合梁顶的挖深和谷底的填高来确定路线的平面位置。

2）两已定控制点间有多组起伏时。两个已定控制点间有多组起伏时，需要在每个梁顶（或每个谷底）都定出控制点，然后按上述方法处理各组起伏。已定控制点间包括的起伏组数越多，直线和匀坡线所包范围越大，路线的方案也越多。布线可分头从两个已知控制点向中间进行，逐步减少包括的起伏数，从而缩小直线和匀坡线所包括的范围，直到最后贯通。

3. 丘陵区选线注意事项

丘陵区具体选线时还应注意平、纵面线形及其配合。总结丘陵区选线的实践经验，应注意以下几点：

（1）平面

平面上不宜强求直线，而要尽量因地制宜采用与地形协调的长缓平曲线，曲线不要过于零碎连续，相距不远的同向曲线尽可能并为一个单曲线或复曲线，反向曲线间应有一定的直线，否则，可采用S形曲线。

（2）纵断面

起伏地区路线根据地形，综合填挖平衡，采用起伏坡形是缩短里程或节省工程的有效方法。但起伏不要太频繁，要控制最小坡段长度，坡度要用得缓些，陡而长的坡道中间要利用地形增加缓坡段。竖曲线也要长而缓，相离不远的同向曲线尽量连接起来，反向曲线间最好有一段匀坡。

（3）平、纵面的配合

长陡下坡尽头避免设小半径平曲线。平、竖曲线的位置，在两者半径很大的情况下，各设在什么地方对行车并无太大影响，但在起伏地形如梁顶、沟底等处，使暗弯与凸竖曲线、明弯与凹竖曲线结合起来，则能增进行车安全感和路容的美观。但要注意两者的半径都应尽可能大些，避免凸竖曲线与小半径平曲线相隔很近的情况，凹曲线与平曲线重合处车速一般都比较高，半径太小增加驾驶难度。为避免以上情况，要把平、竖曲线重合起来，综合考虑，均衡布置，在保证平、纵面合理的情况下，符合相应的技术标准，降低工程造价，力求工程最省，方案最经济。

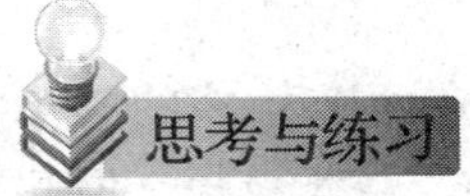

1. 简述丘陵区路线特点。
2. 简述丘陵区选线布设要点、布设方式以及选线的注意点。

课题五　路线方案比选及示例

◆ 了解影响路线方案选择的主要因素。
◆ 掌握路线方案选择的方法和步骤。

公路选线是一个涉及面广、影响因素多、政策性和技术性都很强的工作，方案比选也是选线中确定路线总体布局的有效方法，在选择的多种方案中，通过方案比较和取舍，选择技术合理、费用经济、切实可行的最优方案。选线要通过总体布局解决基本走向，然后解决局部方案，通过比选直到具体定线。路线总体布局是通过图纸上选线和现场实测来完成的。

一、影响路线方案选择的主要因素

路线方案是设计中最根本的问题。方案是否合理，不仅关系到路线在路网中的关键作用，而且直接影响国家经济的发展和是否满足国防的要求。作为选线工作的第一步就是要在可能的方案中，在深入调查的基础上，综合考虑路线方案选择的主要因素，通过方案的比选，提出合理的路线方案。方案比选应综合考虑以下主要因素：

1. 路线在政治、经济、国防上的意义，国家或地方建设对路线使用任务、性质的要求，以及战备、支农、综合利用等重要方针的贯彻和体现程度。

2. 路线在铁路、公路、航道等网系中的作用，与沿线工矿、城镇等规划的关系以及与沿线农田水利建设的配合及用地情况。

3. 沿线地形、地质、水文、气象、地震等自然条件对公路的影响，要求的路线等级与实际可能达到的技术标准及其对路线的使用任务、性质的影响。

4. 路线与沿线历史文物、革命旧址、旅游风景区等的联系。影响路线方案选择的因素很多，各种因素互相影响、相互制约。路线在满足使用任务、性质、工程技术标准的前提下，还应综合考虑自然条件、技术指标、工程投资、施工期限和施工设备等因素，精心选择、多次比选，才能提出合理的推荐方案。

二、路线方案选择的方法和步骤

1．收集与路线方案有关的规划、环保、国土、地质、水文、气象、压覆矿产资源、统计资料及各种比例尺的地形图、航测图等资料。

2．根据确定的路线方向和公路等级，先在小比例尺（1∶50 000 或 1∶100 000）的地形图上，结合收集的资料，初步研究可行的路线走向。重点应放在地形、地质、地物等干扰多、影响大、涉及范围广的路段。根据研究的方案，进行比较，图上无法辨析的重大控制点应进行实地踏勘，结合现场踏勘的结果对比图纸上的地物地貌，进一步优化方案。

3．按照室内提出的方案进行实地勘察，连同野外发现的新方案，逐一调查，不遗漏可能的方案。野外调查要根据内业的指导，初步确定控制点的位置，核查有无变动意见，对路线走向及桥隧设施提出推荐方案，比如桥位是否合理，不合理是否可以左右摆动一下线位，隧道进出口所处地形是否合理。分段提出采用的技术标准和主要指标的意见。在深入调查的基础上，通过比较，选定路线必经的控制点，如越岭的垭口，跨大河的桥位，跨越铁路或公路的交叉点，以及应绕避的城镇和大型的不良地质地段等。

4．分类整理汇总调查成果，编写工程可行性研究报告。

三、路线方案比选示例

【例 4—5—1】 某干线公路，根据公路网规划要求按三级公路标准修建，拟订了四个方案进行比较，如图 4—5—1 所示，各方案的技术经济指标汇总见表 4—5—1，请确定推荐方案。

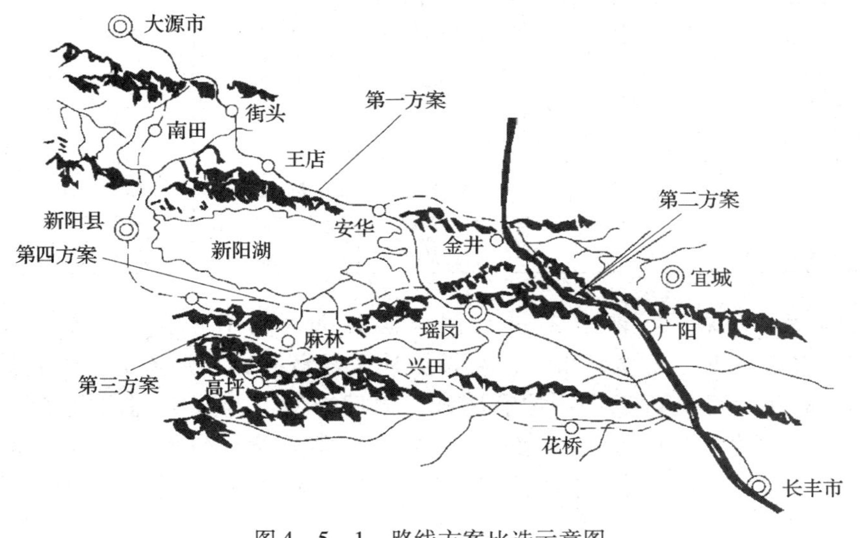

图 4—5—1 路线方案比选示意图

表 4—5—1　　某公路各方案主要指标比较表

指标		单位	第一方案	第二方案	第三方案	第四方案
通过县（市）		个	29	29	32	31
路线长度		km	1 360	1 347	1 510	1 476
其中：新建		km	133	200	187	193
改建		km	1 227	1 147	1 323	1 283
地形：平原、微丘		km	567	677	512	615
山岭、重丘		km	793	670	998	861
用地		km^2	1 525	1 913	2 092	1 928
工程数量	土方	$10^4\ m^3$	382	492	528	547
	石方	$10^4\ m^3$	123	75	82	121
	次高级路面	km^2	5 303	5 582	4 440	5 645
	大、中桥	m/座	1 542/16	1 802/20	1 057/13	1 207/15
	小桥	m/座	1 084/57	846/54	980/52	1 566/82
	涵洞	道	977	959	1 091	1 278
	挡墙	m^3	73 530	53 330	99 770	111 960
	隧道	m/处	300/1	—	290/1	—
材料	钢材	t	1 539	1 963	1 341	1 469
	木材	m^3	18 237	19 052	18 226	19 710
	水泥	t	30 609	39 159	31 288	33 638
劳动力		万工日	1 617	1 773	1 750	1 920
总造价		万元	81 015	85 110	77 835	89 490
比较结果			推荐			

解　比选结果：第三、四方案过于偏离总方向，较第一、二方案增加了 100 ~ 150 km，虽能多连接两、三个县市，但对发展地区经济起的作用不大。而且第三方案线形指标较低，将来改建时难以利用原有路线。第四方案又与现有高压电缆线连续干扰，不易解决。因此，第三、四方案不宜采用。第二方案虽路线较短，但与铁路干扰严重，施工不方便，且占地较多。最后推荐路线较短、线形标准较高、用地较省、造价也较低的第一方案。

【例4—5—2】　某公路（见图4—5—2）作巴、安渡两点间，有南、北线两个方案。两方案的主要技术经济指标汇总见表4—5—2。

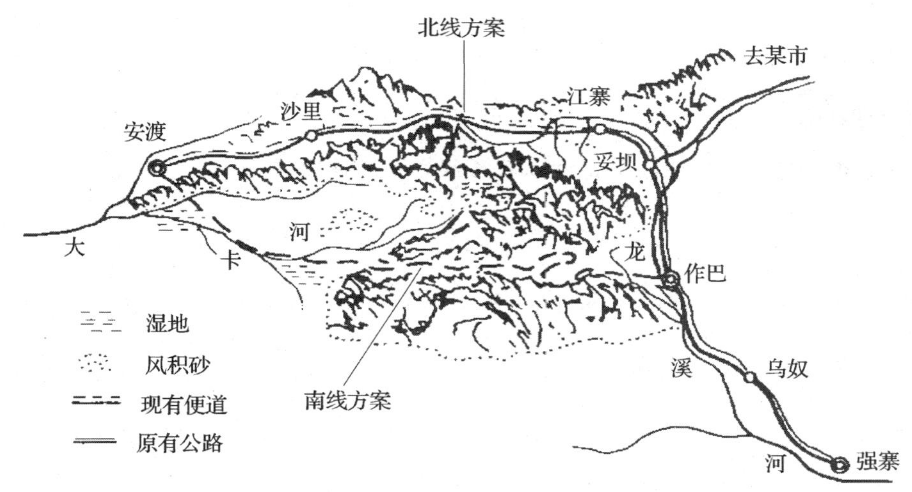

图4—5—2　南、北线方案比选示意图

表4—5—2　某公路南、北线方案主要指标比较表

指标		单位	南线方案	北线方案
路线长度		km	118	141
其中：新建		km	112	—
改建		km	6	141
工程数量	土方	10^4 m^3	83	103
	石方	10^4 m^3	15	10
	路面	km^2	708	594
	桥梁	m/座	110/8	84/15
	涵洞	道	236	292
	防护	m^3	6 300	1 300
比较结果				推荐方案

【解】　从上表所列主要技术经济指标，很难分出南、北线方案的优劣。但是，根据平面图进行分析，路线连接强寨、安渡的长度，南线要近23 km，虽然线路很短，但从公路网规划需要和沿线城市考虑，远不如走北线。两方案都有积雪问题。南线垭口海拔为3 000 m，北线垭口海拔为3 300 m。南线积雪虽较北线积雪薄，且距离短，但越岭地形较陡，需要展线6. 5 km，积雪难以处理。同时，南线方案有岩堆、崩塌、风积沙等病害需

要处理。北线地形平坦，越岭不需要展线，全线均有旧路或便道可以利用，局部路段稍加改善即可达到新建标准，比南线方案节省工程量和投资造价。综上所述，推荐北线方案。

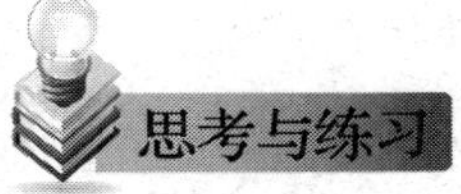

简述影响路线方案选择的主要因素以及路线方案选择的方法。

模块五

定　线

课题一　纸 上 定 线

◆ 了解定线的目的、任务和意义。
◆ 熟悉纸上定线的概念及工作步骤。
◆ 能够进行纸上定线和实地放线工作。

一、定线的目的、任务和意义

定线是在选线布局的基础上具体定出公路中线位置的工作过程。公路定线的基本任务是在选线布局确定的“路线带”范围内，按照既定的技术标准，结合细部地形、地质等自然条件，综合考虑路线的平、纵、横三面的合理安排，确定公路中线的准确位置，其内容包括确定交点和曲线定线两项工作。定线在公路设计中起关键的作用，不仅要解决工程和经济的问题，而且还要充分考虑公路与生态环境的关系，公路与周围环境的配合与协调等问题。

公路定线是一项复杂、涉及面广、技术要求很高的工作。定线除了受地形、地质、地物等限制外，还受技术标准、国家政策、社会影响、公路美学、风俗习惯等因素的约束。因此，设计人员必须精益求精，在实际工作中，复杂条件下的定线需要进行方案比选来确定最优方案。

二、纸上定线的概念及工作步骤

1．概念

纸上定线是在路线带的大比例尺（1∶1 000～1∶2 000）地形图上找出控制路线的所有

特征点。考虑平、纵、横三面的协调，并通过试绘试算和反复修改定出路线的位置。纸上定线是公路定线过程中的一个中间步骤，最终还要把纸上路线敷设到实地上去，放到实地进行勘测（又称“打线”）。这种方法适用于技术标准高、地形复杂地区的路线。

纸上定线可以从图上俯视较大范围的地形情况，能比较容易地找出所有控制路线的特征点，深入细致地研究一切有利和不利条件，以作出不同的方案。定线者在室内对所有方案进行比选，能够较好地解决路线平、纵、横的协调配合。高速公路由于线形标准高，为保证汽车快速、安全、舒适地行驶，对平、纵协调的立体线形设计要求也高，在定线过程中涉及面广，工作量大，多采用纸上定线。但纸上定线必须要有较高精度的大比例尺地形图。

2. 工作步骤

不同的地形有不同的矛盾，定线主要是正确绕避平面上的障碍，力争控制点间路线顺直短捷。对山岭、重丘陵地区，地形复杂，横坡陡峻，定线时利用有利地形，避让艰巨工程、不良地质地段或地物，都涉及调整纵坡的问题，而山岭区纵坡的限制又是较严的。因此定线条件不一样，工作重点就会不同。以下就是纸上定线的工作步骤：

（1）拟定线路方案走向

在大比例尺地形图上，根据路线的起、终点和中间控制点，仔细研究路线布局阶段选定的主要控制点间的地形、地质情况，选择有利地形，利于回头展线的地点等，画出可能成立的路线方案，完成路线走向的拟定工作。

（2）试线放坡

根据等高线间距 h 及选用的平均坡度 i_j（5.0% ~5.5%，视路线所经地区相对高差而定），按 $a=h/i_j$ 计算出等高线间平距 a，使两脚规的开度等于 a（比例尺与地形图同），进行纸上放坡，如图 5—1—1 所示。

如图 5—1—2 所示为某回头曲线纸上放坡定线的实例。A、D 为控制点，从垭口控制点 A 开始，沿各拟定走法在等高线上依次截取 a、b、c 等点，如果最后一点的位置和标高均接近另一固定点 D，就说明这个方案能够成立，否则，修改走法或调整 i_j，重新试验至方案成立为止。

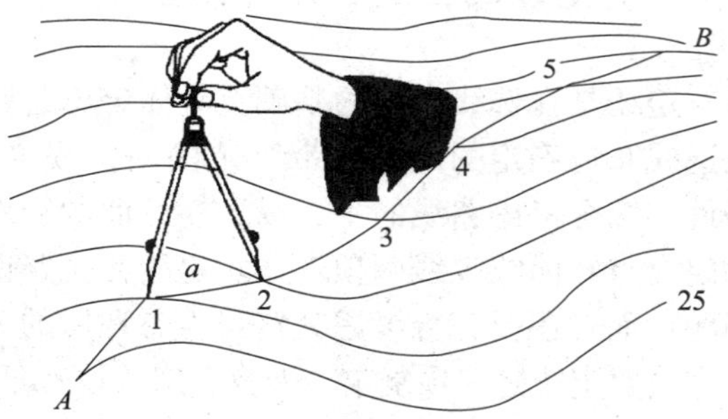

图 5—1—1　纸上放坡示意图

（3）定导向线

连接 A、a、b、…、D 各点，分析研究这条折线在利用地形、避让地物以及工程艰巨的情况，从而选择出应穿越或应避让的特征点作为中间控制点。如图 5—1—2 所示的 A、a、b、…、D 折线从 C 处陡崖中间通过，B 处有利于回头的地点也未利用上，如调整一下 B、C 前后路段的坡度，即能避开陡崖和利用有利的回头地点，因此可以把 B、C 定为中间控制点，然后再分段仿照上法截取 a'、b'等点，连接 Aa'、b'、…、D 的折线，标出路线将行经的部位，该折线称为导向线。

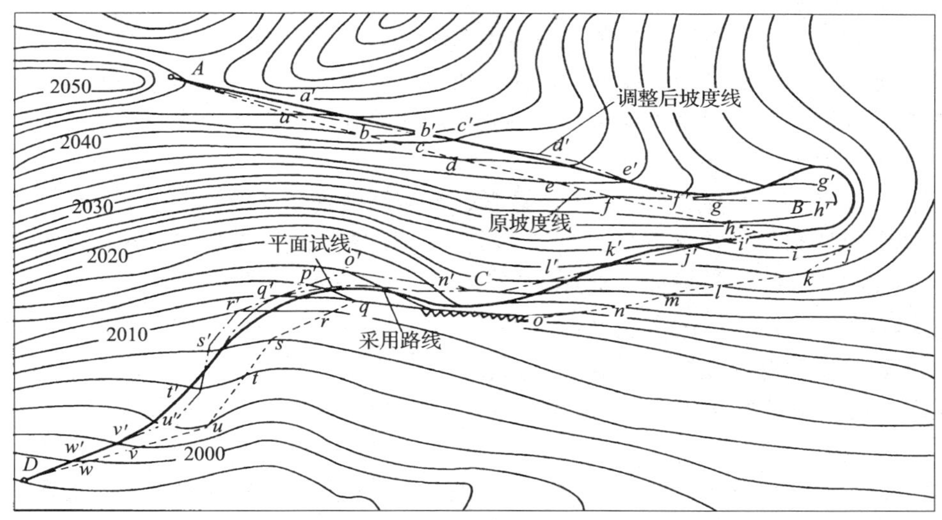

图 5—1—2　纸上放坡定线示例

（4）第一次修正导向线

根据导向线初步拟定平面试线，注明平曲线半径，量出地形变化特征、点桩号及地面标高，绘制概略纵断面图，按最佳要求设计纵坡，计算各桩的概略设计标高。在平面试线各桩的横断面方向上点出与概略设计标高相应的点，这些点的连线是与概略纵断面图相对应的、具有理想纵坡的、不填不挖的折线，称为第一次修正导向线（本例中未标出）。

（5）第二次修正导向线

在第一次修正导向线各点的横断面图上，用路基模板逐点找出最经济的或起控制作用的最佳路基中线位置及其可以活动的范围。根据最佳位置点的性质分别用不同符号点在平面图上，这些点的连线是一条有理想纵坡、横断面上位置最佳的平面折线，称为第二次修正导向线。第二次修正导向线可作为最后定线的依据。

（6）定线

纸上定线应该既能满足公路规定的几何标准，又能充分适应当地地形，避开尽可能多的障碍物。为此定线必须在分析研究第二次修正导向线上各特征点的性质和方案摆动范围的基础上，反复试线才能得到满意的结果。

纸上定线的具体操作有两种：

1）直线形法。利用修正导向线各点的可活动性，按照照顾多数、兼顾重点的原则，先用直线尺绘出与较多地形相适应的各个直线段，然后用半径适当的曲线把相邻直线连接起来。地形复杂、转折较多或转弯处控制较严时，也可先定曲线，后用直线把曲线顺滑地连接起来。

2）曲线形法。仍以修正导向线为基础，根据修正导向线上各点控制性严宽的程度，参照设计路线标准的要求，先用一系列圆弧去拟合控制较严的地段或部位，然后把这些圆弧用适当的缓和曲线连接起来。若相邻两圆曲线相距较远，则可根据需要插入直线段，形成一条以曲线为主的连续平面线形。

上述两种方法，并无本质上的区别，但手法不同，计算过程及成果表示方式也不相同。由于适用性的差异，有的甚至可以从线形设计质量上有所反映。一般讲，前者适用于地形简易的平原微丘地区，后者适用于地形、地物复杂的丘陵和山岭地区。

（7）设计纵断面

量出路线穿过每一等高线处的桩号及高程，绘制路线地面线的纵断面。设计者根据地形图，把竖向需要控制的各特征点的标高（如起、终点控制标高，为保证桥涵净空的最小高度，与旧路连接标高，相邻建筑物地坪标高等）分轻重程度用不同符号注在图上作为填挖控制点，然后仿照平面试线的方法确定纵坡设计线。纵坡设计时要坚持“填挖平衡”的原则，不能出现高填深挖的现场，以减少工程量。定纵坡设计线应参考试线时的理想纵坡，纵坡要符合该级公路技术标准要求，努力争取满足各种竖向控制以及纵坡线形与平面线形的配合。

根据设计纵坡，检查所定路线是否经济合理，如填挖过大，应进行修改。修改是调整纵坡还是改移中线，或两者都改，应在对平、纵、横三面充分研究后确定。设计纵坡时应按照《公路路线设计规范》的要求，确定哪些地方用足坡，哪些地方限制需要采用最小坡度。越岭线上，一般纵坡灵活性不大，常常要平、纵面同时考虑。

纸上定线是一个反复试验的过程，平面试线修改的次数越多，最后所定的路线设计质量越高，直到没有什么好的方案可以比拟，才可认为纸上定线工作已告完成。

1. 定线的任务、目的和意义是什么？
2. 定线的步骤是什么？有哪几种定线方法？各有什么特点？如何选用？
3. 纸上定线的操作方法是什么？

课题二　实 地 定 线

- 掌握无纵坡问题的实地定线的步骤。
- 掌握有纵坡问题的实地放坡定线的步骤。

实地定线就是设计人员直接在现场勘测定线。实地定线的指导原则与纸上定线一样，但定线的工作条件可以改变。实地定线时，选线人员面对的是实际地形、地质、地物及水文等错综复杂的条件。要求选线人员要有一定的定线经验；有一定的勘测经验，多调查路线历经地带的各种因素变化情况；要掌握公路工程技术标准，并能加以熟练应用；要有清晰的空间想象能力，能在脑海中描绘出所选路线的空间效果。经反复比较，才能选定出好的方案。

一、无纵坡问题的实地定线

当路线不受纵坡限制时，定线时应以平面和横断面为主安排路线。其要点是：以点定线，以线交点。以点定线，就是在全面布局和逐段安排确定的控制点间，结合各方面因素进一步确定影响公路中线位置的小控制点，然后，按照这些小控制点，大致穿出公路直线的方法。以线交点，就是在已定小控制点的基础上结合路线标准和前后路线条件，穿出直线，并延长交出交点。无纵坡问题的实地定线步骤如下：

1. 控制点的加密

两控制点之间，一般不可能作直线（特别是地形困难、等级较低的公路），常常需要设置交点，使路线转弯，从而避开障碍物，利用有利地形，以达到技术经济合理的目的。加密控制点，就是在实地寻找控制和影响公路中线位置的具体点位。一般小控制点有经济性和控制性两种控制点。

2. 穿线定点

受各种因素限制的平面位置控制点比较多，穿线定点，就是根据技术标准和线形组合的要求，满足控制点要求和照顾多数经济点，前后考虑，用穿线的办法延长直线，交出转角点。

在进行穿线定点时，除要满足技术指标的要求外，还应注意以下几方面问题：

（1）平曲线间夹直线的长度必须满足要求。

（2）在满足控制点要求的前提下，调整交点位置使路线偏角较小，交点间距较长，争取较好线形。

（3）注意保证行车视距。确定交点位置时，应尽量避免交点正对山嘴或其他障碍物。

（4）注意力求平面线形指标均衡，保持线形的连续性，长直线尽头应尽量避免设小半径曲线；路线绕避障碍物时，要及早转向，以使线形舒顺均衡。

（5）路线平面线形要与纵断面起伏相适应。在复杂地形地段，可结合纸上移线来求得平、纵面协调的线形。

（6）长下坡尽头应避免急弯，以利于行车安全。

（7）要考虑多数经济控制点的要求，使所穿直线横向填挖基本平衡。所定线形应保证路基的横向稳定性和经济性。

（8）定线时应注意横向地形、地质、地物控制的要求，从全局角度选定方案。

（9）结合路基边坡加固措施来考虑方案，尽量避免高边坡和长深的路堑。

（10）注意路线与桥涵、隧道和其他特殊构造物的配合。

二、有纵坡问题的实地放坡定线

按照要求的设计纵坡（或平均坡度）在实地找出地面坡度线的工作称为放坡。山岭重丘区，天然地面坡度角为20°以上，而路线设计的平均纵坡只有5%～5.5%，路线布设受纵坡限制，定线时应以纵坡为主安排路线。显然，山岭重丘区选线的关键问题是寻找一条适当的路线，使其地面坡度为设计纵坡（或平均纵坡）。有纵坡问题的实地放坡定线步骤如下：

1．分段安排路线

在路线全面布局，逐段安排定下的主要控制点之间，根据地形、地质、水文等条件，自上而下，用粗略试坡方法定出沿线应穿应避的中间控制点，拟订路线轮廓方案。

2．放坡、定向导线

放坡是越岭定线的一个重要的环节，它对于控制高程，处理好平面、纵断面、横断面之间的关系起着重要的作用。

（1）纵坡安排和选择坡值应考虑的问题

1）纵坡线形要符合《公路工程技术标准》要求，并力求两控制点间坡度均匀，越岭路线应避免设反坡。

2）要结合地形选用坡度，尽可能不用极限坡，但也不应太缓。

3）按平均坡度放坡（放均坡）：《公路工程技术标准》规定平均坡度值为5%～5.5%（按相对高差而定）。用平均纵坡度进行放坡，取得平均坡度线后再进一步根据地形条件调整为设计纵坡。放均坡只起到在一定长度范围内控制高差和水平距离的作用，优点是放坡速度快，但没有反映公路等级对纵坡的不同要求以及纵坡与地形、地质、平面线形相配合的情况。

（2）放坡方法

目前越岭放坡一般常采用带角手水准方法，除此以外，设计人员在勘测期间还可以根据现场打线取得的真实地面高程点，生成线路方案的地面线，根据起点的设计标高，按照《公路路线勘测规程》要求和不同的地形变化采取不同的坡段长度，根据填挖平衡的原则一个坡段一个坡度这样逐段放坡，最后根据需要再进行坡度优化（又称调坡）。

下面简单介绍带角手水准实地放坡方法：

放坡由纵坡受限较严的控制点（垭口处）开始，如图5—2—1所示。一人用带角手水准，对好与选用坡度相当的角度，立于控制标高处指挥，另一持花杆的人在山嘴、山坳等地形变化处，计划转坡处及顺直山坡上每隔一定距离的各点，插上坡度旗，旗上最好注明选用的坡度值。按上述方法定出的坡度点的连线 $A_0A_1A_2\cdots$，$A_0A_1A_2\cdots$与纸上定线的导向线相同，可称实地导向线。放坡时要估计平曲线的大概位置和半径，以便考虑坡度折减。对计划要跨的山沟和要穿的山嘴或山脊，放坡时应“跳”过去，计划绕行时，坡度要放缓，距离要折减。

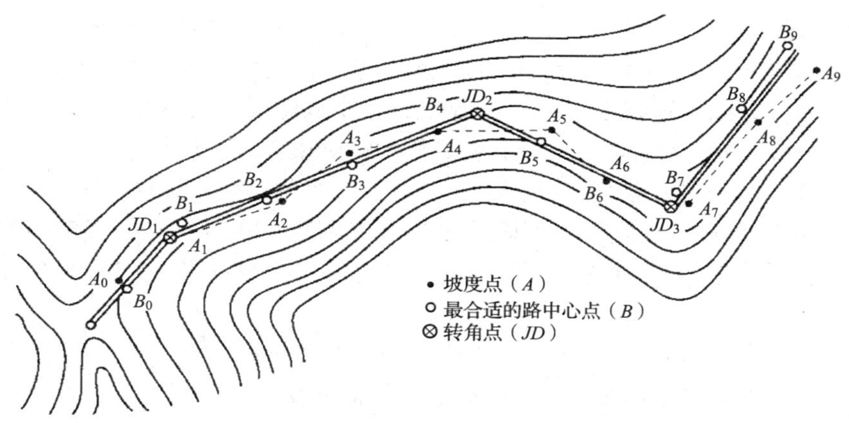

图 5—2—1　实地放坡定线示意图

3. 修正导向线

坡度点就是概略的路基设计标高，由于各点的地面横坡度陡缓不一，线位调上调下对路基的稳定和填挖工程量影响很大，因此应根据路基设计的要求，在各坡度点的横断面方向上选定最合适的中线位置，插上标志，如图 5—2—1 所示的 B_0、B_1、B_2…，这些点的连线即为修正导向线（相当于纸上定线的第二次修正导向线）。

4. 穿线交点

修正导向线是具有合理纵坡，横断面上位置最佳的一条折线，穿线要从平面线形要求出发，尽可能多地靠近或穿过导向线上的特征点，特别要注意控制性严的点，裁弯取直，使平、纵、横三面恰当结合，穿出与地形相适应的若干直线，延伸这些直线定出交点，即为路线导线。

5. 设置平曲线

路线导线定出后，即可根据交点偏角及附近地形、地质等条件，确定平曲线半径，并敷设平曲线。

但回头曲线在现场插设比较复杂，应按照一定步骤插设，以免造成外业返工过多，增加工作强度。凡设回头曲线的地方，地形对路线都带有强制性。如图 5—2—2 所示，主曲线和前后的辅助曲线的纵断面、平面相互约束很严，稍有不慎，方案就会受到影响，可能会造成大量的填挖方，因此插设回头曲线必须细致谨慎。

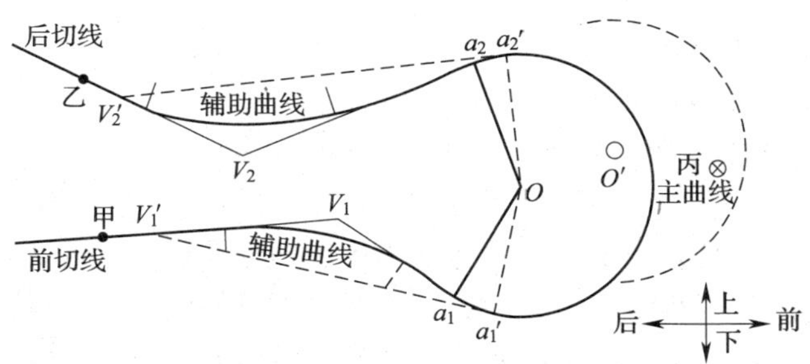

图 5—2—2　回头曲线插设示意图

6. 纵断面设计

直接定线的纵坡设计一般都是在对平面线形基本肯定之后进行的。设计的纵坡不仅需要满足工程经济和《公路工程技术标准》的规定，还要考虑平、纵面线形配合的问题，因此必须反复试验修改才能得到满意的结果，检查修改时应注意以下几点：

首先按常规方法拉坡，借用横断面，并参考定线时的设想，逐桩拟定最合适的填、挖高度，并按控制松严的程度分别用不同符号注在纵断面图上。仿照定路线平面一样，按照注意重点，照顾多数的原则试定纵坡，试坡应符合《公路工程技术标准》要求，并设置竖曲线。

其次检查平、纵面线形配合如何，可能出现如下几种情况：

(1) 只需调整纵坡即能满足要求时，按需要调整纵坡线形。

(2) 靠调整纵坡的方法无法满足需要时，应考虑调整平面线形，平面线形的调整可采用纸上移线的方法解决。并通过现场改线，重新定出实地路线平面线位。

(3) 工程经济与平、纵配合矛盾很大时，应结合路线等级、工程量大小等因素具体分析，确定调整方案。

1. 什么是实地定线，实地定线的技术人员应具备什么素质？
2. 简述实地定线的方法与步骤。

课题三　纸 上 移 线

- ◆ 了解纸上移线的条件。
- ◆ 掌握纸上移线的方法与步骤。
- ◆ 能够进行路线方案的优化和纸上移线工作。

在公路定线过程中，往往由于定线时考虑不周、地形条件限制或其他原因，难免会产生因平面中线位置不当致使工程量过大等问题。此时可在分析研究已定路线平、纵、横图纸资料的基础上，考虑移动线路。纸上移线是修改局部路线的有效方法。

一、纸上移线的条件

1. 路线平面标准前后不协调，需要调整半径，或室内定坡后发现局部地段工程量过大。
2. 路线位置过于靠山或过于靠外，不利于挖方或挡墙设置，移线后能节省大量工程数量。
3. 增加工程量不大，但能显著提高平、纵面线形标准时。

二、纸上移线的方法与步骤

纸上移线有计断链和不计断链两种做法。移距较大，断链长度较长，对纵坡度有较大影响时，应采用计断链的做法，步骤如下：

1. 给制移线地段的大比例尺（一般用1∶200～1∶500）路线图，注出各桩平面位置。
2. 依据移线目的，在纵断面图上试定出合理坡度，读取各桩填挖值。
3. 根据填挖值，用路基模板在横断面图上找出最经济或控制性的路基中心线位置，其偏离原中心线的距离即移距，如图5—3—1所示各位置分别用不同符号点在路线平面图上。参照这些记号，在保证重点、照顾多数的原则下，经多次反复试定修改，直到定出满足移线要求，线形合理的移改导线，如图5—3—2中虚线所示。

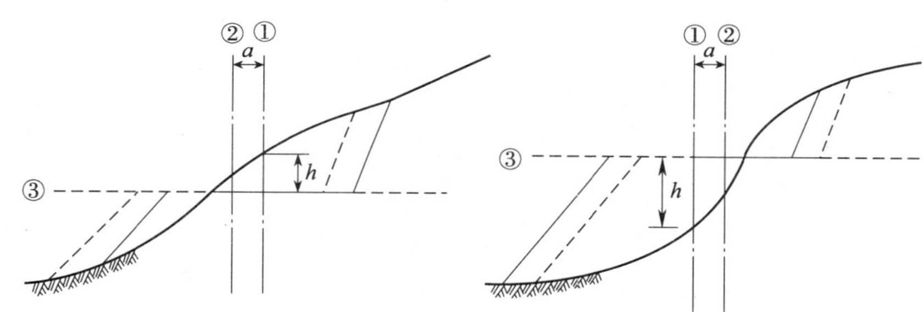

图5—3—1 移距示意图

①：未移动前路基中心线；②：最佳路基中心线；③：对原桩填挖值的水平线；

h：填挖高度；a：最佳中心线位置偏离原中心线的距离

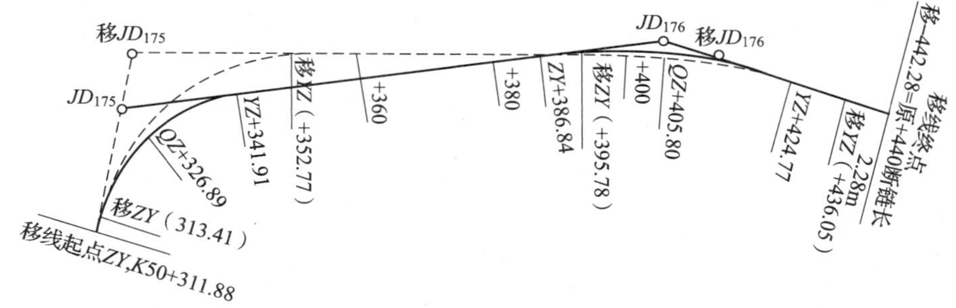

图5—3—2 移线平面示意图

4．用正切法量算各交点转角。移线与原线角度要闭合，否则需进行调整，首先调整短边和角值小的转角，拟定半径、计算曲线要素并给出平曲线，编制移线前后直线、曲线表。量原线各相邻桩横断方向线切割移线的实际长度（这些长度之和，在曲线段内应等于曲线的计算长度，在直线段应等于曲线间的直线长度），据此推算移线上的新桩号，量原线各桩移距，连同新老桩号一并记入移距表中，算出断链长度，注于接线桩处。原曲线与移位曲线的相关数值见表5—3—1。

5．按移距在横断面图上给出移线中心线位置，并注上新桩号，在原横断面上读取新老桩比高。原桩与移线新桩的相关数值见表5—3—2。

6．根据比高用虚线在原纵断面图上点出移线的地面线和平曲线，重新设计纵坡和竖曲线。

表5—3—1　　原曲线与移位曲线表

原曲线			移位曲线		
JD原	175	176	JD移	175	176
α_y	68°49′	21°44′	α_y	75°10′	15°23′
R	25	100	R	30	150
T	17.12	9.20	T	23.09	20.26
L	30.03	37.93	L	9.36	40.27
E	5.30	1.83	E	7.86	1.36

表5—3—2　　原桩与移位新桩表

原桩号	移线桩号	比高	
		左	右
*ZYK*50+311.88	*K*50+311.88	0	0
QZ+326.89	+328.19	1.3	
YZ+341.91	+343.97	4.0	
+360	+362.27	3.1	
+380	+382.27	0.8	
ZY+386.84	+389.18	0	0
+400	+402.28		0.8
QZ+405.80	+408.08		0.9
YZ+424.77	+427.05		0.2
+440	+442.28	0	0

注：此段移线原因为土石方工程数量过大。将*JD*175外移，可避免出现深路堑，以减少土方工程。

7．按移线的桩号、平曲线、坡度、竖曲线等资料编制移线后新的路基设计表，表中地面标高仍为原桩标高，移线的平曲线起、终点桩号填在“备注”栏里。

8．设计路基，计算土石方数量。纸上移线示例如图 5—3—3 所示。

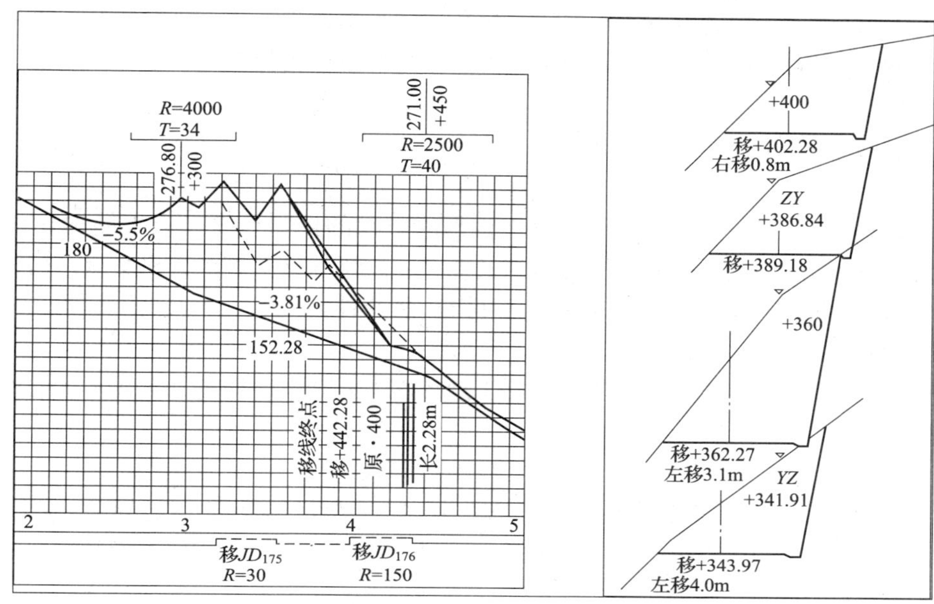

图 5—3—3　纸上移线示例

纸上移线的资料主要从原线的横断面上取得，由于一般横断面实测范围有限，且离中线越远误差越大，因此移距不能太大，一般以小于 3 ~ 5 m 为好。移距很大时，应在定出移改导线后，实地重新测量。

1．纸上移线的条件是什么？

2．纸上移线的方法与步骤是什么？

课题四　实 地 放 线

◆ 掌握穿线交点法和直接定交点法的方法及步骤。

◆ 能够使用穿线交点法和直接定交点法确定路线。

实地放线是将纸上画好的方案去实地勘测放线，供详细测量和施工用。把纸上路线放到地面上的方法很多，常用的有穿线交点法、拨角法、直接定交点法、坐标法等。应根据路线复杂程度和精度要求高低、测设仪器设备、地形难易等具体条件选用。

一、穿线交点法

穿线交点法是根据平面图上路线与施测地形时敷设的控制导线（以下简称导线）的关系，把纸上路线的每条边逐一而独立地放到实地上去，延伸这些直线交出交点，构成路线导线，由于放线的方法不同，又可分为支距法和解析法两种。

1. 支距法

通常所指穿线交点定线多为此法，适用于地形不太复杂，路线离开导线不远的地段。其工作方法如下：

（1）量支距

在图上量得纸上路线与导线的支距，如图5—4—1所示的导1－*A*、导2－*B*、导3－*D*点等。注意纸上每条导线边至少应取三个点，并尽可能使这些点在实地上能互相通视。

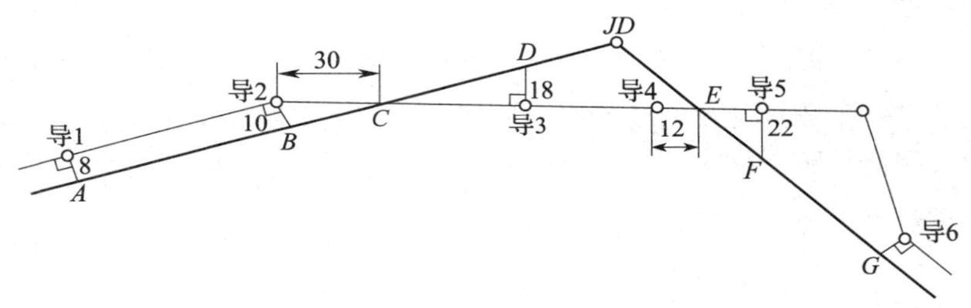

图5—4—1　支距法放线示意图

（2）放支距

在现场找出各相应的导线点，根据量得的支距用皮尺和方向架定出各点，插上旗子。

（3）穿线交点

放出的各点，由于量距和放线工作的误差，不可能恰好在一条直线上，必须穿直。穿直线多用花杆进行（长直线或地形起伏很大时可用经纬仪），穿出直线后要根据实际地形审查路线是否合理，否则现场修改，改善路线位置。两相邻直线的交点即为转角点，如交点距路线很远或交在不能架设仪器的地方，可插成虚交形式。所有交点和转点都应钉桩以标定路线。

2. 解析法

解析法是用坐标计算纸上路线与导线的关系，此法较为准确。在地形复杂和直线较长，路线位置需要准确控制时用此法，其工作步骤为：

（1）计算路线与导线的夹角

如图5—4—2所示，从平面图上量得纸上路线的交点 JD_A、JD_B 的坐标（Y_A，X_A），

(X_B, Y_B)，则 $JD_A \sim JD_B$的象限角为：

$$\tan\alpha = \frac{Y_B - Y_A}{X_B - X_A} = \frac{\Delta B}{\Delta A} \tag{5—4—1}$$

导 1 ~ 导 2 的坐标已知，故象限角 β 为已知值，$JD_A \sim JD_B$ 与导 1 ~ 导 2 的夹角为：

$$Y = \alpha - \beta \tag{5—4—2}$$

为了判明象限角的名称，需注意坐标的正负号，即横坐标 Y 东正西负，纵坐标 X 北正南负。

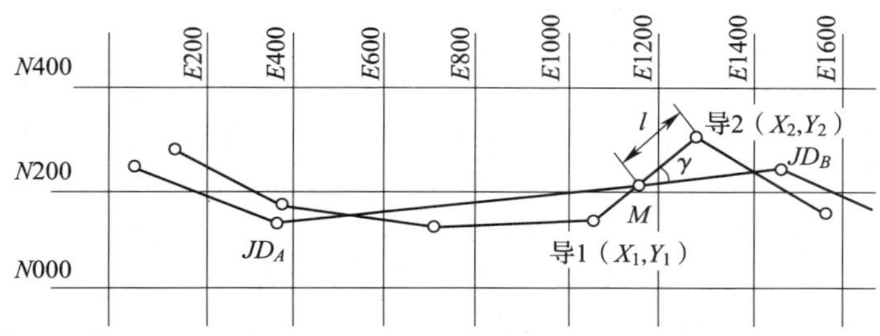

图 5—4—2　解析法放线示意图

（2）计算距离 l

$JD_A \sim JD_B$与导 1 ~ 导 2 的交点 M 的坐标（X_m，Y_m）可解下列联立方程式求得：

$$\begin{cases} \dfrac{Y_2 - Y_m}{X_2 - X_m} = \dfrac{Y_2 - Y_1}{X_2 - X_1} \\ \dfrac{Y_B - Y_m}{X_B - X_m} = \dfrac{Y_B - Y_A}{X_B - X_A} \end{cases} \tag{5—4—3}$$

式中　(X_1, Y_1)、(X_2, Y_2) ——导 1、导 2 的坐标，在控制测量中已计算出数据；

(X_A, Y_A)、(X_B, Y_B) ——JD_A、JD_B 的坐标，可从平面图上量得导 2 至 M 的距离。

$$l = \frac{X_2 - X_m}{\cos\beta} = \frac{Y_2 - Y_m}{\sin\beta} \tag{5—4—4}$$

或

$$l = \sqrt{(X_2 - X_m)^2 + (Y_2 - Y_m)^2} \tag{5—4—5}$$

（3）放线

1）置经纬仪于导 2，后视导 1，丈量距离 l 得 M 点。

2）移经纬仪于 M，后视导 2，转 γ 角定 $JD_A \sim JD_B$方向。

3）延长直线，用骑马桩交点法求出 JD_A，钉上小钉。

此法计算比较麻烦，但精度较高，实际工作中亦可用比例尺从平面图上直接量取距离 l。

二、直接定交点法

在地形平坦，视线开阔，路线不受地形限制，线位能根据地物、地貌判定的地区，可依纸上路线和地貌地物的关系，现场直接将交点定出。如图 5—4—3 所示，从图上得知交点

JD 离河岸约 200 m，位于已有公路曲线内侧，一端切线距公路桥头 50 m，另一端切线距房屋 25 m，这样便可根据这些关系直接于现场定出 *JD*。

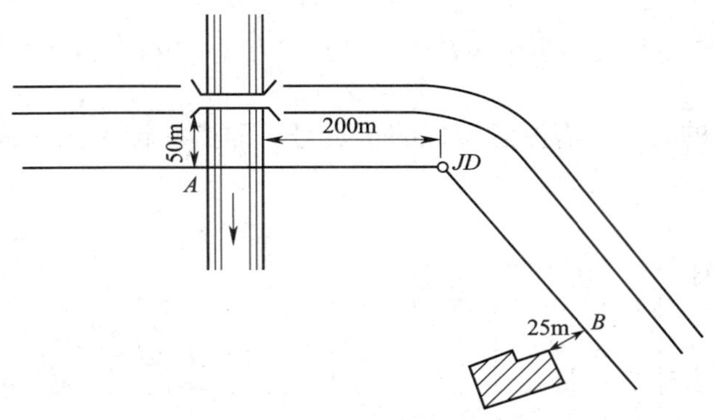

图 5—4—3　直线定交点法放线示意图

上述穿线交点法和直接定交点法，放线资料大都来自图解，准确度不高，适用于活动余地较大的路线。上述方法都只用于路线导线的标定，路线的曲线部分还须用传统的曲线敷设方法标定。除此之外，现在的外业勘测定线过程中都已采用电子仪器测量技术，路线方案的选定也是根据 Auto CAD 计算机辅助设计，在已经制作好的航拍电子图上优化线路方案，根据软件导出相关曲线资料、断链资料和相关线路坐标，通过这些资料输入相关电子测量仪器，进行实地打线，此方法精度较高，数据可靠准确。

1. 简述用支距法确定路线交点的方法。
2. 直接定交点法的适用条件是什么？

课题五　平曲线半径及长度的选定

◆ 掌握曲线半径的确定方法。
◆ 能够正确选用平曲线半径。

无论是纸上定线还是实地定线，在路线确定后，定线人员还要根据路线交点实际情况，酌情选定平曲线半径。《公路工程技术标准》规定各级公路不论转角大小均应设置平曲线。在选用平曲线半径时应尽可能选用较大的平曲线半径。一般情况下，宜选用大于技术标准所规定的不设超高的平曲线半径，只有当受地形、地物或其他条件限制时，方可采用小于一般最小半径的值，不要轻易采用极限最小半径。平曲线半径的选定，除要与弯道本身所在位置的地形、地物条件相适应，使曲线沿理想的位置通过外，还要考虑与弯道前后的线形标准相协调。如在长而陡的坡道下端和长直线中间不宜插设小半径平曲线，以及在陡坡上设小半径平曲线要考虑纵坡折减的影响等各种因素。同时在非复曲线情况下，半径值一般应取 5 m 的整数倍。

一、曲线半径的确定

在交点附近平曲线线位受地形、地物制约时，其半径的选定通常可以用单交点法，平曲线预期通过的理想线位，一般是结合现场实际予以首先确定，然后按平曲线要素几何关系来推算适应上述线位要求的相应半径值。

1. 根据外距控制半径

对于转角不大，线位受限制不严的平曲线弯道，控制点位取曲线中点 QZ，根据预期中点位至交点的实测距离 $E_{控}$ 按下式计算

$$R=\frac{E_{控}}{\sec\frac{\alpha}{2}-1} \tag{5—5—1}$$

式中　$E_{控}$——实测控制的外距，m。

上式求得的 R 值，一般应取 5 m 或 10 m 整数倍的数值。

【例 5—5—1】　如图 5—5—1 所示为山岭区某三级公路，设计车速为 30 km/h，路基宽度为 8.0 m，交点偏角 $\alpha=46°38'$。路线交点受一建筑物限制，试求在不拆除建筑物的条件下能够设多大的平曲线半径。

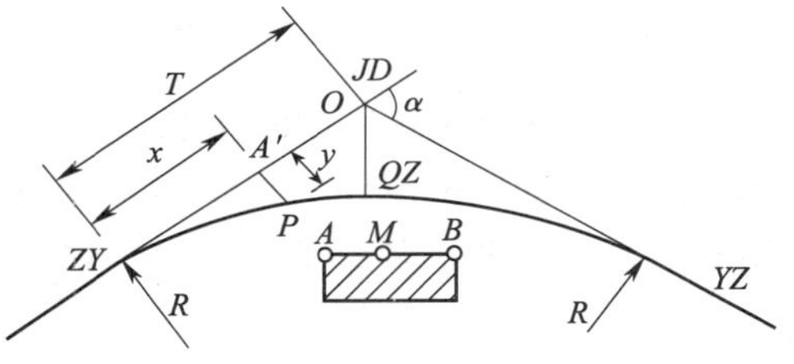

图 5—5—1　外距控制半径示意图

【解】　根据以上要求，首先应测出交点 JD 到建筑物间的距离 $JD-M$，实测结果为 15.12 m，若弯道加宽值暂定为 1.0 m，边沟顶宽为 1.2 m，建筑物到边沟保留值为 2.0 m，则平曲线最大外距应不大于下列数值：

$$E_{控}=15.12-(8.0/2+1.0+1.2+2)=6.92\text{ m}$$

$$R=\frac{E_{控}}{\sec\frac{\alpha}{2}-1}=\frac{6.92}{\sec\frac{46°38'}{2}-1}=\frac{6.92}{1.089-1}=77.8\text{ m}$$

取整数：$R=80$ m

当 $R=80$ m，$\alpha=46°38'$时，外距 $E=7.11$ m，路面加宽值查《公路工程技术标准》为 1 m，能满足要求。

2. 曲线上任一点位置控制半径

如果单凭曲线中点 QZ 难以判断整个曲线是否与地形、地物全部吻合时，就应补点检查，或为使曲线一定要通过曲线上 P 点，如图 5—5—1 所示，此时可自 P 点作切线的垂线交于 A'点，量得 y 值，用试算法选半径，即先假定 R，按切线支距近似公式计算：

$$x = \sqrt{2Ry} \tag{5—5—2}$$

试算出 x 值，由已知偏角 α、半径 R，算出曲线要素 T。若计算的 $T-x$ 和实际量得的 t 相等或接近，则假定的 R 为所求值；若不相等，应重新假定 R 试算，反复多次即可定出 R 值。

3. 用切线长度控制半径

平曲线半径的选定，除受地形、地物制约外，有时还应考虑如何适应前后线形的要求。如当同向或反向曲线间直线长度较短时，为解决曲线敷设与衔接，通常采用限制切线长度的方法来推求平曲线半径，如图 5—5—2a 所示。桥梁或隧道两端的曲线起、终点到桥头或隧道口应留有一定长度的直线段，如图 5—5—2b 所示，此时平曲线半径也应根据切线长度来选定。

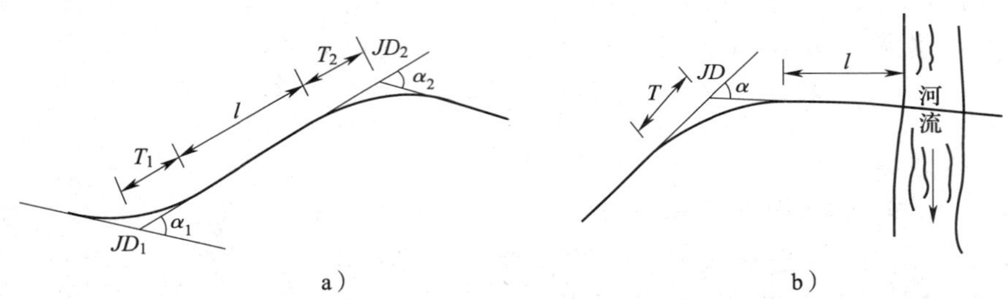

图 5—5—2　切线长度控制半径

对采用单交点法选定曲线半径，一般应首先留出《公路工程技术标准》规定的直线长度（当反向或同向曲线径向连接时，直线长度 $D=0$），然后选定出地形、地物控制较严的一侧曲线半径；再根据切线差 T'反算相邻曲线半径，计算公式为：

$$R = \frac{T'}{\tan\frac{\alpha}{2}} \tag{5—5—3}$$

4. 用曲线长度控制半径

当已知交点偏角或交点偏角较小，其他条件不受限制时，如果平曲线半径选得过小，那么曲线长度太短显然对行车不利，此时平曲线半径使用允许的平曲线长度 L 来控制选定，其计算公式为：

$$R = \frac{180L}{\alpha\pi} \tag{5—5—4}$$

【例 5—5—2】　某交点偏角 $\alpha=15°$，若使平曲线长度满足 250 m，求平曲线半径。

【解】 根据已知条件，选用公式：

$$R = \frac{180L}{\alpha\pi} = \frac{180 \times 250}{15\pi} = 955.4 \text{ m}$$

取整数 $R = 1\ 000$ m。

5. 按路线纵坡控制半径

当路线纵坡紧迫，为使弯道上合成纵坡不因曲线半径太小而超过规定值，这时应根据已初定的路线纵坡和合成坡度标准来反算出超高横坡，再按控制的超高横坡反查半径与超高相互关系表定出平曲线半径值。

二、虚交点选配半径

1. 双交点切基线法定曲线半径

一般应先选择曲线适宜通过的点位 *GQ* 点（见图 5—5—3），然后通过 *GQ* 点作 *AB* 线，分别交前、后导线于 JD_A 与 JD_B，测量 θ_A，θ_B 及 *AB* 长度，最后按双交点等半径共切于一点的关系，用下式估算曲线半径值：

$$R = \frac{AB}{\tan\theta_A/2 + \tan\theta_B/2} \tag{5—5—5}$$

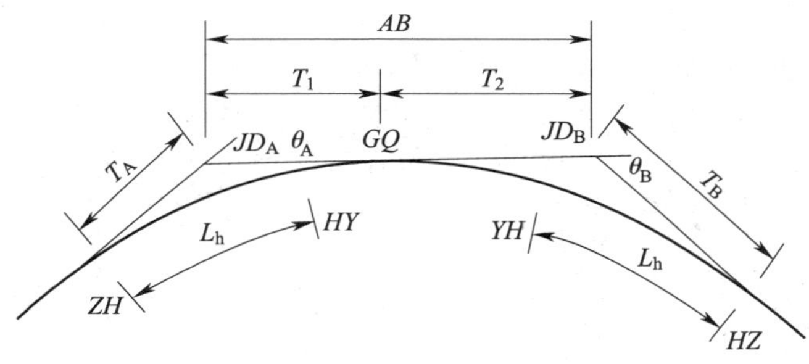

图 5—5—3 双交点切基线法示意图

当按上式估算出曲线半径后，用已知参数计算曲线要素，并在现场定出平曲线的起点、公切点及终点，当以上三点通过验校无法满足合适线位时，可改为虚交点法或复曲线法选定曲线半径。

2. 复曲线定曲线半径

对复曲线半径的选定，如图 5—5—4 所示。一般应先定出受地形控制较严的一侧曲线半径，然后反算相邻曲线半径，除要求曲线通过理想线位外，还应注意两相邻曲线的半径值不宜相差过多，其比值一般以不大于 1.5 为宜。

【例 5—5—3】 如图 5—5—4 所示，JD_{16}为双交点曲线。已知 $\theta_A = 50°30'$，$\theta_B = 42°2'$，$AB = 69.51$ m，试求平曲线半径。

【解】 根据已知条件

$$R+P=\frac{AB}{\tan\frac{\theta_A}{2}+\tan\frac{\theta_B}{2}}=\frac{69.51}{0.47163+0.38420}=81.22\ \text{m}$$

选取 $l_h=40$ m，则

$$P\approx\frac{l_h^2}{24(R+P)}=\frac{40^2}{24\times 81.22}=0.82\ \text{m}$$

$$R\approx 81.22-0.82=80.40\ \text{m}$$

将 $R=80.40$ m 代入 P 值计算公式校核：

$$P=\frac{l_h^2}{24R}=\frac{40^2}{24\times 80.40}=0.83\ \text{m}$$

$$g=\frac{l_h}{2}-\frac{l_h^3}{240R^2}=20-0.04=19.96\ \text{m}$$

$$T_1'=(R+P)\tan\frac{\theta_A}{2}=81.22\times 0.4716=38.30\ \text{m}$$

$$T_2'=(R+P)\tan\frac{\theta_B}{2}=81.22\times 0.3842=31.20\ \text{m}$$

$$AB=T_1'+T_2'=38.30+31.20=69.50\ \text{m}$$

最后取圆曲线半径 $R=80.40$ m，$l_h=40$ m。

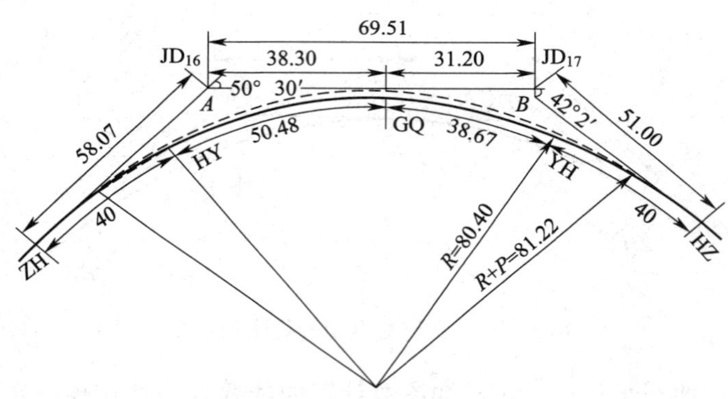

图 5—5—4　复曲线定半径示意图

三、回头曲线选配半径

设回头曲线的地点、地形条件对路线、回头曲线的主曲线和前、后辅助曲线之间纵面、平面相互约束，回头曲线上、下线之间在横断面上的制约都很严，曲线参数的计算也较复杂。稍有不慎，不是线形受影响，就是造成大量的填挖方，半径选配必须反复试插试配，才能得到满意的结果。

不同的地形条件，主曲线平面位置可以活动的范围大小有所不同。如利用山包或山脊平台回头时，可活动的范围就比较小，插线应先根据坡度点把主曲线位置定下来，然后定前后切线位及辅助曲线。插法视具体地形选用虚交、双交点或多交点形式均可。当利用山坳、山坡回头时，主曲线位置一般有较大活动余地，其大体位置参照导向线选定，确切线位要根据纵坡估算填挖工程量来确定，具体做法如下：

1. 根据导向线插出前后切线的方向线，选定主曲线的大概位置。

2. 根据地形判定是否需要设辅助曲线及其大概位置和可能采用的半径。

3. 确定主凸线圆心位置。

4. 无论采用哪种形式插线，都应指定一个固定点，固定点选在受地形限制最严处，可以是圆心，也可以是主曲线的起（终）点。

5. 检查上、下线间的最小横距。

6. 路线完全插定后，定线人应沿线查对一遍，记录特征地点适宜的填挖高度和对人工构造物的处理意见，供内业设计时参考。

思考与练习

1. 公路平曲线要绕过一建筑物，选定路线导线如图 5—5—5 所示。已知偏角 $\alpha=17°17'13''$，缓和曲线长度 l_h = 70 m，控制外距 E 不得大于 7 m。求平曲线最大半径值应为多少？（取 10 m的整数倍值）

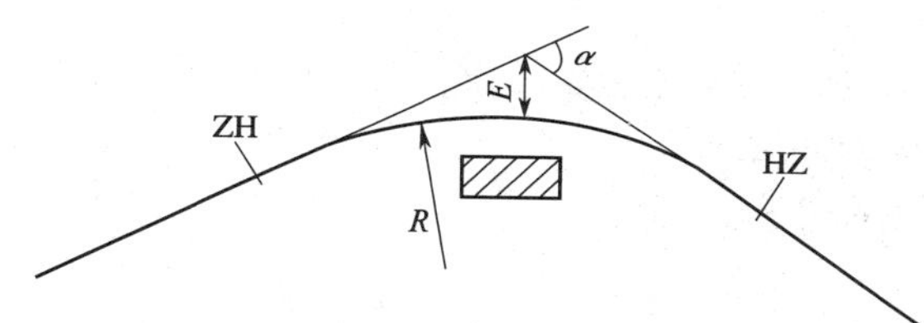

图 5—5—5 平曲线半径确定示例

2. 公路平曲线的偏角 $\alpha=8°25'36''$，为使平曲线长度超过 300 m，平曲线半径最小选多少？（取 100 m 的整数倍值）

3. 某桥头引道有一段平曲线，已知平曲线的偏角 $\alpha=15°27'16''$，为使平曲线起点至桥头保留一定直线长度，故控制切线长度不大于 100 m 。求该平曲线半径值不得大于多少？（取 100 m 的整数倍值）

模块六

公路外业勘测

课题一　公 路 初 测

◆ 了解公路初测的目的、任务及准备工作。

◆ 了解公路初测的主要内容。

◆ 了解进行公路初测的步骤。

一、公路初测的目的、任务及准备工作

1. 公路初测的目的及任务

公路勘测设计通常分为两个阶段，即初步设计阶段和施工图设计阶段，每一个阶段都有不同的目的和要求，因此，在公路勘测设计的方法上也有所不同，对应于初步设计的称为公路初测；对应于施工图设计的称为公路定测。

初测的目的是根据计划任务书确定的修建原则和路线基本走向，通过现场对各个有价值方案的勘测，从中确定采用的路线，搜集编制初步设计文件的资料。

初测的任务是要对路线方案作进一步的核查落实，并进行导线、高程、地形、桥涵、路线交叉和其他资料的测量、调查工作，进行纸上定线和有关的内业工作。

2. 初测准备工作

（1）搜集资料

为满足初测和初步设计的需要，航摄照片初测前应搜集、掌握以下资料：

1）可供利用的各种比例的地形图、航测图、三角点、导线点、水准点资料。

2）了解沿线自然地理概况，收集沿线的工程地质、水文、气象、地震基本烈度等资料。

3）搜集沿线农林、水利、铁路、公路、航道、城建、电力、环保等有关部门的规定及规划、设计、科研成果等资料。

4）对于改建公路还应收集原路的测设、施工及路况等资料。

（2）室内研究路线方案

在既有地形图上进行各种可行方案的研究，并进行初步的方案比选，拟订需要勘测的方案及比较线，确定现场需要重点调查和落实的问题。

（3）路线方案的现场核查和落实

开测前，应组织路线、地质、桥涵等专业的主要人员（必要时，邀请当地政府和有关部门派员参加）进行现场路线方案的核实工作。核实的主要内容和要求如下：

1）按初拟的路线方案进行核查。通过调查、研究分析、比较，初步确定采用方案。核查中，如果发现有可资比较的较大的新方案，且对批准走向或工程造价有较大影响，应进行比选论证，提出推荐意见，并报上级主管部门审定。

2）与当地政府部门联系，听取对有关方案的意见。

3）核实中应充分考虑环保的影响。

除此以外，在现场核查中还应对沿线的村镇、已建或计划修建的建筑设施、拆迁、占地、工程地质、筑路材料、布线地形条件、改建公路路线方案等情况进行调查，确保路线的具体布局。

（4）其他资料调查

1）了解沿线地形情况，拟定路线途经的地形分界位置。

2）了解沿线涉及测量工地的地形、地貌、地物、通视、通行等情况，拟定勘测工作的困难程度。

3）调查沿线生活供应、交通条件等情况。

（5）资料整理

通过收集资料和现场的查实调查，应提出如下资料：

1）根据已掌握的资料，概略说明沿线的地形、河流、工程地质、水文地质、气象等情况，指出采用路线方案的理由，提供沿线主要工程和主要建筑材料情况，提出勘测中应注意的事项、需要进一步解决的问题等。

2）估计野外工作的困难程度和工作量，确定初测队伍的组织及必需的仪器工具和其他装备，并编制野外工作计划和日程安排。

3）提出主要工程（如桥涵、隧道、立交等）的工程地质勘查工作量和要求。

二、初测的内容与步骤

1. 导线测量

导线是在地面上布设的若干直线连成的折线，作为路线方案比较的控制线。初测的导线测量主要是对导线长度、转角和平面坐标的量测工作。

（1）导线布置

初设导线的布设应全线贯通。导线点应选在稳固处，导线点宜尽量接近路线位置，并便于测角、测距、测绘地形及定测放线。导线点的间距不应短于 50 m 和长于 500 m，布设导线点时，应做好现场记录，并绘出草图。

（2）导线长度测量

导线点距离优先采用光电测距仪测量，也可用钢尺和基线法测量，其相对限差为 1/1 000。

（3）水平角测量

水平角测量采用全圆测回法测量右侧角，经纬仪精度指标不低于 J_6 级。两个半测回限差在 40″内取平均值，附合导线和闭合导线差为 $\pm 60''\sqrt{n}$（n 为测站总数）。施测中每天至少观测一次磁方位角，其校核差不大于 2°。

三角形的角度测量精度见表 6—1—1。当角值限差在规定范围内时，取其平均值。

表 6—1—1　　角度测量精度

仪器等级	三角形度数（°）		测回数	半测回限差
	最小	最大		
J_2	7	130	1	20″
J_6	12	120	1	40″

当路线起、终点附近有国家或其他部门的平面控制点，且引测较方便时，可根据需要进行联测，形成闭合导线。

2. 高程测量

高程测量即水准测量。

3. 地形测量

初测路线地形图必须全线贯通测绘，在具体测绘时，为保证测设精度，应尽量以导线点作测站。必要时可以根据导线点用视距法或交会法设置地形转点。

4. 小桥涵勘测

初测时的小桥涵（包括漫水工程）勘测的主要工作内容包括：搜集有关资料，拟定桥涵位置、结构类型、孔径、附属工程的基本尺寸，初步计算工程数量。

5. 其他勘测调查

概算资料的调查按《公路基本建设工程概、预算编制办法》的有关规定进行。调查的内容与预算资料调查大致相同。

此外，公路初测还应进行路线交叉勘测、临时工程资料调查、杂项调查及勘测等工作，收集相应的资料。

6. 内业工作

初测内业工作内容包括：

（1）复核、检查、整理外业资料

一般应逐日复核、检查外业原始记录资料，做到资料无误。对于其他部门收集的资料，应做到正确取用。

（2）进行纸上定线及局部方案比选

纸上定线应按 JTG D20—2006《公路路线设计规范》的规定进行。对地形、地质、水文等条件复杂、工程艰巨的路段，应拟订出可能的比较线位方案，进行反复推敲，确定采用线位。

（3）综合检查定线成果

综合检查路线线形设计及有关构造物布设的合理性，并进行必要的现场核对。

（4）图表制作和汇总

根据初步设计及现行《公路工程基本建设项目设计文件编制办法》（交公路发［2007］358 号）的有关要求，对初测的原始资料进行整理及图表制作和汇总。

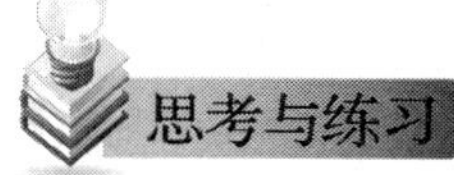

1. 什么是公路初测？公路初测的任务和目的是什么？
2. 进行公路初测的主要内容和步骤是什么？

课题二　公 路 定 测

- 了解公路定测的任务。
- 掌握公路定测的内容及步骤。
- 熟悉公路定测的分工及具体工作。

一、公路定测的任务

公路定测，即定线测量，是指施工图设计阶段的外业勘测和调查工作。其具体任务是：根据上级批准的初步设计，具体核实路线方案，实际标定路线或放线，并进行详细测量和调查工作。

二、公路定测的内容及步骤

1. 对初步设计方案进行补充勘察，如有方案变化应及时与有关主管部门联系，并报上级批准。

2. 实地选定路线或实地放线（纸上定线）时，进行测角、量距、中线测设、桩志固定等工作。

3. 引设水准点，并进行路线水准测量。

4. 路线横断面测量。

5. 测绘或勾绘路线沿线的带状地形图。

6. 对路段有大型构造物的地带，应测绘局部大比例地形图。

7. 进行桥、涵、隧道的勘测与调查。

8. 进行路基路面调查。

9. 占地、拆迁及预算资料调查。

10. 沿线土壤地质调查及筑路材料勘查。

11. 检查及整理外业资料，并完成外业期间所规定的内业设计工作。

三、公路定测的分工

定测分为选线组、导线测角组、中桩组、水平组、横断面组、地形组、调查组、内业组共八个作业组进行。如果定线采用纸上定线方法进行，则此时可将选线和导线测角组合成一个放线组。

1. 选线组

（1）任务

选线是公路定线的第一步，是整个外业勘测的核心，其他作业组都是根据它所插定的路线位置开展测量工作的。其主要任务是：实地确定中线位置。其主要工作就是：进行路线察看，并进一步确定路线布局方案；清除中线附近的测设障碍物；确定路线交点及转角并钉桩，选定曲线半径；会同桥涵组确定大、中桥位；会同内业组进行纵坡设计。在越岭线地带，还需进行放坡定线工作。

（2）分工及工作内容

1）前点放坡插点。前点一般有 1 ~ 2 人担任。其主要工作是：根据路线走向，通过调查、量距或放坡，确定路线的导向线，进一步加密小控制点，插上标旗，供后面定线参考。

2）中点穿线定点。中点一般由 2 ~ 3 人担任。其主要工作是：根据技术标准，结合地形及其他条件，修正路线导向线，用花杆穿直线的办法，反复插试，穿线交点，并在长直线或在相邻两互不通视的交点间设置转点，最后选定曲线半径及其有关元素。

3）后点测角钉桩。后点一般由 2 ~ 3 人担任。其主要工作是用森林罗盘仪初测路线转角以供中点选择曲线半径用；钉桩插标旗；并给后面的作业组留下半径及其他有关控制条件的纸条。

2. 导线测角组

（1）任务

导线测角组紧跟选线组工作。其主要任务是：标定直线与修正点位；测角及转角计算；

测量交点间距；平曲线要素计算；导线磁方位角观测及复核；经纬仪视距测量；交点及转点桩固定；作分角桩；测定交点高程，设置临时水准点；协助中桩组敷设难度大的曲线等工作。

为确保测设质量和进度，定线与导线测角应紧密配合，相互协作。作为后继作业的导线测角组，要注意领会选线意图，发现问题及时予以建议并修正补充，使之完善。

（2）分工及工作内容

导线测角组一般由四人组成，其中司仪一人，记录计算一人，插杆跑点一人，固桩一人。其主要工作内容如下：

1）标定直线与修正点位。

标定直线，主要是对长直线而言。当直线很长或直线间地形起伏较大时，为保证中桩组量距时穿杆定线的精度，用经纬仪标定若干导向桩。

修正点位，是指两交点互不通视时，测角组用经纬仪进行穿线和对交点位置的微小修正工作，修正点位，正倒镜的点位横向误差每 100 m 不能大于 10 mm。在限差之内，分中定点。

2）测角与计算。

①测右角。路线测角一般规定为测右角。用不低于 J_6 级的经纬仪，以测回法进行观测。

②计算转角。转角指后视导线的延长线与前视导线的水平夹角，根据右角计算，如图 6—2—1 所示。

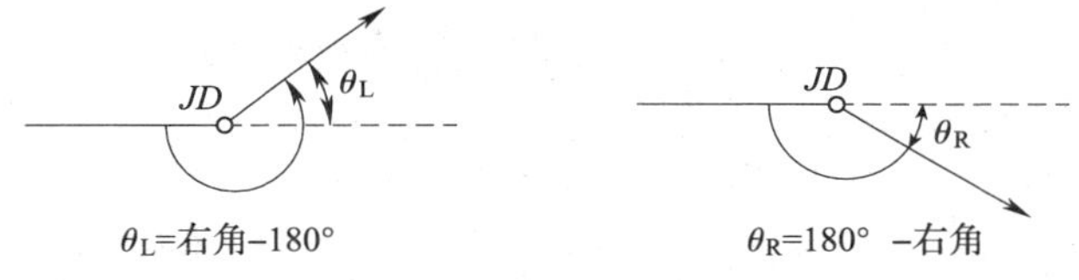

图 6—2—1 路线转角的计算

3）平距与高程测量。

通常多用光电测距仪或全站仪测定两相邻交点间的平距和高差。测点（交点或转角）间的距离，一般不宜长于 500 m。

4）作分角桩。

为便于中桩组敷设平曲线中点桩（*QZ*），在测角的同时需做转角的分角线方向桩。分角桩方向的水平度盘读数按下式计算：

分角读数 =（前视读数 + 后视读数）/2（右转角）

分角读数 =（前视读数 + 后视读数）/2 + 180°（左转角）

5）方位角观测与校核。

为避免测角时发生错误，保证测角的精度，应在测设的过程中经常进行测角检查。检查通常是采用森林罗盘仪或带有罗盘仪的经纬仪通过观测导线边的磁方位角进行的，为保证精度，定测计算所得的磁方位角与观测磁方位角的校差不应超过 2°。

磁方位角每天至少应该观测一次（一般在出工或收工时进行观测）。

6）交点桩的保护和固定。

在测设过程中，为避免交点桩的丢失及方便以后施工时寻找，交点桩在定测时必须加以固定和保护。

交点桩的保护，一般采用就地灌注混凝土的办法进行。混凝土的尺寸一般深 30 ~ 40 cm，直径 15 ~ 20 cm 或 10 ~ 20 cm 见方。

固桩则是将交点桩与周围固定物（如房角、电杆、基岩、孤石等）上某一不易破坏的点联系起来，通过测定该点与交点桩的直线距离，将交点位置确定下来，以便今后交点桩丢失时可以及时恢复该交点桩。

用作交点桩固定的地物点应稳定可靠，各点位与交点桩连线之间的夹角一般不宜小于 90°，固定点个数一般应在两个以上，如图 6—2—2 所示。

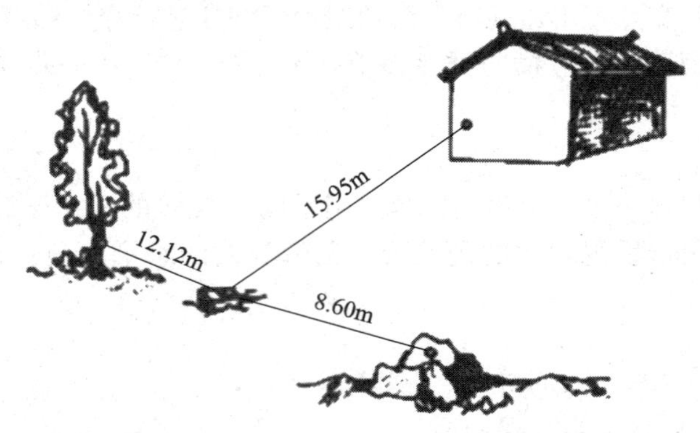

图 6—2—2　固桩示意图

固桩完毕后，应及时画出固桩草图，草图上应绘出路线前进方向、地物名称、距离等，以备将来编制路线固定表之用。

3. 中桩组

（1）任务

中桩组的主要任务是根据选线组选定的交点位置、曲线半径、缓和曲线参数（或缓和曲线长度）及导线测角组所测得的路线转角，进行量距、钉桩、敷设曲线及桩号计算（详细计算过程见课题三）。

（2）分工及工作内容

1）分工。一般由 7 人组成，其中前点 1 人，负责寻找前方交点，并插前点花杆；拉链 2 人，分别为前链手和后链手，其中后链手负责指挥前链手进行穿线工作；卡链 1 人，负责卡定路线中桩的具体位置；记录计算 1 人，负责进行桩号计算，并记录中桩编号，累计链距等工作；写桩 1 人，负责中桩具体书写工作；背桩打桩 1 人。

2）工作内容如下：

①中线丈量。中线丈量是指丈量路线的里程，通常情况下我们把路线的起点作为零点，以后逐链累加计算。

量距一律采用水平距离。量距时一般用皮卷尺进行，公路等级要求较高时，最好是采用钢尺或光电测距仪进行。量距累计的导线边边长与光电测距仪测得的边长的校差不应超过边长的 1/2 000，否则应返工。

②中桩钉设。中桩钉设与中线丈量是同时进行的。需要钉设的中桩包括：路线的起终点桩、公里桩、百米桩、平曲线控制点（主点桩）、桥梁或隧道中轴线控制桩以及按桩距要求根据地形、地物需要设置的加桩等。

直线路段上中桩的桩距一般为 20 m，在平坦地段亦不超过 50 m。位于曲线上的中桩间距一般为 20 m，但当平曲线半径为 30 ~ 60 m，缓和曲线长为 30 ~ 50 m 时，桩距不应大于 10 m；当平曲线半径及缓和曲线长小于 30 m 或用回头曲线时，桩距不应大于 5 m。

此外，在下列地点应设加桩：

a. 路线范围内纵向与横向地形有显著变化处。

b. 与水渠、管道、电讯线、电力线等交叉或干扰地段起、终点。

c. 与既有公路、铁路、便道交叉处。

d. 病害地段的起、终点。

e. 拆迁建筑物处。

f. 占用耕地及经济林的起、终点。

g. 小桥涵中心及大、中桥、隧道的两端。

中桩位置丈量用花杆穿线定位，桩位允许误差：纵向 $\left(\frac{s}{1\,000}+0.1\right)$mm（式中 s 为交点或转点至桩位的距离，单位为 m），横向 10 cm。

曲线测设时，应先测设曲线控制桩，再测设其他桩。当圆曲线长度大于 500 m 时，应用辅助切线或增设曲线控制点分段测设。曲线闭合差纵向不超过 ±1/1 000 曲线长，横向误差应不超过 ±10 cm。中线闭合差不应超过下列规定：水平角闭合差 $\pm 60\sqrt{n}''$，长度相对闭合差 ±1/1 000。

③写桩与钉桩。所有中桩应写明桩号，转点及曲线桩还应写桩名，如图 6—2—3 所示。为了便于找桩和避免漏桩，所有中桩应按每公里在背面编号。中桩的书写常用红油漆或油笔。

④断链及处理。在丈量过程中，出现桩号与实际里程不符的现象叫断链。断链的原因有很多，但主要指两种：一种是由于计算和测量发生错误造成的；另一种则是由于局部改线、分段测量等客观原因造成的。

断链有“长链”和“短链”之分，当路线桩号长于地面实际里程时叫短链，反之则叫长链。其桩号写法举例如下：

长链：$GK3+110=K3+105.21$　长链 4.79 m

短链：$GK3+157=K3+207$　短链 50 m

所有断链桩号应填在“总里程及断链桩号表”

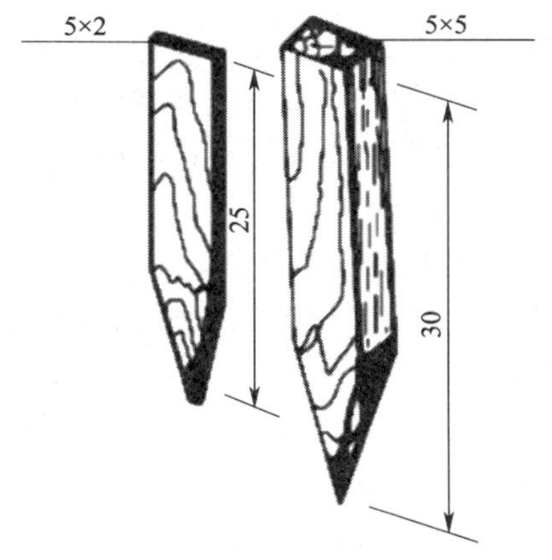

图 6—2—3　桩志

上，考虑断链桩号的影响，路线的总里程应为：

$$路线总里程=终点桩里程-起点桩里程+\Sigma 长链-\Sigma 短链$$

4. 水平组

（1）任务

水平组的任务是通过对路线中线各中桩高程进行测量，并沿线设置临时水准点，为路线纵断面和横断面设计和施工提供高程资料。

（2）分工及工作内容

水平组通常由6人组成，分基平和中平两个组。中平主要对各中桩进行水准测量，基平则主要是设置临时水准点并进行交点高程的测量。当导线测角采用光电测距仪时，可不设基平组，其任务由导线测角组代替。

1）水准点的设置。水准点的高程应引用国家水准点，并争取沿线联测，形成闭合导线。采用假定高程时，假定高程应尽量与实际接近，可借助于1∶10 000或1∶50 000军用地图进行假定。

水准点沿线布设，应有足够的数量，平原微丘区间距为1～2 km；山岭重丘区间距为0.5～1.0 km。在大桥、隧道、垭口及其大型构造物所在处应增设水准点。水准点应设在测设方便、牢固可靠的地点。设置的水准点应在记录本上绘出草图，并记录位置及所对应的路线的桩号，以便编制“水准点表”。

2）基平测量。基平测量应采用不低于S_3级的水准仪，采用一组往返或两组单程测量。其高程闭合差应不超过$\pm 30\sqrt{l}$ mm（l为单程水准路线长度，以km计），符合精度要求时取平均值。水准点附合、闭合及检测限差亦应满足上述精度要求。测量时的视线长度，一般不大于150 m，当跨越河谷时可增至200 m。

3）中平测量。中平测量可使用S_{10}级的水准仪采用单程进行。水准路线应起、闭于水准点，其限差为$\pm 30\sqrt{l}$ mm。中桩高程取位至厘米级，其检测限差为±10 cm。导线点检测限差为±5 cm。

5. 横断面组

（1）任务

横断面组作业的主要任务是：在实地逐桩测联每个中桩在路线横向（法线方向）的地表起伏变化情况，并画出横断面的地面线。路线横断面测量主要是为路基横断面设计、土石方计算及今后的施工放样提供资料。

（2）工作内容

1）横断面方向的确定。要进行横断面测量，必须首先确定横断面的方向。在直线路段，横断面的方向与路线垂直；而在曲线段，横断面的方向与该点处曲线的切线相垂直，即法线方向。

直线上的横断面方向，用方向架或经纬仪作垂线确定。曲线上的横断面方向，根据计算的弦偏角，用弯道求心方向架或经纬仪来确定。具体方法详见《工程测量学》教材。

2）测量方法。横断面测量以中线地面点即中桩位置为直角坐标原点，分别沿断面方向向两侧施测地面各地形变化特征点间的相对平距和高差，由此点绘出横断面的地面线。

横断面测量方法常用的有：

①抬杆法。如图 6—2—4 所示，利用花杆直接测得平距和高差。此法简便、易行，所以被经常采用，它适用于横向变化较多较大的地段，但由于测站较多，测量和积累误差较大。

②手水准法。此法原理与抬杆法相同，仅在测高差时用水平花杆测量，量距仍用皮尺，如图 6—2—5 所示。与抬杆法相比，此法精度较高，但不如抬杆法简便，一般多适用于横坡较缓的地段。

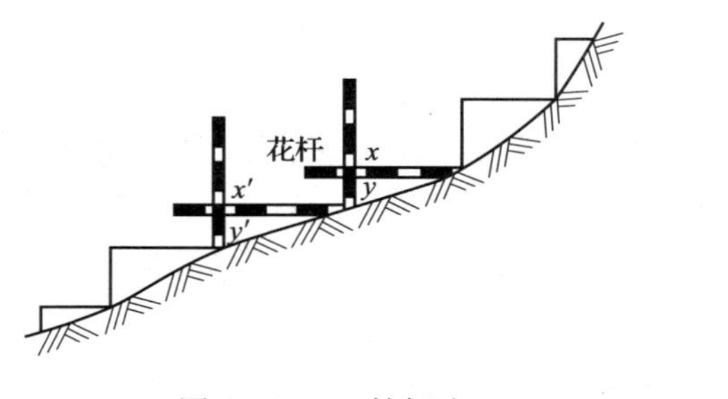

图 6—2—4　抬杆法

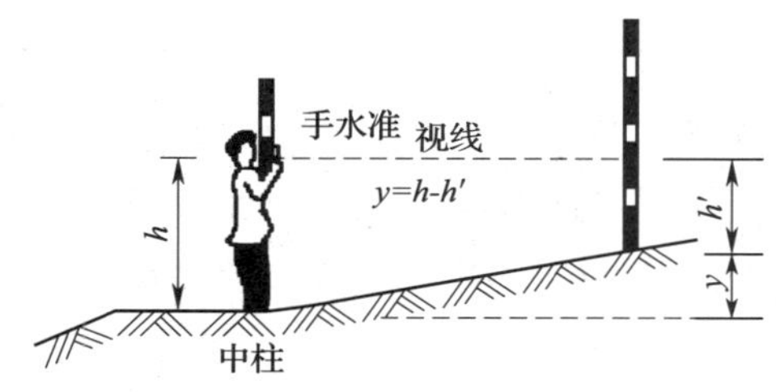

图 6—2—5　手水准法

③特殊断面的施测方法

在不良地质地段需作大断面图时，可用经纬仪进行视距测量和三角高程测量以施测断面。对于一些陡岩地段，如图 6—2—6 所示，可用交会法定 A、B 点，用经纬仪或带角手水准测出 α_A 和 α_B 并丈量 l，图解交会出 C 点。交会时交角不宜太小，距离 l 应有足够的长度。对于深沟路段可用钓鱼法施测，如图 6—2—7 所示。对于高等级公路，应采用经纬仪皮尺法、经纬仪视距法等方法施测。

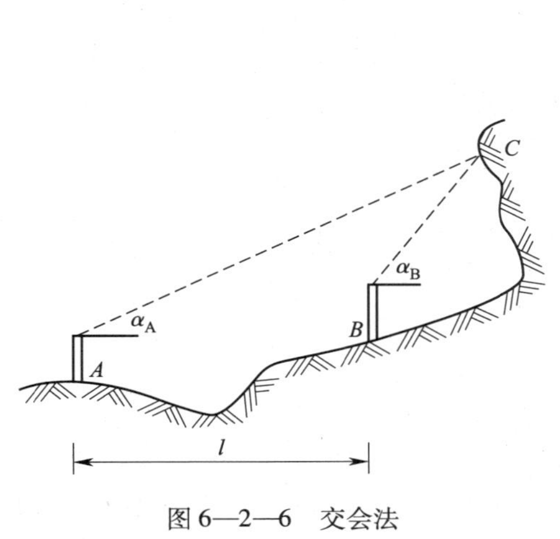

图 6—2—6　交会法

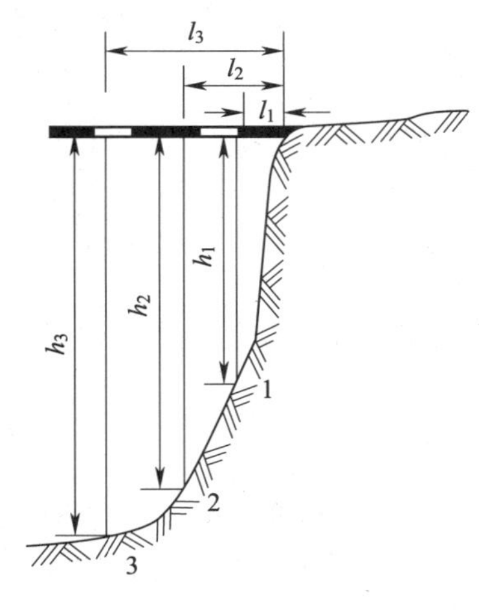

图 6—2—7　钓鱼法

3）横断面图的点绘。横断面图的点绘，一般采用现场一边测量一边点绘的方法。其优点是：外业不做记录，点绘出的断面图能及时核对，消除差错。点绘的方法是：以中桩点为中心，分左右两侧，按测得的各侧相邻地形特征点之间的平距与高差或倾角与斜距等逐一将各特征点点绘在横断面图上，各点连线即构成横断面地面线。当现场无绘图条件时，也可采用现场记录、室内整理绘图的方法，其记录的方式见表6—2—1。

表6—2—1　　横断面记录格式

左侧	桩号	右侧
$\cdots\frac{+0.2}{2.5},\ \frac{+0.8}{3.6},\ \frac{-0.5}{4}$ …	$K1+240$ $K1+260$	$\frac{+0.6}{2.9},\ \frac{0}{4.1},\ \frac{-1.2}{5.6}\cdots$ …

横断面图应点绘在透明坐标纸上，点绘时应根据桩号的大小，根据从图下方到上方，再从左侧到右侧的原则安排断面位置。绘图的比例一般为1∶200，对有特殊需要的断面可采用1∶100。每个断面的地物情况应用文字在适当位置进行简要说明，如图6—2—8所示。

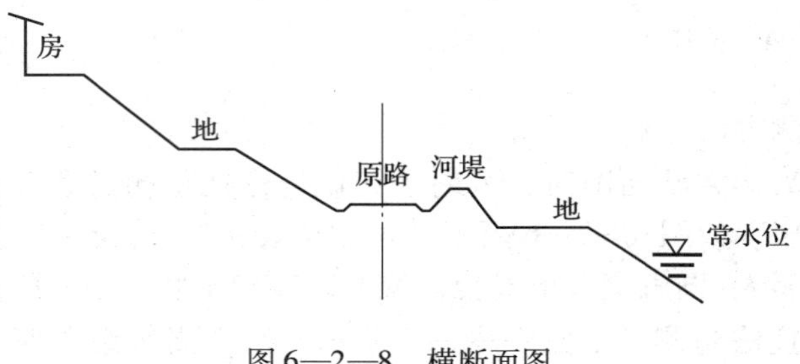

图6—2—8　横断面图

4）测量精度及测图范围。横断面的检测应用高精度方法进行，其限差规定如下（单位：m）。

高速公路、一级公路：　高程　$\pm\left(\frac{h}{100}+\frac{l}{200}+0.1\right)$

水平距离　$\pm\left(\frac{l}{100}+0.1\right)$

二级及二级以下公路：　高程　$\pm\left(\frac{h}{50}+\frac{l}{100}+0.1\right)$

水平距离　$\pm\left(\frac{l}{50}+0.1\right)$

式中　h——检测点与路线中桩的高差，m；

l——检测点到路线中桩的水平距离，m。

横断面的测量范围，应根据地形、地质、地物及设计需要确定，一般中线左右宽度不小于20 m。在回头曲线有干扰时，应连通施测。

6. 地形组

地形测量的方法在“工程测量”中已讲述，本节着重介绍公路测量中地形测量的任务与要求。

（1）任务

地形组的任务就是根据设计的需要，按一定比例测绘出沿线一定宽度范围内的带状地形图（或局部范围的专用地形图），供设计和施工使用。

地形图分为路线地形图和工点地形图两种。路线地形图是以导线（或路线）为依据的带状地形图，主要供纸上定线或路线设计之用。工点地形图是利用导线（或路线）或与其取得联系的支导线进行测量的，为特殊桥涵和复杂排水、防护、改河及交叉口等工程布置设计的专用地形图。

（2）测设要求

1）比例及范围。路线地形图比例尺采用1:2 000，测绘宽度两侧各为100～200 m；对于地物、地貌简单，地势平坦的地区，比例可采用1:5 000，测绘宽度每侧不应小于250 m。

2）测设精度要求。

①等高距。规定如下：

比例1:5 000　　0.5 m　　1.0 m

比例1:1 000　　1.0 m

比例1:2 000　　1.0 m　　2.0 m

比例1:5 000　　2.0 m　　5.0 m

②地形点观测要求，见表6—2—2。

表6—2—2　　地形点观测要求

比例	视距最大长度（m）		竖直角
	竖角≤12°	竖角>12°	
1:500	100	80	≯30°
1:1 000	200	150	
1:2 000	350	300	
1:5 000	400	350	

地形点的密度：地面横坡陡于1:3时，图上距离不宜大于15 mm；

地面横坡等于或缓于1:3时，图上距离不宜大于20 mm。

地形点在地形图上的点位中误差：1:500～1:2 000时，不应超过±1.6 mm；

1:5 000时，不应超过±0.8 mm。

7. 调查组

（1）任务

调查组的工作主要是根据测设任务的要求，通过对公路所经地区的自然条件和技术经济条件进行调查，为公路选线和内业设计收集原始资料。

(2) 分工及调查内容

调查的主要内容有工程地质情况、筑路材料情况、桥涵情况、预算资料及杂项情况调查等。对于旧路改建，还应对原路路况进行调查。调查组可由2~3人组成，综合调查组也可分小组同时调查。

8. 内业组

定测内业工作的复核、检查、整理外业资料和图表制作、汇总等要求，同初测内业工作要求相同。

定测内业工作进行时应及时进行路线设计和局部方案的取舍工作，外业期间应做出全部路基横断面设计，并结合沿线构造物的布设，逐段综合检查所定路线线位的技术经济合理性，同时应进行必要的现场核对。

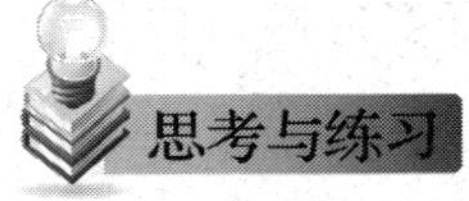

1. 公路外业勘测一般由哪些作业组组成？各作业组的任务是什么？
2. 综述公路定测选线组、导线测角组、中桩组的主要工作内容。

课题三　公路曲线计算

- 了解公路曲线的种类。
- 掌握各种曲线的组合形式及技术标准。
- 掌握各种曲线的计算方法。

一、公路曲线的种类

公路曲线测设是中桩组的主要任务，其目的是计算平曲线要素以及各曲线主点桩号，并进行曲线实地敷设。曲线敷设的方法主要有切线支距法、偏角法、坐标法等，曲线实地敷设的方法和计算公式已在“测量学”课程中讲述。本节不再详细介绍，主要介绍曲线要素计算和主点桩号计算。

公路平面曲线的组合主要有：单交点圆曲线、单交点基本形曲线、双交点曲线（切基线、虚交复曲线、卵形曲线等）、多交点曲线、组合形曲线等。

二、单交点圆曲线的计算

单交点圆曲线又称单圆曲线，即在路线改变方向的交点（*JD*）处，插入与两直线相切的圆曲线来实现路线方向的改变，如图6—3—1所示。

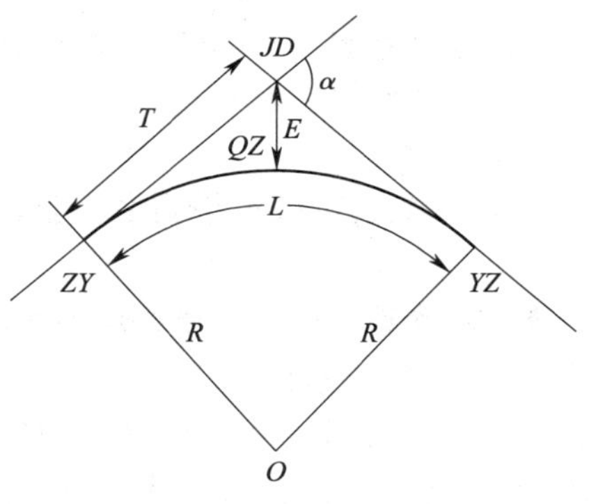

图6—3—1 单圆曲线

1. 曲线要素计算

单交点圆曲线的形式及其要素如图6—3—1所示。曲线的几何要素有路线转角 α、曲线半径 R、切线长 T、外距 E、曲线长 L、校正值 J（即切线长与曲线长之差）。通常 R、α 为已知，其他各要素计算公式如下：

$$\text{切线长} \quad T = R\tan\frac{\alpha}{2} \tag{6—3—1}$$

$$\text{曲线长} \quad L = \frac{\pi}{180^\circ}\alpha R \tag{6—3—2}$$

$$\text{外距} \quad E = R\left(\sec\frac{\alpha}{2} - 1\right) \tag{6—3—3}$$

$$\text{校正值} \quad J = 2T - L \tag{6—3—4}$$

2. 曲线主点桩号计算

$$ZY(\text{桩号}) = JD(\text{桩号}) - T \tag{6—3—5}$$

$$YZ(\text{桩号}) = ZY(\text{桩号}) + L \tag{6—3—6}$$

$$QZ(\text{桩号}) = YZ(\text{桩号}) - L/2 \tag{6—3—7}$$

$$JD(\text{桩号}) = QZ(\text{桩号}) + J/2 \tag{6—3—8}$$

3. 算例

【例6—3—1】 已知某公路弯道处交点桩号为 $K75+421.31$，转角 $\alpha_{右} = 26°52'16''$，$R = 300$ m，试计算曲线要素和主点桩号。

【解】 曲线要素为：

$$T = R\tan\frac{\alpha}{2} = 300\times\tan\frac{26°52'16''}{2} = 71.67\ \text{m}$$

$$L = \frac{\pi}{180^\circ}\alpha R = \frac{\pi}{180^\circ}\times 26°52'16''\times 300 = 140.70\ \text{m}$$

$$E = R\left(\sec\frac{\alpha}{2} - 1\right) = 300\times\left(\sec\frac{26°52'16''}{2} - 1\right) = 8.44\ \text{m}$$

$$J = 2T - L = 2\times 71.67 - 140.70 = 2.64\ \text{m}$$

主点桩号计算：

$$ZY(\text{桩号}) = JD(\text{桩号}) - T = K75 + 421.31 - 71.67 = K75 + 349.64$$

$$YZ(\text{桩号}) = ZY(\text{桩号}) + L = K75 + 349.64 + 140.70 = K75 + 490.34$$

QZ(桩号) = YZ(桩号) − $L/2$ = K75 + 490.34 − 140.70/2 = K75 + 419.99

JD(桩号) = QZ(桩号) + $J/2$ = K75 + 419.99 + 2.64/2 = K75 + 421.31

(校核无误)

三、单交点基本形曲线的计算

1. 对称基本形（两端缓和曲线等长）

(1) 曲线要素计算

图 6—3—2 中虚线为无缓和曲线的单曲线位置。由于两端设置了缓和曲线，曲线内移 ΔR，R 保持不变；切线长增长 q；外距增长 ΔR。如图 6—3—2 所示，曲线几何要素有：圆曲线半径 R、路线转角 α、缓和曲线长 L_h、主曲线内移值 ΔR、切线增长值 q、缓和曲线角 β_0、切线长 T、曲线全长（包括缓和曲线）L、主圆曲线长 L_y、外距 E、校正值 J。通常 R、α、L_h 为已知，其他要素由计算求得。

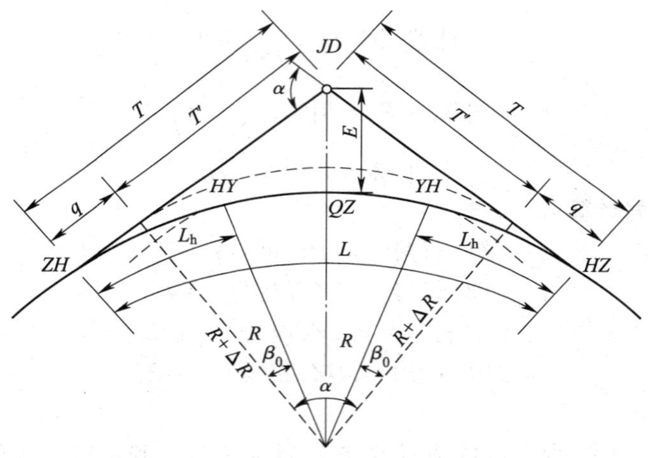

图 6—3—2　对称基本形

曲线要素计算：$$\beta_0 = \frac{90^\circ}{\pi R} L_h \quad (6—3—9)$$

$$q = \frac{L_h}{2} - \frac{L_h^3}{240R^2} \quad (6—3—10)$$

$$\Delta R = \frac{L_h^2}{24R} - \frac{L_h^4}{2\,688R} \quad (6—3—11)$$

$$T = (R + \Delta R)\tan\frac{\alpha}{2} + q = T' + q \quad (6—3—12)$$

$$L = R\,\frac{\pi}{180^\circ}(\alpha - 2\beta_0) + 2L_h \quad (6—3—13)$$

$$E=(R+\Delta R)\sec\frac{\alpha}{2}-R \tag{6—3—14}$$

$$L_y=L-2L_h=R\frac{\pi}{180°}(\alpha-2\beta_0) \tag{6—3—15}$$

$$J=2T-L \tag{6—3—16}$$

（2）主点桩号计算：

$$ZH(\text{桩号})=JD(\text{桩号})-T \tag{6—3—17}$$

$$HY(\text{桩号})=ZH(\text{桩号})+L_h \tag{6—3—18}$$

$$YH(\text{桩号})=HY(\text{桩号})+L_y \tag{6—3—19}$$

$$HZ(\text{桩号})=YH(\text{桩号})+L_h \tag{6—3—20}$$

$$QZ(\text{桩号})=HZ(\text{桩号})-L/2 \tag{6—3—21}$$

$$JD(\text{桩号})=QZ(\text{桩号})+J/2 \tag{6—3—22}$$

（3）算例

【例6—3—2】 某公路有一弯道，已知交点桩号为 $K15+568.38$，$R=250$ m，$L_h=40$ m，偏角 $\alpha_{右}=38°30'15''$，试计算曲线要素及主点桩号。

【解】 曲线要素计算：

$$\beta_0=\frac{90°}{\pi R}L_h=\frac{90°\times40}{\pi\times250}=4°35'1''$$

$$q=\frac{L_h}{2}-\frac{L_h^3}{240R^2}=20.00\ \text{m}$$

$$\Delta R=\frac{L_h^2}{24R}-\frac{L_h^4}{2\,688R}=0.27\ \text{m}$$

$$T=(R+\Delta R)\tan\frac{\alpha}{2}+q=T'+q=107.41\ \text{m}$$

$$L=R\frac{\pi}{180°}(\alpha-2\beta_0)+2L_h=208.01\ \text{m}$$

$$E=(R+\Delta R)\sec\frac{\alpha}{2}-R=15.09\ \text{m}$$

$$L_y=L-2L_h=R\frac{\pi}{180°}(\alpha-2\beta_0)=128.01\ \text{m}$$

$$J=2T-L=6.81\ \text{m}$$

主点桩号计算：

$$ZH(\text{桩号})=JD(\text{桩号})-T=K15+460.98$$

$$HY(\text{桩号})=ZH(\text{桩号})+L_h=K15+500.98$$

$$YH(\text{桩号})=HY(\text{桩号})+L_y=K15+628.99$$

$$HZ(\text{桩号})=YH(\text{桩号})+L_h=K15+668.99$$

$$QZ(\text{桩号})=HZ(\text{桩号})-L/2=K15+564.98$$

$$JD(\text{桩号})=QZ(\text{桩号})+J/2=K15+568.38$$

2. 非对称基本形（两端缓和曲线不等长）

（1）曲线要素计算

当基本形曲线主曲线两端缓和曲线长度（或参数）不相等时，即构成非对称基本形曲线，如图6—3—3所示。非对称基本形曲线可适应某些特殊情况的需要，一般不常采用。

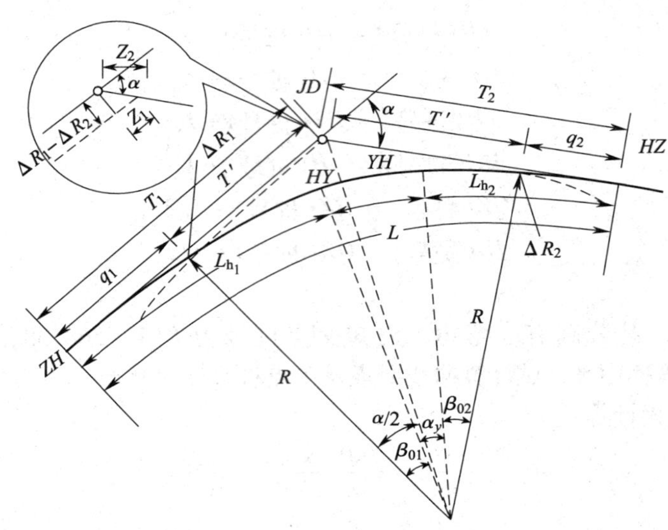

图6—3—3　非对称基本形

曲线要素计算：一般首先确定α、R、L_{h1}、L_{h2}，其余要素按以下公式计算。

$$q_1=\frac{L_{h1}}{2}-\frac{L_{h1}^3}{240R^2} \tag{6—3—23}$$

$$q_2=\frac{L_{h2}}{2}-\frac{L_{h2}^3}{240R^2} \tag{6—3—24}$$

$$\beta_{01}=\frac{90°}{\pi R}L_{h1} \tag{6—3—25}$$

$$\beta_{02}=\frac{90°}{\pi R}L_{h2} \tag{6—3—26}$$

$$\Delta R_1=\frac{L_{h1}^2}{24R}-\frac{L_{h1}^4}{2\,688R} \tag{6—3—27}$$

$$\Delta R_2=\frac{L_{h2}^2}{24R}-\frac{L_{h2}^4}{2\,688R} \tag{6—3—28}$$

$$T'=(R+\Delta R_2)\tan\frac{\alpha}{2} \tag{6—3—29}$$

$$Z_1=(\Delta R_1-\Delta R_2)\cot\alpha=(\Delta R_1-\Delta R_2)/\tan\alpha \tag{6—3—30}$$

$$Z_2=(\Delta R_1-\Delta R_2)/\sin\alpha \tag{6—3—31}$$

$$T_1 = q_1 + T' - Z_1 \qquad (6\text{—}3\text{—}32)$$

$$T_2 = q_2 + T' + Z_2 \qquad (6\text{—}3\text{—}33)$$

$$\alpha_y = \alpha - (\beta_{01} + \beta_{02}) \qquad (6\text{—}3\text{—}34)$$

$$L_y = R\frac{\pi}{180°}\alpha_y \qquad (6\text{—}3\text{—}35)$$

$$L = L_{h1} + L_y + L_{h2} \qquad (6\text{—}3\text{—}36)$$

（2）主点桩号计算：

$$ZH(\text{桩号}) = JD(\text{桩号}) - T_1 \qquad (6\text{—}3\text{—}37)$$

$$HY(\text{桩号}) = ZH(\text{桩号}) + L_{h1} \qquad (6\text{—}3\text{—}38)$$

$$YH(\text{桩号}) = HY(\text{桩号}) + L_y \qquad (6\text{—}3\text{—}39)$$

$$HZ(\text{桩号}) = YH(\text{桩号}) + L_{h2} \qquad (6\text{—}3\text{—}40)$$

$$QZ(\text{桩号}) = HZ(\text{桩号}) - L/2 \qquad (6\text{—}3\text{—}41)$$

（3）算例

【例6—3—3】 已知交点桩号为 $K1+325.46$，$R=60$ m，$L_{h1}=50$ m，$L_{h2}=30$ m，偏角 $\alpha_{右}=52°39'48''$，试计算曲线要素及主点桩号。

【解】 曲线要素计算：

$$q_1 = \frac{L_{h1}}{2} - \frac{L_{h1}^3}{240R^2} = \frac{50}{2} - \frac{50^3}{240\times 60^2} = 24.86\ \text{m}$$

$$q_2 = \frac{L_{h2}}{2} - \frac{L_{h2}^3}{240R^2} = \frac{30}{2} - \frac{30^3}{240\times 60^2} = 14.97\ \text{m}$$

$$\beta_{01} = \frac{90°}{\pi R}L_{h1} = \frac{90°}{\pi\times 60}\times 50 = 23°52'24''$$

$$\beta_{02} = \frac{90°}{\pi R}L_{h2} = \frac{90°}{\pi\times 60}\times 30 = 14°19'26''$$

$$\Delta R_1 = \frac{L_{h1}^2}{24R} - \frac{L_{h1}^4}{2\,688R} \approx \frac{L_{h1}^2}{24R} = \frac{50^2}{24\times 60} = 1.74\ \text{m}$$

$$\Delta R_2 = \frac{L_{h2}^2}{24R} - \frac{L_{h2}^4}{2\,688R} \approx \frac{L_{h1}^2}{24R} = \frac{30^2}{24\times 60} = 0.63\ \text{m}$$

$$T' = (R + \Delta R_2)\tan\frac{\alpha}{2} = (60 + 0.63)\tan\frac{52°39'48''}{2} = 30.01\ \text{m}$$

$$Z_1 = (\Delta R_1 - \Delta R_2)\cot\alpha = (1.74 - 0.63)/\tan 52°39'48'' = 0.85\ \text{m}$$

$$Z_2 = (\Delta R_1 - \Delta R_2)/\sin\alpha = (1.74 - 0.63)/\sin 52°39'48'' = 1.40\ \text{m}$$

$$T_1 = q_1 + T' - Z_1 = 24.86 + 30.01 - 0.85 = 54.02\ \text{m}$$

$$T_2 = q_2 + T' + Z_2 = 14.97 + 30.01 + 1.40 = 46.38\ \text{m}$$

$$\alpha_y = \alpha - (\beta_{01} + \beta_{02}) = 52°39'48'' - (23°52'24'' + 14°19'26'') = 14°27'58''$$

$$L_y = R\frac{\pi}{180°}\alpha_y = 60\times\frac{\pi}{180°}\times 14°27'58'' = 15.15\ \text{m}$$

$$L = L_{h1} + L_y + L_{h2} = 50 + 15.15 + 30 = 95.15\ \text{m}$$

主点桩号计算：

$$ZH(\text{桩号}) = JD(\text{桩号}) - T_1 = K1 + 325.46 - 54.02 = K1 + 271.44$$

$$HY(\text{桩号}) = ZH(\text{桩号}) + L_{h1} = K1 + 271.44 + 50 = K1 + 321.44$$

$$YH(\text{桩号}) = HY(\text{桩号}) + L_y = K1 + 321.44 + 15.15 = K1 + 336.59$$

$$HZ(\text{桩号}) = YH(\text{桩号}) + L_{h2} = K1 + 336.59 + 30 = K1 + 366.59$$

$$QZ(\text{桩号}) = HZ(\text{桩号}) - L/2 = K1 + 366.59 - 95.15/2 = K1 + 319.02$$

四、双交点曲线的计算

当路线交点因地形或地物障碍影响在实地无法定设或路线转角较大，交点过远时，可在两相交直线方向，选择两个辅助交点（A、B）设置一条基线边 AB，来代替交点敷设的曲线叫双交点曲线，如图 6—3—4 所示。

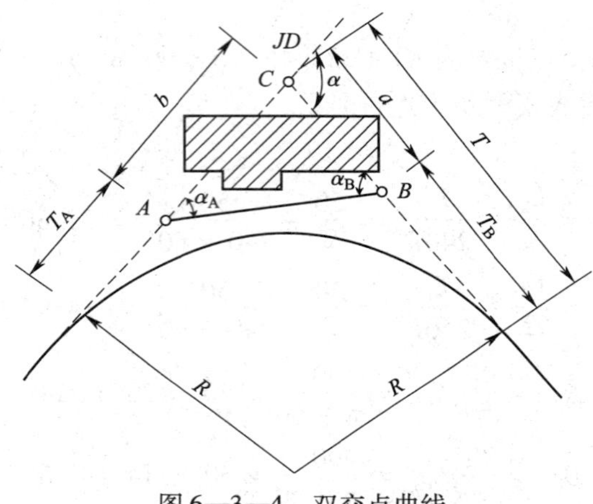

图 6—3—4　双交点曲线

1. 计算公式

双交点曲线计算多用解虚交三角形的方法，如图 6—3—4 所示，A、B 为辅助交点，AB 为基线长，C 为虚交点，ACB 为虚交三角形，算出边长 a、b 后即可求出 T_A、T_B。

由三角形正弦定理得：

$$a = \frac{\sin\alpha_A}{\sin\alpha} AB \tag{6—3—42}$$

$$b = \frac{\sin\alpha_B}{\sin\alpha} AB \tag{6—3—43}$$

则

$$T_A = T - b \tag{6—3—44}$$

$$T_B = T - a \tag{6—3—45}$$

式中　a、b——虚交三角形边长，m；

AB——辅助交点间距，即辅助基线长，实测求得，m；

α_A、α_B——辅助交点转角，实测求得；

T_A、T_B——辅助交点至曲线起、终点的距离，m；

T——按单交点曲线计算的切线长，m；

α——路线转角，$\alpha=\alpha_A+\alpha_B$。

2. 算例

【例 6—3—4】 已知某弯道交点的辅助交点 A、B 对应的转角分别为 $\alpha_A=55°56'$、$\alpha_B=12°2'$，基线长 $AB=58.13$m，半径 $R=100$m，试计算曲线要素 T_A、T_B。

【解】

路线转角为：$\alpha=\alpha_A+\alpha_B=55°56'+12°2'=67°58'$

解虚交三角形求边长：$a=\dfrac{\sin\alpha_A}{\sin\alpha}AB=\dfrac{\sin 55°56'}{\sin 67°58'}\times 58.13=51.95$ m

$$b=\frac{\sin\alpha_B}{\sin\alpha}AB=\frac{\sin 12°2'}{\sin 67°58'}\times 58.13=13.07\text{ m}$$

切线总长：$T=R\tan\dfrac{\alpha}{2}=100\times\tan\dfrac{67°58'}{2}=67.41$ m

曲线起、终点到辅助交点的距离：

$$T_A=T-b=67.41-13.07=54.34\text{ m}$$

$$T_B=T-a=67.41-51.95=15.46\text{ m}$$

五、多交点曲线的计算

受地形、地物的影响，即使设两个辅助交点亦无法通视进行施测时，可用三个或三个以上辅助交点来敷设一个曲线，叫多交点曲线，如图 6—3—5 所示。可用解多个虚交三角形法或坐标法求算。本节仅介绍坐标法。

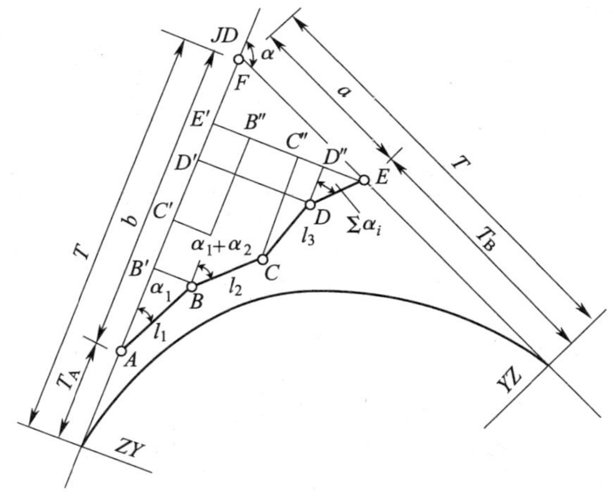

图 6—3—5 多交点曲线

1. 计算公式

如图 6—3—5 所示，A、B、C、D、E 为确定的辅助交点，l_1、l_2、l_3、…、l_n 为各基线

边长度，α_1、α_2、α_3、⋯、α_n 为各辅助交点的转角，则 T_A、T_B 可按以下方法求得。

过最后一个辅助交点 E，作路线起始方向 AF 的垂线 EE'，则其长度为：

$$EE' = a\sin\left(\sum_{i=1}^{n+1}\alpha_i\right) \tag{6—3—46}$$

由图可知，各基线长度在 EE' 方向上的投影总长亦等于 EE'，即：

$$EE' = l_1\sin\alpha_1 + l_2\sin(\alpha_1+\alpha_2) + \cdots + l_n\sin\left(\sum_{j=1}^{n}\alpha_j\right) = \sum_{i=1}^{n}\left[l_i\sin\left(\sum_{j=1}^{i}\alpha_j\right)\right] \tag{6—3—47}$$

两式相等，即可得到：

$$a = \frac{\sum_{i=1}^{n}\left[l_i\sin\left(\sum_{j=1}^{i}\alpha_j\right)\right]}{\sin\left(\sum_{i=1}^{n+1}\alpha_i\right)} \tag{6—3—48}$$

同理，由图 6—3—5 可知：

$b = AB' + B'C' + C'D' + \cdots + E'F$，即：

$$\begin{aligned} b &= l_1\cos\alpha_1 + l_2\cos(\alpha_1+\alpha_2) + \cdots + l_n\cos\left(\sum_{i=1}^{n}\alpha_i\right) + a\cos\left(180° - \sum_{i=1}^{n+1}\alpha_i\right) \\ &= \sum_{i=1}^{n} l_i\left[\cos\left(\sum_{j=1}^{i}\alpha_j\right)\right] - a\cos\sum_{i=1}^{n+1}\alpha_i \end{aligned} \tag{6—3—49}$$

求出 a、b 后即可计算出 T_A、T_B（方法同前）。

计算时注意转角的方向和符号，当辅助交点的转角与路线总转角方向一致时，则该辅助交点的转角为正，反之则为负。

2. 算例

【例 6—3—5】 已知某六交点圆曲线，如图 6—3—6 所示。实测资料如下表，平曲线半径 $R=500$ m，试计算该曲线。

辅助交点	A	B	C	D	E	F
转角	18°46′	15°32′	27°5′	−20°36′	24°41′	13°14′
基线长（m）	$l_1=112.40$	$l_2=128.64$	$l_3=131.86$	$l_4=138.57$	$l_5=153.45$	

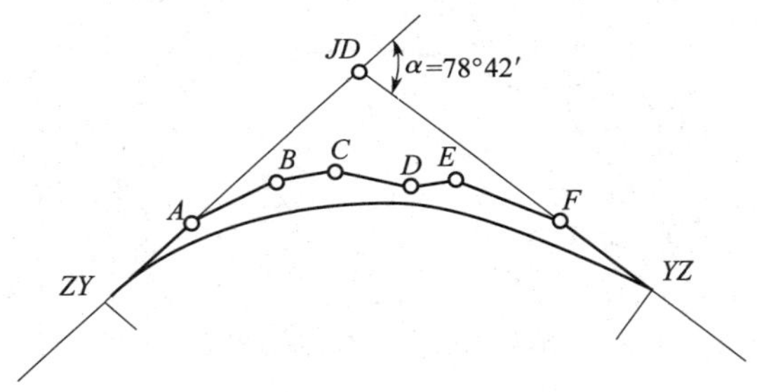

图 6—3—6　多交点圆曲线算例

【解】

（1）先列表计算有关数据

辅助交点号	A	B	C	D	E	F	Σ
α_i	18°46′	15°32′	27°5′	−20°36′	24°41′	13°14′	
$\sum_{i=1}^{n}\alpha_i$	18°46′	34°18′	61°23′	40°47′	65°28′	78°42′	
$\sin\sum\alpha_i$	0. 321 72	0. 563 53	0. 877 84	0. 653 20	0. 909 72	0. 980 61	
$\cos\sum\alpha_i$	0. 946 84	0. 826 10	0. 478 95	0. 757 19	0. 415 22	0. 195 95	
l_i	112. 40	128. 64	131. 86	138. 57	153. 45		
$l_i\sin\sum\alpha_i$	36. 161	72. 493	115. 752	90. 514	139. 578		454. 498
$l_i\cos\sum\alpha_i$	106. 425	106. 270	63. 514	104. 924	63. 707		444. 480

（2）计算 a、b 和 T_A、T_B

由式（6—3—48）得：$a=\dfrac{454.498}{0.980\,61}=463.48$ m

由式（6—3—49）得：$b=444.480-463.48\times0.195\,95=353.66$ m

由式（6—3—1）计算出切线长：

$$T=409.97\ \text{m}$$

$$T_A=409.97-353.66=56.31\ \text{m}$$

$$T_B=409.97-463.48=-53.51\ \text{m}$$

T_A 大于零，指从辅助交点 A 远离交点方向丈量到起点，T_B 小于零，指从辅助交点 B 向交点方向丈量到终点。

六、组合形曲线的计算

组合形曲线主要有复曲线、C 形曲线、S 形曲线、凸形曲线以及复合形曲线等。这类曲线，由于组合线形的要求，测设时曲线半径 R（或缓和曲线长度 L_h）必须由组合要求的具体条件反算推定，并注意检验两圆曲线半径和回旋曲线参数是否满足路线规范的有关规定。半径值 R 一经确定，即可按前述的方法分别计算。非对称形主要介绍非对称凸形曲线。

1. 复曲线

复曲线中有两圆曲线径向连接的情况，该类复曲线是两个或两个以上不同半径同向圆曲线直接相连的组合形式。多用辅助基线法，按切线长度控制条件计算推定圆曲线半径。

如图 6—3—7 所示，AB 为基线，α_1、α_2 为辅助交点转角，均由实测得到。若 R_1 已选定，则可计算 R_2：

$$R_2=\frac{AB-R_1\tan\dfrac{\alpha_1}{2}}{\tan\dfrac{\alpha_2}{2}}=\frac{T_2}{\tan\dfrac{\alpha_2}{2}}\qquad(6—3—50)$$

当为多交点复曲线时，则可从已知半径 R_1 交点 A 开始，逐一用切线控制计算出各交点 2、3、…的圆曲线半径 R_2、R_3、…，即可敷设曲线，如图 6—3—8 所示。

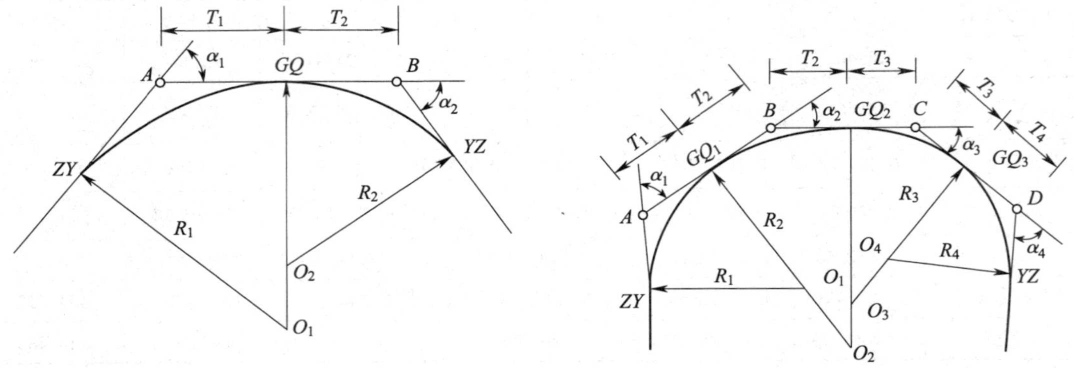

图 6—3—7　复曲线　　　　图 6—3—8　多交点复曲线

【例 6—3—6】 已知某复曲线，基线 $AB=61.77$ m，$\alpha_1=59°14'$，$\alpha_2=57°44'$，$R_1=50$ m，试计算 R_2。

【解】 由式（6—3—1）可得：

$$T_1=R_1\tan\frac{\alpha_1}{2}=50\times\tan\frac{59°14'}{2}=28.42\text{ m}$$

$$T_2=AB-T_1=61.77-28.42=33.35\text{ m}$$

$$R_2=\frac{T_2}{\tan\frac{\alpha_2}{2}}=\frac{33.35}{\tan\frac{57°44'}{2}}=60.49\text{ m}$$

2. S 形及 C 形曲线

S 形曲线是两个反向的基本形曲线首尾相接的组合形式，而 C 形曲线则是两同向的基本形曲线首尾相接的组合形式。其共同的几何特征是：两回旋曲线间的直线长度为零，即计算时要满足下列条件：

$$AB=T_1+T_2 \tag{6—3—51}$$

式中　AB——两交点间距；

T_1——第一曲线切线长；

T_2——第二曲线切线长。

计算时通常按控制条件较严的第一曲线确定并计算一个曲线要素，则第二曲线的曲线半径（或缓和曲线长度）则由式（6—3—51）用切线长控制反算确定，再计算出第二曲线的曲线要素。现以 S 形曲线为例计算如下。

【例 6—3—7】 已知：某公路两交点 JD_1、JD_2 的间距为 130.26 m，要求构成 S 形曲线。如图 6—3—9 所示，已确定曲线 1 的切线长 $T_1=62.82$ m，JD_2 的转角 $\alpha_2=17°56'$，试确定 JD_2 的曲线半径。

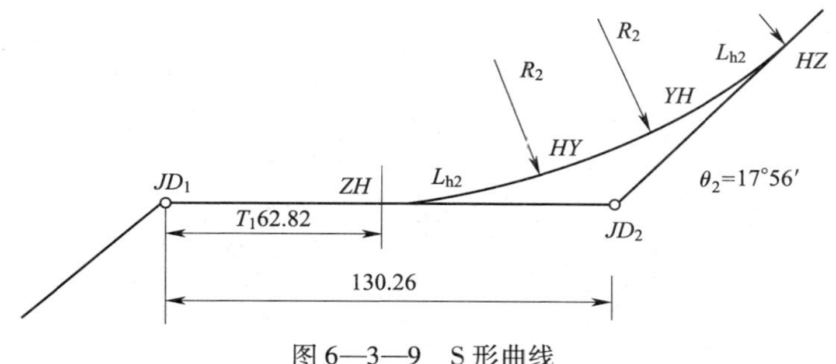

图 6—3—9　S 形曲线

【解】 初拟曲线 2 的缓和曲线长 $L_{h2}=40$ m，由 S 形曲线的几何条件得：

$$T_2 = AB - T_1 = 130.26 - 62.82 = 67.44 \text{ m}$$

切线增值可近似按下式计算：

$$q_2 \approx \frac{L_{h2}}{2} = 20 \text{ m}$$

由 $T_2 = (R_2+p_2)\tan\frac{\alpha_2}{2}+q_2$ 得：

$$R_2 + p_2 = \frac{T_2 - q_2}{\tan\frac{\alpha_2}{2}} = \frac{67.44 - 20}{\tan\frac{17°56'}{2}} = 300.66 \text{ m}$$

初算：$p_2 \approx \frac{L_{h2}^2}{24R'_2} = \frac{40^2}{24\times 300.66} = 0.22$ m

曲线 2 的半径：

$$R_2 = 300.66 - 0.22 = 300.44 \text{ m}$$

验算：$p_2 = \frac{L_{h2}^2}{24R'_2} = \frac{40^2}{24\times 300.44} = 0.22$ m，与初算相同，故半径可以采用。

3. 凸形曲线

当基本形曲线的圆曲线长度为零时，即构成了凸形曲线，此外，应满足的几何条件是：

$$\alpha = 2\beta_0 \quad (6—3—52)$$

计算时，可根据半径反算缓和曲线长，或根据缓和曲线长反算半径值 R，或根据线形或地形条件（T 或 E）反算主曲线半径 R 和缓和曲线长 L_h，即可计算其他曲线要素，如图 6—3—10所示。

由式（6—3—9）得：　$\beta_0 = \frac{90°}{\pi}\frac{L_h}{R}$

代入式（6—3—52），得：　$\alpha = \frac{L_h}{R}\frac{180°}{\pi}$　(6—3—53)

若选定 L_h，则：　$R = \frac{180°}{\pi}\frac{L_h}{\alpha}$　(6—3—54)

若选定 R，则：　$L_h = \frac{\pi}{180°}\alpha R$　(6—3—55)

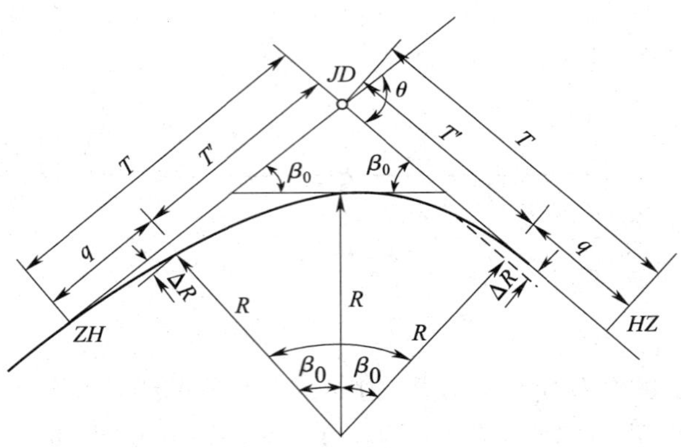

图 6—3—10　凸形曲线

若用切线长控制，即 T 为已知，则由式（6—3—12）得：$T=(R+\Delta R)\tan\dfrac{\alpha}{2}+q$

将 $L_h=\dfrac{\pi}{180°}\alpha R$，$\Delta R=\dfrac{L_h^2}{24R}$，$q=\dfrac{L_h}{2}-\dfrac{L_h^3}{240R^2}$ 逐步代入式（6—3—12），可得：

$$R=\frac{T}{\left(1+\dfrac{\alpha^2}{24}\right)\tan\dfrac{\alpha}{2}+\dfrac{\alpha}{2}-\dfrac{\alpha^3}{240}} \tag{6—3—56}$$

式中　α——转角，(°)。

若用外距控制，即 E 为已知，则由式（6—3—14）得：$E=(R+\Delta R)\sec\dfrac{\alpha}{2}-R$，与式（6—3—55）联解可得：

$$R=\frac{T}{\left(1+\dfrac{\alpha^2}{24}\right)\sec\dfrac{\alpha}{2}-1} \tag{6—3—57}$$

【例 6—3—8】　已知：某公路 JD 处转角 $\alpha=42°29'$，要求控制切线长 $T=65$ m，试按凸形曲线计算曲线半径 R 和缓和曲线长 L_h。

【解】　由式（6—3—56）得：

$$R=\frac{65}{\left(1+\dfrac{\left(42°29'\times\dfrac{\pi}{180°}\right)^2}{24}\right)\tan\dfrac{42°29'}{2}+\dfrac{42°29'}{2}\times\dfrac{\pi}{180°}-\dfrac{\left(42°29'\times\dfrac{\pi}{180°}\right)^3}{240}}=84.08\text{ m}$$

$$L_h=\frac{\pi}{180°}\alpha R=\frac{\pi}{180°}\times42°29'\times84.08=62.83\text{ m}$$

4. 非对称凸形曲线

当凸形曲线两缓和曲线长度（或缓和曲线参数）不相等时，即构成非对称凸形曲线。

计算时通常选定一端缓和曲线长度及半径，再解算另一缓和曲线长度，即可求出所有曲线要素。

如图 6—3—11 所示，已知 L_{h1}、R、α，则缓和曲线 1 的要素为：

$$\beta_{01} = \frac{L_{h1}}{2R}(\mathrm{rad}) \tag{6—3—58}$$

$$x_{01} = L_{h1} - \frac{L_{h1}^3}{40R^2} + \frac{L_{h1}^5}{3\,456R^4} \tag{6—3—59}$$

$$y_{01} = \frac{L_{h1}^2}{6R} - \frac{L_{h1}^4}{336R^3} + \frac{L_{h1}^6}{42\,240R^5} \tag{6—3—60}$$

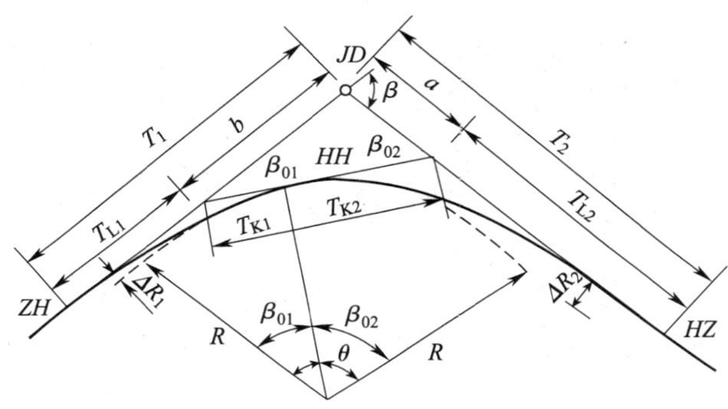

图 6—3—11　非对称凸形曲线

缓和曲线 1 的长切线长为：

$$T_{L1} = x_{01} - y_{01}\cot\beta_{01} \tag{6—3—61}$$

缓和曲线 1 的短切线长为：

$$T_{K1} = y_{01}\csc\beta_{01} \tag{6—3—62}$$

缓和曲线 2 的缓和曲线角为：　$\beta_{02} = \alpha - \beta_{01}$

其他要素 L_{h2}、x_{02}、y_{02}、T_{L2}、T_{K2} 均可按式（6—3—58）～式（6—3—62）计算求得。

解三角形可得边长：

$$b = (T_{K1} + T_{K2})\frac{\sin\beta_{02}}{\sin\alpha}$$

$$a = (T_{K1} + T_{K2})\frac{\sin\beta_{01}}{\sin\alpha}$$

切线长：

$$T_1 = T_{L1} + b \tag{6—3—63}$$

$$T_2 = T_{L2} + a \tag{6—3—64}$$

【例 6—3—9】 已知：公路某处的转角 $\alpha = 76°26'$，$R = 100$ m，$L_{h1} = 100$ m，试按非对称凸形曲线计算切线长。

【解】 先计算缓和曲线1：

$$\beta_{01}=\frac{L_{h1}}{2R}=\frac{100}{2\times100}=28°38'52''$$

$$x_{01}=L_{h1}-\frac{L_{h1}^3}{40R^2}+\frac{L_{h1}^5}{3\,456R^4}=100-\frac{100^3}{40\times100^2}+\frac{100^5}{3\,456\times100^4}=97.53\ \text{m}$$

$$y_{01}=\frac{L_{h1}^2}{6R}-\frac{L_{h1}^4}{336R^3}+\frac{L_{h1}^6}{42\,240R^5}=16.37\ \text{m}$$

$$T_{L1}=x_{01}-y_{01}\cot\beta_{01}=97.53-16.37\times\cot 28°38'52''=67.56\ \text{m}$$

$$T_{K1}=y_{01}\csc\beta_{01}=16.37\times\csc 28°38'52''=34.15\ \text{m}$$

缓和曲线2：

$$\beta_{02}=72°26'-28°38'52''=47°47'8''=0.834\ \text{rad}$$

$$L_{h2}=2R\beta_{02}=2\times100\times0.834=166.80\ \text{m}$$

$$x_{02}=L_{h2}-\frac{L_{h2}^3}{40R^2}+\frac{L_{h2}^5}{3\,456R^4}=155.57\ \text{m}$$

$$y_{02}=\frac{L_{h2}^2}{6R}-\frac{L_{h2}^4}{336R^3}+\frac{L_{h2}^6}{42\,240R^5}=44.12\ \text{m}$$

$$T_{L2}=x_{02}-y_{02}\cot\beta_{02}=155.57-44.12\times\cot 47°47'8''=115.54\ \text{m}$$

$$T_{K2}=y_{02}\csc\beta_{02}=44.12\times\csc 47°47'8''=59.57\ \text{m}$$

解三角形，求边长：

$$b=(T_{K1}+T_{K2})\frac{\sin\beta_{02}}{\sin\alpha}=(34.15+59.57)\frac{\sin 47°47'8''}{\sin 76°26'}=71.40\ \text{m}$$

$$a=(T_{K1}+T_{K2})\frac{\sin\beta_{01}}{\sin\alpha}=(34.15+59.57)\frac{\sin 28°38'52''}{\sin 76°26'}=46.22\ \text{m}$$

切线长：

$$T_1=T_{L1}+b=67.56+71.41=138.96\ \text{m}$$

$$T_2=T_{L2}+a=115.54+46.22=161.76\ \text{m}$$

思考与练习

1. 公路曲线测设的任务是什么？

2. 试推导出基本形曲线计算曲线要素及桩号的公式。

3. 已知两相邻单曲线，JD_{24}的桩号为$K8+880$，$T_1=35.25$ m，JD_{25}的桩号为$K9+80$，$T_2=25.05$ m，试计算：

(1) $JD_{24}\sim JD_{25}$交点间的距离是多少？

(2) 两曲线间的直线长度是多少？

4. 某单圆曲线，交点桩号为$K1+350$，转角$\alpha_1=56°16'$，若要该曲线外距控制为

5.60 m。试确定该曲线的平曲线半径，并计算曲线元素及交点桩号。

5. 某单交点基本形曲线，已知转角 $\alpha_1 = 35°16'$，缓和曲线长 $L_h = 50$ m，主曲线半径 $R = 350$ m，试计算曲线元素。

6. 某双交点基本形曲线，已知 $\alpha_1 = 40°30'$，$\alpha_2 = 25°12'$，基线 $AB = 121.50$ m，缓和曲线长 $L_h = 50$ m，试按切基线条件计算该圆曲线半径。

模块七

公路平面交叉口设计

课题一　交叉口设计概述

- ◆ 了解交叉口设计的任务及内容。
- ◆ 了解减少交叉口冲突点的方法及车辆交通组织的方法。
- ◆ 掌握交叉口的类型及适用范围。
- ◆ 熟悉交叉口的计算行车速度与各级公路计算行车速度的关系。

一、公路交叉口设计的任务、要求和内容

1．公路交叉口设计的任务

公路与其他公路、铁路等相交，形成交叉口，它是公路交通的咽喉。交叉口处汇集各条相交公路来往的车辆、行人通行及转换流向，交通组织复杂，易出现交通阻塞和交通事故。路线交叉口设计是公路设计的重要组成部分之一，它对提高公路的使用质量、通行能力和安全程度，都具有重要的技术意义和经济意义。

交叉口设计的基本任务是在保证交通安全的前提下，合理地解决交通流畅与公路用地、工程经济以及环境之间的矛盾。

公路交叉根据通过交叉口的路线所处的空间位置，可分为平面交叉和立体交叉两大类。两条路线在同一高程上交叉称为平面交叉；两条路线在不同高程上的立体空间交叉称为立体交叉。采用立体交叉的交叉路口，必须设置跨线桥（或地道）。在公路与各种线路交叉中，最常见和最复杂的是公路与公路交叉。各种交叉口中，又以公路与公路平面交叉的交通情况最为复杂。

2. 公路交叉口设计的基本要求和内容

公路与其他公路、铁路在同一平面上相交的地方称为平面交叉，公路与其他公路、铁路等在不同平面上相交的地方称为立体交叉，统称为交叉口。在公路网中，各种公路纵横交错，必然会形成很多交叉口，交叉口是公路系统的重要组成部分，是公路交通的咽喉。相交公路的各种车辆和行人都要在交叉口汇集、通过和转换方向，由于它们之间的相互干扰，会使行车速度降低，阻滞交通，耽误通过时间，也容易发生交通事故。因此，如何正确设计交叉口，合理组织交通，对于提高交叉口的通行能力，避免交通阻塞，减少交通事故，都具有重要意义。

交叉口设计的基本要求：一是保证车辆与行人在交叉口能以最短的时间顺利通过，使交叉口的通行能力能适应各条公路的行车要求。二是正确设计交叉口立面，保证转弯车辆的行车稳定，同时符合排水要求。

交叉口设计的主要内容：

（1）正确选择交叉口的形式，确定各组成部分的几何尺寸。

（2）进行交通组织，合理布置各种交通设施。

（3）验算交叉口行车视距，保证安全通视条件。

（4）交叉口立面设计，布置雨水口和排水管道。

二、交叉口的交通分析

通过交叉口的车辆，由于行驶方向的不同，车辆与车辆之间的交错方式也不相同，可能产生的交错点的性质也不一样。

1. 交错点的类型

同一行驶方向的车辆向不同方向分离行驶的地点称为分流点；来自不同行驶方向的车辆以较小的角度，向同一方向汇合行驶的地点称为合流点；来自不同行驶方向的车辆以较大的角度相互交叉的地点称为冲突点。这3类交错点都存在相互尾撞、挤撞或碰撞的可能性，是影响交叉口行车速度、通行能力和发生交通事故的主要原因。其中，以直行与直行、左转与左转以及直行与左转车辆之间所产生的冲突点，对交通的干扰和行车的安全影响最大，其次是合流点，再次是分流点。因此，在交叉口设计时，应尽量采取措施减少冲突点和合流点，尤其要减少或消灭冲突点。

无交通管制时，3路、4路和5路相交平面交叉口的交错点分布情况如图7—1—1所示，其数量见表7—1—1。

表7—1—1　　平面交叉口交错点数量表

交叉口类型	交错点数量（个）			
	冲突点	分流点	合流点	总数
3路交叉口	3	3	3	9
4路交叉口	16	8	8	32
5路交叉口	50	15	15	80

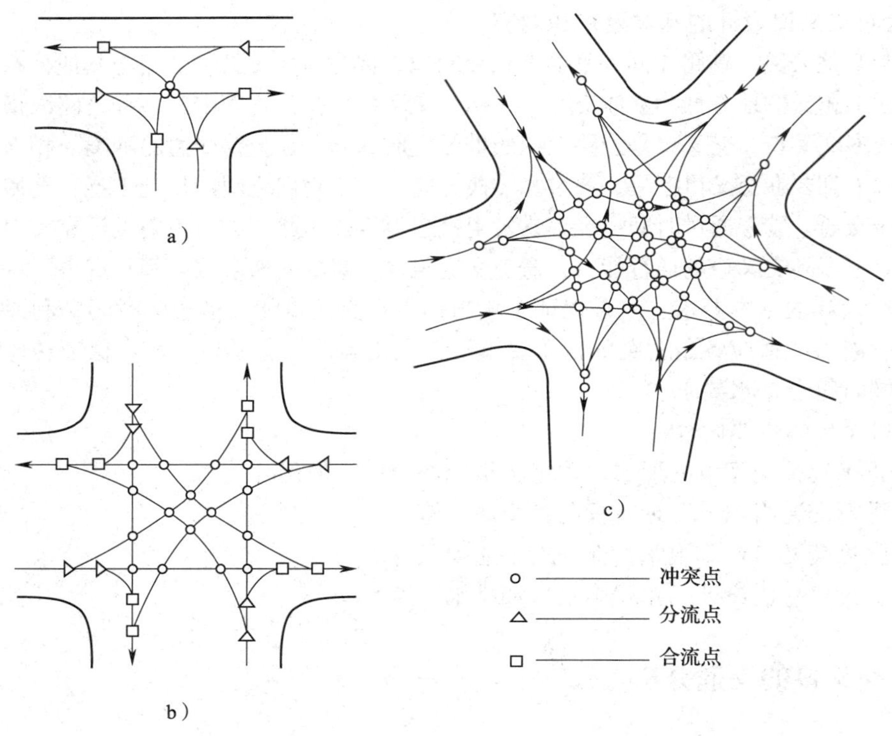

图 7—1—1　平面交叉口交错点分布情况示意图

a）3 路交叉口　b）4 路交叉口　c）5 路交叉口

分析上述图表可得出以下两点结论：

（1）在无交通管制的交叉口，都存在各种交错点，其数量是随相交公路条数的增加而显著增加，其中增加最快的是冲突点。当相交公路均为双车道时，各交错点的数量可用下式计算。

$$\text{分流点} = \text{合流点} = n(n-2)$$

$$\text{冲突点} = \frac{n^2(n-1)(n-2)}{6}$$

式中　n——交叉口相交公路的条数。

因此，在规划和设计交叉口时，应力求减少相交公路的条数，使交通简化，尽量避免 5 条或 5 条以上公路相交。

（2）产生冲突点最多的是左转弯车辆，如图 7—1—1b、图 7—1—1c 所示，4 路交叉口若没有左转车流，则冲突点可由 16 个减至 4 个，而 5 路交叉口则从 50 个减到 5 个。因此，在交叉口规划和设计中如何正确地处理和组织左转弯车辆，是保证交叉口交通通畅和安全的关键所在。

2. 减少或消灭冲突点的方法

（1）实行交通管制

在交叉口设置交通信号灯或由交通警察指挥，使发生冲突的车流从通行时间上错开。如

4 路交叉口实行交通管制后，冲突点由 16 个减至 2 个，分、合流点由 8 个减至 4 个，若禁止车流左转则可完全消灭冲突点。

（2）采用渠化交通

在交叉口内合理布置交通岛、交通标志和标线，或增设车道等，引导各方向车流沿一定路径行驶，减少车辆之间的相互干扰。如环形平面交叉可消灭冲突点。

（3）修建立体交叉

将相互冲突的车流从通行空间上分开，使其互不干扰。这是解决交叉口交通问题最彻底的办法。

三、交叉口的类型及适用范围

平面交叉口的形式取决于公路网的规划和周围建筑的情况，以及交通量、交通性质和交通组织。常见的形式有“十”字形，“T”字形及其演变而来的 X 形、Y 形、错位、多路交叉等，这些交叉口在平面上的几何图形，由规划公路网和街坊建筑的形状所决定，一般不易改变。但在具体设计中，常因交通量、交通性质以及不同的交通组织方式，把交叉口设计成各具交通特点的形式，可归纳为加铺转角式、分道转弯式、扩宽路口式和环形交叉式四类。

1．加铺转角式

交叉口用适当半径的圆曲线平顺连接相交公路的路基和路面，如图 7—1—2 所示。

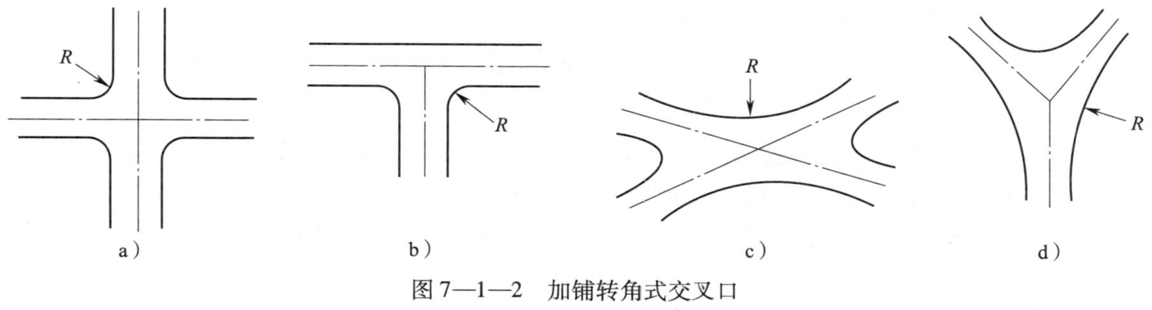

图 7—1—2　加铺转角式交叉口

a）十字形　b）T 形　c）X 形　d）Y 形

此类交叉口形式简单，占地少，造价低，设计方便，但行车速度低，通行能力小，适用于交通量小，车速低，转弯车辆少的三、四级公路或地方公路。若斜交不大时，也可用于转弯交通量较小的主要公路与次要公路的交叉口。设计时主要解决合适的转角曲线半径和足够视距的问题。

2．分道转弯式

通过设置导流岛、划分车道等措施，使单向右转和双向左、右转车流以较大半径分道行驶的平面交叉，如图 7—1—3 所示。

此类交叉口转弯车辆，尤其是右转弯车辆行驶速度和通行能力都较高。适用于车速较高，转弯车辆较多的一般公路。设计时主要解决分道转弯半径、保证足够视距的问题和满足导流岛端部半径的要求。

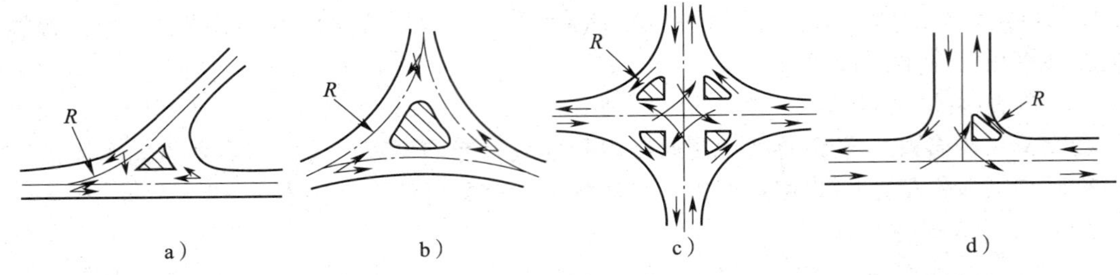

图 7—1—3　分道转弯式交叉口

3. 扩宽路口式

为使转弯车辆不影响其他车辆的正常行驶，在交叉口连接部增设变速车道和转弯车道的平面交叉。这种交叉可以单增右转或左转车道，也可以同时增设左、右转弯车道，如图 7—1—4 所示。

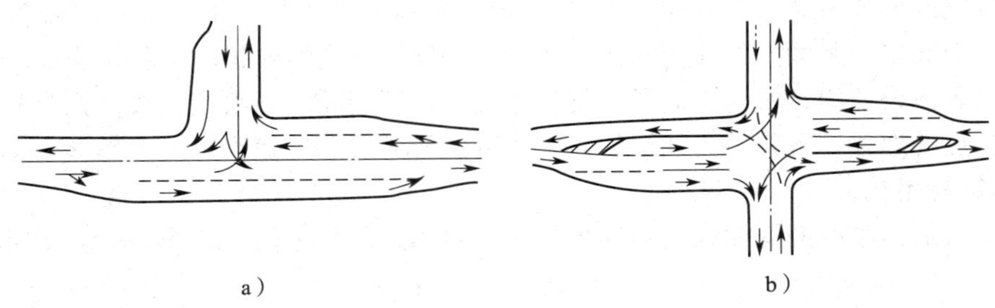

图 7—1—4　扩宽路口式交叉口

a）增设左转弯车道的 T 形交叉　b）增设左、右转弯的专用车道

此类交叉口可减少转弯交通对直行交通的干扰，车速较高，事故率低，通行能力大，但占地多，投资较大。适用于交通量较大、转弯车辆较多的二级公路和城市主干路。设计时主要解决扩宽的车道数的问题，同时也要满足视距和转角曲线半径的要求。

4. 环形交叉式

在交叉口中央设置中心岛，用环道组织渠化交通，使进入环道的所有车辆一律按逆时针方向绕岛单向行驶，直至所要去的路口离岛驶出的平面交叉，俗称转盘，如图 7—1—5 所示。

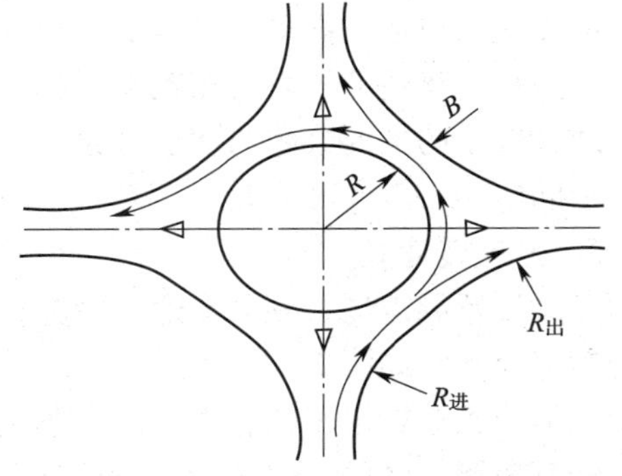

图 7—1—5　环形交叉式交叉口

此类交叉口的优点在于驶入交叉口的各种车辆可连续不断地单向运行，没有停滞，减少了车辆在交叉口的延误时间；环道上行车只有分流与合流，消灭了冲突点，提高了行车的安全性；交通组织简便，不需信号管制；对多路交叉和畸形交叉，用环道组织渠化交通更为有效；中心岛绿化可美化环境。缺点：占地面积

大，城区改建困难；增加了车辆绕行距离，特别是左转弯车辆；一般造价高于其他平面交叉。

当多条公路相交，通过交叉口的交通量总数为500～3 000 辆/小时，左、右转弯车辆较多，且地形较平坦时可考虑采用。在快速公路和交通量大的干线公路上、有大量非机动车和行人交通、斜坡较大的地形以及桥头引道上均不宜采用。按规划需修建立体交叉处，近期可采用环形平面交叉作为过渡形式，并预留远期改建为立交的可能性。设计时主要解决中心岛的形状和半径，环道的布置和宽度，交织段长度，交织角，进出口曲线半径和视距要求等问题。

四、交叉口的计算行车速度

交叉口的交通岛、附加车道和转角曲线等各部分几何尺寸均取决于计算行车速度，交叉口的计算行车速度与路段计算行车速度密切相关，二者速差大时会因减速过大而影响行车安全，速差小而路段车速又高时仍有行车危险，而且对环形交叉又有用地过大和左转绕行过长的问题等。

交叉口范围直行交通的计算行车速度，原则上应与路段计算行车速度相同，若受限制必须降低车速时，与路段速度之差不应大于 20 km/h。

转弯交通的计算行车速度，因分、合流及用地等影响，通常应适当降低，或按变速行驶需要而定。交叉口范围车辆变速的加、减速度值见表 7—1—2。

表 7—1—2　　加、减速度值表　　m/s^2

公路类别		加速度	减速度
城市公路		1.5	3.0
公路	主要公路	1.0	2.5
	次要公路	1.5	3.0

我国《城市道路设计规范》规定：交叉口内的计算行车速度应按各级公路计算行车速度的 0.5～0.7 倍计算，直行车取大值，转弯车取小值。

1. 公路交叉口设计的主要内容包括哪些？
2. 冲突点与交叉口相交公路的条数有什么关系？如何减少或消除冲突点？
3. 交叉口有哪些类型？其适用条件是什么？
4. 交叉口的车辆交通组织方法有哪些？

课题二　平面交叉设计

◆ 熟悉交叉口的视距检查方法及相关规定。
◆ 掌握交叉口圆曲线形式及对应的半径取值规定。
◆ 熟悉交叉口的拓宽设计方法及拓宽车道的长度计算。
◆ 掌握环形交叉口的设计方法。
◆ 掌握交叉口立面设计方法。

一、交叉口的视距

1. 视距三角形

为了保证交叉口上行车安全，驾驶员在进入交叉口前的一段距离内，应能看到相交公路上的行车情况，以便能及时采取措施顺利驶过或安全停车。这段必要的距离应该大于或等于停车视距 $S_{停}$。

由相交公路上的停车视距所构成的三角形称为视距三角形。在其范围内不能有任何阻挡驾驶员视线的障碍物，要求在视距三角形限界内清除高度超过 1.2 m 的障碍物，如图7—2—1所示。

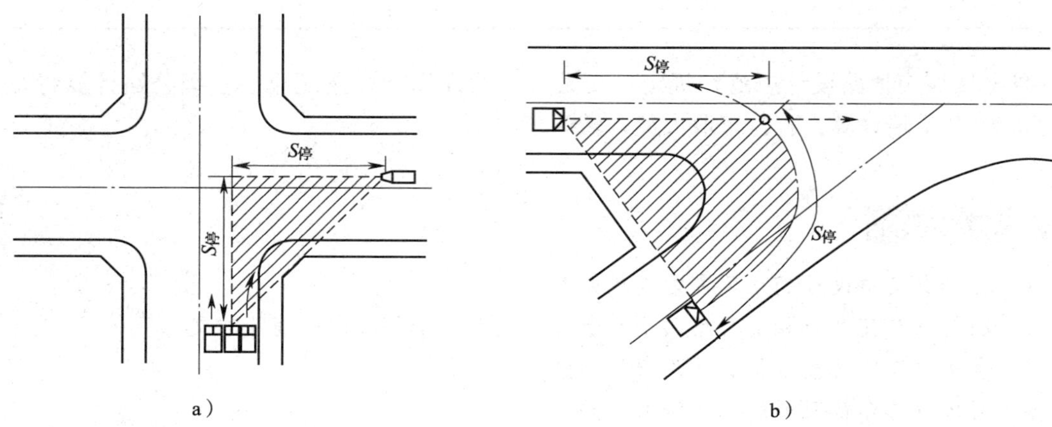

图 7—2—1　视距三角形

视距三角形应以最不利的情况来绘制，绘制的方法和步骤为：

（1）确定停车视距 $S_{停}$

可用前述停车视距计算公式计算或根据相交公路的计算行车速度按表 7—2—1 确定。当受地形、地物条件及其他特殊情况限制时，停车视距可采用表中低限值，但必须采取设置限速标志等技术措施。

表 7—2—1 **停车视距表**

计算行车速度（km/h）		100	80	60	50	40	30	20
停车视距（m）	一般值	160	110	75	60	40	30	20
	低限值	120	75	55	45	30	25	15

（2）找出行车最危险冲突点

不同形式交叉口的最危险冲突点的找法不尽相同。对常见十字形和 T 形（或 Y 形）交叉口的最危险冲突点可按下述方法寻找。

对十字形交叉口，如图 7—2—1a 所示，最靠右侧第一条直行机动车道的轴线与相交公路最靠中心线的第一条直行车道的轴线所构成的交叉点为最危险的冲突点。

对 T 形（或 Y 形）交叉口，如图 7—2—1b 所示，直行公路最靠右侧第一条直行车道的轴线与相交公路最靠中心线的第一条左转车道的轴线所构成的交叉点为最危险的冲突点。

（3）从最危险的冲突点向后沿行车轨迹线量取各停车视距

（4）连接末端构成视距三角形

2．识别距离

为保证车辆安全顺利通过交叉口，应使驾驶员在交叉口之前的一定距离能识别交叉口的存在及交通信号和交通标志等，这一距离称为识别距离，该识别距离随交通管制条件而异。

（1）无信号控制的交叉口

对无任何信号控制的交叉口，通常都是等级低、交通量小及车速不高的次要交叉口，识别距离应满足安全要求，可采用各相交公路的停车视距。

（2）有信号控制的交叉口

对有信号控制的交叉口，在车辆正常行驶条件下，识别距离应使驾驶员能看清交通信号和显示内容，能有足够时间制动减速直至停车，但这种制动停车并非急刹车。因此，有信号控制的交叉口的识别距离可用式（7—2—1）计算。

$$S_S = \frac{V}{3.6}t + \frac{V^2}{26a} \tag{7—2—1}$$

式中 S_S——交叉口的识别距离，m；

V——路段计算行车速度，km/h；

a——减速度，m/s^2，取 $a=2\ m/s^2$；

t——识别时间，s。

识别时间包括驾驶员的反应时间和制动生效时间。在公路上识别时间可取 10 s；在城市公路上因交叉口较多，驾驶员对其存在已有思想准备，识别时间可取6 s。

(3) 停车标志控制的交叉口

对停车标志控制的交叉口，一般为主要公路与次要公路交叉，主次关系明确，而且对标志的识别要比对信号容易，因此，可采用式（7—2—1）进行计算，识别时间取2 s。

信号控制及停车标志控制的交叉口的识别距离见表7—2—2，在此范围内不能有任何障碍物。

表7—2—2　　交叉口的识别距离

计算行车速度（km/h）			80	60	40	30	20
信号控制的交叉口（m）	公路	计算值	348	237	143	102	64
	城市公路	采用值	350	240	140	100	60
		计算值	/	171	99	68	42
停车标志控制的交叉口（m）	公路	计算值	/	170	100	70	40
	城市公路	采用值	/	104	54	35	19
		计算值	/	105	55	35	20

二、交叉口的圆曲线半径

交叉口的圆曲线半径分三种情况进行讨论，即相交公路的圆曲线半径、分道转弯式圆曲线半径、加铺转角式圆曲线半径。

1. 相交公路的最小圆曲线半径

为使直行车辆在交叉口范围能以一定速度顺利行驶，保证交叉口立面设计平顺美观，应对交叉范围相交公路平曲线的最小半径或最大超高横坡度加以限制。确定圆曲线最小半径仍然采用第二章推导的计算公式。

在交叉口范围内，主要公路的计算行车速度 V 仍采用路段规定值，次要公路可取路段的0.7倍；横向力系数 μ 可按不同计算行车速度在0.15～0.20选用；超高横坡 i_h 以不大于2%为宜，最大不应超过6%。根据以上取值，可计算出相交公路最小圆曲线半径，见表7—2—3。

表7—2—3　　交叉口相交公路最小圆曲线半径

计算行车速度（km/h）		100	80	60	40	30	20
主要公路（m）	一般值	460	280	150	60	30	15
	极限值	380	230	120	50	25	12
次要公路（m）		/	/	60	30	15	15

2. 分道转弯式交叉口最小圆曲线半径

当右转弯车辆比较多时，为保证右转车辆能以规定速度分道行驶，应对最小转弯半径加以限制。在右转车辆计算行车速度已确定的条件下，取 $\mu=0.16\sim0.20$，最小圆曲线半径的

一般值采用 $i_h = 2\%$ 计算，极限值用 $i_h = 6\%$ 计算。分道转弯式交叉口最小圆曲线半径可参考表 7—2—4 选用。

表 7—2—4　　分道转弯式交叉口最小圆曲线半径

右转弯车速（km/h）		80	70	60	55	50	45	40	35	30	25	20
最小半径（m）	一般值	280	210	150	120	100	80	60	50	35	25	15
	极限值	230	170	120	100	80	65	50	40	30	20	12

3. 加铺转角式交叉口最小转角半径

为了保证各种右转车辆能以一定速度顺利转弯，交叉口转角处的缘石或行车道边缘应做成圆曲线或多心复曲线，圆曲线的半径 R_1 称为转角半径，如图 7—2—2 所示。

在未考虑机动车道加宽的情况下，转角半径 R_1 可用式（7—2—2）计算。

$$R_1 = R - \left(\frac{B}{2} + F\right) \qquad (7—2—2)$$

式中 B——机动车道宽度，m，一般采用 3.5 m；

F——非机动车道宽度，m；

R——右转车道中心线半径，m。

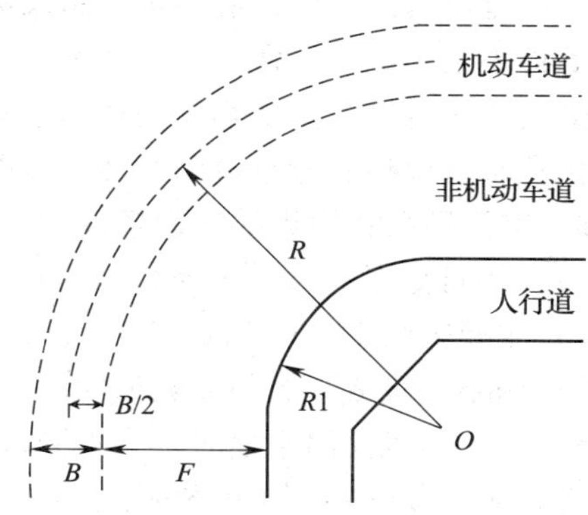

图 7—2—2　加铺转角式交叉口转角半径

其中右转车道中心线半径 R 可用前述圆曲线半径公式计算。由于此类交叉口多用于交通量小、车速不高的低等级公路，因此右转车速可取路段计算行车速度的 0.5 ~ 0.7 倍，计算时可用 0.6 倍，据观测，右转车速一般为 10 ~ 25 km/h。横向力系数 μ 为 0.15 ~ 0.20。超高横坡度采用 2%。另外，最小转角半径不得小于汽车的最小转弯半径。

表 7—2—5 为交叉口的最小转角半径，为了利于行车和以后交通的发展，选取时应尽量采用较大转角半径。

表 7—2—5　　交叉口的最小转角半径

右转弯车速（km/h）	不同交叉口的转角半径（m）						
	45°	60°	80°	90°	100°	120°	135°
25	35	32	30	30	29	29	28
20	27	23	20	19	19	18	19
15	25	17	13	12	11	10	10
10	27	20	12	10	9	8	7

三、交叉口的拓宽设计

1. 交叉口拓宽设计的基本要求

交叉口的拓宽设计是指在交叉口内增加左、右转车道，以提高交叉口的通行能力的设计方法。当相交公路的交通量较大、转弯车辆较多而车速又高时，若交叉口进口道仍然采用路段上的车道数，会导致转弯车辆和直行车辆受阻，分流与合流困难，且易发生交通事故。此时可向进口道的一侧或两侧拓宽车道，以改善交叉口的通行条件，提高交叉口的通行能力。

拓宽的车道数主要取决于进口道各向的交通量、交通组织方式和车道的通行能力等。一般应比路段单向车道数多增加一至二条车道。

进口道车道的宽度，应尽量与路段保持一致。如因占地等限制，需要变窄车道宽度时，最窄不得小于 3 m，一般为 3 ~3.5 m。

交叉口拓宽设计主要解决拓宽车道的设置条件、设置方法以及长度计算三个问题。

拓宽车道包括右转车道和左转车道两种。

2. 交叉口拓宽设计的设置条件

（1）平面交叉符合下列条件时应设右转车道

1）主要公路 $V \geqslant 60$ Km/h 时，应设减速分流和加速合流车道。

2）两条一级或一级与交通量大的二级公路平交时，应设渠化分隔的右转车道。

3）一、二级公路平交时，有下列情况之一时应设右转车道：

①斜交角接近 70°的锐角象限。

②交通量大，右转弯交通会引起不合理的交通延误。

③右转车中重车比例较大时。

④右转弯行驶速度 $V \geqslant 30$ Km/h 时。

⑤互通式立交连接线的平面交叉中右转弯交通量较大时。

4）对于城市公路平面交叉口，高峰时一个信号周期进入交叉口的右转车多于 4 辆时，应增设右转车道。

（2）平面交叉符合下列条件时应设左转车道

1）四车道公路除左转交通量很小外，均应在平面交叉范围内设置左转车道。

2）二级公路符合下列情况之一时应设左转车道：

①与高速公路或一级公路互通式立交连接线相交的平面交叉。

②非机动车较多且未设置慢车道的平面交叉。

③左转弯交通会引起交通拥阻或交通事故。

3）对于城市公路平面交叉，高峰时一个信号周期进入交叉口的左转车多于 3 辆或 4 辆时，应增设左转车道。

3. 交叉口拓宽设计的设置方法

拓宽车道的设置方法是指在交叉口的进口道上如何实现增辟车道的方法。

（1）右转车道设置方法

右转车道设置方法比较简便，而且方法固定，就是在进口道的右侧或同时在出口道的右侧拓宽右转车道，如图 7—2—3 所示。

图 7—2—3　右转车道设置方法

（2）左转车道设置方法

左转车道是向进口道左侧扩宽的，依据相交公路是否设置中间带和中间带的宽窄可按以下方法实现左转车道，如图 7—2—4 所示。

1）宽型中间带：当设有较宽中间带（一般不小于5 m）时，将道口一定长度的中间带压缩宽度，由此增辟出左转车道，如图 7—2—4a 所示。

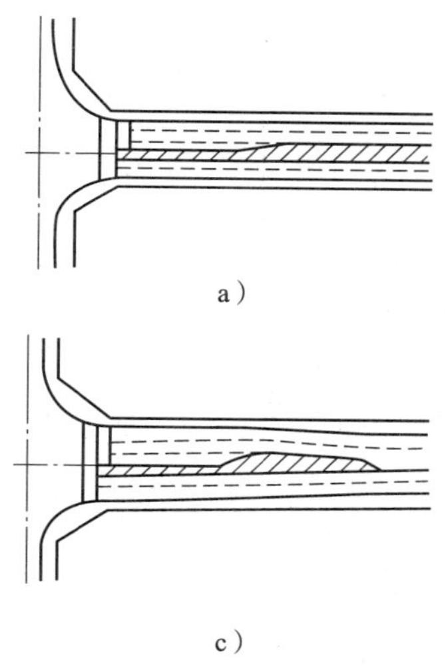

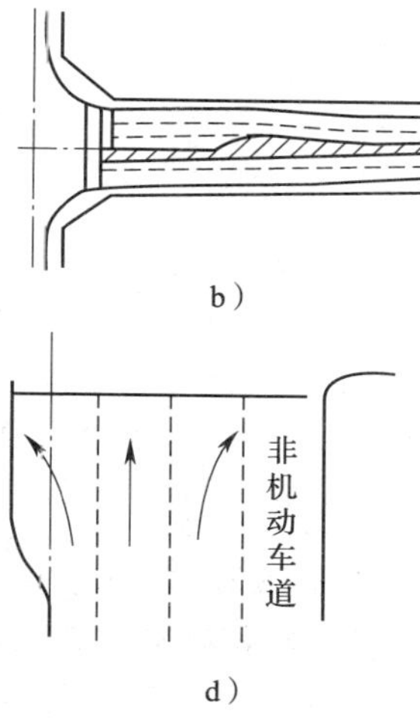

a）　b）　c）　d）

图 7—2—4　左转车道设置方法

2）窄型中间带：当设有较窄中间带（宽度小于 5 m）时，利用中间带后宽度不够，可将道口单向或双向车道线向外侧偏移，增加不足部分的宽度。向外侧偏移车道线后，在路幅总宽度不变的情况下，视具体条件可压缩人行道、两侧带或进口道车道宽度，如图7—2—4b 所示。

3）无中间带：当相交公路不设中间带时，可通过两种途径增辟左转车道。

①向进口道的一侧或两侧扩宽，增加进口公路幅总宽度，在进口道中心线附近辟出左转车道，如图 7—2—4c 所示。

②不扩宽进口道，占用靠近中心线的对向车道作为左转车道。如图 7—2—4d 所示，左转车辆必须进行车道变换后驶入左转车道，不宜将直行车道直接设置为左转车道。

4. 拓宽车道的长度计算

交叉口的进口道设置了拓宽车道后，为不影响横向相交公路上的直行车流，在横向相交公路的出口道应设加速车道。进口道处拓宽车道的长度应能满足转弯车辆减速所需长度，也应保证转弯车辆不受相邻等候车队长度的影响；出口道的加速车道应保证加速所需长度。拓宽车道长度由渐变段长度、减速所需长度（或等候车队长度）组成。

（1）右转车道的长度计算（见图 7—2—5）

1）渐变段长度 l_d

$$l_d = \frac{v_A}{3.6J}B \qquad (7—2—3)$$

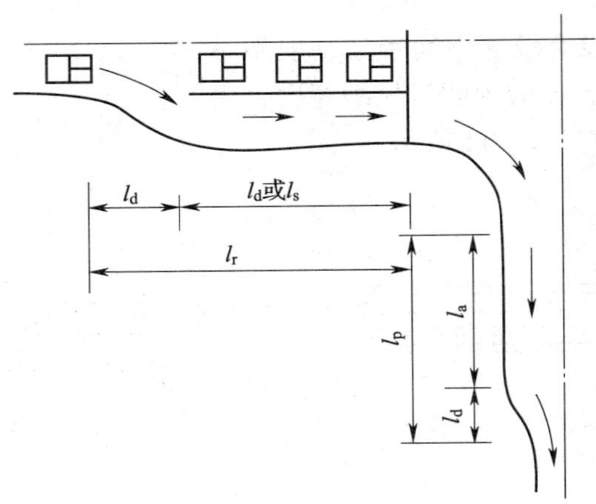

图 7—2—5　右转车道的长度计算

式中　B——右转车道宽度，m；

v_A——路段平均行驶速度，km/h；

J——车辆每秒钟横移距离，取 1.0 m。

最小渐变段长度可按表 7—2—6 选用。

表 7—2—6　**最小渐变段长度**

计算行车速度（km/h）	100	80	60	40	30	20
最小渐变段长度（m）	80	60	40	20	10	10

2）减速所需长度 l_b 和出口道加速所需长度 l_a

$$l_b(\text{或}\ l_a) = \frac{v_A^2 - v_B^2}{26a} \qquad (7—2—4)$$

式中　v_A——减速时进口道或加速时出口道处路段平均行驶速度，km/h；

v_B——减速后的末速度或加速前的初速度，km/h；

a——减速度或加速度，m/s^2。

减速所需长度 l_b 和出口道加速所需长度 l_a 可采用表 7—2—7 所列数值。

表 7—2—7 **变速所需长度**

路别	计算行车速度（km/h）	平均行驶速度（km/h）	减速所需长度 l_b（m）			加速所需长度 l_a（m）		
			到停车	到 20 km/h	到 40 km/h	从停车	从 20 km/h	从 40 km/h
主要公路	100	80	100	90	70	250	230	190
	80	60	60	50	30	140	120	80
	60	50	40	30	20	100	80	40
	50	40	30	20	—	60	50	—
	40	30	20	10	—	40	20	—
	30	20	10	—	—	20	—	—
次要公路	80	60	45	40	25	90	80	50
	60	50	30	20	10	65	55	25
	50	40	20	15	—	40	30	—
	40	30	15	10	—	25	15	—
	30	20	10	—	—	10	—	—

3）等候车队长度 l_s

$$l_s = nl_n \qquad (7—2—5)$$

式中 l_n——直行等候车辆所占长度，m，一般取 6～12 m，小型车取低值，大型车取高值；

n——一次红灯受阻的直行车辆数，左转时为左转等候车辆数。

$$n = \frac{\text{每条直行车道通行能力} \times (1 - \text{右转车比例})}{\text{每小时周期数/该向红灯占周期长的比例}}$$

4）右转车道长度 l_r

$$l_r = l_d + \max(l_b, l_s) \qquad (7—2—6)$$

出口加速车道长度 l_p 为： $l_p = l_d + l_a$

（2）左转车道的长度计算

左转车道长度也是由渐变段长度 l_d、减速所需长度 l_b（或等候车队长度 l_s）组成，即采用式（7—2—6）计算，即：

$$l_l = l_d + \max(l_b, l_s) \qquad (7—2—7)$$

但是，式（7—2—5）中的 n 应为左转等候车辆数。对有信号控制的交叉口，可用下式计算：

$$n = \frac{\text{一条车道的通行能力} \times \text{车道数} \times \text{左转车比例}}{\text{每小时周期数}} \qquad (7—2—8)$$

对无信号控制的交叉口，考虑到车辆到达的随机性，可按平均每分钟左转弯车辆数的两倍取用，即：

$$l_s = 2nl_n \tag{7—2—9}$$

四、环形交叉口设计

1. 适用条件

（1）车流量不大的主干路或次干路和支路上。

（2）左转弯车辆较多的交叉口利用环道交织。

（3）多条公路相交（一般四条以上），尤其是奇数条公路相交时。

（4）地形有起伏的城市可避免车辆在坡道前制动停车，利用环形交叉口连续通行。

（5）规划需要修建立体交叉的地方，以环形交叉口作为过渡形式。

2. 不适用条件

（1）快速路或交通量大的主干路的交叉口，因为环形交叉口的通行能力不够大。

（2）非机动车和行人交通量大的交叉口，因为它不仅增加了非机动车和行人通过交叉口的路程，而且使机动车辆进出环形交叉口很困难，容易产生交通阻塞。

（3）斜坡较大的地形或桥头引道上，当纵坡≥3%时，不宜采用环形交叉，因为它使下坡的车辆走小半径的反向曲线，可能冲撞中心环岛，对行车安全不利。

3. 中心岛的形状和半径

环形交叉口是利用中心岛作为渠化导向交通，使之成为一个单向行驶的环形交通系统，所有经过交叉口的直行车和左转车都绕着中心岛作逆时针方向行驶，将所有冲突点变为交织点（分流点或合流点）。不用信号灯控制，其安全性还较高。环形交叉口的组成如图7—2—6所示。

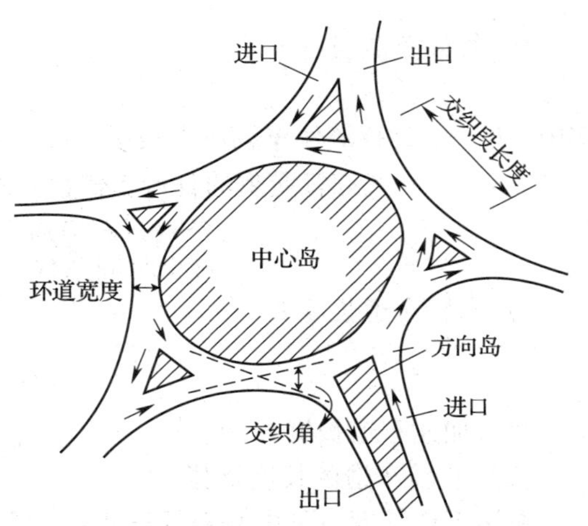

图 7—2—6　环形交叉口的组成

（1）中心岛的形状

中心岛的形状应根据交通流特性、相交公路的等级和地形地物等条件确定。原则上应保证车辆能以一定速度顺利完成交织运行，有利于主要公路方向车辆行驶方便，应满足交叉所在地的地形、地物和用地条件的限制。

中心岛的形状一般多用圆形，有时也用圆角方形和菱形；主、次公路相交时宜采用椭圆形；交角不等的畸形交叉可采用复合曲线形。此外，结合地形、地物和交角等，也可采用其他规则或不规则几何形状的中心岛。

（2）中心岛的半径

中心岛的半径首先应满足计算行车速度的要求，然后按相交公路的条数和宽度，验算相邻道口之间的距离是否符合车辆交织行驶的要求，下面以圆形中心岛为例，介绍中心岛半径的计算方法。

1）按计算行车速度的要求

按计算行车速度要求的中心岛半径 R 仍然用平曲线半径公式计算，但因为绕岛车辆是在紧靠中心岛，宽度为 b 的车道中间行驶，距中心岛边缘的距离为 $b/2$，故实际采用的中心岛半径应按下式计算：

$$R = \frac{V^2}{127(\mu \pm i_h)} \qquad (7—2—10)$$

式中 R——中心岛半径，m；

μ——横向力系数，建议大客车 $\mu = 0.10 \sim 0.15$，小客车 $\mu = 0.15 \sim 0.20$；

i_h——环道横坡度,%，一般采用 1.5%；

V——环道计算行车速度，km/h。国外一般采用路段计算行车速度的 0.7 倍，我国实测资料：公共汽车为 0.5 倍，载重车为 0.6 倍，小客车为 0.65 倍，供参考。

2）按交织段长度的要求

两条车流会合交换位置后又分离的过程称为交织。进环和出环的两车辆，在环道行驶时相互交织，交换一次车道位置所行驶的距离，称为交织长度。

交织长度的大小主要取决于车辆在环道上的行驶速度，当相邻路口之间有足够的距离时，进环和出环的车辆在环道上均可在合适的机会相互交织连续行驶，该段距离称为交织段长度，如图 7—2—7 所示。

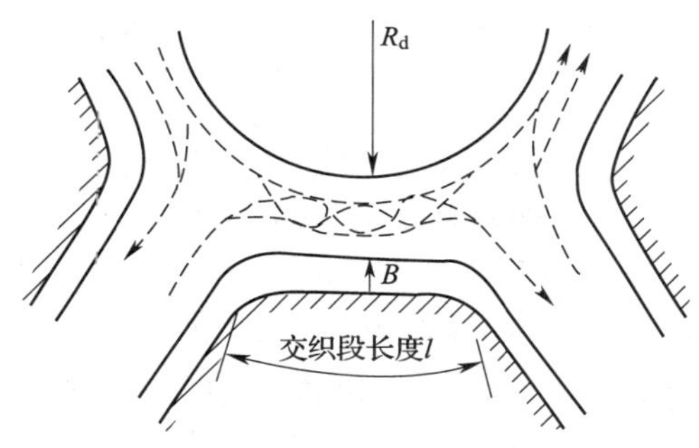

图 7—2—7 交织段长度

交织段长度应大于等于一个交织长度。交织段长度有两种取值方法，一是设有导流岛，取环形交叉口进口公路的导向岛边至环形交叉口出口公路的导向岛边之间一段环道的长度作为交织段长度（见图 7—2—8a）；二是环道上不设导流岛，取环形交叉口两相邻进出口公路的机动车道边线延长线和环道中心线相交的两个交点之间的一段环道长度作为交织段长度（见图 7—2—8b）。

中心岛半径必须满足两个路口之间最小交织段长度的要求，否则，在环道上行驶中需要互相交织的车辆，就要停车等候，不符合环形交叉连续行驶的交通特征。环道上不同车速所需要的最小交织段长度见表 7—2—8。

按交织段长度所要求的中心岛半径 R_d，可近似地按交织段长度所围成的圆周大小来推导，计算公式为：

$$R_d = \frac{n(l + B_p)}{2\pi} - \frac{B}{2} \qquad (7—2—11)$$

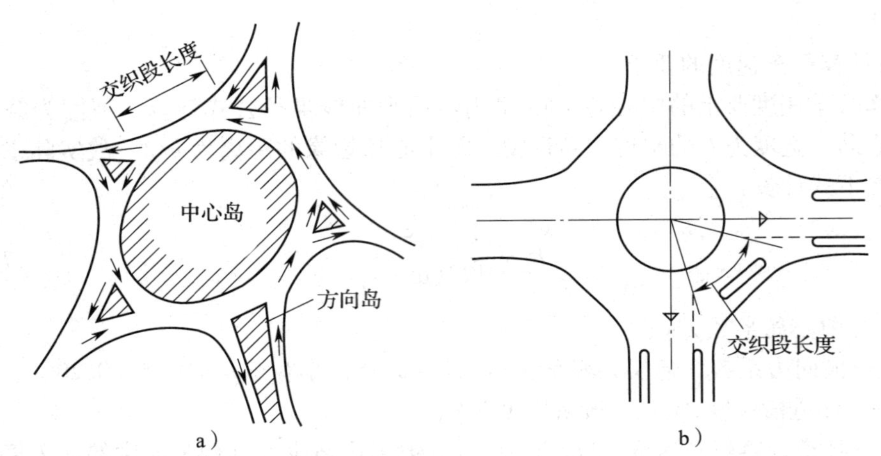

图 7—2—8　交织段的两种取值方法

表 7—2—8　**最小交织段长度**

环道计算行车速度（km/h）	50	45	40	35	30	25	20
最小交织段长度（m）	60	50	45	40	35	30	25

式中　n——相交公路的条数；

l——相邻路口之间的交织段长度，m；

B——环道宽度，m；

B_p——相交公路的平均路宽，m。中心岛为圆形，交汇公路为十字正交时，$B_p = (B_1 + B_2)/2$，其中 B_1 和 B_2 分别为相邻路口车行道宽度。

由式（7—2—11）可知，交叉口相交公路的条数越多，为保证最小交织段长度的要求，则中心岛的半径就越大，将会大大增加交叉口的用地面积和车辆在环道上的绕行距离，这样既不经济也不合理。因此，环形交叉口的相交公路以不多于六条为宜。

对四路相交的环形交叉口，一般用式（7—2—10）和式（7—2—11）分别计算中心岛半径，然后选取较大者。对中心线夹角差别较大或多路交叉口，也可以先按式（7—2—10）确定中心岛的半径 R，然后再按下式验算其交织段长度 l 是否符合要求：

$$l = \frac{2\pi}{n}\left(R + \frac{B}{2}\right) - B_p \quad 或 \quad l = \frac{\pi a}{180}\left(R + \frac{B}{22}\right) - B_p \qquad (7—2—12)$$

式中　a——相交公路中心线的夹角，(°)，当夹角不等时，用最小夹角验算。

当用式（7—2—12）计算的 l 值大于最小交织段长度时，符合要求；否则，增大 R，重新验算，直至符合为止。根据实践经验，中心岛最小半径见表 7—2—9，可供参考。

表 7—2—9　　**中心岛最小半径**

环道计算行车速度（km/h）	40	35	30	25	20
中心岛最小半径（m）	60	50	35	25	20

4. 环道的宽度

环道即环绕中心岛的单向行车带，其宽度取决于相交公路的交通量和交通组织。

一般，靠近中心岛的一条车道作绕行之用，最靠外侧的一条车道供右转弯之用，中间的一至二条车道为交织之用，这样，环道上一般设计三到四条车道。实践证明，车道过多，不仅难以利用，而且易使行车混乱，导致不安全。据观测，当环道车道数从二条增加到三条时，通行能力提高得最为显著；而当车道数增加到四条以上时，通行能力增加得很少。因为车辆在绕岛行驶时需要交织，在交织段长度小于二倍的最小交织段长度（考虑占地和经济性，一般不可能超过二倍）范围内，车辆只能顺序行驶，不可能同时出现大于二辆车交织的情况。所以，不论设计多少条车道数，在交织断面上都只能起到一条车道的作用。

因此，环道的车道数一般采用三条为宜；如交织段长度较长，环道的车道数可布置四条；若相交公路的车行道较窄，也可设二条车道。

如果采用三条机动车道，每条车道宽 3.50～3.75 m，并按前述弯道加宽中单车道部分的加宽值，当中心岛半径为 20～40 m 时，则环道机动车道的宽度一般为 15～16 m。

非机动车交通可与机动车混行或分行布置，为保证交通安全，减少相互干扰，一般以分行为宜，可用分隔带（或墩）或标线等分隔，非机动车道宽度应视具体情况而定，一般不小于相交公路中的最大非机动车行车道宽度，也不宜超过 8 m。

5. 交织角

交织角是检验车辆在环道上交织行驶时安全程度的一个指标。交织角是进环车辆轨迹与出环车辆轨迹的平均相交角度。交织角越小行驶越安全。

它以距右转机动车道的外缘 1.5 m 和中心岛边缘 1.5 m 的两条切线交角来表示，如图 7—2—9 所示。

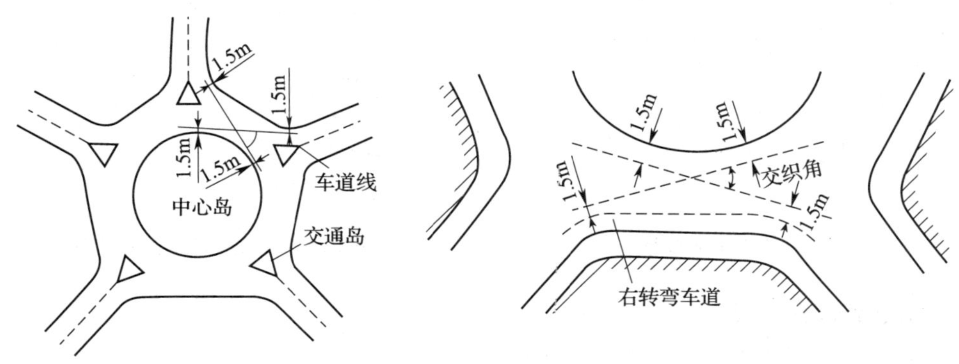

图 7—2—9　交织角

交织角的大小取决于环道的宽度和交织段长度，环道宽度越窄，交织段长度越大，则交织角越小，行车就越安全。但交织段要长，中心岛半径就要增大，占地也要增加。根据经验，交织角控制在20°~30°为宜，一般不大于40°。通常在交织段长度已有保证的条件下，交织角才能满足要求。

6. 环道外缘线形及进、出口曲线半径

从满足交通需要和工程节约考虑，环道外缘平面线形不宜设计成反向曲线形状，据观测，这种形状在环道的外侧约有20%的路面（图7—2—10中阴影部分）无车行驶，这既不合理也不经济。实践证明，环道外缘平面线形宜采用直线圆角形或三心复曲线形状，如图7—2—10中实线所示。

环道进、出口的曲线半径取决于环道的计算行车速度。为使进环车辆的车速与环道车速相适应，应对进环车辆的车速加以限制。一般，环道进口曲线半径采用接近或小于中心岛的半径，而且各相交公路的进口曲线半径不要相差太大。环道出口的曲线半径可较进口曲线半径大一些，以便车辆加速驶出环道。

7. 环道的横断面

环道的横断面形状对行车的平稳和路面的排水有很大影响，而横断面的形状又取决于路脊线的选择。环道横断面的路脊线通常设在交织车道的中间，若机动车道与非机动车道之间设有分隔带时，其路脊线也可设在分隔带上。环道的路脊线也可设于进、出口之间的三角形方向岛或直接与交会公路的路脊线相连，如图7—2—11所示，图中虚线为路脊线，箭头指向为排水方向。显然，应在中心岛的周围设置雨水口进行排水，以保证环道内不产生积水，另外，进、出环道处的横坡度宜缓一些，便于行车。

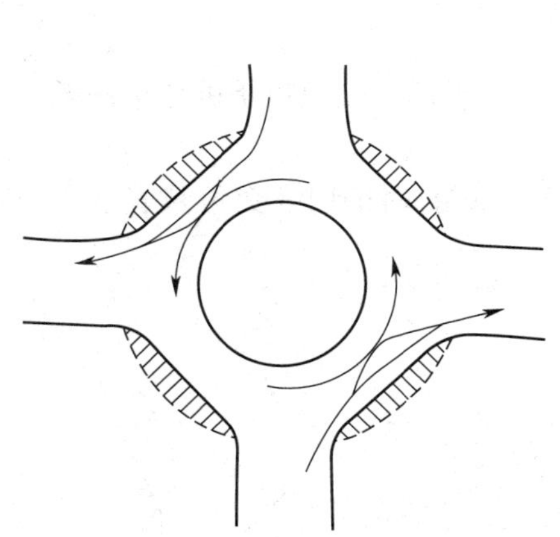

图7—2—10　环道外缘平面线形

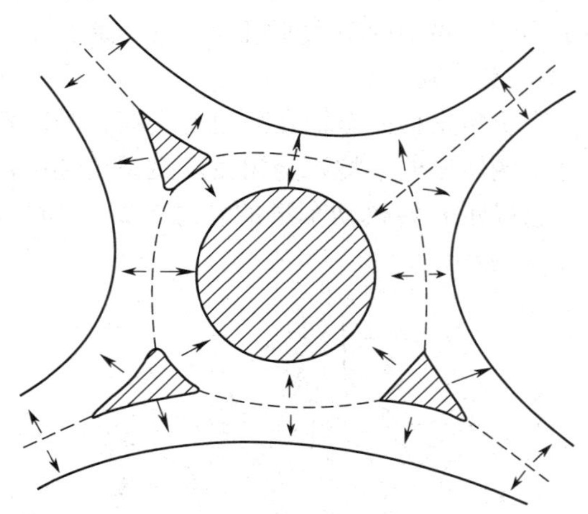

图7—2—11　环道的路脊线

8. 入口让路环形交叉

(1) 入口让路环形交叉口车辆行驶规则

入口让路环形交叉口将入口当成“支路”，到达入口的车辆发现左方环道上有车辆，且无插入间隙时，应在入口等候。为使环行车流出现间隙时，等候车辆能高效地使用这一间隙，入口应为不同去向的车辆分别提供等候车道，即左转弯车辆等候在较左的车道上，右转弯车辆等候在较右的车道上。入口让路规则破坏了原来进环车辆行驶的连续性，但可减少交织段长度，环行车流间的空隙得到较充分的利用，具有较大的通行能力。

（2）中心岛的形状和半径

入口让路环形交叉口应根据设计车辆的转弯轨迹、环道车道数及各岔路的路幅宽度确定中心岛半径。因为交叉口须为不同流向的车流提供尽可能宽的通道，所以必须压缩中心岛的直径来增加环道上的车道数，但直径一般不小于 10 m，最小可采用 5 m。

中心岛一般为缘石围成的圆形。面积较小时，可采用齐平式或微凸式；面积较大时，可采用浅碟式，内侧边坡应和缓，岛缘不应设深的排水沟。

（3）出入口设计

提高入口让路环形交叉口的通行能力，入口要为不同去向的车辆分别提供等候车道，入口应增辟车道做成喇叭状。增辟的车道数至少为一个，最多为两个，入口车道总数不大于四个。停车线处车道宽度为 3.0 m，增辟车道起点的车道宽度为 2.5 m，拓宽有效长度为 25 m，如图 7—2—12 所示。

入口应右偏且呈曲线形，并使入口左路缘的延长线不与中心岛相割。入口曲线半径为 10 ~ 100 m，并以 20 m 为宜。当接近或超过 100 m 时，显得偏斜不足。

出口不增辟车道，但应拓宽车道，并用1∶15 ~ 1∶20 的渐变率收敛到正常车道的宽度。

入口与邻接的出口之间应尽量避免采用短的反向曲线，而应采用直线圆角形，必要时可增大出口曲线的半径。三路交叉中，相邻的入口和出口间距较长时，允许出现反向曲线。

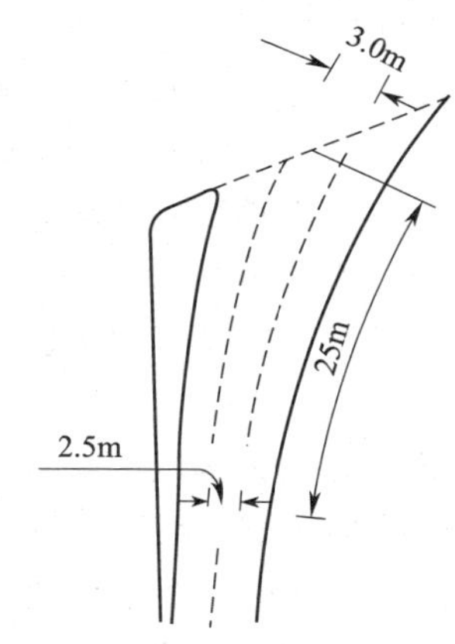

图 7—2—12　出入口设计

（4）环道宽度

环道宽度应为各相交公路中最大入口宽度的 1 ~ 1.2 倍。一般情况下，环道宜为三车道的宽度。当某一个入口的右转弯交通量占 50% 或达到 300 辆/h 时，应增辟与环道间有“V”形标线导流岛分隔的右转弯车道。

（5）入口让路环行交叉的视距

1）左方视距

到达“让路”停车线的车辆，驾驶员应能看到左方直至前一入口或左方 50 m（取其中小值）范围内环道的整个宽度。

2）前方视距

到达“让路”停车线的车辆，驾驶员应能看到前方直至下一出口或前方 50 m（取其中小值）范围内环道的整个宽度。

3）环行视距

环道上行驶的车辆，驾驶员应能看到前方直至下一出口或前方 50 m（取其中小值）范围内环道的整个宽度。

其他设计同普通环形交叉类似。

五、交叉口的立面设计

1. 交叉口立面设计的要求和原则

交叉口立面设计（也称竖向设计）的实质是对一个面的标高进行设计。

交叉口立面设计的目的是通过调整交叉口范围的车行道、人行道及附近地面等有关各点的设计标高，以保证汽车及非机动车安全平稳地通过交叉口，同时能迅速排出地面水，另外还协调交叉口附近建筑物的标高、地下管网、照明、绿化等问题。

立面设计主要取决于相交公路的等级、交通量、横断面形状、纵坡的大小和方向以及周围地形等。交叉口立面设计的基本要求是：首先应满足主要公路的行车方便，在不影响主要公路行车平顺的前提下，适当变动主要公路的纵坡和横坡，以照顾次要公路的行车需要。交叉口立面设计的一般原则为：

（1）主要公路与次要公路相交时，一般次要公路的纵、横坡迁就主要公路纵、横坡的变化。主要公路的纵、横断面均维持不变，而将次要公路双坡横断面，逐渐过渡到与主要公路纵坡相一致的单坡横断面。

（2）等级相同的两条公路交叉时，如交通量差别不大，但有不同的纵坡时，一般维持两条公路的设计纵坡不变，而和缓地改变它们的横坡，使两条公路在立面上取得平顺。

（3）相交公路的等级和交通量差异都较大时，可以考虑主要干道的纵、横断面均维持不变，而将次要公路双向倾斜的横断面逐渐改变，过渡到与主要干道的纵坡一致的单向倾斜横断面，以保证主要干道的交通便利。

（4）为保证排水，设计时至少应有一条公路的纵坡能将交叉口范围内汇集的地面水排出。如所有公路纵坡都倾向交叉口时，则必须考虑在交叉口内设置雨水口，以满足交叉口排水的要求。

（5）在交叉口范围内，不应使一条公路的雨水排到另一条公路上，也不能使交叉口内产生积水。一般采用截水的办法，多在交叉口人行横道前或在路缘石转角曲线的切点上布置雨水口。

（6）城市公路交叉口竖向设计标高应与四周建筑物的地坪标高协调。

（7）交叉口范围内横坡要平缓些，一般不大于路段横坡，以利于行车。纵坡度不宜大于2%，困难情况下应不大于3%。

2. 交叉口立面设计的基本类型

交叉口立面设计的形式，主要取决于交叉范围相交公路的纵坡、横坡及地形。以十字形交叉口为例，按其所处地形及相交公路纵坡方向，可划分为六种基本类型，如图7—2—13所示。

（1）处于凸形地形上，相交公路的纵坡方向均背离交叉口（见图7—2—13a）。

设计时使交叉口的纵坡与相交公路的纵坡一致，适当调整一下接近交叉口的路段横坡，让雨水流向交叉口四个转角的街沟或路基外排出，交叉口内不需设置雨水口。

（2）处于凹形地形上，相交公路的纵坡方向都指向交叉口（见图7—2—13b）。

这种形式的地面水都向交叉口集中，排水比较困难，应尽量避免。若因地形限制，必须采用这种类型时应设置地下排水管道排水，为防止雨水汇集到交叉口中心，应适当改变相交公路的纵坡，以抬高交叉口中心标高，并在转角设置雨水口。最好在相交公路纵坡设计时，将一条主要公路的转坡点设在远离交叉口的地方，保证有一条公路的纵坡方向能背离交叉口。

（3）处于分水线地形上，有三条公路纵坡方向背离而一条指向交叉口（见图7—2—13c）。

设计时应将纵坡指向交叉口的公路路脊线在交叉口处分为三个方向，相交公路的横断面不变，并在纵坡指向交叉口公路的人行横道线外设雨水口，防止雨水流入交叉口内。

（4）处于谷线地形上，有三条公路纵坡方向指向而一条背离交叉口（见图7—2—13d）。

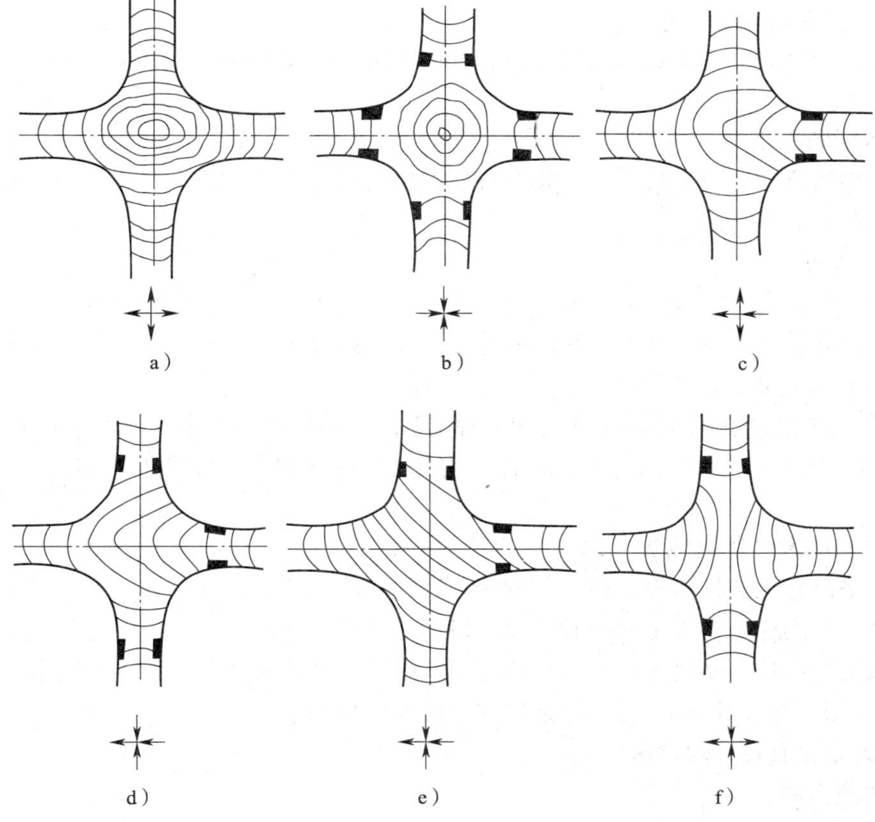

图7—2—13　交叉口立面设计的基本形式

a）凸形地形　b）凹形地形　c）分水线地形

d）谷线地形　e）斜坡地形　f）马鞍形地形

设计时，与谷线相交的公路进入交叉口之前，在纵断面上产生转折而形成过街横沟，不利于行车，应尽量使纵坡转折点离交叉口远一些，并在该处插入竖曲线。纵坡指向交叉口的人行横道线外应设置雨水口。

（5）处于斜坡地形上，相邻两条公路纵坡指向而另两条背离交叉口（见图7—2—13e）。

设计时，相交公路的纵坡均不变，而将两条公路的横坡在进入交叉口前逐渐向相交公路的纵坡方向变化，使交叉口上形成一个单向倾斜面，并在纵坡指向交叉口公路的人行横道线外设雨水口。

（6）处于马鞍形地形上，相对两条公路纵坡指向而另两条背离交叉口（见图7—2—13f）。

设计时，相交公路纵、横坡都可按自然地形在交叉口内适当调整，并在纵坡指向交叉口的公路两侧设置雨水口。

以上为几个典型十字形交叉口立面设计形式，对于其他不同形式的交叉口，立面设计的要求和原则是一样的。另外，立面设计的使用效果与相交公路纵坡方向的组合有很大关系，因此，如要获得交叉口理想的立面设计，应在公路纵断面设计时，就考虑交叉口立面设计的要求，为其创造良好的条件。

3. 交叉口立面设计的方法

交叉口立面设计的方法有特征断面法、方格网法、设计等高线法以及方格网设计等高线法四种。

（1）特征断面法

特征断面法是找到交叉口处一些具有特征点位的断面，并计算其上各点的设计标高。此方法适用于沥青混凝土路面。

（2）方格网法

方格网法是在交叉口范围内以相交公路中心线为坐标基线打方格网，测出方格点上的地面标高，求出其设计标高，并标出相应的施工高度。此方法适用于水泥混凝土路面。

（3）设计等高线法

设计等高线法是在交叉口范围内选定路脊线和标高计算线网，并计算其上各点的设计标高、勾绘交叉口设计等高线，最后标出各点施工高度。此方法适用于沥青混凝土路面。

（4）方格网设计等高线法

对于方格网施工放样比较方便，而设计等高线法能更清晰地反映出交叉口的立面设计形状，但等高线上的标高在施工放样时不如方格网法方便。因此，通常把以上两种方法结合使用，称为方格网设计等高线法。此法既能直观地看出交叉口的立面形状，又能满足施工放样方便的要求。此方法适用于大型、复杂的交叉口和广场的立面设计。

4. 交叉口立面设计的步骤

（1）收集资料

1）测量资料

收集交叉口附近地形图，或根据交叉口的控制点坐标和高程实测地形图。一般描绘1∶500或1∶200比例尺的地形图，在地形图上详细标注附近地物及地貌。

2）公路资料

掌握相交公路的等级、宽度、半径、横坡、纵坡等平纵横设计资料或规划资料。

3）交通资料

交叉口附近的交通量以及交通组成。

4）排水资料

区域排水方式，已建或拟建地下、地上排水管渠的位置和尺寸。

（2）绘制交叉口平面图

以相交公路中心线为坐标基线打方格网，斜交公路的方格网线应选在便于施工放线测量的方向，方格的大小一般采用5 m×5 m～10 m×10 m，并测量方格点的地面标高。若采用设计等高线法时，可不打方格，只加注一些特征点的设计标高即可。

（3）确定交叉口的设计范围

交叉口的设计范围一般为转角圆曲线的切点以外5～10 m（相当于一个方格的距离），主要用于过渡处理，如横坡、标高的过渡等。

（4）确定立面设计图式和等高距

根据相交公路的等级、纵坡方向、地形情况以及排水要求等，确定所采用的立面设计图式（见图7—2—13）。根据纵坡度的大小和精度要求选定等高线间距，一般$h=0.02\sim0.10$ m，为便于计算取偶数为宜。

（5）勾绘设计等高线

在交叉口立面设计的实际工作中，若采用方格网法，则不需要勾绘设计等高线，勾绘设计等高线的方法如下：

1）路段设计等高线的计算和画法

当公路的纵坡、横断面形式及路拱横坡度确定以后，可按照所需要的等高距h，计算路段上设计等高线的水平距离。

如图7—2—14所示，图中i_1和i_3分别为车行道中心线和边线的设计纵坡。通常情况下$i_1=i_3$（%），i_2为车行道的路拱横坡度（%），B为车行道的宽度（m），h_1为车行道的路拱高度（m）。

中心线上相邻等高线的水平距离l_1为：

$$l_1=\frac{h}{i_1} \tag{7—2—13}$$

设置路拱以后，等高线在车行道边线上的位置沿纵向上坡方向偏移的水平距离l_2为：

$$l_2=h_1\frac{1}{i_3}=\frac{B}{2}\frac{i_2}{i_3} \tag{7—2—14}$$

计算出l_1和l_2位置后，由l_1定出中心线上其余等高线的位置，再由l_2定出沿边线上相应等高线的位置，最后连接相应等高点，即得用设计等高线表示的路段立面设计图。实际上，如路拱形式为抛物线时，等高线应以曲线勾绘，只有直线形路拱可用折线连成等高线，为简化起见，图7—2—14用折线表示。

2）交叉口上设计等高线的计算和画法

①选定路脊线和控制标高

选路脊线时，要考虑行车平顺及交叉口均衡美观的要求。路脊线通常是车行道的中心线。在交叉口上，路脊线的交点就是控制标高的位置。

对于斜交过大的T形交叉口，其路中心线不宜作为路脊线，应加以调整。如图7—2—15所示，AB'调整路脊线的起点A一般为转角曲线切点断面处，而B'的位置原则上选在双向车流的中间位置。

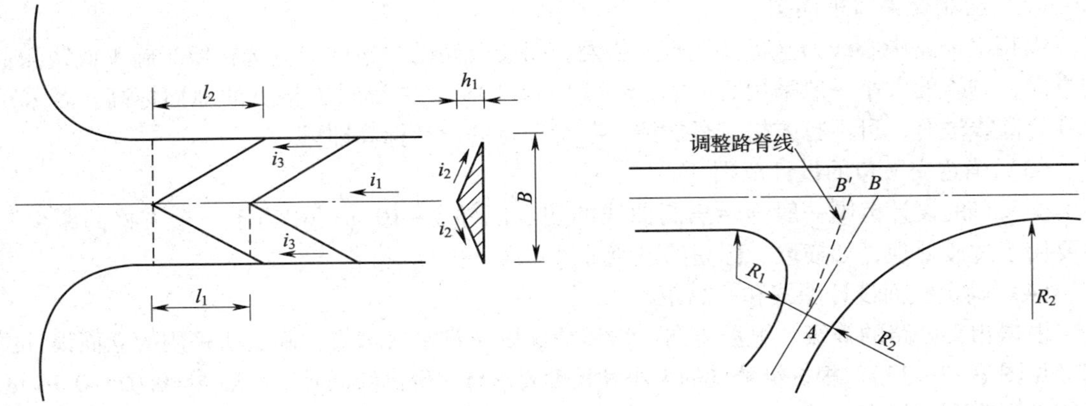

图7—2—14　路段设计等高线的计算和画法　　图7—2—15　选定路脊线和控制标高

在选定控制标高时，不宜使相交公路的纵坡相差过大，一般要求差值不大于0.5%，可能时尽量使纵坡大致相等，以利于立面设计处理。

②确定标高计算线网

a. 方格网法

如图7—2—16所示，方格网法标高计算线网就是前述已打了方格的交叉口平面图，该法适用于公路正交的交叉口。

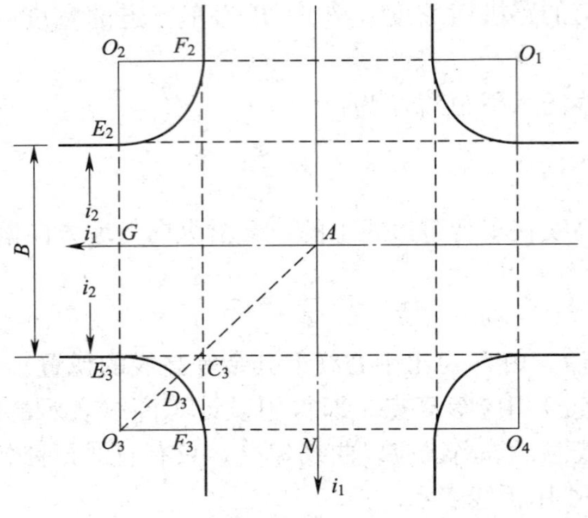

图7—2—16　方格网法

根据路脊线交叉点 A 的控制标高 H_A，可逐一推算出某些特征点的设计标高，转角曲线切点横断面上的三点标高为：

$$H_G = H_A - AGi_1 \tag{7—2—15}$$

$$H_{E_3}(\text{或} H_{F_2}) = H_G - \frac{B}{2}i_2 \tag{7—2—16}$$

同理，可求得其余三个切点横断面上的三点标高。

由 E_3 或 F_3 的标高可推算出车行道边线延长线交叉点 C_3 的标高，如不相等则取平均值，其中 R 为转角圆曲线半径，即：

$$H_{C_3} = \frac{(H_{E_3} + Ri_1) + (H_{F_3} + Ri_1)}{2} \tag{7—2—17}$$

过 C_3 的 A、O_3 连线与转角曲线相交于 D_3，则 D_3 点的标高为：

$$H_{D_3} = H_A - \frac{H_A - H_{C_3}}{AC_3}AD_3 \tag{7—2—18}$$

转角曲线 E_3F_3 和路脊线 AG、AN 上所需的其他各点标高，可根据已算出的特征点标高，用补插法求得。

同理，可推算出其余转角所需各点的设计标高。此方法对于正交的十字形或 T 字形交叉口比较适用。

b. 圆心法

如图 7—2—17 所示，在路脊线上，按施工要求每隔一定距离或等分定出若干点，并与转角曲线的圆心连成直线（只连到转角曲线上），即得圆心法标高计算线网。对斜交的交叉口宜采用圆心法。

c. 等分法

如图 7—2—18 所示，将路脊线等分为若干份，相应地把转角曲线也等分为相同份数，连接对应点，即得等分法标高计算线网。对正交的交叉口宜采用等分法。

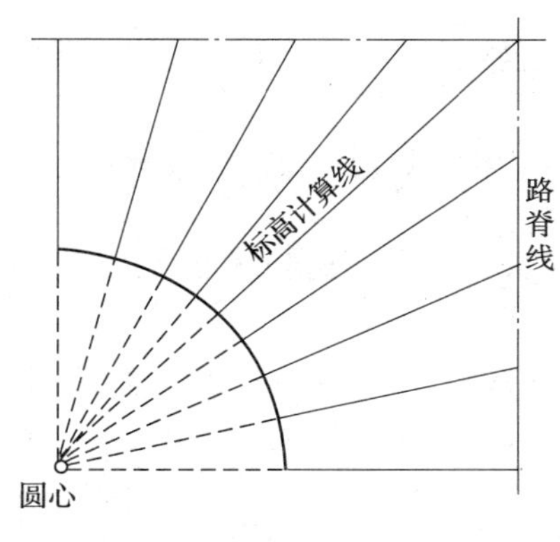

图 7—2—17　圆心法

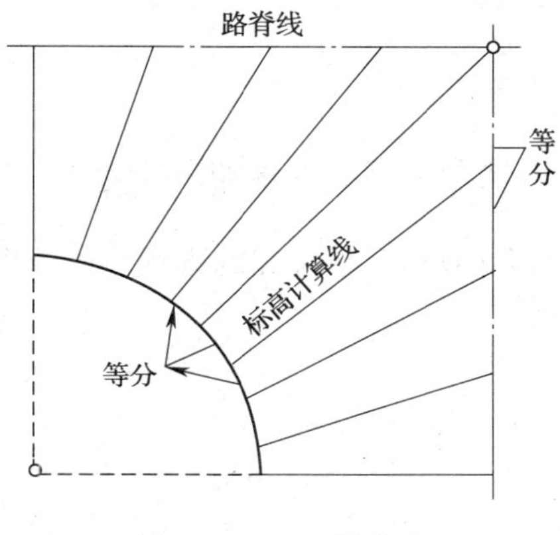

图 7—2—18　等分法

d. 平行线法

如图 7—2—19 所示，先把路脊线的交叉点与各转角曲线的圆心连成直线，然后按施工要求在路脊线上分若干点，过这些点作该直线的平行线交于行车道边线，即得平行线法标高计算线网。此方法主要适用于正交和斜交的交叉口。

当主要公路与次要公路相交而主要公路在交叉口的横坡不变时，应将路脊线的交点 A 移到次要公路路脊线与主要公路行车道边线的交点 A' 处，如图 7—2—20 所示。此时，无论采用哪一种标高计算线网，都必须以位移后的交点 A' 为准。

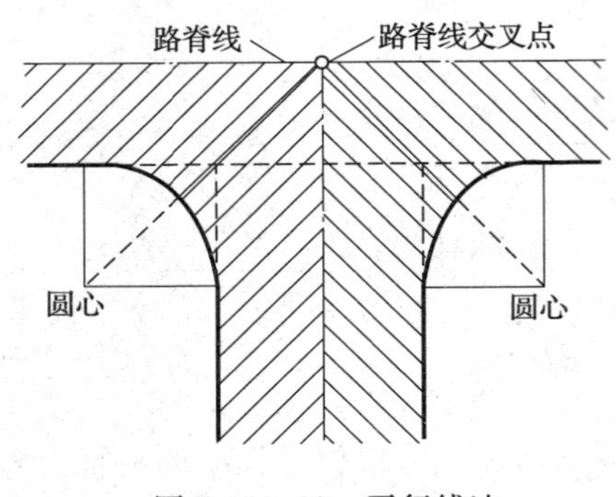

图 7—2—19　平行线法

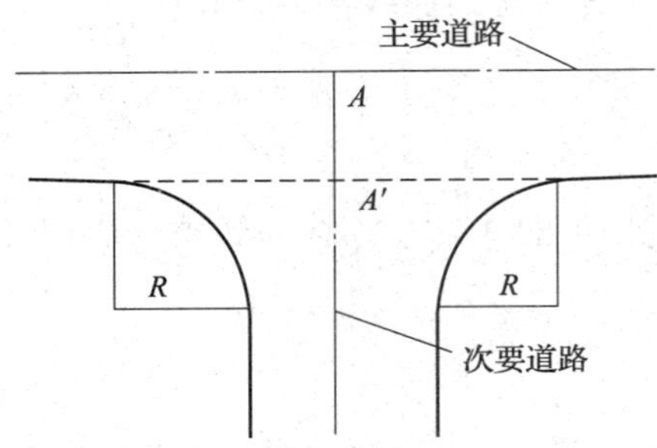

图 7—2—20　路脊线交叉点位移

③计算标高计算线上的设计标高

每条标高计算线上标高点的数目，可根据路面宽度、施工需要以及等高距来确定。对路宽、坡陡、施工精度要求高的，标高计算点可多些；反之，则少些（见图 7—2—21、图 7—2—22）。

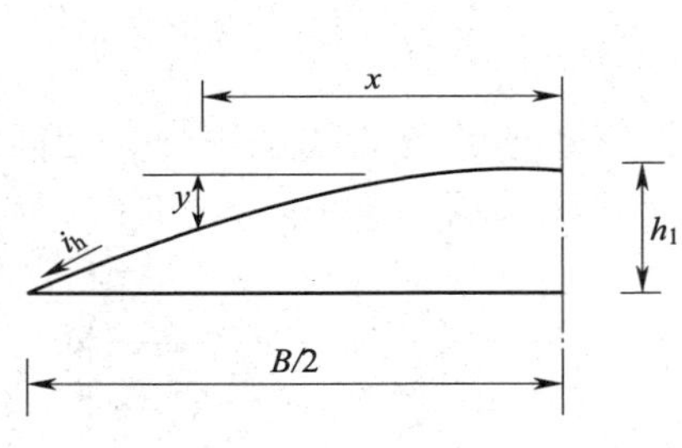

图 7—2—21　路拱标高计算图示

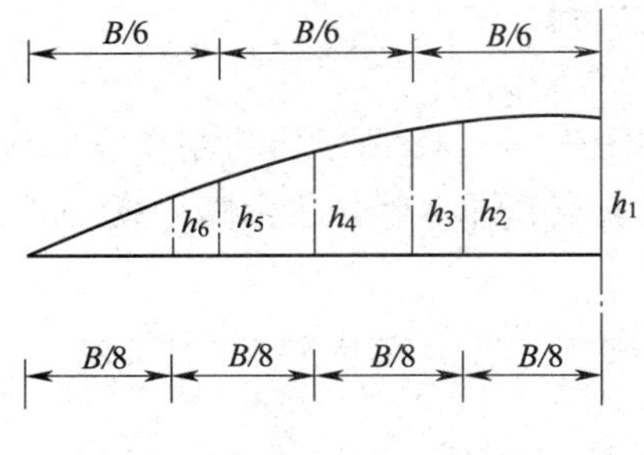

图 7—2—22　标高点数划分

标高计算线上标高点的方程与所选用的路拱形式有关，当采用抛物线形路拱时，可用下式计算：

$$y = \frac{h_1}{B}x + \frac{2h_1}{B}x^2 \tag{7—2—19}$$

$$y = \frac{h_1}{B}x + \frac{4h_1}{B^3}x^2 \tag{7—2—20}$$

式中 h_1——标高计算线两端（其中一端在路脊线上）的高差或路拱高度，m，$h_1 = \frac{B}{2}i_h$，

i_h 为路拱横坡,%；

B——车行道宽度，m。

式（7—2—19）和式（7—2—20）可根据路面类型来选用，一般宽 14 m 以下的高、中级路面可用式（7—2—19）计算，宽 14 m 以上的高级路面采用式（7—2—20）计算。

3）勾绘调整等高线

根据所选立面设计图式和等高距 h，把各等高点连接起来，就得初步的设计等高线图。

该设计等高线图应满足行车平顺和路面排水通畅的要求。通过调整等高线的疏密（一般中间部分疏一些，而边沟处密一些），使纵、横坡度变化均匀，调整个别不合适的标高，并合理布置雨水口。

检查方法是用三角板或直尺，沿行车方向、横断面方向和任意方向，检查设计等高线的分布是否合理，以判别纵坡、横坡及合成坡度是否满足行车和排水要求。最后检查侧沟纵坡能否顺利排水，以及雨水口布置是否合理。

（6）计算施工高度

根据设计等高线图，用内插法求出方格点上的设计标高，则施工高度等于设计标高减去地面标高。

【例 7—2—1】 已知某正交的十字形交叉口位于斜坡地形上。相交公路车行道的中心线及边线的纵坡 i_1、i_3 均为 3%，路拱横坡 i_2 为 2%，车行道宽度 B 为 15 m，转角曲线半径 R 为 10 m，交叉口控制标高为 2.05 m，若等高距 h 采用 0.10 m。试绘制交叉口的立面设计图。

【解】 因为十字形交叉口位于斜坡地形上，所以采用 7—2—13e 的立面设计图式。步骤如下：

1）路段上设计等高线的绘制。

$$l_1 = \frac{h}{i_1} = \frac{0.1}{0.03} = 3.33 \text{ m}$$

$$l_2 = \frac{B}{2}\frac{i_1}{i_3} = \frac{15}{2} \times \frac{0.02}{0.03} = 5.00 \text{ m}$$

由 l_1 和 l_2 即可绘制路段上的设计等高线。

2）交叉口上设计等高线的绘制。

①根据交叉口控制标高推算 F_3、N、F_4 三点标高。

$$H_N = H_A - \overline{AN}i_1 = 2.05 - 17.5 \times 0.03 = 1.52 \text{ m}$$

$$H_{F_3} = H_{F_4} = H_N - \frac{B}{2}i_1 = 1.52 - \frac{15}{2} \times 0.02 = 1.37 \text{ m}$$

同理，可求得其余道口切点横断面的三点标高分别为：

$$H_M = 2.58\ m$$
$$H_{E_4} = H_{E_1} = 2.43\ m$$
$$H_K = 2.58\ m$$
$$H_{F_1} = H_{F_2} = 2.43\ m$$
$$H_G = 1.55\ m$$
$$H_{E_2} = H_{E_3} = 1.40\ m$$

②根据 A、F_4、E_4 点标高，求 C_4、D_4 等点的设计标高。

$$H_{C_4} = \frac{(H_{F_4} + Ri_1) + (H_{E_4} - Ri_1)}{2} = \frac{(1.37 + 10 \times 0.03) + (2.43 - 10 \times 0.03)}{2} = 1.90\ m$$

$$H_{D_4} = H_A - \frac{H_A - H_{C_4}}{AC_4}AD_4 = 2.05 - \frac{2.05 - 1.90}{\sqrt{7.5^2 + 7.5^2}}[\sqrt{2(7.5 + 10)^2} - 10] = 1.84\ m$$

同理可得：

$$H_{C_1} = 2.13\ m$$
$$H_{C_2} = 1.90\ m$$
$$H_{C_3} = 1.67\ m$$
$$H_{D_1} = 2.16\ m$$
$$H_{D_2} = 1.84\ m$$
$$H_{D_3} = 1.52\ m$$

③根据 F_4、D_4、E_4 点标高，求转角曲线上各等高点的标高（采用平均分配法确定）。

F_4D_4 及 D_4E_4 的弧长为：$L = \frac{1}{8} \times 2\pi R = 7.85\ m$

F_4、D_4 点间应有设计等高线为$\frac{1.84 - 1.37}{0.10} = 5$ 根，等高线的平均间距为$\frac{7.85}{5} = 1.57\ m$

D_4、E_4 点间应有设计等高线为$\frac{2.43 - 1.84}{0.10} = 6$ 根，等高线的平均间距为$\frac{7.85}{6} = 1.31\ m$

F_3D_3 及 D_3E_3 间应有设计等高线为$\frac{1.52 - 1.37}{0.10} = 2$ 根，等高线的平均间距为$\frac{7.85}{2} = 3.93\ m$

F_2D_2 及 D_2E_2 分别与 D_4E_4 及 F_4D_4 相同。

E_1D_1 及 D_1F_1 间应有设计等高线为$\frac{2.43 - 2.16}{0.10} = 3$ 根，等高线的平均间距为$\frac{7.85}{3} = 2.62\ m$

④根据 A、M、K、G、N 各点标高，可分别求出路脊线 AM、AK、AG、AN 上的等高点。对路脊线上的标高点位置，也可以根据待定等高线标高、A 点标高以及纵坡 i_1 来确定。比如南端标高为 1.70 m 的等高点与 A 点在路脊线上的距离为 $(2.05 - 1.70) / 0.03 = 11.67\ m$。

⑤按所选定的立面设计图式，将对应等高点连接起来，即为初步立面设计图。

⑥根据交叉口等高线中间应疏一些，边缘应密一些，且疏与密过渡应均匀的原则，对初步立面设计图进行调整，即得图 7—2—23 所示的交叉口立面设计图。

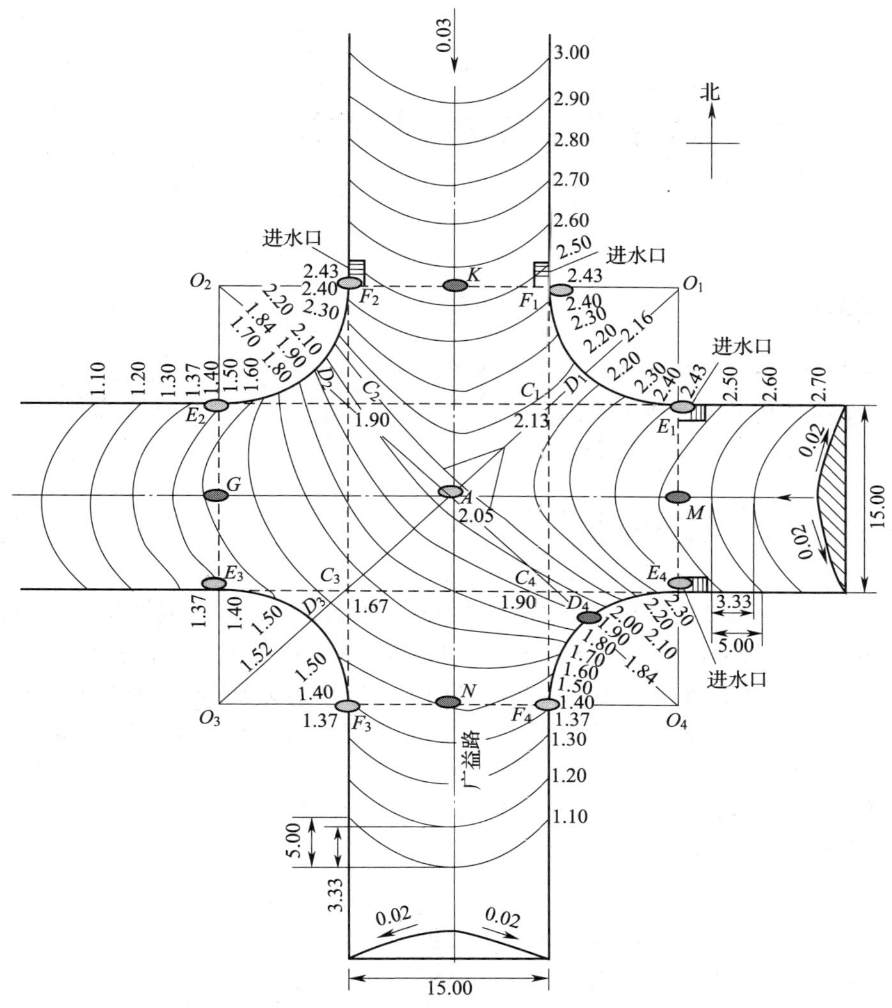

图 7—2—23　交叉口立面设计图

思考与练习

1. 如何绘制视距三角形？视距三角形有什么作用？
2. 拓宽右转车道的长度应如何计算？它由哪些部分组成？
3. 环形交叉适用于什么情况？
4. 环形交叉的车道应如何布置，进、出口半径应如何选择？
5. 什么是公路交叉口立面设计？交叉口立面设计的要求和原则是什么？
6. 交叉口立面设计的类型有哪些？方法与步骤是什么？

课题三　公路立体交叉设计

- 了解公路立体交叉的组成、类型及适用条件。
- 了解公路立体交叉的布置规划与形式选择。
- 了解立体交叉的设计资料和设计步骤。

一、公路立体交叉设计概述

立体交叉（以下简称立交）是利用跨线构造物使公路与公路（或铁路）在不同标高相互交叉的连接方式。立交是高速公路（高速公路和城市快速路的统称）必不可少的组成部分。

采用立交可使各方向车流在不同标高的平面上行驶，消除或减少了冲突点；车流可连续运行，提高了公路的通行能力；节约了运行时间和燃料消耗；控制了相交公路车辆的出入，减少了对高速公路的干扰。

1．立体交叉的组成

立体交叉的主要组成部分如图 7—3—1 所示。

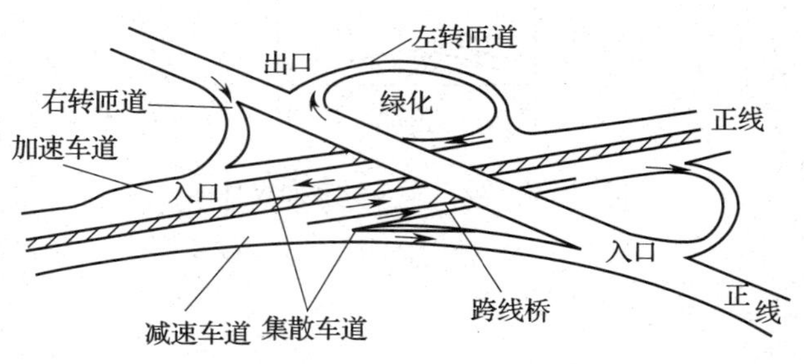

图 7—3—1　立体交叉的组成

（1）跨线构造物

它是立交实现车流空间分离的主体构造物，包括设于地面以上的跨线桥（上跨式）以及设于地面以下的地道（下穿式）。

（2）正线

它是组成立交的主体，指相交公路的直行车行道，主要包括连接跨线构造物两端到地坪标高的引道和交叉范围内引道以外的直行路段。

（3）匝道

它是立交的重要组成部分，是指供上、下相交公路转弯车辆行驶的连接道，有时包括匝道与正线以及匝道与匝道之间的跨线桥（或地道）。

（4）出口与入口

由正线驶出进入匝道的道口为出口，由匝道驶入正线的道口为入口。

（5）变速车道

为适应车辆变速行驶的需要，而在正线右侧的出入口附近设置的附加车道称为变速车道：出口端为减速车道，入口端为加速车道。

立体交叉的范围一般是指各相交公路出入口变速车道渐变段顶点以内包含的正线和匝道的全部区域。

2. 公路立交与城市立交的主要区别

公路立交一般附设收费站，两立交间的间距较大，地物障碍少，用地较松，多采用地上明沟排水系统，常用立交形式简单，但因匝道计算行车速度相对较高，立交占地较大，以二层式为主。

城市立交一般不收费，相邻立交间距较小，需要合理解决庞大的自行车流和行人交通，用地较紧，受地上和地下各种管线及建筑物影响大，拆迁费用高，多采用地下暗管排水井与城市排水系统连接；要考虑施工时便于维持原有交通和快速施工问题，比公路立交更多地重视美观要求，常作为一种城市景观来设计，立交形式复杂、多样，往往做成多层式。

二、立体交叉的类型和适用条件

1. 按结构物形式分类

立体交叉按相交公路结构物形式划分为上跨式和下穿式两类。

（1）上跨式

用跨线桥从相交公路上方跨过的交叉方式。这种立交施工方便，造价较低，排水易处理，但占地大，引道较长，高架桥影响视线和市容，宜用于市区以外或周围有高大建筑物处。

（2）下穿式

用地道（或隧道）从相交公路下方穿过的交叉方式。这种立交占地较少，立面易处理，对视线和市容影响小，但施工期较长，造价较高，排水困难，多用于市区。

2. 按交通功能分类

按交通功能可划分为分离式立交和互通式立交两类。

（1）分离式立交

仅设跨线构造物一座，使相交公路空间分离，上、下公路无匝道连接的交叉方式，如图7—3—2所示。这种类型的立交结构简单，占地少，造价低，但相交公路的车辆不能转弯行驶。适用于高速公路与铁路或次要公路之间的交叉。

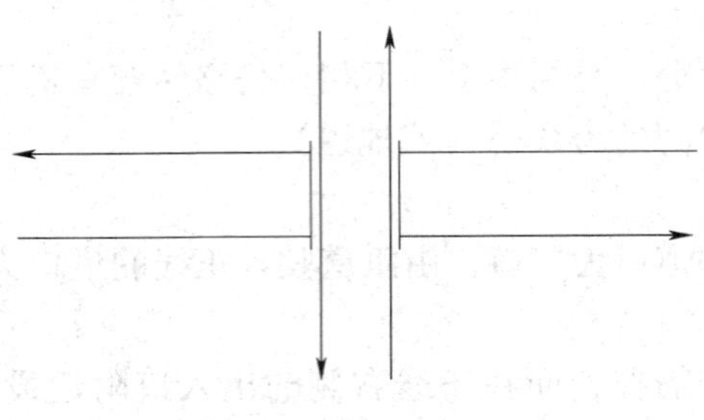

图 7—3—2　分离式立交

（2）互通式立交

不仅设跨线构造物使相交公路空间分离，而且上、下公路有匝道连接，以供转弯车辆行驶的交叉方式。这种立交类型使车辆可转弯行驶，全部或部分消灭了冲突点，各方向行车干扰较小，但立交结构复杂，占地多，造价高。

互通式立交根据交叉处车流轨迹线的交错方式和几何形状的不同，又可分为部分互通式、完全互通式和环形立交三种类型。

1）部分互通式立交。此类立交是相交公路的车流轨迹线之间至少有一个平面冲突点的交叉，当个别方向的交通量很小或分期修建时，高速公路与次要公路相交或用地和地形等限制时可采用这种立交类型。部分互通式的代表形式有菱形立交和部分苜蓿叶形立交等。

①菱形立交：这种立交形式能保证主线直行车辆快速通畅；转弯车辆绕行距离较短；主线上具有高标准的单一进出口，交通标志简单；主线下穿时匝道坡度便于驶出车辆减速和驶入车辆加速；形式简单，仅需一座桥，用地和工程费用小。但次线与匝道连接处为平面交叉，影响了通行能力和行车安全。如图 7—3—3 所示，图 a 为三路立交，图 b 为四路立交。

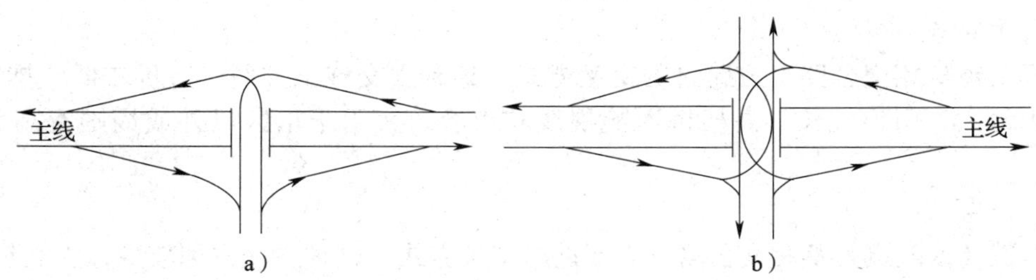

图 7—3—3　部分互通式菱形立交

a）三路立交　b）四路立交

布设时应将平面交叉设在次线上，主线上跨或下穿应视地形和排水条件而定，一般以下穿为宜。次线上可通过渠化或设置交通信号等措施组织交通。

②苜蓿叶形立交：可根据转弯交通量的大小或场地的限制，采用图 7—3—4 所示任一种形式或其他变形形式。

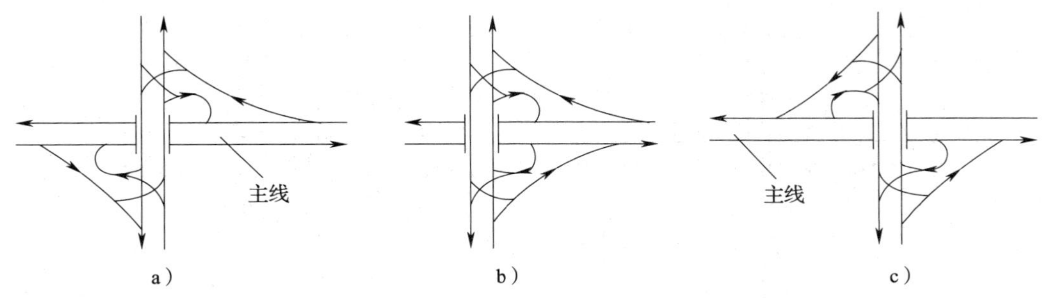

图 7—3—4　部分互通式苜蓿叶形立交

这三种立交形式的主线直行车快速通畅；单一驶出方式简化了主线上的标志；仅需一目标，用地和工程费用较小；远期可扩建为全苜蓿叶形立交，但次线上存在平面交叉，有停车等待和错路运行的可能。

布设时应使转弯车辆的出入尽可能少妨碍主线的交通，最好使每一转弯运行均为右转弯出入，不得已时应优先考虑右转出口。另外，平面交叉口应布置在次线上。

2）完全互通式立交。相交公路的车流轨迹线全部在空间分离的交叉。它是一种比较完善的高级形式，匝道数与转弯方向数相等，各转向都有专用匝道。适用于高速公路之间及高速公路与其他高等级公路的相交。其代表形式有喇叭形、苜蓿叶形、子叶形、Y 形、X 形等。

①喇叭形立交：如图 7—3—5 所示，是三路立交的代表形式，可分为 A 式和 B 式。经环圈式左转匝道驶入主线（或正线）为 A 式，驶出时为 B 式。

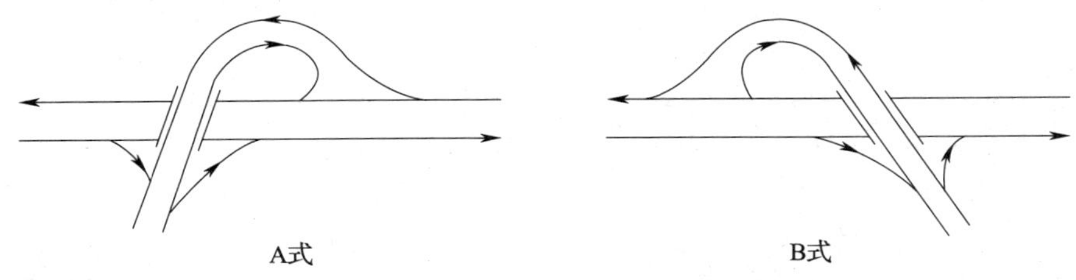

图 7—3—5　喇叭形立交

这种立交除环圈式匝道适应车速较低外，其他匝道都能为转弯车辆提供较高速度的半定向运行；只需一座构造物，投资较省；无冲突点和交织，通行能力大，行车安全；造型美观，行车方向容易辨别。

布设时应将环圈式匝道设在交通量小的方向上，主线交通量大时宜采用 A 式。次线上跨对转弯交通视野有利，下穿时宜斜交或弯穿。

②苜蓿叶形立交：如图 7—3—6 所示，图 a 为标准形，图 b 为带集散车道形。

该立交平面形似苜蓿叶，交通运行连续而自然，无冲突点，可分期修建，仅需一座构造物。但这种立交占地面积大，左转绕行距离较长，环圈式匝道适应车速较低，且桥上、下存在交织；多用于高速公路之间的立交，而在城市内因受用地限制很难采用。因其形式美观，如果在城市外围的环路上采用，加上适当的绿化，也是较为合适的。

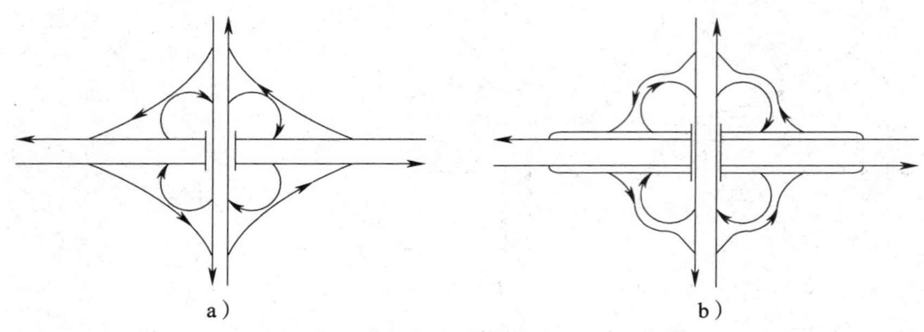

a） b）

图 7—3—6 苜蓿叶形立交

a）标准形 b）带集散车道形

布设时为消除主线上的交织，避免双重出口、使标志简化以及提高立交的通行能力和行车安全，可加设集散车道。

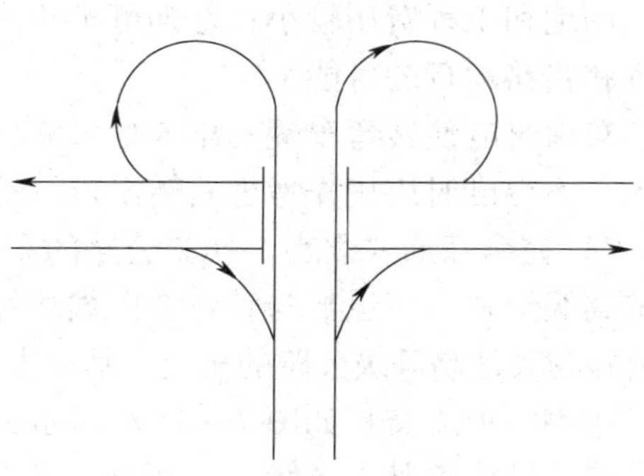

图 7—3—7 子叶形立交

③子叶形立交：如图 7—3—7 所示，只需一座构造物，造价较低，造型美观。但交通运行条件不如喇叭形好，正线存在交织，多用于苜蓿叶形立交的前期工程，布设时以使正线下穿为宜。

④Y 形立交：如图 7—3—8 所示，图 a 为定向 Y 形，图 b 为半定向 Y 形，右下图为三层式。

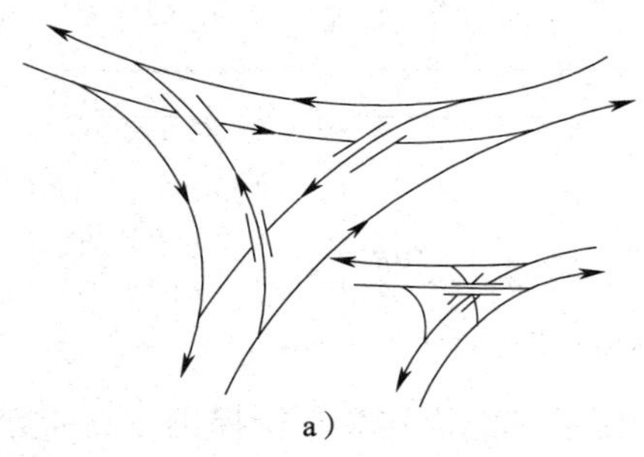

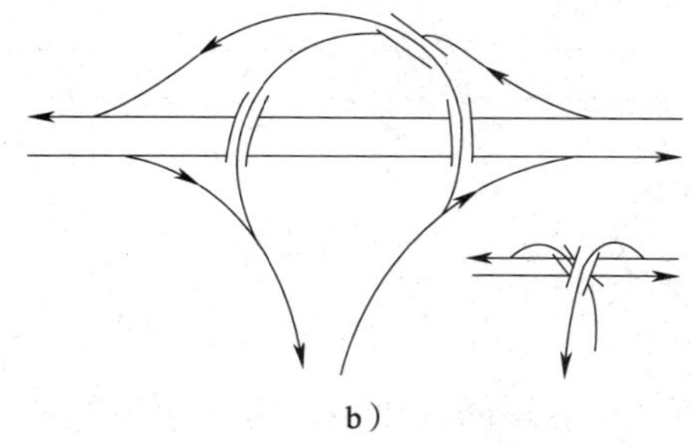

a） b）

图 7—3—8 Y 形立交

a）定向 Y 形 b）半定向 Y 形

此类立交形式能为转弯车辆提供高速的定向或半定向运行；无交织，无冲突点，行车安全；方向明确，路径短捷，通行能力大；正线外侧占地宽度较小，但需要构造物多，造价较高。

⑤X 形立交：又称半定向式立交，如图 7—3—9 所示，图 b 为对角左转匝道拉开布置。

此类立交形式，各方向运行都有专用匝道，自由流畅，转向明确；无冲突点，无交织，通行能力大；适应车速高。但占地面积大，层多桥长，造价高，在城市内很难实现。

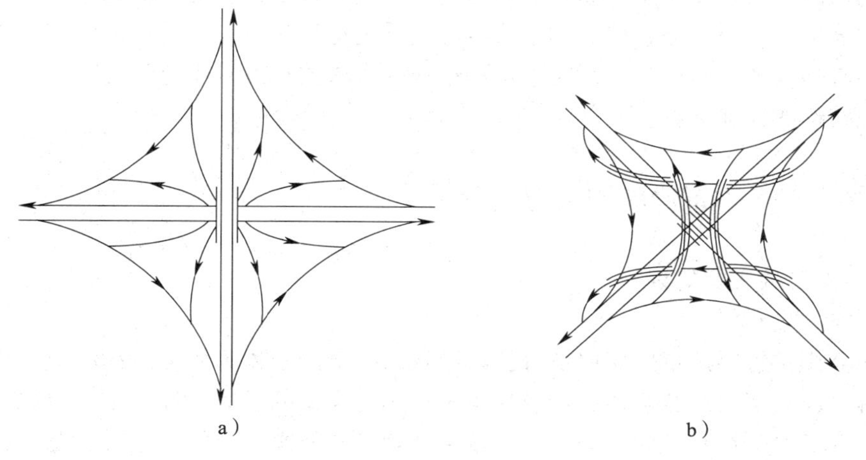

图 7—3—9　X 形立交

3）环形立交。相交公路的车流轨迹线因匝道数不足而共同使用，且有交织路段的交叉，如图 7—3—10 所示，其中图 a 为三路立交，图 b 为四路立交，图 c 为多路立交。

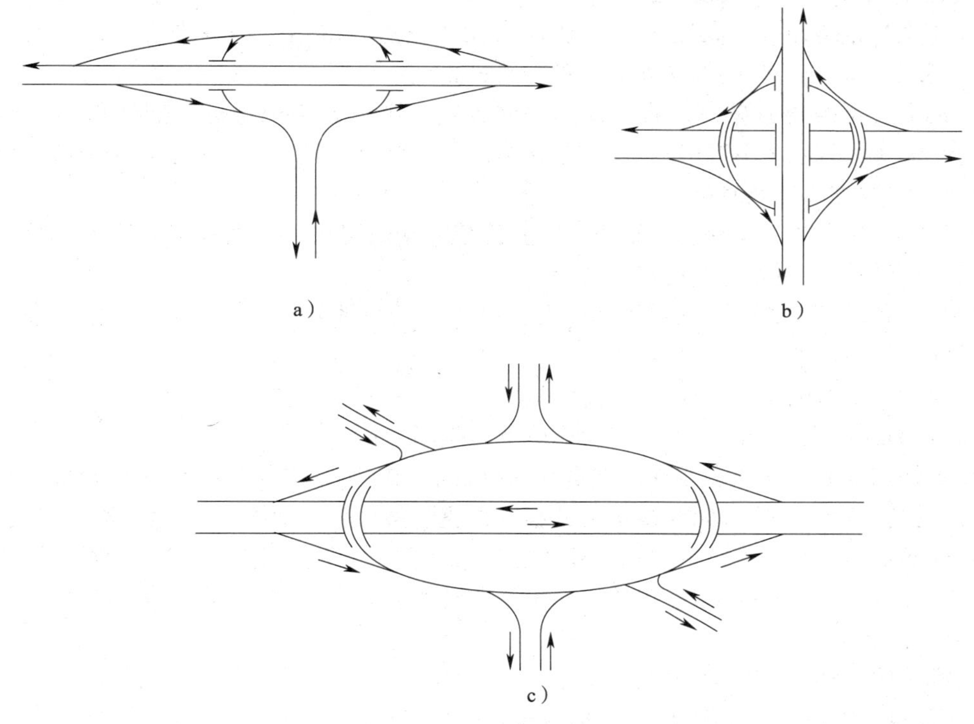

图 7—3—10　环形立交

此类立交形式适用于主要公路与一般公路交叉，以用于五条以上公路相交为宜。这种立交能保证主线直通，交通组织方便，无冲突点，占地较少。但次要公路的通行能力受到环道交织能力的限制，车速受到中心岛直径的影响，构造物较多，左转车辆绕行距离长。

当采用环形立交时，必须根据相交公路的性质进行比较研究，看环道的最大通行能力和所采用的中心岛尺寸是否满足远期交通量和车速的要求。布设时应让主线直通，中心岛可采用圆形、椭圆形或其他形状。

三、立体交叉的布置规划与形式选择

1. 立体交叉的布置规划

（1）立交位置的选定

互通式立交位置的选定，应以现有公路网或已批准的规划为依据。在保证主线畅通的前提下，综合考虑立交对地区交通的分散和吸引作用、立交的设置条件、技术上的合理性、经济上的可行性以及拟选立交的形式等，一般应选择在地势平坦开阔、地质良好、拆迁较少及相交公路具有较高的平纵线形指标处。

通常，应根据下列条件选定立交的位置：

1）相交公路的性质：如高速公路之间及其与其他各级公路相交时，一级公路与交通繁忙的一般公路相交时，均应设置互通式立交。

2）相交公路的任务：高速公路与通往大城市，重要政治、经济中心，重要港口、机场、车站和游览胜地的公路相交处应设置互通式立交。

3）相交公路的交通量：公路上未作具体规定，城市公路规定进入交叉口的交通量达 4 000 ~6 000 辆/小时（小汽车），相交公路为四车道以上，且对平面交叉口采取改善措施和调整交通组织均难以奏效时可采用立交。

4）地形条件：当交叉所在地形条件适宜修建立交时可采用，如高填方路段与其他公路交叉处，较高的桥头引道与滨河路交叉等。

5）经济条件：修建立交的年平均投资费用应小于平面交叉口的年经济损失总额，否则是不合理的。

（2）立交的间距

确定互通式立交间距时，主要应考虑以下影响因素：

1）能均匀地分散交通：相邻立交之间保持合适的间距，应与其担负的交通量均衡。间距过大会使交通联系不便，间距过小则又影响高速公路功能的发挥，且使建设投资增加。

2）能满足交织路段长度的要求：相邻立交之间要有足够的交织路段，以便在相邻立交出入口之间设置足够的加、减速车道。交织路段是指前一个立交匝道的合流点到后一个立交匝道的分流点之间的距离。

3）满足标志和信号布置需要：相邻立交之间应保证足够的距离，在此路段内设置一系列标志和信号，以便连续不断地告诉驾驶员下一立交出口的位置。

4）驾驶员操作顺适的要求：相邻立交之间的距离如果过近，特别是在城市公路上，因互通式立交的平面连续变化，纵断面起伏频繁，就会对车辆运行、驾驶操作以及景观均不利。

对互通式立交的标准间距，公路与城市公路不尽相同。公路上，在大城市、重要工业区周围为 5 ~ 10 km；一般地区为 15 ~ 25 km；最大间距以不超过 30 km 为宜；最小间距不应小于 4 km。城市公路上互通式立交的间距一般比公路小，但最小间距按正线计算行车速度为 80 km/h、60 km/h 和 50 km/h，分别采用 1 km、0. 9 km 和 0. 8 km。

2. 立体交叉形式的选择

立交形式选择的目的是提供行车效率高，安全舒适，适应设计交通量和计算行车速度，满足车辆转弯需要，并与环境相协调的立交形式。选形是否合理，不仅影响立交本身的功能，如通行能力、行车安全和工程经济等，而且与地区规划、地方交通的发挥及市容环境等都有密切关系。影响立交形式选择的因素可概括为公路、交通、环境及自然条件。

（1）立交形式选择的基本原则

互通式立交形式的选择，应遵循下列基本原则：

1）立交的形式首先取决于相交公路的性质、任务和远景交通量等，确保行车安全畅通和车流的连续。相交公路等级高时应采用完全互通式立交；交通量大、计算行车速度高的行车方向要求线形标准高、路线短捷、纵坡平缓；车辆组成复杂时要考虑个别交通特性的需要。在城市公路上，若使机动车、非机动车交通量都很大的车流分离行驶，可采用三层或四层式立交。

2）选定的立交形式应与所在地的自然环境条件相适应，要充分考虑区域规划、地形、地质条件、可能提供的用地范围、周围建筑物及设施分布现状等，在满足交通要求的前提下综合分析研究，力求合理利用地形，工程营运经济，与环境相协调，造型美观，结构新颖合理。

3）选形应全面考虑近、远期结合：既要考虑近期交通要求，减少投资费用，又要考虑远期交通发展需要改建提高的可能。

4）选形应有利施工、养护和排水：尽量采用新技术、新工艺、新结构，以提高质量、缩短工期和降低成本。

5）选形和总体布置要全面安排、分清主次，并考虑线形指标和竖向标高的要求。如铁路与公路相交，常以铁路上跨为宜（可减小净空高度）；高速公路与其他公路相交，原则上高速公路不变或少变，其他公路抬高或降低；城市立交原则上以非机动车道不变或少变，有利于行人及自行车通行。

6）选形应与定位相结合。立交的形式随所在位置的地形、地物及环境条件而异，通常先定位后选形，并使选形与定位结合考虑。

（2）立交形式选择的步骤和要点

1）初定立交的基本形式。首先选择立交的总体布局，如上跨式或下穿式，完全互通式，交织式或部分互通式，二层式或三层式或四层式，机动车、非动车分行或混行，是否考虑行人交通，是否收费等，在此基础上进一步选择立交的基本形式，如菱形、Y 形等。

对公路立交在确定基本形式时，应根据各方向的交通量，结合地形、地物、当地交通条件综合考虑而定，并注意以下几点：

①直行和转弯交通量均大，相交公路的计算行车速度较高并要求用较高的速度集散时，可采用定向式或半定向式立交。

②相交公路等级相差较大，且转弯交通量不大时，可用菱形、部分苜蓿叶形和喇叭形。

③不设收费站的高速公路、一级公路相交时，可用苜蓿叶形。但其规模和用地较大，在无专用集散车道的情况下易出现交通阻塞和事故，应慎重选用。

④部分苜蓿叶形有两处相隔较近的平面交叉，对次线直行交通不利。当各向转弯交通量相差悬殊时，应在适当象限内布置匝道，将冲突减至最低程度。

⑤汽车专用公路与一般公路相交，下设收费站时，应优先采用菱形立交，而主线转弯交通量较小时，允许匝道上存在平交。

⑥苜蓿叶形的环圈式匝道以单车道为宜。若交通量接近或大于单车道通行能力，则应采用半定向或定向匝道。

2）立交几何形状及结构的选择。立交的几何形状及结构对行车速度、运行时间、行车视距、视野范围、服务水平及通行能力等影响较大。在基本形式的基础上，通过仔细研究，对立交的总体结构进行安排和匝道布置，如跨线构造物的布置，出入口的位置，匝道布置象限，内外匝道采用整体式或分离式，匝道的平、纵、横几何形状及尺寸等。

3）立交方案比较。有时产生几个立交方案，经过多方案的技术、经济比较，选择合理的立交形式和适当的规模，以做出满足交通功能要求、适合现场条件、工程量小、投资省的立交方案。

四、立体交叉的设计资料和设计步骤

1. 设计资料

在立体交叉设计之前，应通过实地勘测、调查收集下列所需设计资料：

（1）自然资料

测绘立交范围的1∶500～1∶2 000地形图，详细标注建筑物的建筑线、种类、层高、地上及地下各种杆柱和管线；调查并收集用地发展规划，水文、地质、土壤、气候资料；收集附近的国家控制点和水准点等。

（2）交通资料

收集各转弯及直行交通量，交通组成；推算远景交通量；绘制交通量流量流向图；调查非机动车和行人流量等。

（3）公路资料

调查相交公路的等级、平纵面线形、横断面形式和尺寸；相交角度、控制坐标和标高；路面类型及厚度；确定净空高度、设计荷载、计算行车速度及平纵横指标等。

（4）排水资料

收集立交所在区域的排水制度、现状和规划；各管渠位置、埋深和尺寸。

（5）文书资料

收集设计任务书，上级主管部门的具体要求、意见及有关文件等。

（6）其他资料

调查取土、弃土和材料来源；施工单位、季节、工期和交通组织与安全。

2. 设计步骤

（1）初拟方案

根据交通量和地形条件，在地形图或其上覆盖的透明纸上勾绘出各种可能的立交方案。

（2）确定比较方案

对初拟方案进行分析，应考虑线形是否顺适，半径能否满足，各层间可否跨越，拆迁是否合理，选 2 ~4 个比较方案。

（3）确定推荐方案

在地形图上按比例绘出各比较方案，完成初步平纵设计、桥跨方案和概略工程量计算，作出各方案比较表，全面比较后确定推荐方案（一般 1 ~2 个）。应考虑交通是否流畅安全，各匝道的平纵横及相互配合是否合适，立交桥的结构、布置是否合理，设计和施工难易程度，整体工程的估价，养护营运条件以及立交的造型和绿化等。

（4）确定采用方案

对推荐方案视需要作出模型或透视图，征询有关方面意见，最后定出采用方案，应权衡造价与方案、近期与远期、局部与全局的关系，也可采用分期修建方案。

（5）详细测量

对采用方案实地放线并详细测量，进一步收集技术设计所需的全部资料。

（6）技术设计

完成全部施工图和工程预算。

以上 1 ~4 步为初步设计阶段，当可选方案较少或简单明了时可酌减步骤，5 ~6 步为施工图设计阶段。

1. 立体交叉的基本组成是什么？
2. 立体交叉的形式有哪些？各适用在什么情况下？